GOLKONDA

WOLFGANG RAUH

LEICHDORF

Roman

GOLKONDA

MIX
Papier aus verantwortungsvollen Quellen
FSC® C014889

Umschlaggestaltung: benSwerk
Lektorat: Madita Hofmann
Layout & Satz: BuchHaus Robert Gigler, München
Gesetzt aus der ITC Slimbach
Druck und Bindung: Pustet, Regensburg
ISBN 978-3-96509-057-6

www.golkonda-verlag.com
https://www.instagram.com/golkonda.verlag/
https://www.facebook.com/Golkonda.Verlag

Für Anna, Theresa, Franz, Christine, Peter, Johann

I

KLEINE DINGE IN KLEINEM UMFELD

My heart is split, just like my brain
DIRTY TALONS: CASKET MATCH

Kapitel 1

1

Es war irgendwann nach Mitternacht, als sie zu ihm kam.

Es war immer irgendwann nach Mitternacht.

Kein Quietschen der Türangeln, kein Knarren des Bodens. Nur das Ächzen der Bettfedern. Ein Hauch des Parfüms, das er ihr zum letzten Hochzeitstag geschenkt hatte.

Vielleicht Einbildung. Vielleicht nur Erinnerung.

Ihr Arm glitt um seine Brust. Ein fleischgewordenes Andenken an bessere Tage.

Manchmal glaubte er, ihren Atem in seinem Nacken zu spüren, aber im Laufe der Zeit hatte er sich eingestehen müssen, dass das nur Wunschdenken war.

Sie sprachen nicht. Stille verband ihre gemeinsamen Stunden in der Dunkelheit. Er litt seit damals unter Schlafstörungen. Außer dann, wenn sie bei ihm war.

Wie immer hoffte er, dass sie morgens noch da war.

Wie immer war sie weg, wenn der Wecker klingelte.

Harald lebte seit fast zwei Jahren damit, dass seine verstorbene Frau nachts zu ihm ins Bett kroch. Er erzählte niemandem davon. Es klang verrückt.

2

Leichdorf war einer der nichtssagenden Orte in der nordwestlichen Steiermark, eingekesselt von den südlichen Ausläufern des Toten Gebirges, zwischen irgendwo und nirgendwo. Es lag in der Nähe von Ebenkreuz, einem kleinen, idyllischen Kurort, was zwei Folgen mit sich brachte: Erstens: Ebenkreuz schnappte Leichdorf den Großteil der Sommer- und Winterurlauber weg und damit eine lukrative, wenn auch gesellschaftsbelastende Einnahmequelle.

Zweitens: In Leichdorf hatte man das ganze Jahr seine Ruhe. Keine Staus, keine Parkplatzprobleme, keine Schlangen an den Supermarktkassen. Es gab ein Bergwerk, das immer noch in Betrieb war und einen ansehnlichen Teil der Einwohner mit Arbeit versorgte. Der Rest pendelte in die nächstgelegenen ›Metropolen‹ – austauschbare Großdörfer an Durchgangsstraßen, mit mehr Tankstellen als Restaurants und in der Regel einem großen, unpersönlichen Einkaufszentrum, das irgendwo in der Peripherie saß wie ein klobiges Möbelstück, das dort abgestellt und vergessen worden war.

Tschicko – der eigentlich Rudolf hieß und weder seinen Real- noch seinen Spitznamen leiden konnte – war in den Wäldern neben der Passstraße unterwegs, die Leichdorf von seinen östlichen Nachbarn trennte, obwohl sie zum Verbinden da war.

Rudi hatte seinen Spitznamen selbst zu verantworten, was vielleicht das Dämlichste an der ganzen Sache war. Bis vor ein paar Jahren hatte er einen Hund besessen – einen treuherzigen Schäferhund, dem bis zu dem Tag, an dem ein umstürzender Baum ihm das Rückgrat zerschmetterte, ein aufgeweckter, welpenartiger Ausdruck anhaftete. Rudi hatte ihn Chico genannt, weil Chico immer wie ein kleiner aufgeweckter Junge ausgesehen hatte. Außerdem hatte Rudi den Klang des Namens gemocht. Er selbst sprach kein Spanisch, aber wer behauptete, dass Fernsehen einen nicht bilden konnte, schaute vielleicht nur die falschen Sender.

Rudi hatte den Fehler begangen, Chico eines Abends zum Kartenspielen in sein Stammlokal mitzunehmen. Man gab seinem Hund in Orten wie Leichdorf keine exotischen Namen, die niemand verstand, und man nahm sie nicht zu Karten, Bier und Schnaps mit. Und wenn man das doch tat, musste man ausbaden, was man sich einbrockte.

Rudi badete immer noch.

Chicos Name wurde irgendwann zum Dauerbrenner des Abends, und nachdem Tschick in Österreich ein wesentlich geläufigerer Begriff als Chico war, übertrug sich der Name des Hundes an diesem Abend auf sein Herrchen, wurde zerschreddert und neu hergeleitet, und obwohl Rudi strikter – wenn auch nicht militanter – Nichtraucher war, nannte man ihn ab da nur noch Tschicko – Zigarettenstummel.

Kleine Dinge in kleinem Umfeld gewannen manchmal an Größe, und es dauerte nicht allzu lange, bis der Ort Rudis neuen Namen übernommen hatte. Rudi fand sich äußerlich damit ab, aber immer, wenn jemand ihn Tschicko rief, musste er an den Schäferhund denken, und auch wenn der Stich, den er dabei in der Brust fühlte, mit den Jahren schwächer zu werden schien, war er immer noch da.

Tschicko war nun in dem Wald unterwegs, der dem anderen Chico das Leben gekostet hatte. Er hatte ihn hier draußen begraben, obwohl er wusste, dass das verboten war. Er hatte tief gegraben, und schwere Steine obendrauf gelegt, damit kein anderes Tier ihn wieder ausbuddelte. In den Baum, unter dem er seinen treuen Gefährten zur letzten Ruhe gebettet hatte, war ein kleines, unscheinbares Kreuz geritzt. Das war das Einzige, was auf das Grab hinwies, und man musste wissen, wonach man suchte, um es zu entdecken. Jedes Mal, wenn Tschicko hier im Wald unterwegs war, besuchte er das Grab seines alten Namenskollegen, nahm sich ein paar Minuten Zeit, um an ihn zu denken, und besserte gegebenenfalls das eingeritzte Kreuz nach, wenn es schon zu verwittert war.

Tschicko hatte nie geheiratet. Er hätte gerne Kinder gehabt, aber irgendwie war jede Beziehung, die er im Laufe seines Lebens gehabt hatte, in Bedeutungslosigkeit versunken. Es hatte selten Streit gegeben, und vielleicht war das einer der Gründe, warum keine davon gehalten hatte. Kein Streit, keine Leidenschaft, keine *Bedeutung*.

Seine Eltern waren tot, lagen auf dem Friedhof, beim Rest seiner Verwandtschaft, abgesehen vom Bruder seines Vaters, einem störrischen, alten Mann, dem die Demenz zwar die Erinnerung, aber nicht die bösartigen Charakterzüge genommen hatte. Er saß im billigsten Altersheim der Gegend und wartete auf sein Ende.

Tschicko war kräftig für sein Alter, aber er wusste, dass die Anzahl der ihm verbleibenden Jahre bald in den einstelligen Bereich rutschen würde. Immer vorausgesetzt, dass medizinischer Starrsinn und fehlgeleitete Moral ihm kein jahrelanges Dahinsiechen bescherten – in einer Welt aus Tabletten, Schläuchen und Infusionen, umgeben von Wahnvorstellungen und dem schrecklichen Absitzen restlicher Lebenszeit, die auf Teufel komm raus verlängert wurde, damit niemand sich dem Unausweichlichen stellen musste. Der Endstation, von der kein Gleis mehr weiterführte.

In Tschickos Fall gab es niemanden, dessen psychisches Gleichgewicht behütet werden müsste. Wenn es so weit war, musste er sich der Sache alleine stellen, so wie es seiner Meinung nach sein sollte. Er hatte noch immer sein altes Jagdgewehr zu Hause, weggesperrt im versteckten Waffenschrank hinter der Garderobe. Er zerlegte und reinigte die Waffe regelmäßig, aber eigentlich hatte er keine Freude mehr daran. Seit Chico ihn nicht mehr begleitete, war ihm die Lust an der Jagd vergangen. Er selbst streifte immer noch gerne durch die Wälder, genoss die Stille oder den Lärm – je nachdem, was ihn gerade umgab –, aber wenn er Wild entdeckte, blieb er meistens einfach stehen und beobachtete es. Sein Leben war friedlicher geworden, jedoch auch einsamer.

Und wenn es schließlich so weit war, die letzte Station anzufahren, würde er hier rauskommen und die Sache mit einer Patrone selbst erledigen. Für Tschicko war das nie ein trauriger Gedanke. In seinem Kopf hatten weder der Knall des Schusses noch die Sauerei, die er auf der umliegenden Botanik hinterlassen würde, einen Platz. Er würde sich einen Beutel über den Kopf stülpen, dann war der Anblick vielleicht nicht ganz so schockierend.

Das ist ein verfluchter Ort, dachte er, während sein Blick über die hohen Bäume glitt, die ihn umgaben. Er hatte Chicos Grab erreicht und wunderte sich darüber, wie gern er sich in diesem Wald aufhielt, bei allem, was hier passiert war.

Plötzlich hörte er wieder das Winseln des Hundes, eingeklemmt unter dem schweren Stamm. In seiner Erinnerung sah er den flehenden, erschrockenen Blick. Tschickos Augen hatten von Tränen gebrannt, während er seinem besten Freund in den Kopf schoss, aber er hatte nicht gezögert. Er hatte seine Jacke über Chicos Kadaver ausgebreitet, war nach Hause gegangen, hatte das Gewehr gegen Kettensäge und Schaufel eingetauscht und war wieder zurückgekehrt. Er hatte den Stamm zersägt und seinen Hund begraben, und alles davon hatte sich richtig und nichts davon gut angefühlt.

Er zwang seine Gedanken fort, als die Erinnerung an Chico drohte, ihm neue Tränen in die Augen zu treiben. Nicht weit von hier hatte er die Frau von Harald Lackner gefunden. Sie baumelte von einem Ast, die Füße nur knapp über dem Boden. Tschicko erinnerte sich, wie sie hin und her zu pendeln schien, als wäre er nur ein paar Minuten zu spät gekommen. Aber der Arzt hatte ihm später versichert, dass sie schon lange tot gewesen war. Er hatte sie früh am Morgen gefunden, kalt und steif, bedeckt mit Morgentau und unwirklich im fahlen Gegenlicht. Er erinnerte sich an den Bodennebel, der dem Ganzen eine noch gespenstischere Note gegeben hatte. Tschicko war kein abergläubischer Mensch, aber als er Lackners Frau dort hängen gesehen hatte, war es schwer gewesen, sich nicht zu bekreuzigen.

Sie musste nachts hier rausgekommen sein, daran hatte er danach oft gedacht. Allein, in der Dunkelheit. Die Schlinge hatte sie womöglich woanders vorbereitet, aber den Knoten am Baum musste sie vor Ort gemacht haben. Das brauchte Zeit, vor allem, wenn man keine Ahnung davon hatte. Und bei dem Chaos, mit dem sie das Seil am Baum und um ihren Hals befestigt hatte, war es ein Wunder, dass die ganze Aktion überhaupt funktioniert hatte. Tschicko hatte sich vorzustellen versucht, wie lange es gedauert haben musste, bis die Schwärze vor ihren Augen auch ihr Inneres ausfüllte. Und ob sie vielleicht einen Rückzieher hatte machen wollen, nur um zu erkennen, dass es dafür zu spät war.

Er schüttelte bei der Erinnerung den Kopf, ohne es zu merken. Besser die Kugel als das Seil.

Er hatte seinen Hund hier drin verloren, einen Selbstmord entdeckt, und wenn er sich irgendwann zwischen denselben Bäumen in den Kopf schoss, war er mehr oder weniger bei drei Todesfällen dabei gewesen. Wenn dieser Wald kein verfluchter Ort war, dann hatte Tschicko noch nie von einem gehört.

Und dennoch war es so friedlich hier.

Vielleicht war auch genau das des Pudels Kern. Vielleicht war das einfach ein guter Ort zum Sterben.

3

Staub wirbelte auf, als Karl auf dem kleinen Schotterparkplatz hielt, den das Unkraut sich langsam zurückholte. Betonfundamente und das noch nicht ganz in sich zusammengefallene Verkaufsgebäude erinnerten an die Tankstelle, die hier einst in Betrieb gewesen war. Dem Zustand der Fassade nach zu urteilen, musste diese glorreiche Zeit schon lange zurückliegen.

Karl betrachtete die Rostflecken am Türrahmen. *Das wäre ein schönes Foto,* dachte er. Eins jener neuen, auf alt getrimmten Dinge, die zurzeit so modern waren. Dinge, die Menschen Träume aus einer guten alten Zeit vermittelten, die diese gar nie mitbekommen hatten.

Karl hatte kein Problem mit alten Dingen. Er rechnete sich ja selbst dazu.

»Ich glaube wir haben uns nur ein kleines bisschen verfahren«, sagte die Frau auf dem Beifahrersitz. Sie hatte eine Straßenkarte auf dem Schoß ausgebreitet und fuhr mit dem Finger die Strecke nach, die sie an diesem frühen Tag bereits hinter sich gebracht hatten.

Maria war Karls Frau, und beide waren Frühaufsteher. Nach gehässiger Allgemeinmeinung war Arbeitswillen nicht unbedingt Standardausstattung in ihrem früheren Beruf – und die Allgemeinheit hatte damit nicht völlig unrecht –, aber Karl und Maria hatten immer gerne unterrichtet. Marias Probleme hätten sie mit Leichtigkeit den Beruf kosten können, aber Karl war immer hinter seiner Frau gestanden.

Sie kamen aus einer Zeit, in der Beziehungen im Allgemeinen noch weniger schnell, weniger flüchtig gewesen waren. Karl verglich sie manchmal mit Fotografien. Die digitale Revolution hatte dafür gesorgt, dass man sich keine Gedanken um verbleibende Aufnahmen des Films mehr machen musste. Als Resultat fotografierte man nebenbei und sah sich das Ergebnis kaum ein zweites Mal an. Außer wenn man nach einem Urlaub versuchte, die Flut aus Tausenden von Schnappschüssen auf ein konsumerträgliches Ausmaß zu reduzieren. Mit der veralteten Technik verlangte ein einzelnes Foto ein bisschen mehr Entscheidung. Das war nicht zwangsläufig besser, nur anders. Immerhin brauchte es auch mehr Zeit. Und in HD war damals auch nichts.

Karl lächelte bei dem Vergleich. Er war ein glücklicher Mann und wusste das auch.

In den ersten Jahren seines Erwachsenendaseins hatten Beziehungen nicht nur etwas mit Liebe, sondern auch mit Verantwortung zu tun gehabt. Verantwortung für den anderen, aber auch für die eigene Entscheidung. Karls Eltern hatten eine zweckdienliche Ehe geführt, die mehr einem Arbeits- als Liebesverhältnis glich, aber Karl liebte Maria tatsächlich. Sie hatte ihm ein Lächeln beschert, wo schon lange keines mehr gewachsen war, und trotz der Schatten, die sie mit sich herumschleppte, hatte sie seine Augen für die Schönheit der Welt geöffnet. Sie hatten jung geheiratet und waren seit mehr als vierzig Jahren beisammen. Es hatte schwierige Zeiten gegeben, aber am Ende war morgens immer die Sonne aufgegangen – egal wie dunkel die Nacht davor gewesen war.

Maria kniff ihm spielerisch in die Wange. Karl zuckte zusammen.

»Hast du mir zugehört?«, fragte sie.

Hatte er nicht, und das wusste sie. Eine Antwort erübrigte sich.

»Kein Wunder, dass wir uns verfahren, wenn du immer ins Traumland davonfliegst.«

Er nahm ihre Hand und küsste sie sanft. »Ich drück aufs Pedal, du sagst wo's hingeht.«

Fasziniert betrachtete er das Lächeln in ihren Augen. Es war immer noch dasselbe wie am Anfang ihres gemeinsamen Lebens.

»Nach wie vor ein Charmeur.«

»Nach wie vor wunderschön.«

Und das stimmte. Maria hatte ihre besten Jahre hinter sich, aber sie war eine schöne alte Frau mit immer noch vollem Haar, das weiß statt grau geworden war. Sie hatte immer Wert auf ihr Aussehen gelegt und nie ein Problem damit gehabt. Natürlich war das einfacher, wenn man von Natur aus gesegnet war. Aber ab einem gewissen Punkt, wenn die Haut nicht mehr so straff, die Brüste nicht mehr so fest und die Augenlider zu Feinden im eigenen Gesicht geworden waren, zählte nur noch Ausstrahlung. Und die hatte Maria sich immer behalten können. Sie war eine beliebte Lehrerin gewesen, vor allem bei den Jungen. Und Karl hatte die Blicke genossen, die ihnen gefolgt waren, wenn sie nach dem Unterricht nach Hause gefahren waren, weil sie indirekt auch ihm gegolten hatten. Immerhin ging er mit der Frau nach Hause, die die Neider sich in ihrem Heim bestenfalls vorstellen konnten, oder nicht?

Es gab ein Foto von ihnen beiden, als sie noch ein halbes Leben jünger gewesen waren. Sie befanden sich auf einer Wiese, saßen auf einer Decke, jeder ein Croissant in der Hand, obwohl sie nicht in Frankreich waren. Karl erinnerte sich nicht mehr, wer das Foto geschossen hatte, aber er erinnerte sich an den Tag. Daran, dass das Gebäck nicht sehr gut gewesen war, sie sich aber den Tag nicht davon hatten versauen lassen.

Er hatte das Foto eine Zeit lang in seiner Geldbörse mit sich herumgetragen, irgendwann allerdings verloren.

Absurderweise steckte es immer noch in der Innentasche der leichten Jacke, die er momentan trug, ohne dass es ihm bewusst wäre. In der rechten, die er nie verwendete. Es war dort aus der Geldbörse gerutscht und geblieben, für Karl nur noch in seiner Erinnerung existent.

»Wir sind dort hinten falsch abgebogen«, sagte Maria. »Aber wenn wir einfach zurückfahren und uns rechts halten, sollten wir wieder richtig sein.« Sie hielt kurz inne. »Nein, links, nicht rechts. Rechts war's von der anderen Seite.«

Er legte eine Hand auf ihre Schulter und zeichnete mit seinen Fingern ein rudimentäres Muster. Trotz ihrer langen gemeinsamen Zeit hatte er immer noch ab und zu das Bedürfnis, sich ihrer Echtheit, ihrer greifbaren Realität zu versichern. »Rechts oder links«, sagte er, »ich fahr, wohin du willst.«

»Brav. Und jetzt hop.«

Karl wendete lächelnd, wirbelte den Staub wieder auf, der sich eben erst gelegt hatte, und lenkte den Wagen zurück in die Richtung, aus der sie gekommen waren.

4

Als in Rolands und Sandras Welt der Morgen dämmerte, schien nicht nur draußen die Sonne. Sie waren seit sechs Jahren ein Paar und lebten mehr als die Hälfte dieser Zeit zusammen. Es war eine gute Zeit gewesen, und das schien sich auch nicht zu ändern. Man konnte nach Negativaspekten suchen, wenn man wollte, aber weder Roland noch Sandra wollten. Mit dreißig waren beide erfahren genug, um zu wissen, dass das gefährlich war – schlafende Hunde und so.

Sandra dämmerte aus einem jener Träume in den Tag, die so nah am Wachsein waren, dass nur ihre offensichtliche Absurdität sie entlarvte. Der Laminatboden im Wohnzimmer war einer saftigen Frühlingswiese gewichen, inklusive Blumen, Bienen und dem ganzen Kram. Das war eine tolle Sache, aber so eine Wohnzimmerwiese musste auch gepflegt werden. Sie war gerade dabei, den Rasenmäher zu starten, als etwas sie kitzelte und halb lachend, halb schreiend hochschrecken ließ.

Roland stopfte ihr mit einem Kuss bereits den Mund, bevor sie ganz in der Realität angekommen war. »Guten Morgen«, flüsterte er mit schadenfrohem Grinsen.

Sie schlug ihm spielerisch gegen die Brust und rieb sich den Schlaf aus den Augen. Als sie sich zur Seite drehen und unter der Bettdecke verkriechen wollte, ließ Roland es nicht zu. Er rollte sie wieder zurück, war im gleichen Moment halb über ihr und bedeckte ihr Gesicht mit raschen Küssen, die mehr an einen Hund erinnerten, der sein Frauchen morgens aufweckt, als an einen respektablen Liebhaber.

Sie versuchte ihn wegzuschieben – lachend und chancenlos. Er dehnte seine Küsserei auf ihren Hals aus, aber dort kitzelte es so stark, dass Sandras Schulter ungewollt nach oben zuckte. Mit der wohl unkonventionellsten Selbstverteidigungstechnik der Welt traf sie Roland am Kinn. Seine Zähne schlugen unangenehm laut aufeinander, und er ließ mit einem überraschten Stöhnen von ihr ab.

Selbst überrascht, wie hart sie mit ihrer Schulter austeilen konnte, wenn sie ihren Körper machen ließ, wandte sie sich zu Roland um, der auf seine Seite des Bettes zurückgewichen war wie ein geprügelter Hund.

»Ups, alles in Ordnung?«, fragte sie.

Als Roland sich mit der Hand vorm Mund zu ihr umwandte und sie aus großen Augen ansah, wirkte er wie ein Welpe, der gegen eine Glastür gelaufen war und die Welt nicht mehr verstand. Sie versuchte das Lachen zu unterdrücken, scheiterte aber.

Rolands Augen wurden noch größer. »Du lachst?«, fragte er.

Sandras schuldbewusstes Kichern stoppte abrupt, als er die Hand wegnahm.

»Du blutest!«, entgegnete sie – mit einer den Normen moderner Höflichkeit entsprechenden Ernsthaftigkeit, aber nicht ganz frei von einem leichten Zucken um die Mundwinkel, das Roland nicht entging. Ein einsamer, kleiner Tropfen Blut bahnte sich gemächlich seinen Weg von der Unterlippe zum Kinn.

»Das findest du lustig.«

Sie versuchte das Zucken um ihre Mundwinkel unter Kontrolle zu bringen, aber es gelang ihr nicht. Im Gegenteil. Wie in der Kirche, wo die einfachsten Dinge am lustigsten waren, weil man still sein musste, schien das Lachen sich immer weiter aufzupumpen.

»Bei deiner Erziehung ist eine ganze Menge schiefgegangen!«, meinte Roland kopfschüttelnd.

Um ihr Lachen in den Griff zu bekommen und Rolands gigantische Hundeaugen nicht mehr sehen zu müssen, wandte Sandra sich ab und zog ein Taschentuch aus der Box auf ihrem Nachtkästchen.

»Hier«, sagte sie und hielt es ihm hin.

Roland rührte sich nicht.

»Oh«, machte sie. »Muss ich?«

»Jeder räumt seinen eigenen Mist weg«, sagte er. »Hausregel.«

Sie lehnte sich lächelnd nach vorne, wischte den Tropfen, der sein Ziel fast erreicht hätte, zärtlich vom Kinn und tupfte dann vorsichtig das nachkommende Blut von seiner Lippe.

»Gut so?«, fragte sie.

»Als hättest du nie was anderes gemacht.«

Sie nahm das Taschentuch beiseite und küsste ihn.

»Vorsicht«, meinte er, als ihre Lippen seine wieder freigaben. »Bin vielleicht ansteckend.«

Sie lächelte. »Ich auch.«

Sie legte ihre Arme um seinen Hals, dann küssten sie sich erneut. Als sie sich wieder voneinander lösten – auf der Kippe zwischen Morgensex und Morgenkaffee –, war Rolands Gesicht ernst.

»Alles in Ordnung?«, fragte Sandra.

Er blickte sie nur an. Erstaunt, als sähe er sie zum ersten Mal, als wäre er überrascht, sie hier bei sich zu haben.

Sandra konnte natürlich nicht in sein Inneres sehen, und deshalb bekam sie auch nichts von der Erkenntnis mit, die sich in ihm aufblähte wie ein mit Gas gefüllter Ballon, ihn ausfüllte, sein Denken lahmlegte und in Rolands Welt die Zeit anhielt. Sie sah einen Teil davon in seinem fast dümmlichen Gesichtsausdruck, einem Reh gleich, das in die Scheinwerfer des Autos blickt, von dem es gleich überfahren werden würde. Gefiel ihr dieser Blick? Aber ganz im Gegenteil. Wenn nach leidenschaftlicher Morgenküsserei plötzlich ein Damoklesschwert im Raum hing, war das selten Grund für Party.

»Verdammte Scheiße«, murmelte er, sie nicht aus den Augen lassend und immer noch mit dem Gesichtsausdruck eines Halbaffen, der zum ersten Mal fernsieht.

Dann küsste er sie auf die Stirn – beiläufig und so kurz, dass es fast eher ein Anhauchen als ein Kuss war. »Rühr dich nicht vom Fleck!«, sagte er und stieg aus dem Bett.

Sandra blieb sitzen – eher aus Verwirrung denn Gehorsam – und starrte ihm nach, wie er das Zimmer verließ und in den überschaubaren Untiefen der kleinen Wohnung verschwand.

5

Roland fühlte sich geschockt, wie in Zeitlupe. Es hatte ihn überrollt wie ein Linienbus, hatte ihn gerammt, zu Boden geschleudert und liegen gelassen. Und jetzt stolperte er auf Beinen, die er kaum noch spüren konnte durch die Wohnung, folgte Gleisen, die nicht nur unter seinen Füßen, sondern auch in seinem Kopf zu sein schienen, und versuchte seine Gedanken einzubremsen, die rasten und glühten wie eine Landungskapsel beim Wiedereintritt in die Atmosphäre.

Er hatte zwar hin und wieder darüber nachgedacht, aber schlussendlich hatte es ihn eiskalt erwischt. Und war er vorbereitet? In irgendeiner Weise, hatte er irgendetwas Brauchbares zur Hand? Er stand im Wohnzimmer und sah sich verzweifelt um. Nein, hatte er nicht. Über. Haupt. Nichts.

Du kannst warten, sagte er sich. Bis morgen. Bis morgen ist okay.

Aber bis morgen war nicht okay, und das wusste er. Es musste jetzt sein, jetzt sofort. Nicht nächste Woche, nicht morgen, nicht mal in zehn Minuten. Jetzt! Der ICE, der ihn da überfahren hatte, war ein nachdrückliches, aber auch kurzweiliges Gefährt. Es war *now or never,* wie man so schön sagte, und Roland konnte sich nicht daran erinnern, jemals zuvor so stark, so klar in Richtung *now* tendiert zu haben.

Er ging in die Küche, weil die Schienen in seinem Kopf ihn dort hintrieben, während Sandra weiterhin verwirrt am Bett saß und dem Lärm zuhörte, den er beim Öffnen, Durchwühlen und Schließen der Schubladen veranstaltete.

Er entdeckte eine Rolle Alufolie, betrachtete sie unschlüssig und nahm sie heraus.

»Schatz, das ist … äh … ein wenig verwirrend!«, rief Sandra aus dem Nebenzimmer.

»Gleich wieder da«, antwortete Roland, aber seine Stimme war zu leise, um eine räumliche Distanz von mehr als einer Armlänge zu überbrücken.

»Was?«

Er wiederholte den Satz, ohne es wirklich zu merken und nicht nennenswert lauter als beim ersten Mal. Aber Sandra blieb weiterhin, wo sie war.

Er riss ein Stück Alufolie ab, legte es auf die Arbeitsfläche und rollte es zu einer dünnen, festen Schlange zusammen. Prüfend betrachtete er das Resultat, aber eigentlich gab es da nichts mehr zu prüfen. Entscheidung gefallen, ICE losgefahren, Zielflughafen voraus. Oder Bahnhof, in diesem Fall.

6

Sandra war kurz davor, ihm ins Wohnzimmer zu folgen, als Roland zurückkam.

Er hatte immer noch seinen ernsten Gesichtsausdruck, aber als er wieder zu ihr ins Bett stieg, fühlte sich nichts nach der Schlussmachdramatik an, gegen die sie sich bereits gewappnet hatte, ohne es sich einzugestehen. Warum sollte er auch Schluss machen, wenn alles so fantastisch lief? Hieß natürlich nicht, dass auf seiner Seite des Bettes auch alles rosig war, nur weil bei ihr …

Ihre Gedanken rissen ab, als er sich vor ihr aufs Bett kniete. Verwirrt beobachtete sie, wie er etwas hinter seinem Rücken hervorholte – ein klobiges, glitzerndes, rundes Ding aus … sie musste an die Geräusche in der Küche denken.

»Ich weiß, das ist nicht sehr romantisch«, sagte Roland. Und während er das unförmige Ding hochhielt – ohne Schatulle, ohne Kniefall, nur mit der Haltung, der Geste, die die Intention dahinter erklärte –, als sie in der eingerollten Alufolienwurst den Ring erkannte, den sie darstellen sollte, da spürte Sandra plötzlich und unerwartet wie erste, nicht zu unterdrückende Tränen in ihren Augen brannten.

Roland bemerkte nichts von dem feuchten Glanz, der in ihre Augen getreten war. Sein Blick war auf den seltsamen Ring in seiner Hand gerichtet, als könne er dort ablesen, was zu sagen war.

Und dann, nach tiefem Durchatmen, sah er endlich auf, sah sie an, ließ sie nicht mehr los. »Ich will dich nicht mehr gehen lassen!«, sagte er. Und dann, weil manche Dinge ausgesprochen gehören, selbst wenn sie schon deutlich lesbar mitten im Raum hängen: »Willst du mich heiraten?«

Die Tränen in ihren Augen traten übers Ufer, und ihr ›Ja‹ wurde in dem Kuss erstickt, mit dem sie sich ihm um den Hals warf. Sie blieben eng aneinandergeschlungen, bis es Zeit war, sich wieder anzusehen.

»Ist das Alufolie?«, fragte sie, als er ihr den Ring an den Finger steckte. Er war eine Spur zu groß, aber das Tolle an Alufolie war, dass man für eine Größenanpassung nicht extra zum Juwelier musste.

»Ja.«

Sie betrachtete das unförmige Ding noch einen Moment lang ungläubig, offensichtlich zwischen Romantik und Enttäuschung hin- und hergerissen, aber dann zog sie ihn zu sich. »Ich krieg aber schon noch einen richtigen Verlobungsring, oder?«

»Sobald ich am nächsten Kaugummiautomaten vorbeikomme.«

Sie biss ihn spielerisch in die Schulter, und er tat, als würde es ihm nicht gefallen.

Alles, was gut gewesen war, wurde ab da irgendwie besser, und was in Erzählungen immer nach Kitsch klang, fühlte sich fantastisch an, wenn man mittendrin steckte.

7

Zehn Minuten nachdem Karl sich auf Marias Anweisung hin rechts gehalten hatte und sie wieder auf Kurs waren, setzte er den Blinker und drosselte die Geschwindigkeit. Maria warf ihm einen überraschten Blick zu.

»Drängler«, murmelte Karl. Er lenkte den Wagen auf eine leere Bushaltestelle neben der Straße, und bevor er ganz von der Fahrbahn herunten war, schoss ein weißer sportlicher Wagen an ihnen vorbei. Karl hatte die erlaubten 100 km/h nicht ausgenutzt, weil seine Augen nicht mehr so gut wie früher waren, genau wie seine Reaktionsfähigkeit. Und weil er nirgendwo hinmusste, sondern hinwollte. Die Fahrt war Teil ihrer Reise, nicht nur ein notwendiges Übel zwischen den einzelnen Stationen. Karl sah keinen Sinn darin, seine entspannte Geisteshaltung dabei zu ändern.

Und was den Drängler betraf? Nun, man fuhr nicht Auto, weil man sich dem Tempo der anderen anpassen wollte. Wenn man nur von A nach B wollte, konnte man sich auch in den Zug setzen. Karl hatte Verständnis für Drängler, auch wenn er sie nicht guthieß. Und weil er sie definitiv nicht hinter sich brauchte, ließ er sie immer bei der sich nächstbietenden Gelegenheit vorbei.

Der weiße Wagen war bereits zwischen den Ausläufern der Berge verschwunden, zu denen die Landstraße sie hinführte, als Karl den Blinker erneut setzte und die Bushaltestelle hinter ihnen zurückblieb. Sie lauschten der Musik aus dem Radio und genossen die Landschaft, und wenig später erreichten auch sie die Berge. Die Straße stieg steil an, wurde kurvig und unübersichtlich. Karl ertappte sich dabei, wie er hinter jeder scharfen Kurve das Wrack des weißen Autos erwartete, und zwang seine Gedanken in eine andere Richtung. Er war nicht abergläubisch, aber er glaubte an die Macht der Gedanken.

Ein schwerer Lkw kam ihnen bergab entgegen, ansonsten blieben sie auf der Passstraße allein. An der höchsten Stelle befand sich ein Restaurant, und als Karl fragte, ob sie dort einen Kaffee trinken und vielleicht eine Kleinigkeit essen sollten, verneinte Maria.

Vielleicht wäre alles anders gekommen, wenn sie der Pause zugestimmt hätte.

Die Straße führte wieder bergab, schlängelte sich in steilen, unübersichtlichen Kurven ins Tal hinunter, begrenzt von Felsen auf der einen und dichtem Wald auf der anderen Seite. Maria blickte aus dem Fenster, sah ihren Gedanken zu, die irgendwo dort draußen zwischen den Bäumen vorbeitrieben, den Anhänger um ihren Hals zwischen den Fingern reibend, wie sie das oft tat, wenn ihr etwas Sorgen bereitete, dessen sie sich nur teilweise bewusst war. Karl sah es aus dem Augenwinkel und warf ihr einen Blick zu – nur einen kurzen, bloß um sich zu vergewissern, dass ihr verkniffener Mund nicht von ernsthaften Falten umrandet wurde, sondern von kleinen, die sich von selbst wieder glätten würden.

Nur ein kurzer Seitenblick, aber im schlechtesten Moment.

Karl sah das Reh zu spät, als es ihm vors Auto rannte, Maria gar nicht. Er verriss das Lenkrad, erwischte das Tier dennoch, und dann schossen sie über die Straße hinaus, statt ihrer Rundung zu folgen, schienen einen unwirklich kurzen Moment lang fast zu schweben und krachten in den Gegenhang der breiten Rinne, die dem Straßenverlauf an der Stelle folgte und ein paar Meter tiefer als der Asphalt lag.

Karl und Maria wurden nach vorne geschleudert, Sicherheitsgurte und Airbags retteten ihnen das Leben, aber das Bewusstsein verloren sie dennoch. Maria spürte den erstickten Aufschrei mehr, mit dem ihr beim Aufprall die Luft aus den Lungen gepresst wurde, als dass sie ihn hörte. Die Windschutzscheibe zersplitterte zeitgleich mit den Knochen in ihren Beinen, und als nach dem Bersten von Blech und dem Donner des Einschlags wieder Ruhe um den Wagen einkehrte, war das gesprungene Muster des Sicherheitsglases trotz aller Airbags von innen mit Blut besprenkelt.

8

Irgendwann wurde es trotz aller Leidenschaft doch Zeit für Kaffee, und weil Gebäck-technisch Ebbe herrschte, machte Roland sich auf den Weg in den Ort, um bei seinem Nummer-eins-Café Semmeln und irgendwas Süßes zu holen. Es gab zwei Nummer-eins-Cafés, aber irgendwie rutschte man mehr oder weniger automatisch in die Stammkundschaft bei einem der beiden. Vielleicht tendierte man in so kleinen Orten wie Leichdorf eher zu Loyalität als anderswo, jedenfalls vermischten sich die unterschiedlichen Stammkundengruppierungen eher außer- als innerhalb der Cafés.

Das Autoradio spielte einen jener 80er-Gute-Laune-Songs, dessen Melodie jeder und Titel keiner kannte. Roland pfiff mit und vokalisierte ein paar der halb englischen Textfetzen, die sein Gehirn sich zusammenreimte.

Als er auf den unbefestigten Parkplatz rollte, von dem aus das Café zu Fuß in zwei beherzten Hopsern zu erreichen war, klingelte sein Handy. Er sah für gewöhnlich aufs Display, bevor er abhob, genau wie jeder andere, aber momentan lenkte ein sehr kleiner Mann in einem sehr großen Auto ihn ab, der entweder versuchte ein- oder auszuparken und in beidem scheiterte.

»Hallo, Schatz«, sagte er. Sandra war die einzig plausible Anruferin um diese Zeit. *Bring noch Dinkelbrot mit,* würde sie sagen. Und obwohl er nicht verstand, wie oder warum man Dinkelbrot essen sollte, würde er heute nicht diskutieren – zur Feier des Tages.

»Das ist etwas zu viel der Anerkennung«, entgegnete ein Mann am anderen Ende der Leitung.

Roland glaubte die Stimme zu kennen, konnte sie aber nicht zuordnen. Er warf einen Blick aufs Display. Die Nummer war nicht eingespeichert.

Dann fiel der Groschen.

»Dwiggi?«

»Bin wieder da«, antwortete dieser. Und so erfuhr er noch vor allen anderen von der Verlobung.

9

Harald erwachte, ohne die Augen zu öffnen. Er ließ sie geschlossen, während das Gefühl von Nähe, die Erinnerung der Umarmung langsam davonglitten – dorthin zurück, von wo sie gekommen war.

Wie immer wartete er auf den Schmerz, der mit der Gewissheit kam, dass das Bett leer sein würde. Und wie immer drehte er sich zuerst auf den Rücken, strich über die leere Seite des Bettes und hoffte auf etwas anderes als das immer noch aufgebauschte Kissen. Und wie immer war die Hoffnung das Erste, was am Morgen starb.

Harald schlug die Augen auf, sog den Duft ihres Parfüms ein, der immer noch in der Luft seiner Gedanken hing, und setzte sich an den Bettrand. Er massierte sein Gesicht mit Fingern, die sich ein wenig taub anfühlten, als gehörten sie nicht ganz zu ihm. Dann stand er auf, schaltete die Kaffeemaschine in der Küche ein und ging ins Bad. Es war ein Morgen wie viele zuvor, nur der Beginn eines weiteren Tages, der trotz des Sonnenscheins vom schalen Beigeschmack der Trauer überschattet wurde.

Während Harald sich die Zähne putzte, begann er darüber nachzudenken, ob er sich umbringen wollte.

10

Unter den Bäumen herrschte Stille, und als der Staub sich nach dem Unfall wieder gelegt hatte, blieb ein leicht zu übersehendes Stück Zerstörung übrig, das in seiner Reglosigkeit friedlich wirkte. Der Wagen war von der Straße aus kaum zu sehen. Die Rinne lag bedeutend tiefer als die Fahrbahn, und Diskussionen über eine fehlende Leitplanke wurden genauso oft wie halbherzig geführt. Vielleicht wäre das anders, wenn mehr Unfälle an dieser Stelle passieren würden. Mit emotional aufputschenden Geschichten ließen sich Wahlen besser bestreiten als mit gesichtsloser Trivialität. Wähler brauchten eine Seite, auf die sie sich stellen konnten, ansonsten war das Faust-in-die-Höhe-Recken so verdammt schwierig.

Karls Mund war trocken, als er zu sich kam. Sein Gesicht tat weh – ein dumpfer, ziehender Schmerz, der sich nicht lokalisieren ließ. Als er versuchte den Kopf zu heben – noch zu durcheinander, um wirklich zu verstehen, wo er sich befand –, protestierte sein Nacken. Karl stöhnte auf, zwang seinen Blick aber trotzdem nach oben. Er sah das Blut, das chaotische Muster des geborstenen Sicherheitsglases.

Er sah Bewegung neben sich.

Aber als er – unter neuen Schmerzen – den Kopf drehte, war da nicht seine Frau. Jemand, der im Gegenlicht nur aus Schatten zu bestehen schien, stand auf der Beifahrerseite neben dem Wagen, eingerahmt vom zerbrochenen Fenster und mit einer leblosen Gestalt auf den Armen, die Karls Verstand nicht als seine Frau identifizieren wollte.

»Lässt Ihre Tür sich öffnen?«

Karl hörte die Stimme, aber sie kam von zu weit weg, mischte sich unter das Surren in seinen Ohren, schien zu unwirklich, um eine Antwort zu rechtfertigen. Sein Kopf tat weh.

Die Gestalt wiederholte die Frage, und als Karl auch diesmal nicht antwortete, verschwand sie aus seinem Blickfeld.

Lass meine Frau hier, versuchte er zu sagen, aber sein Mund formte nur halbherzige Silben ohne Atem, die Karls Verstand kaum verließen.

Dann war jemand neben ihm.

»Drücken Sie!«, rief die Stimme. Und während Karls Bewusstsein langsam zu ihm zurückkehrte, begann er sich gegen die Fahrertür zu pressen. Es verstärkte die Schmerzen in seinem Brustkorb und Nacken, aber er verstand, was der Mann wollte.

Gemeinsam schafften sie es, die verzogene Tür zu öffnen, und als Karl aus dem Wagen kippte, wurde er aufgefangen.

»Vorsichtig!«, sagte der Mann aus Schatten, bevor er ihm aus dem Wagen und auf die Beine half.

»Können Sie stehen?«

Karl nickte, bevor er sich dessen sicher war, aber zum Glück entsprach es der Wahrheit.

»Wo ist meine Frau?« Seine Stimme war schwach und schwerfällig.

»Gleich hier«, antwortete der Unbekannte, präzisierte aber nicht, wo genau ›gleich hier‹ war.

»Halten Sie sich fest«, sagte er und legte Karls Hand auf den Rahmen der offenen Fahrertür.

»Versuchen Sie zu gehen.«

Karl tat nichts dergleichen – er war immer noch damit beschäftigt, sich zu orientieren, zu verstehen, was passiert war. Die Aufforderung wurde wiederholt. Karl ging einen wackeligen, unsicheren Schritt, dann noch einen.

»Geht das?«, fragte der Mann.

Wieder nickte Karl, ohne sich dessen vollkommen sicher zu sein. Aber als er den stützenden Rahmen losließ, ging es.

»Ich werde Ihre Frau tragen«, sagte der Fremde. »aber Sie müssen selber gehen. «

»Geht es ihr gut?« Karl sah, wie der Mann die leblose Gestalt vom Boden hochhhob, sah, wie ihre Arme nach unten sanken und dort baumelten wie die überhängenden Fetzen eines überfüllten Wäschekorbes.

Er taumelte auf die beiden zu, aber der Fremde wartete nicht, bis er sie erreichte. »Versuchen Sie, Schritt zu halten«, sagte er.

Der Unbekannte bewegte sich mit einer kraftvollen Ästhetik, die nicht von einem Leben am Schreibtisch kommen konnte. Karl beneidete ihn um die körperliche Vitalität, die er selbst schon vor langer Zeit für Komfort und Sicherheit geopfert hatte.

Er taumelte hinter dem Fremden her, während sein geschockter Verstand keine klaren Gedanken zuließ und der Unbekannte sie immer tiefer in das Zwielicht zwischen den Bäumen führte.

Kapitel 2

1

Sandra – die wegen ihrer italienischen Wurzeln eigentlich Alessandra hieß – saß in der Küche und genoss die Sonnenstrahlen, die durchs Fenster fielen. Die neue Woche hatte für den Leichdorfer Normalbürger wie üblich mit früh Aufstehen und Arbeit begonnen, aber seit Budgetkürzungen im Gesundheitswesen Sandra vor Kurzem ihren Job gekostet hatten, verbrachte sie viel Zeit damit, aus dem Fenster zu sehen und ihre keimenden Zukunftsängste kleinzureden.

Obwohl es ein herrlicher Tag war, wollte sie nicht nach draußen gehen. Leichdorf war eine kleine Gemeinde, und Sandra hatte Angst davor, den Eindruck zu erwecken, sie würde ihre Arbeitslosigkeit als Urlaub missverstehen. Eigentlich war sie aus dem Alter draußen, in dem ihr die Meinung anderer allzu wichtig sein müsste, aber in kleinen Orten wurde viel geredet, und manchmal konnte das auch berufliche Auswirkungen haben. Sie glaubte ohnehin schon, dass ihre Kündigung mit ein bisschen Anti-Vitamin B gespritzt worden war.

Du bist zu schön, hatte ihre Großmutter einmal zu ihr gesagt. *Schöne Menschen haben es am Anfang leichter, müssen manchmal aber mehr beweisen.*

Sie wusste nicht, ob da was dran war oder nicht, immerhin kam es von ihrer Großmutter. Sandra entsprang einer herzlichen Familie, und wie alle guten Omas verpackte auch ihre die Weisheiten des Alters in Schmeicheleien.

Sandra war zwar in Italien geboren, aber in Leichdorf aufgewachsen. Roland und sie waren in Ebenkreuz gemeinsam zur Schule gegangen, und eine Zeit lang hatten sich ihre Freundescliquen überschnitten. Echtes Interesse an ihm war bei Sandra jedoch erst nach der Schule aufgekommen, als sie fertig ausgebildete Physiotherapeutin war und er sich den Arm brach. Die Therapiesitzungen sorgten dafür, dass sie zum ersten Mal alleine miteinander sprachen, und als ihr klar wurde, dass sie sich ganz gut vertrugen, ließ sie sich auf einen Kaffee einladen.

Was dann folgte, war ein relativ reibungsloses Zusammenfinden, das für Sandra ausgesprochen schnell und überraschend kam. Für Roland nicht, wie er ihr eines Tages gestand. Auch während der Schulzeit waren ihr seine Blicke nicht völlig entgangen, aber für Sandra gehörten diese zum Alltag. Dass sie deshalb nicht arrogant, sondern nur selbstbewusst geworden war, war eigentlich ein Wunder, lag aber vielleicht daran, dass ihre Mutter – eine ebenso attraktive wie pragmatische Frau – ganz gut darin gewesen war, den sich in der Pubertät ankündigenden Narzissmus ihrer Tochter im Keim zu ersticken.

Sandra hatte nie sonderlich große Erwartungen in Rolands Hochzeitsabsichten gehabt, was manchmal in einen emotionalen Zwiespalt geführt hatte. Einerseits bildete sie sich ein, ihn zu lieben, andererseits schien immer ein Ablaufdatum über ihnen zu schweben, wie eine kleine, graue Wolke – gerade außer Sicht, aber darauf wartend, dass es Zeit für Regen wurde.

Sie war froh, dass diese Wolke sich nun aufgelöst hatte. Bei dem Gedanken daran, dass sie verlobt waren, dass sie heiraten würden, stockte ihr der Atem. Aber der Moment war kurz und wich einer angenehmen Wärme, die sich mit dem Wetter draußen deckte.

Als sie bemerkte, dass ihr Glas leer war, ließ sie die Küche hinter sich, knotete vor dem großen Schrankspiegel im Schlafzimmer ihre langen dunklen Haare nach oben und schlüpfte in ihre Yoga-Klamotten. Die Jungs machten sich gerne lustig über Yoga – und Roland war da keine Ausnahme –, aber schlanke Schenkel und einen festen Hintern wollten sie trotzdem haben. Sie würde sich im Wohnzimmer ein bis zwei Stunden stresslos verausgaben, bevor es wieder an die frustrierende Arbeitssuche ging.

2

Sie folgten einem schmalen, teilweise überwucherten Pfad durch den Wald, der Karl zwang, hinter dem Fremden zu gehen, der nicht länger ein Fremder war.

»Wie heißen Sie?«, hatte er vor einer für Karl nicht mehr bestimmbaren Zeit gefragt, und nachdem sie sich einander vorgestellt hatten, hatte der Fremde – August Leng – nicht mehr aufgehört zu sprechen. Er war Mitte vierzig, hatte dunkle Haare, schmale Lippen, ein gepflegtes Äußeres und ein ernstes, aber nicht unfreundliches Gesicht.

»Sie sind nicht aus der Gegend«, stellte Leng fest.

»Nein.«

»Urlaub?«

Karl hatte verneint, obwohl ›Ja‹ die korrekte Antwort gewesen wäre, und als er sich korrigierte, stellte Leng bereits die nächste Frage.

»Was machen Sie beruflich, Karl?«

»Ich war Lehrer.« Er keuchte. Sprechen war nicht nur wegen der Schmerzen in seiner Brust anstrengend, sondern auch wegen des Tempos, das Leng vorlegte. Aber Karl hatte nicht vor, sich zu beschweren – je schneller sie vorankamen, umso schneller würde Maria Hilfe bekommen.

»War?«, fragte Leng. »Sie sehen mir zu jung für Ruhestand aus.« Karl lächelte, musste husten und bedankte sich. »Gesundes Essen und wenig Stress«, sagte er, obwohl das nicht ganz der Wahrheit entsprach. Er war immer rundlich gewesen und im Alter dick geworden. Er aß gern, und Maria kochte täglich, aber das Geheimnis ihrer Küche waren Butter und Schmalz – Hausmannskost der alten Schule, für Männer, die Bäume fällten, und nicht für Leute mit mehr Sitz- als Muskelfleisch.

Was den Stress betraf, hatte er allerdings die Wahrheit gesagt. Mit der richtigen Partnerin war es einfach, sein Leben entspannt zu sehen.

»Und Ihre Frau?«, fragte Leng. »Was macht Ihre Frau beruflich?«

»Ebenfalls Lehrerin.«

Er war zurückgefallen und torkelte ein paar gehetzte Schritte vorwärts, um wieder zu Leng aufzuschließen.

»Jetzt sagen Sie bloß nicht, dass sie auch im Ruhestand ist.«

Karl sagte genau das, und Leng schüttelte betont ungläubig den Kopf. »Sie sind ein Glückspilz, Karl!«, entgegnete er.

Karl war sich da nicht so sicher.

»Wieso sind wir nicht bei der Straße geblieben?«, fragte er, als sie ein paar Schritte schweigend gegangen waren.

»Vor der Saison fahren dort nicht viele Autos«, antwortete Leng. »Sie haben Glück, dass ich zufällig vorbeigekommen bin.« Nicht mit dem Wagen, wie er ihm vorher schon erklärt hatte. Leng war durch den Wald spaziert, was er gerne machte, weil es ihn entspannte. Sie waren unterwegs zu seinem Fahrzeug, das angeblich nicht weit weg von hier stand. Leng behauptete, dass das der schnellere Weg war, als auf den Krankenwagen zu warten. »Leichdorf hat kein eigenes Krankenhaus. Wie haben Sie und Maria sich kennengelernt?«

Karl war gedanklich noch bei dem Argument mit dem Krankenwagen, aber Lengs Frage brachte ihn davon weg. »Sie hat eine Kollegin an der Schule vertreten, an der ich schon länger unterrichtet habe.« Er erinnerte sich an die Lehrerin, deren Magen-Darm-Virus hartnäckiger als ihre Genesungswünsche gewesen war und deren ausgedehntes Fortbleiben schlussendlich zu Marias Vollzeitbeschäftigung und ihrem gemeinsamen Leben geführt hatte. Und er erzählte Leng davon.

»Schöne Geschichte. Was hat sie unterrichtet?«

Karl beantwortete die Frage, und auch die nächste, und die nächste, und die nächste.

Dann erreichten sie das Haus. Der Wald lichtete sich, und der Pfad endete auf einer freien Fläche, in deren Ecke ein dunkles, verlassen wirkendes Gebäude kauerte. Karl war sich vage bewusst, wie still es plötzlich geworden war.

»Es ist ein hässliches Gebäude, ich weiß«, sagte Leng. »Alter Familienbesitz, aber leider fehlt mir das Geld, um es herzurichten.« Er rückte Maria auf seinen Armen zurecht, wo sie langsam trotz ihrer schlanken Statur schwer werden musste. Karl sah zum ersten Mal, dass ihre Unterschenkel sich nicht in einem Stück bewegten, wie sie das sollten, sondern unter den Knien ein weiteres Gelenk zu haben schienen.

»Der Schlüssel befindet sich unter dem losen Fensterbrett«, fuhr Leng fort. »Sperren Sie auf.« Und als Karl nichts dergleichen tat: »Meine Wagenschlüssel sind dort drin.«

Karl wollte nicht aufsperren. Er wollte seine Frau nehmen und sie selbst zum Krankenhaus tragen. Allerdings war ihm bewusst, dass er auf sich alleine gestellt im Wald verloren war.

Nur glaubte er Leng nicht.

»Ihre Schlüssel sind dort drin?«

»Panik, sie könnten mir beim Wandern aus der Tasche fallen. Nicht fundiert, aber hartnäckig. Beeilen Sie sich, Karl, uns läuft die Zeit davon.«

Karl betrachtete wieder die merkwürdig lose baumelnden Unterschenkel seiner Frau und gab sich einen Ruck. Mit der Illusion von Freiwilligkeit war es leichter, diese nicht anzunehmen. Er ging zum Fensterbrett, fand die versprochenen Schlüssel darunter und sperrte auf.

Leng betrat das Haus, und Karl folgte ihm. Drinnen erwartete ihn ein unattraktiver Raum, voller Ramsch und altem Gerümpel. Es roch muffig, nach Staub, Alter und Moder. Da war eine ausladende Kommode, die wie eine ausrangierte Küchenzeile ohne Geräte wirkte, ein runder Tisch mit einfachen Holzstühlen und dahinter, am Übergang zu einem langen Gang, der in Dunkelheit endete, ein einfaches fleckiges Sofa, auf das Leng Maria ablegte.

Karl betrachte die schmutzigen Scheiben, durch die gedämpftes Licht fiel, ohne sich einen Blick nach draußen zu gestatten. »Wo sind die Schlüssel?«, fragte er.

Als keine Antwort kam, drehte Karl sich um. Leng war verschwunden.

Verwundert betrachtete Karl den leeren Raum, die beiden Türen, die in weitere Dunkelheit führten, und jene, durch die sie das Haus betreten hatten. Der Wald dort draußen – so wild und verwahrlost er auch war – schien das einzig freundliche in dieser Umgebung zu sein.

Karl schüttelte die innere Unruhe, die ihn auf einmal befiel, ab und ging zu seiner Frau. Wie sie dort lag, wirkte sie verletzlich, aber es waren weder die Beine noch das geschundene, geschwollene Gesicht, was diesen Eindruck erweckte. Es waren die geschlossenen Augen. Er hatte sie in all den Jahren, die sie miteinander verbracht hatten, nie schlafen gesehen. Ihm war nicht bewusst gewesen, wie schutzlos sie dabei wirkte.

Plötzlich hörte er rasche Schritte.

Leng tauchte aus der Dunkelheit des Gangs auf, rennend. Karl war neben seiner Lehrtätigkeit auch handwerklich geschickt gewesen und erkannte den Zimmererhammer in Lengs Hand – eine spitze Seite des Kopfes, um Nägel herauszuziehen, und eine stumpfe, um sie hineinzuschlagen.

Er erkannte auch die Absicht hinter dem verzerrten Gesicht, aber sie war zu überraschend, zu bizarr. Da war ein Moment, der ihm die Gelegenheit gab, sinnvoller zu reagieren, aber gegen den jüngeren, kräftigeren Mann hätte das nur den Ausgang hinausgezögert.

Karl hob die Hände zu einem Schutz, der nichts brachte, und Leng riss ihn mit seinem Schwung zu Boden, schlug erst die Hände beiseite und dann in Karls Gesicht.

Der alte Mann spürte den ersten Treffer und wunderte sich. Über ihm das Gesicht eines Wahnsinnigen, verzerrt von einer Wut, die nichts mit ihm zu tun haben konnte.

Für Schmerzen war unter all dem Schock wenig Platz, aber als Bewusstsein und Erkenntnis in die grelle Eintönigkeit seiner Panik sickerten, wurde Karl klar, dass er sterben würde. Und dass seine Frau dann mit diesem Irren allein war.

Obwohl ein Auge bereits blind und seine Chancen gleich null waren, streckte Karl die Hände ein weiteres Mal aus, wehrte einen Schlag ab, bevor der nächste seine Finger brach.

Leng hockte auf ihm, rasend, fauchend, die Zähne gefletscht, als hielte er sich für etwas anderes als einen Menschen. Und mit Augen, die nur noch aus Schatten zu bestehen schienen. Löcher in den Abgrund einer toten Seele.

Karl sah den Hammer ein letztes Mal auf sich zukommen, bevor Lengs verstörendes Gesicht ihn in die Dunkelheit begleitete, die hinter dem plötzlichen Ende der angenehmen Durchschnittlichkeit seines Lebens lag.

3

Als Leng aufhörte, auf den leblosen Körper unter sich einzuschlagen und sich stattdessen zu dem demolierten Gesicht herunterbeugte, um einen Geruch einzusaugen, den nur ein zerstörter Verstand wahrnehmen und genießen konnte, machte Tschicko sich auf den Heimweg. Hunger hatte sich irgendwann in den letzten fünfzehn Minuten gemeldet. Nicht drängend, sondern auf jene geduldige, kompromissbereite Art und Weise, auf die er das immer tat. Tschicko war nie ein gieriger Esser gewesen, nicht mal als Kind. Er salzte nicht nach, brauchte keinen Nachschlag und war zutatentechnisch nicht heikel. Unkompliziertes Kind, unkomplizierter Erwachsener.

Er war noch näher beim Schneiderhaus als bei seinem eigenen, als der Wald plötzlich all seine Farben verlor. Grün wurde zu Weiß,

Braun zu Schwarz. Ausgewaschen, wie verwelkte Erinnerungen. Tschicko spürte den rasenden Marsch seines eigenen Herzens, als es sich gemeinsam mit ihm an jenen Tag seiner Kindheit erinnerte, als das schon einmal passiert war.

Verbrannte Bäume, die sich einem fahlen Himmel entgegenreckten, der wie eine Decke aus gemahlenen Knochen über ihnen hing.

Er hatte sich damals nicht getraut, seinem Vater davon zu erzählen, hatte es als Einbildung abgetan.

Tschicko hob den Blick. Unter der Oberfläche, innerhalb dieser verkehrten Realität, schien etwas zu brodeln, eine undefinierbare Dunkelheit, der halb entblößte Kern einer Krankheit, die es gewohnt war, sich zu verstecken. Schwarze Tinte, die in ein Glas Wasser sickert, ohne sich damit zu vermischen.

Dann war es vorbei.

Zurück blieb Panik, eine drückende Welle, die auf ihn zurollte. Er lief aus dem Wald, ehe sie ihn überschwemmen konnte. Aber die Schatten blieben lebendig. Hektische Bewegungen außerhalb seines Blickfelds, Geräusche, deren unbedeutende Trivialität plötzlich unerlaubtes Leben zu suggerieren schien. Bei Chicos Grab glaubte er, dessen ersterbendes Winseln zu hören, und dort, wo er Lackners Frau gefunden hatte, schien sie einen Moment lang erneut zu baumeln. Es war nur ein kurzes Flimmern, ein Blinzeln der Realität, zwei Frequenzen, die sich den Bruchteil einer Sekunde überlagerten. Kurz genug, um als Einbildung abgetan zu werden.

Eindrücklich genug, um hängen zu bleiben.

4

Roland hatte sich den Montag freigenommen und vormittags bereits einen anständigen Verlobungsring für Sandra besorgt. Es war ein schlichtes Schmuckstück, und soweit er ihren Geschmack zu kennen glaubte, müsste er damit absolut richtigliegen.

Mittags hatte er sich mit Dwiggi zum Essen in dem kleinen Café verabredet, in dem er tags zuvor Gebäck fürs Frühstück besorgt hatte. Dort gab es neben den ganzen handelsüblichen Mehlspeisen auch ein paar pikante Kleinigkeiten, und sofern Schinken-Käse-Toast *hammer* sein konnte, war das hier der Fall.

Dwiggi und er hatten sich seit Jahren nicht mehr gesehen. Seit Jahrzehnten, wenn man mehr Rolands Empfinden als Zahlen vertrauen wollte. Sie waren beste Freunde gewesen, damals in der Schule. Roland war dabei, als aus Ludwig »Dwiggi« wurde, weil Ludwig Anfang der Neunziger einfach nicht mehr zu einem kleinen Jungen passen wollte.

Roland hatte mit ihm zusammen ein Moped kurzgeschlossen und geklaut, als sie schon ein wenig älter und immer noch weit weg von der Volljährigkeit waren. Und Dwiggi hatte Roland und seine erste Freundin auf ebenjenem geklauten Ding nach einer Party nach Hause gefahren, weil Roland sturmfrei hatte und genau wie seine Freundin endlich ausprobieren wollte, womit die älteren Jungs am Schulhof immer angaben. Trotz der Party – eine Menge Alkohol, eine Menge minderjähriger Personen und eine weitere sturmfreie Bude – hatte Dwiggi nichts außer Soft- und Energydrinks getrunken. Weil er wusste, dass er in dieser Nacht als Chauffeur zum Einsatz kommen würde, wie er Roland später erklärte.

Wie sie zu dritt auf das geklaute Moped gepasst hatten, war bis heute ein Rätsel, aber es hatte geklappt. Roland und seine Freundin hatten ihr erstes Mal bekommen und Dwiggi einen mörderischen Anschiss von seinen Eltern, als die Polizei ihn zu Hause ablieferte. Er hatte Roland nicht verpfiffen, und weil Leichdorf ein Dorf war und der Besitzer des Mopeds ein Bekannter von Dwiggis Eltern, kam es nicht zu einer Anzeige. Dwiggi bekam Hausarrest, den er beinahe eingehalten hatte, und musste im Herbst zwei Wochen lang im Stadtpark Laub fegen, aber abgesehen davon war es mit einer Entschuldigung getan. Das Moped ging an seinen Besitzer zurück, Roland gehörte nun zu den Jungs, die auf dem Schulhof angeben konnten, und ihre Freundschaft war von eisern zu unzerstörbar gehärtet.

Und trotzdem hatten sie sich irgendwann aus den Augen verloren.

Dwiggi litt sozial unter radikaler Offenheit und einem manchmal zu direkten Umgang mit anderen, aber Roland hatte an ihm immer geschätzt, dass man wusste, woran man war. Mit ihm gab es kein Vielleicht-doch-nicht, kein Hinhalten, keine kurzfristigen Kursänderungen. Er war wie ein Zug, und man konnte sich darauf verlassen, dass er den Gleisen folgte.

Roland hatte nie wieder jemanden getroffen, der Entscheidungen so schnell traf und sich so sehr daran hielt. Und das bezog sich auf fast alle Kreuzungen in Dwiggis Leben. Roland hatte das immer bewundert und war einigermaßen erstaunt gewesen, als sein Freund ihm mal offenbart hatte, was eigentlich dahintersteckte.

»Ich mach mir genauso viele Sorgen wie alle anderen«, hatte er gesagt. »Ich denk nur nicht darüber nach.«

Für Dwiggi boten Entscheidungen keine Möglichkeit für Rückzieher. In seiner Zeit als Erwachsener hatte er sich, so gut es ging, alle Was-wäre-wenn-Denkmuster abgewöhnt. Er lebte ein Leben ohne Rückwärtsgang, aber all das hatte Zeit gebraucht und einen Preis gefordert.

Dwiggis gesamte Familie war tot. Er hatte mal im Scherz gesagt, dass er mehr Verwandte auf dem Friedhof als im Telefonbuch hätte, und als sein Vater starb – der als Letzter ging und vielleicht deshalb alle anderen Verluste überschattete –, hatte Dwiggi während des Begräbnisses nicht einmal geweint. Verlust war zu einem Teil von ihm geworden, der sich genauso in sein geistiges Gewebe eingearbeitet hatte wie die selbst anerzogene Entscheidungsfreudigkeit.

»Ich war auf zu vielen Begräbnissen in der ersten Reihe«, hatte er einst zu Roland gesagt. »Die Zeiten, wo's wirklich wehtat, sind vorbei.«

Das stimmte nur zum Teil, und den Rest hatte an jenem Abend das Bier beigesteuert, aber dennoch erinnerte Roland sich, wie ihm der Satz einen Stich in die Brust versetzt hatte.

Dwiggi begegnete Hindernissen mit dem fatalistischen Frohmut von jemandem, der entweder an der Illusion seiner eigenen Unsterblichkeit festhält oder sich ins Grab sehnt, ohne selbst aktiv zu werden. Seine Leichtfertigkeit war nichts, worum man ihn beneiden musste. Es war die Überreaktion eines zu oft gestolperten Geistes.

5

Roland sah von der übersichtlichen Speisekarte nur auf, weil vor dem Café etwas vorbeiröhrte, das nach pubertärer Aufmerksamkeitssucht und Präpotenz klang. Es war ein weißer, sportlicher Audi, der garantiert eine Menge PS und genauso viel Fahrspaß unter der Haube hatte, aber in Leichdorf so deplatziert wirkte wie ein Nachbau des Eiffelturms im Ortszentrum.

Roland erhaschte einen kurzen Blick aufs Nummernschild. Kein Einheimischer.

Der Kaffee, den er bereits bestellt hatte, neigte sich dem Ende zu, als keine fünf Minuten später ein Fremder in der Verkleidung eines alten Freundes über die Straße schlenderte und auf ihn zukam. Abgetragene Jeans, abgetragene Sneaker, ungebügeltes Hemd und teure Sonnenbrille. Der Wuschelkopf – in Rolands Erinnerung Dwiggis Markenzeichen – war einem militärischen Kurzhaarschnitt gewichen, der stark nach Barttrimmer-Eigenkreation aussah. Roland war sich nicht sicher, ob das wirklich Dwiggi war, bis dieser seine Sonnenbrille abnahm.

»Hör auf, mich so anzustarren!«, sagte er. »Ist nur der Sommerhaarschnitt.«

Sie begrüßten sich mit den Gesten, aber ohne das Gefühl alter Freundschaft. Da hing eine Fremdartigkeit zwischen ihnen, die alles zu verklären schien. Als wäre ihre Freundschaft eine Erinnerung aus einem anderen Leben.

»Siehst gut aus«, sagte Roland, als Dwiggi sich gesetzt hatte. Und das stimmte. Dwiggi sah wirklich gut aus. Gesund, ausgeglichen und in Form. Aber auch ein wenig falsch, ein wenig unbekannt, und das waren nicht nur die Haare oder die Jahre, die vergangen waren.

Es waren die unterschiedlichen Orte, die unterschiedlichen Leben, die unterschiedlichen Richtungen, die sie eingeschlagen hatten. Der Haudrauf von damals schien zu jemandem geworden zu sein, der einen Haudrauf darstellte.

Die Kellnerin kam, Roland bestellte den Toast, auf den er sich gefreut hatte, und Dwiggi entschied sich nach einem flüchtigen Blick in die Karte für die Gulaschsuppe.

Zumindest an dem Teil von ihm hatte sich also nichts geändert.

6

Mit der Erinnerung an gemeinsam erlebte Geschichten, kam die alte Freundschaft langsam zurück, und als sie beim Kaffee nach dem Essen angekommen waren, rief die Stimmung schon wieder eher nach Bier als Mineralwasser und Espresso.

»Wie geht's Alex?«, fragte Dwiggi. »Ah, nein, wie nennt sie sich jetzt?«

»Sandra.«

»Sandra. Ja.« Dwiggi schnalzte mit der Zunge. »Ich glaub daran werde ich mich nicht mehr gewöhnen.«

Roland hatte ganz vergessen, dass es eine Zeit gegeben hatte, als seine Verlobte ihren Namen nicht mit Sandra, sondern mit Alex abgekürzt hatte. Das war während der Schulzeit gewesen, bis irgendein Dämlapp angefangen hatte, sich darüber lustig zu machen, dass sie einen Jungennamen trug.

»Wurde Zeit, dass ihr euch verlobt.«

Roland sah ihn überrascht an. Die Entscheidung zum Antrag war für ihn so plötzlich gekommen wie vor Jahren Sandras Entscheidung, mit ihm ins Bett zu steigen. »Ach ja?«, fragte er.

»Klar. Habe ich schon in der Schule gewusst.«

»In der Schule?« Roland musste lachen. »In der Schule haben Sandra und ich kaum ein Wort miteinander gewechselt.«

»Aber ...«, Dwiggi dehnte das Wort und zeigte mit dem Finger auf Roland, als stellte er das berühmte *I want you*-Poster mit Uncle Sam nach. »Ihr habt euch angeschaut.«

Roland sah seinen Freund belustigt an. »Und da hast du natürlich sofort gewusst, was Sache ist.«

»Absolut.« Dwiggi grinste. Dann lehnte er sich zurück und riss ein kleines Stückchen der Semmel ab, die zu seiner Gulaschsuppe serviert und nicht ganz verzehrt worden war. »Ich freu mich wirklich für euch.«

Roland nickte und sah zu, wie Dwiggi das Stückchen Semmel in seinen Mund schob. Seine Unbeschwertheit war für Roland immer glaubhaft gewesen, auch als er schon gewusst hatte, woher sie kam. Inzwischen schien sie allerdings zu bröckeln. Roland glaubte, einen traurigen, einsamen Mann hinter der Fassade aus Lockerheit zu sehen.

»Wie läuft's bei dir?«, fragte er. »Zwischenmenschlich?«

Dwiggi sah ihn überrascht an, als wäre die Frage keine logische Weiterführung ihres Gespräches, keines der Top-5-Themen, wenn sich alte Freunde nach Jahren wiedertrafen. Dann zuckte er beiläufig die Schultern. »Alles beim Alten.«

»Das heißt Single.«

Dwiggi nickte, inklusive patentiertem Halbgrinsen und neuem Putz auf der Fassade. »Das heißt es.«

Irgendwie war er immer Single gewesen, selbst wenn er eine Freundin gehabt hatte. Beziehungen hatten sich mit ihm nie so recht vertragen. Es gab Kombinationen, die einfach nicht harmonisch waren. Schokolade und Senf, Briten und Mittelmeersonne, Dwiggi und zwischenmenschliche Bindung.

Dennoch schien er immer gut damit klargekommen zu sein. Immer *happy-go-lucky,* aber in den schwierigen Stunden zwischen Mitternacht und Morgengrauen stets allein.

Roland hatte sich hin und wieder gefragt, ob das in Dwiggis Fall nicht auf seine Familiengeschichte zurückzuführen war – ein unterbewusstes Sicherheitsseil, das ihn bremste, bevor er sich in einer Beziehung zu weit hinauslehnen konnte. Das ihn vor dem

Schmerz neuen Verlustes schützen wollte und im gleichen Atemzug dazu zwang, eine Art modernes Nomadenleben zu führen – abwechslungsreich und spannend, aber auch rastlos und ohne Sicherheit. Von Ort zu Ort und Bett zu Bett, ohne je etwas zu finden, bei dem man sich zu Hause fühlte. Ein Leben ohne Rückwärtsgang eben.

Nein, dachte Roland. *Ein Leben ohne Lenkrad. Nur mit Gaspedal.*

»Ich glaube, ich bin auch bald so weit zum Heiraten«, sagte Dwiggi nachdenklich.

»Sie lockern die Gesetze gerade«, meinte Roland, »aber nach derzeitigem Stand brauchst du trotzdem noch eine zweite Person.«

Dwiggi quittierte den Witz lächelnd, bevor er fortfuhr. »Ich werde der ganzen Rumrennerei langsam überdrüssig. Wird Zeit, dass ich irgendwo ankomme.«

Sein Blick glitt über die Aussicht auf den Ortskern. Er vermittelte nicht gerade den Eindruck, dass er hier ankommen wollte.

»Du warst viel unterwegs«, entgegnete Roland. Es war keine Frage, sondern eine Feststellung. Sie hatten in den letzten Jahren keinen Kontakt mehr gehabt, aber Dwiggi war mehr als nur ein paar hundert Kilometer entfernt gewesen, so viel stand fest.

Dwiggi nickte. »Irland, die meiste Zeit. Dann Südamerika. Asien. Und Neuseeland.«

»Wow.« Das war ehrlich gemeint. »Dublin, Tokio, Leichdorf?« Roland konnte sich sein Grinsen nicht verkneifen. »Untypische Reiseroute.«

Dwiggi antwortete nicht, sondern ließ seinen Blick erneut über die Straße und die Gebäude auf der anderen Seite gleiten. Als müsse er sich davon überzeugen, dass sich nichts verändert hatte. Aber das war das Gute an Winzlingsgemeinden wie Leichdorf: Man konnte sich darauf verlassen, dass alles seinen gewohnten Gang ging.

»Bleibst du?«, fragte Roland.

»Vielleicht.«

Es klang gelogen, aber nicht ganz.

Dwiggi riss seinen Blick los von dem, was auch immer ihn an

den Hausmauern gehalten hatte. »Reisen ist super«, sagte er. »Aber reisen kostet Geld. Und das ist jetzt dummerweise fast aufgebraucht.«

Dwiggi hatte es sich leisten können, ohne Job durch die Welt zu gondeln. Ein weiterer Posten auf der überschaubar kurzen Liste von Vorteilen, wenn man mit fast kalkulierbarer Regelmäßigkeit erbte.

Roland erinnerte sich daran, wie sie vor knapp fünf Jahren, als Dwiggi für das Begräbnis seines Vaters zum bis heute letzten Mal nach Leichdorf gekommen war, essen gegangen waren. Nur Dwiggi, Roland und Sandra. Es war ein ausgesprochen unbeschwerter Abend gewesen, dem bis zum zweiten oder dritten Bier ein gewisses Schuldgefühl im Nacken saß, weil es falsch wirkte, so eine gute Zeit zu haben, wenn man gerade den Vater seines besten Freundes beerdigt hatte. Aber Dwiggi schien die ganze Misere bis zum Abend bereits vergessen zu haben. Er und Sandra hatten sich fantastisch verstanden, und Roland hatte danach zwar noch viele weitere lustige Abende mit Sandra und Freunden verbracht, aber nie wieder einen, der sich so harmonisch, so sehr nach massiv gewachsener Freundschaft angefühlt hatte wie der von damals.

»Ich werd das Haus herrichten«, sagte Dwiggi und meinte damit das, in dem er aufgewachsen war. Es stand etwas außerhalb des Ortskerns, leicht erhoben und direkt an den Wald grenzend, der sich von dort weitläufig bis zur Passstraße und darüber hinaus erstreckte. Beim Haus war dieser flach und unübersichtlich, durchzogen von einem alten Wegenetz, das seit Langem nicht mehr gepflegt wurde und größtenteils überwuchert sein musste.

Dwiggi, der schon vor dem Tod seines Vaters aus Leichdorf weggezogen war, wollte nicht in dem Haus bleiben. Aber verfallen lassen wollte er es auch nicht. Roland hatte ihm Harald vorgeschlagen, der ein handwerklicher Tausendsassa der alten Schule und Mann für alles war, und seinen Lebensunterhalt vor allem damit verdiente, die Häuser der Zweitwohnungsbesitzer in Ebenkreuz in Schuss zu halten.

»Ich glaube, der Lackner hat sich ganz gut darum gekümmert«, meinte Roland.

Dwiggi nickte. »Besser als ich es getan hätte. Aber ich rede auch mehr von drinnen.«

»Du willst umdekorieren?«

»Ausmisten.«

»Wenn du Hilfe brauchst – jederzeit.«

Dwiggi nickte dankend. »Hast du dafür Zeit? Womit verdienst du inzwischen dein Geld?«

»Immer noch mit Taxifahren.«

In der Zeit, als Sandra für ein paar Jahre aus der Gegend verschwunden war, um sich zur Physiotherapeutin ausbilden zu lassen, war Roland unentschlossen zwischen dem Druck, studieren zu müssen, und dem Wunsch, sein eigenes Geld zu verdienen hin- und hergependelt. Als Übergangslösung hatte er schließlich eine Stelle als Taxifahrer angenommen, und die Übergangslösung war irgendwann zum Hauptberuf geworden. Entscheidungstechnisch war Roland kein Dwiggi, aber auf seine Art blieb auch er seinen Entscheidungen treu.

Es gab in Leichdorf und den Nachbarorten nur ein Taxiunternehmen, und das war mit der Nachfrage gut ausgelastet. Es war ein gemütlicher Job, in einer gemütlichen kleinen Stadt, und da sie Fahrten in einem ziemlich großen Umkreis abdeckten, kam Roland auch regelmäßig ein wenig raus aus dem Dorf. Er saß gern hinterm Steuer – die Stunden, die er alleine auf Rückfahrten oder einfach mit Warten verbrachte, waren seine Art der Alltagsmeditation.

»Und Ale … Sandra?«

Roland war vor Dwiggis ausgebessertem Versprecher noch nie aufgefallen, dass die beiden Spitznamen seiner Verlobten zusammen ihren vollen Namen ergaben. Was für ein lustiges Detail am Rande.

»Kämpft sie noch an der Front gegen Haltungsprobleme?«

»Sucht grad nach einer neuen Stelle«, sagte er. »Sie würde gern hier in der Gegend bleiben, aber im Moment ist nichts offen.«

Dwiggi winkte ab. »Das wird schon. Irgendwer hat immer Kreuzweh.«

Sie bestellten neue Getränke, und weil es zu diesem Zeitpunkt schon wieder beinahe so war, als wäre Dwiggi nie weg gewesen, überrannte dieser Roland mit seiner Kurzentschlossenheit.

»Wieso schaut ihr nicht zum Essen vorbei?«, fragte er.

»Wieso … was?«

»Du und Sandra. Kommt zum Essen vorbei, ich lad euch ein. Heute Abend, was sagst du dazu?«

Roland wollte in erster Linie ›Nein‹ sagen, weil ihm das ein bisschen zu plötzlich kam, aber im Prinzip sprach nichts dagegen. Sofern Sandra Lust hatte.

»Ich werde meine Verlobte fragen«, entgegnete Roland und fühlte einen gewissen befriedigenden Stolz bei den Worten ›meine Verlobte‹.

»Mach das. Und wenn ihr keinen Bock habt – ehrlich sagen. Ich will kein Termin im Kalender werden.«

»Alles klar.«

»Ich meine es ernst.« Und Dwiggi sah dementsprechend drein. »Kein Bock, kein Essen. Okay?«

Roland nickte. »In Ordnung.«

»Gebt mir nur ein paar Stunden vorher Bescheid, damit ich die Küche freischaufeln kann.«

Dwiggi grinste, und fast war es, als würde da der kleine Junge von damals sitzen, mit ersten Abnutzungserscheinungen und einem Hauch von Verantwortungsbewusstsein. Roland war allerdings davon überzeugt, dass Dwiggi immer noch ein Moped mit ihm kurzschließen würde.

Und Roland, der sich immer für den Vernünftigeren gehalten hatte, glaubte, dass er mitmachen würde.

7

Zu Dwiggis Elternhaus führte eine lange, leicht gewundene Forststraße, die zwar breit, aber nicht breit genug für zwei Fahrzeuge nebeneinander war. Traktoren konnten bedenkenlos darauf fahren, was das Schneeräumen im Winter erheblich vereinfachte. Aber Gegenverkehr resultierte darin, dass einer der Verkehrsteilnehmer Übung im Rückwärtsfahren bekam.

Nur gab es auf dieser Straße ohnehin keinen Gegenverkehr. Es war eine Einbahnstraße, die in beide Richtungen führen konnte, je nachdem, ob man zur Casa Dirner hin- oder davon wegfuhr.

Als Dwiggi auf die Zufahrt einbog, hörte er das Knirschen des Schotters unter den Reifen seines Wagens überdeutlich laut. Die hohen Bäume, die unmittelbar am Straßenrand Spalier standen, sperrten einen Großteil des Lichts aus, und es war, als würde der Wald ihn verschlucken.

Diesen Eindruck hatte er schon als Kind gehabt. Er hatte nie aus dem Fenster gesehen, wenn er mit seinen Eltern diese Straße entlanggefahren war, hatte nie in den Wald geblickt. Weil es zwischen den Stämmen einfach zu dunkel war und dort wer weiß was sein konnte.

Das Haus selbst hatte er gemocht. Es war groß und bot eine Menge Platz für Abenteuer, wenn man noch ein Kind war. Seine Eltern hatten es gekauft und renoviert, und nun war es vermutlich wieder an der Zeit, es zu renovieren. Als die Bäume die Sonne verdeckten, schien sich auch ein Schatten über seine unbeschwerte Stimmung zu legen, vage und leicht zu ignorieren, aber nichtsdestotrotz da.

Er war gestern bereits angekommen, aber als er nach Leichdorf eingebogen war, hatte er es nicht zustande gebracht, hier in den Wald zu fahren. Er hatte vorne bei der Einfahrt gehalten und Roland angerufen, in der Hoffnung, dass die Stimme seines alten Freundes jenes Gefühl der Fremdartigkeit vertreiben würde, das ihn kurz vor dem Pass befallen hatte. Das war gelungen, aber nur für die Dauer des Gesprächs. Danach hatte Dwiggi sich wieder mit der Angst auseinandersetzen müssen, in das Haus zurückzukehren.

Er dachte an seinen Vater, an die verrenkte, entmenschlichte Leiche, die er im Bett gefunden hatte, ausgezehrt von Krankheit und erstarrt in einem stummen Seufzen, das zu sehr nach einem Schrei aussah, um keine Albträume zu verursachen. Dwiggi hatte den Motor wieder gestartet und war nach Ebenkreuz gefahren, um sich dort in einem Hotel einzuquartieren und darüber nachzudenken, die ganze Sache abzublasen.

Aber nun war er hier, und das Treffen mit Roland hatte einiges dazu beigetragen. Dwiggi war guter Laune, aber er spürte das unangenehme Kribbeln, das nur verborgen, aber nicht weg war. Er war lange genug fort gewesen, um mit dem, was geschehen war, abzuschließen, und er würde sich nicht aus seinem Haus vertreiben lassen, vor allem nicht von sich selbst. Aber dennoch hoffte er inständig, dass Roland und Sandra später vorbeikommen würden. Er fürchtete, dass das Gesicht seines Vaters ihn nachts durch die leeren Räume verfolgen könnte, wenn er den ersten Abend allein dort verbrachte.

Die Straße wand sich sanft durch den Wald, und nach einer letzten Kurve erreichte er den ausladenden Parkplatz, den seine Eltern vor dem Haus angelegt und im Sommer für Gartenfeste benutzt hatten. Dwiggi erinnerte sich an den Lärm aus Lachen, zischendem Fett vom Grill und dem altmodischen Radio, das immer irgendwo rumgestanden hatte. Es war ein guter Lärm gewesen.

Er schaltete die Zündung aus und blieb im Wagen sitzen. Durch die Windschutzscheibe hindurch wirkte das Haus dunkler, als er es in Erinnerung hatte. *Bist lange nicht mehr hier gewesen,* dachte er und fragte sich nur den Bruchteil einer Sekunde später, wie es wohl wäre, nicht alleine hier einzutreffen, sondern mit Familie. Mit einer Frau, einem Hund.

Dwiggi musste bei dem Gedanken an Letzteres lächeln. Er war nie ein großer Haustierfreund gewesen.

Kurz stellte er sich vor, wie es wäre, begrüßt zu werden. Wenn die Vordertür aufginge und jemand herauskäme, erfreut über den Besuch und glücklich. Wie Kinder zum Haus rannten.

Es würde nicht so tot aussehen, dachte er. *Nicht so kalt.*

Mit einem Seufzen, das ihm seinen alten Gleichmut zurückbrachte, stieg er aus.

Um den vorderen Bereich des Hauses zog sich eine niedrige Mauer, die nichts weiter als Zierde war. Sogar ein Kind konnte darüberklettern, und einem Erwachsenen versperrte sie nicht mal die Sicht. In der Mitte war sie offen, begrenzt von zwei Säulen, zwischen denen früher ein schweres, gusseisernes Tor befestigt gewesen war. Dwiggis Eltern hatten es entfernt, weil sie – wie sein Vater gesagt hatte – eine gewöhnliche Familie waren und kein ›von‹ im Namen trugen. Er hatte damals nicht verstanden, was ein ›von‹ mit Mauern zu tun hatte, aber es war ihm auch egal gewesen.

Innerhalb der Mauer stand eine altmodische Wäschespinne, eine trostlose und irgendwie verstörende Konstruktion. Er erinnerte sich, wie er als Kind Angst davor gehabt hatte. Immerhin hieß es Wäsche*spinne* und sah auch ein wenig so aus. Obwohl es nur Metallstreben waren, hatte er als Kind manchmal das Gefühl gehabt, dass es sich bewegen könnte, wenn man nicht hinsah.

»Immer noch hässlich«, murmelte er und dachte, dass er sie wohl entfernen würde.

Er wandte seinen Blick ab, und während er die Fassade mit ihren schwarzen, wenig einladenden Fenstern betrachtete, entrang sich ihm ein weiteres Seufzen. Und statt zwischen den verwaisten Säulen zur Vordertür zu gehen und sein Eigentum von innen wiederzuentdecken, lehnte er sich gegen die Seite seines Wagens und ließ den Anblick auf sich wirken. Wollte er wirklich hier sein? Wollte er wieder herkommen, eine Familie gründen, bleiben? Konnte er das überhaupt?

Die Dinge wirkten einfacher, wenn man einen gewissen Abstand zu ihnen hatte. Dwiggi war jahrelang auf Abstand gewesen, und nun, da er kurz davor stand, sich einzunisten, wollte er schon wieder fort.

Lackner hatte sich auf den ersten Blick gut um das Haus gekümmert, aber fürs Staubwischen hatte Dwiggi ihn nicht bezahlt, insofern gab es drinnen sicherlich eine Menge zu tun.

Er warf einen Blick zum Wald, der hier beim Haus etwas lichter war und mehr Sonne durchließ. Als Kind hatte er gern darin gespielt.

»Tolles Haus«, sagte er frei von Sarkasmus, durchschritt die Öffnung in der Mauer und marschierte zur Eingangstür. In seinem Kopf summte er eines der alten Lieder, die er mit seinen Eltern und Grillfeiern verband.

8

Das Haus bestand aus zwei bewohnbaren Stockwerken und einem ausladenden Dachboden, der Potenzial für ein drittes, heimeliges Geschoss bot, wenn man gewillt war, Zeit und Geld zu investieren. Es hatte auch einen Keller – weder ausladend noch in irgendeiner Weise bewohnbar – aber den wollte Dwiggi sich für den Schluss aufbehalten. Dass dort unten Gerümpel und Ungeziefer sich Gute Nacht sagten, bezweifelte er keinen Moment, und er wollte es langsam angehen lassen. Immerhin hatte er Zeit.

Im großen Eingangsbereich stieß er auf Leinwände mit Kunstwerken, für die ihm schon als Kind Verständnis und Zuneigung gefehlt hatten.

Es war seltsam, wieder hier zu sein, aber das war zu erwarten gewesen.

Dwiggi roch die kalte, abgestandene Luft und entschied sich, die Vordertür offen zu lassen.

Vor ihm führte eine Treppe nach oben, breit und mit Teppich ausgelegt. Zu beiden Seiten lagen weitere Räume. Das Erdgeschoss konnte als vollkommen eigenständige Wohnung benutzt werden. Es gab eine Küche, ein Badezimmer mit Toilette, ein Schlafzimmer und ein mittelgroßes Wohnzimmer, das seine Eltern zu einer Mischung aus Bibliothek und Aufenthaltsraum umfunktioniert hatten.

Als Kind war er sich vage bewusst gewesen, dass er in einem großen Haus aufwuchs, aber als er nun wieder hier stand, schien die Größe des Gebäudes und der Überfluss an Räumen ihn fast zu erschlagen.

Er ließ seinen Blick über die Kunstgegenstände gleiten, die überall auf Kommoden, Kästen und in Vitrinen verteilt waren. Schon in seiner Kindheit war dieses Haus ziemlich voll gewesen, aber nun, da er es bewusster und mit anderen Augen betrachtete, wirkte es wie ein überdachter Flohmarkt voller Ramsch.

Das wird ein schönes Stück Arbeit, dachte er. Und er freute sich darauf. Frühjahrsputz war bekanntlich befreiend, und das hier würde den Begriff zweifellos in neue Dimensionen katapultieren.

Die Küche schrie nach Reinigungsmittel, aber Herd und Backrohr funktionierten, und als Dwiggi den Kühlschrank wieder einsteckte, ging das Licht darin an, also bestand die Hoffnung, dass auch an dieser Front alles in Ordnung war.

In der Ecke neben der Tür stand immer noch die alte Vitrine, die seine Mutter aus für ihn nie nachvollziehbaren Gründen immer wahnsinnig schön gefunden hatte. Durch die Glasfront sah man ein ordentlich positioniertes Teeservice – veraltet, deprimierend, hässlich. Wenigstens in diesem Punkt waren seine Mutter und er sich einig gewesen. Warum sie es bis zum Schluss behalten hatte? Weil es ein Geschenk gewesen war und Geschenke nicht immer ein Segen waren, gut gemeint oder nicht.

Er durchforstete die Schubladen der Küchenzeile, machte sich einen Überblick über Besteck, Teller, Messer und sonstige Küchenstandardausrüstung und stellte erfreut fest, dass sein Bedarf mehr als gedeckt war. Das Zeug war etwas in die Jahre gekommen, aber seine Eltern waren nie sorglos mit Werkzeug umgegangen, ganz gleich ob es für die Küche oder die Garage bestimmt war.

In dem Kästchen neben dem Backofen, der sich entgegen moderner Tendenzen noch nicht in Brusthöhe befand, waren Töpfe und Pfannen verstaut, und Dwiggi erinnerte sich daran, dass seine Mutter dort auch – ganz weit hinten im Eck – einen geheimen Vorrat an Butterkeksen gehabt hatte. Sie würden nicht mehr genießbar sein, aber Dwiggi wollte trotzdem wissen, ob noch welche da waren. Er konnte sich nicht mehr an den Tag erinnern, an dem er den Butterkeksgeheimvorrat entdeckt hatte, und er wusste auch nicht mehr, wie genau es dazu gekommen war. Aber nachdem das Geheimnis einmal gelüftet gewesen war, hatte er regelmäßig mitgenascht. Immer dann, wenn die Packung im Schrank offen war, damit seine Mutter nichts bemerkte. Er hätte die Kekse auch so bekommen, wenn er gefragt hätte, aber der ganze Zweck der Geheimnascherei war das Geheime daran. Das machte es spannend. Dwiggi liebte Butterkekse immer noch, aber er glaubte, dass das vor allem an dem Hauch von Abenteuer lag, von dem sie in seiner Kindheit immer umgeben gewesen waren. Ein Hauch von Abenteuer und Verbotenem.

Wie ein Waschbär auf Futtersuche zwängte er sich in den Schrank, schob Pfannen und Töpfe beiseite, weil er zu faul war, sie vorher rauszunehmen, und suchte nach alten Erinnerungen in Plastikverpackungen.

9

Harald hatte einen Großteil seiner heutigen Aufgaben bereits hinter sich. Er aß selten zu Mittag, weil der Hunger bis abends meistens nicht mehr zurückkam, wenn er ihn am späten Vormittag ignorierte. Harald war dünner geworden, aber nicht im guten Sinn. Seit er seine Frau verloren hatte, war Essen zunehmend zu einem Zwang geworden, dem er zwar nachgeben musste, aber nicht unbedingt mit Freude. Morgens verzehrte er mit methodischer Gleichgültigkeit zwei Brote mit Butter und Marmelade, wenn er überhaupt etwas aß. Abends kochte er etwas Einfaches und Schnelles, weil Kochen ihm genauso wenig Freude bereitete wie Essen.

Gerda war eine gute Köchin gewesen. Der Umstieg von ihren kulinarischen Geschenken auf seine zweckdienlichen Kalorienhappen war nur ein weiterer Schritt die Leiter hinunter, auf die ihn sein Lebensweg gezwungen hatte.

Er steuerte seinen kräftigen Geländewagen – der eine Menge Jahre und eine noch eindrucksvollere Menge Kilometer auf dem Buckel hatte und immer noch einwandfrei lief – auf der sanft geschlungenen Straße durch den Wald.

Das Dirner-Haus war der letzte große Punkt auf seiner heutigen To-do-Liste und Harald glaubte, dass er danach vielleicht auswärts essen würde. Irgendwo, wo er in der Sonne sitzen konnte. Vielleicht nicht mal in Leichdorf, vielleicht würde er die verbleibende Zeit nutzen und ein wenig rumfahren.

»Kann nicht schaden«, murmelte er.

Vor dem Haus stand ein weißer Audi. Verwirrt betrachtete Harald das Auto – sportlich, protzig, aber waschbedürftig – und nahm dabei unbewusst den Fuß vom Gas. Er sah auf das Kennzeichen. Kein Einheimischer.

Macht einen Spaziergang im Wald, dachte er.

Es war ein schöner Tag, insofern war das durchaus verständlich. Aber dennoch war das Privatgrund, und Harald würde dem ortsunkundigen Wanderer genau das vor Augen halten – mit nachdrücklicher Höflichkeit. Würde das Dirner-Haus ihm gehören, hätte er schon längst an der Einfahrt zur Waldstraße ein Fahrverbotsschild aufgestellt.

Als er sich zum Haus umwandte, sah er, dass die Vordertür offen stand.

Verdammtes Arschloch, dachte er.

Und als er die große Rohrzange aus seinem Werkzeugkoffer geholt hatte und zum Haus stapfte, war der Gedanke an Höflichkeit aus seinem Denken verschwunden.

10

Dwiggi schepperte als gäbe es kein Morgen, und selbst wenn hinter ihm die Welt untergegangen wäre, hätte er es vermutlich nicht gehört.

Er kochte gerne, hatte es aber in kleinen Küchen mit wenig Platz gelernt, weil er auf Reisen eher spartanisch unterwegs war. Mit den Töpfen im Schrank war es ein wenig wie mit den Zimmern im Haus: Es waren unangenehm viele.

11

Schon ein paar Meter vom Haus entfernt hörte Harald den Lärm, den der Einbrecher darin veranstaltete. Kurz wunderte er sich über die Dreistigkeit – Tür offen lassen und solchen Rambazamba veranstalten –, aber er hielt sich nicht lange damit auf. Der Depp hatte verdient, was auf ihn zukam.

Die Geräusche führten ihn direkt in die Küche, und als er sah, dass der Eindringling zur Hälfte im Küchenschrank hing und weiß Gott was darin suchte, war für Harald alles klar. Es hatte eine Zeit gegeben, in der sein Leben von Barschlägereien und Hausverboten erfüllt gewesen war, und auch wenn Gerda ihn schließlich gezähmt hatte – und vielleicht kastriert, wie Harald sich manchmal still und heimlich fragte –, war dieser Teil seiner Persönlichkeit nie ganz verschwunden. Er war nutzlos geworden und verkümmert, aber nun blühte er mit überraschendem Eifer wieder auf. Harald war damals kein Mann für Kompromisse gewesen, und er war es auch heute noch nicht.

12

Dwiggis suchende Hand berührte gerade die Verpackung der gesuchten Butterkekse, als hinter ihm jemand zu schreien begann. Erschrocken zuckte Dwiggi zusammen, versuchte sich aus seiner ungünstigen Lage zu befreien, verkeilte sich in dem dämlichen Kästchen und stieß sich den Kopf an der Unterseite der Arbeitsplatte an. Er glitt unter heftigem Getöse und Geschepper aus dem Schränkchen, und wider alle Wahrscheinlichkeit ersparte ihm seine Tollpatschigkeit einiges an Blessuren.

Die Töpfe und Pfannen, die Dwiggi unfreiwillig mit sich zerrte, als er aus seiner hölzernen Höhle hervorschlüpfte, verteilten sich über den Boden, und eine rutschte dem schreienden Angreifer direkt vor die Füße, sodass dieser kurz innehalten musste, um das Gleichgewicht zu halten.

Das rettete Dwiggi nicht vollkommen, gab ihm aber genug Zeit, um die Rohrzange in der erhobenen Faust des Mannes zu erkennen und darüber erstaunt zu sein.

Er packte den nächstbesten Topf, der neben ihm lag, und schwang ihn mit beiden Armen nach oben. Hart trafen sich die schwere Zange und der Topf auf halbem Weg, und nach dem lauten ›Klong‹ des Zusammenpralls glitt die Zange durch den Schwung von Dwiggis panischer Verteidigung aus Haralds Hand, segelte durch den Raum und traf irgendwo außer Sicht auf Glas.

Das beendete Haralds Kriegsschrei. Verwirrt standen beziehungsweise lagen sie sich in der eintretenden Stille gegenüber, sahen sich über den Rand des verbeulten Topfes hinweg an und brauchten einen Moment, um sich gegenseitig zu erkennen. Sie hatten sich nur ein- oder zweimal gesehen, als die nötigen Arbeiten rund ums Haus und die Bezahlung geklärt worden waren, und das war ein paar Jahre her.

»Herr Lackner?«

»Herr … Ludwig?«

Sie waren nie wirklich per Du geworden und nie wirklich per Sie geblieben. Eigentlich waren sie eher wie zwei Unternehmen, die gesichtslos miteinander kommunizierten. *Ludwig* klang so befremdlich, dass Dwiggi sich nicht einmal angesprochen fühlte.

Er ließ den Topf sinken, und währenddessen hatte Harald Zeit, sich darüber klar zu werden, was eben passiert war. Und über das, was beinahe passiert wäre.

»Oh, verdammter Gott!«, keuchte er.

Dwiggi hob betont spielerisch die Arme. »Darf ich aufstehen?« Harald reichte ihm eine Hand, um ihm auf die Beine zu helfen.

»Tut mir leid«, sagte er, sichtlich unter Schock wegen der Tatsache, dass er einem seiner Arbeitgeber fast den Schädel eingeschlagen hätte. »Ich dachte, es wär ein Einbrecher.«

»Der müsste jetzt auf jeden Fall mit vollen Hosen herumlaufen«, entgegnete Dwiggi, und als er zu lachen begann, hätte Harald um ein Haar darin eingestimmt. Weil ihm die Fähigkeit zu lachen aber weitestgehend abhandengekommen war, blieb es bei einem kleinen, unbewussten Zucken der Mundwinkel – einem emotionalen Reflex, der auf halbem Weg zum Lächeln verhungerte und sich wieder verzog.

»Ich wollte nur schauen, ob alles in Ordnung ist«, sagte er. »Und den Rasen mähen.«

»Muss nicht sein«, antwortete Dwiggi.

Dann war es fürs Erste still. Haralds Blick glitt in die Ecke des Raums – dorthin, wo der Flug der Rohrzange schlussendlich sein Ende gefunden hatte: in der altmodischen Vitrine. Hinter der zerborstenen Glasfront, zwischen den Scherben des ungeliebten Teeservices. Als würde sie diesen Ausstellungsort nun für sich beanspruchen, lag sie dort, heil inmitten der Zerstörung, die sie angerichtet hatte.

Dwiggi betrachtete den verbeulten Topf in seiner Hand. »Vielleicht sollte ich den dazustellen«, sagte er und nickte in Richtung Vitrine.

Wieder hätte Harald fast gelächelt, und wieder schaffte er es nicht.

»Das tut mir wirklich leid«, sagte er nur, und es klang genauso ehrlich, wie es gemeint war.

»Bin ganz froh, dass es nicht mein Kopf war.« Dwiggi war nicht sauer. Dazu war die ganze Situation zu absurd.

»Ich ersetz das alles!«, sagte Harald. Auch wenn er nicht so recht wusste, wie. Die Vitrine wirkte alt. Und das Geschirr darin auch. Hässlich. Aber alt. Das würden viele Stunden Rasenmähen werden, sofern sich die Sache auf diese Weise bereinigen ließ.

»Halb so wild«, meinte Dwiggi und stellte den Topf auf die Arbeitsfläche. »Immerhin weiß ich jetzt, dass Sie auch einen ganz brauchbaren Sicherheitsdienst abgeben.« Wieder wurde sein Lächeln nicht erwidert, und Dwiggi beschloss, dass es an der Zeit war, seine Versuche aufzugeben, die Stimmung zu lockern. »Sie haben sich gut um das Haus gekümmert«, sagte er. »Vielen Dank.«

Harald nickte nur, als wäre gute Arbeit das Selbstverständlichste der Welt – und in seiner war es das auch. »Bleiben Sie?«, fragte er.

Immer dieselbe Frage, dachte Dwiggi. Er zuckte die Achseln.

»Fürs Erste. Ich würd mich aber gerne melden, wenn ich wieder unterwegs bin.«

Harald nickte, sichtlich erleichtert, dass der frühe Feierabend nicht von allzu viel Ärger verlängert wurde. »Die Nummer ist immer noch dieselbe.«

Dann ging er zu der Vitrine, griff durch das Loch in der Glastür, die man nun nicht mehr öffnen musste, und holte seine Zange heraus.

»Verzeihung, noch mal«, sagte er mit einem Räuspern.

»Alles gut.«

Harald ging, und Dwiggi blieb mit realen Scherben zwischen den erinnerten zurück. Aber auch mit Butterkeksen.

13

Maria erwachte auf einem Bett, das sie nicht kannte, in einem Raum, den sie nicht kannte. Schummriges Licht, modriger Gestank und Kopfschmerzen begrüßten sie. Verwirrt sah sie sich um, aber Hinweise, die zur Aufklärung ihrer Orientierungslosigkeit beigetragen hätten, fehlten. Es roch wie ein altes Haus und sah auch so aus. Vernachlässigt. Der Raum war klein, die einzige Tür nur angelehnt. Maria lauschte, aber ihre Umgebung war so still wie fremd. Abgesehen von etwas Tropfendem, als wäre im Nebenzimmer ein Wasserhahn undicht.

Sie hoffte auf weitere Geräusche, etwas, das ihr dabei half herauszufinden, wo sie sich befand. Als diese ausblieben, versuchte sie sich aufzusetzen. Die Bettfedern ächzten unter ihrem Gewicht. Die alte, unkomfortable Matratze sank tief ein, als wollte sie ihre Hände schlucken, und ihr Körper – schlaff und kraftlos – konnte sie nicht halten.

Maria sank zurück auf den Rücken, aber gleichzeitig waren da Schmerzen – tief und pochend, ein Aufschrei in ihren Unterschenkeln, der die Kopfschmerzen lächerlich erscheinen ließ. Sie biss die Zähne zusammen, weil sie das so gelernt hatte, aber dazwischen drangen dennoch gepresste Laute hervor, akustischer Druckausgleich.

Sie hielt still, während ihre Beine sich wieder beruhigten, und versuchte zu rekonstruieren, was geschehen war. Karl und sie waren unterwegs gewesen. Alljährliche Urlaubsfahrt, am Ende des Frühlings, vor dem Sommer, vor der Saison. Das einzig Inkonsistente an dieser Tradition war das Ziel. Karl und sie waren zu neugierig um ständig dasselbe zu sehen, also reisten sie fast immer an einen anderen Ort.

Wo war sie jetzt? Ein kleiner Ort, nicht ihr Ziel, nur irgendwo zwischen der Tankstelle, bei der sie sich verfahren hatten, und dort, wo sie hingewollt hatten. Maria erinnerte sich nicht mehr daran, wo das gewesen war.

Ebenkreuz, dachte sie, aber das stimmte nicht. Ebenkreuz wäre nur ein weiterer Zwischenstopp am Wegesrand gewesen. Der Name kommt von ›geebnetem Kreuz‹, hatte Karl sie aufgeklärt. Sie hatten sich darüber unterhalten, ob das pro Christentum oder kontra zu verstehen war.

»Wissen wir nicht«, murmelte sie. Ihr Mund war trocken. Sie glaubte, Blut zu schmecken, aber das war vielleicht nur Einbildung. Hatte sie sich auf die Zunge gebissen? Möglich. Ihr Gesicht fühlte sich dumpf an. Geschwollen. Aber das tat eigentlich auch der Rest ihres Körpers. Als läge sie in einem See aus Watte, der sich von innen in ihr ausbreitete.

Maria hob eine Hand, um ihr Gesicht zu berühren, dort, wo es zu pochen schien, als wäre es geprellt. Aber in diesem Moment hörte sie jemanden. Ihr erster Gedanke galt Karl. Sie wusste zwar nicht, wie sie hierhergekommen war, aber sie beide waren gemeinsam unterwegs gewesen, also würde er auch jetzt in ihrer Nähe sein. Vielleicht gleich hinter der angelehnten Tür.

Sie hörte Schritte und undeutliches Gemurmel, von dem sie nichts verstand. Der alte Boden knarrte, die Schritte waren schnell, fast hektisch.

»Hallo?«

Ihre Stimme klang seltsam und angestrengt. So, wie Leute manchmal klangen, wenn sie morgens noch nicht ganz wach waren.

Kurz hielten die Schritte inne, aber dann näherten sie sich der Tür. Sie erwartete Karl und sah einen Fremden. Ein schlanker Mann, gut zwanzig Jahre jünger als sie. Maria erinnerte sich kurz an die Zeit, als sie selbst zwischen vierzig und fünfzig gewesen war. Damals waren Karl und sie bereits ein Paar gewesen, hatten an derselben Schule unterrichtet und ein glückliches Leben geführt.

Mit Mitte vierzig hatte sie allerdings auch ihre Mutter mit einem Kissen erstickt und als natürlichen Todesfall vertuscht. Nicht ohne Hilfe freilich.

»Wie geht es Ihnen?«, fragte der Mann. Seine schmalen Lippen lächelten zaghaft, beinahe schüchtern. Maria war von der Unsicherheit in den dunklen Augen überrascht, aber sie sorgte dafür, das Misstrauen dem Fremden gegenüber zu relativieren. Sie wusste nicht, was sie auf die Frage antworten sollte, und er schien keine Antwort zu erwarten.

»Wer sind Sie?«, fragte sie. »Wo ist Karl?«

Als sie sich wieder aufrichten wollte, zuckten erneut Schmerzen durch ihren schlaffen Körper, denen sie sich geschlagen geben musste.

»Bleiben Sie liegen.« Seine Stimme war sanft, beruhigend. Er legte seine Hand auf ihre Schulter, nicht anzüglich, eher so, als würde man ein fremdes Kind berühren, um ihm Nähe und Sicherheit zu suggerieren.

Wieder versuchte sie zu rekonstruieren, was geschehen war. Da war ein weißer Wagen, die steile Straße und dann … nichts. Maria erinnerte sich weder an das Reh noch an den Unfall.

»Wo ist mein Gatte?«, fragte sie, aber auch diesmal antwortete der Fremde nicht. Er lächelte nur, als würde er sich freuen, dass sie hier war. Damit war er allein.

Erneute Schmerzen. Sie biss die Zähne zusammen und griff im Reflex nach der Hand, die auf ihrer Schulter ruhte, drückte sie. Der Mann ließ es zu.

»Sie sind verletzt«, entgegnete er. »Sie brauchen Ruhe.«

Die Schmerzen klangen ab, Maria ließ die Hand los. Einen Moment schienen die Finger des Fremden sie nicht gehen lassen zu wollen, aber dann taten sie es doch.

»Meine Beine?«, fragte sie, auch wenn sie die Antwort bereits kannte.

Er nickte.

»Wo ist Karl?«

Nur das scheue Lächeln statt einer Antwort.

»Ihre Unterschenkel sind gebrochen«, sagte er. »Ich habe sie geschient. Provisorisch. Es wird dauern, aber Ihre Knochen werden wieder zusammenwachsen.«

Was sie mit gebrochenen Beinen in diesem heruntergekommenen Zimmer statt einem Krankenhaus zu suchen hatte, wusste Maria nicht. Aber es würde eine Erklärung dafür geben. Karl würde eine Erklärung dafür haben. Sie wollte ihn ein weiteres Mal nach Karls Aufenthaltsort fragen, aber stellte schließlich eine andere. Denn auf einmal war klar, woher das dumpfe Gefühl kam, warum sie trotz gebrochener Knochen halbwegs gemütlich liegen konnte.

»Was haben Sie mir gegeben?«

»Etwas gegen die Schmerzen.«

Weiter wollte er seine Antwort nicht ausführen.

»Bringen Sie mich zu Karl«, sagte sie. Und dann, als er nicht antwortete: »Bitte.«

Wieder lächelte er. Seine Augen schienen dunkler zu werden, aber das musste an dem Licht hier drin liegen.

»Ich fürchte, das geht nicht«, entgegnete er.

Maria spürte Kälte, die sich unter ihrer Haut ausbreitete. Als erwachten ihre Nerven aus gemütlichem Schlummer.

Die Augen des Fremden ruhten auf ihren.

»Dann bringen Sie ihn her«, sagte sie.

Er tat nichts dergleichen. Das feine Lächeln blieb, nicht mehr als eine Andeutung an den Mundwinkeln. Aber der Rest des Gesichts wurde leer.

»Wo ist mein Mann?«

»Karl schläft.«

Maria war erstaunt. Vielleicht, weil er plötzlich doch antwortete, vielleicht, weil er zum ersten Mal Karls Namen verwendete.

Die viel wichtigere Frage war, ob sie ihm glaubte. Sie wusste es nicht.

»Ich sollte besser in ein Krankenhaus«, sagte sie.

Er nickte. »Ein Freund von mir ist Arzt. Hab ihn bereits verständigt.«

Sie betrachtete sein Gesicht. Er hielt ihrem Blick stand.

»Sie sollten sich ausruhen, Maria.«

Ihr eigener Name wirkte beruhigend, suggerierte Vertrautheit, die nicht da war.

»Trinken Sie.«

Er hielt ein Glas an ihre Lippen, und sie trank. Das Wasser war kalt, frisch. Ein wenig bitter. Aber als sie das erkannte, war es bereits unten.

Alarmiert sah sie ihn an.

»Wird Ihnen helfen zu schlafen«, sagte er nur. Sie wollte nicht schlafen.

Aber wenig später driftete sie weg, begleitet von im Zaum gehaltenen Schmerzen, dem fremden Gesicht und einer Sehnsucht nach Karl, die ihr beinahe unbekannt war, weil sie nie viel Zeit voneinander getrennt verbracht hatten.

14

Es hatte ein kurzes Fenster gegeben, in dem alles hätte anders kommen können. Als er die Frau – Maria – aus dem Wagen geholt hatte, wäre es beinahe bei einer schlichten guten Tat geblieben. Wenn da nicht das Jucken gewesen wäre, das Kribbeln der Chance. Gelegenheit macht Diebe, hieß es.

Gelegenheit machte eine ganze Menge.

Leng sah zu, wie Marias Körper erschlaffte. Als Speichel aus ihrem halb offenen Mund tropfte, wischte er ihn weg.

Er stand auf, holte Kabelbinder aus seiner Hosentasche, schlang sie um Marias Handgelenke und band sie am Kopfteil des Bettes fest. Als er sie dort liegen sah, eine sabbernde alte Frau, tat sie ihm leid. Ihre Haut war faltig, aber vital. Und trotz ihres Alters war ihm der Ausdruck in ihren Augen nicht entgangen. Wach. Intelligent. Die Schmerzmittel hatten sie gedämpft, aber es würde eine Zeit kommen, in der sie die Schmerzmittel nicht mehr brauchte.

Ihre Unterschenkel waren tatsächlich geschient. Stöcke und Stoff, mehr brauchte es nicht. Nur ein Bein war gebrochen, das andere verstaucht. Der Knochen hatte sich nicht durch die Haut gebohrt. Zumindest blieb ihr eine Infektion erspart.

Wieder sah Leng zu dem schlafenden Gesicht, und als erneut Speichel zwischen ihren Lippen hervorquoll, wischte er ihn wieder weg. Dann verließ er den Raum, ging in die Küche und holte sein Jagdmesser. Der abgewetzte Griff und die sichtlich benutzte Klinge zeugten von seinem Alter, aber gutes Werkzeug hatte kein Verfallsdatum.

Er durchtrennte einen der Kabelbinder. Ein gefesselter Arm sollte reichen. Sie würde kaum davonlaufen.

Unschlüssig stand er vor dem Bett. Dann schnitt er auch den anderen durch und steckte die nutzlosen Kunststoffschlingen ein.

Er verließ den kleinen Raum. Karl war gleich nebenan, hing von einem der Querbalken und blutete in eine rostige Eisenwanne, die

Leng unter seine Füße gestellt hatte. Über Karls Kopf war ein Beutel aus Jute gestülpt. Der kratzige Stoff – inzwischen feucht und verklebt – ersparte Leng den Anblick. Es war aus dem Ruder gelaufen. Währenddessen war es gut gewesen – wie Eiter, der aus einer aufgestochenen Beule abfließen kann. Aber danach? Danach blieben bitterer Ekel und das Versprechen, dass es das letzte Mal gewesen war.

Bis es wieder von vorne anfing.

Leng betrachtete die nackten Füße und dachte, dass er ihm auch den Rest ausziehen hätte sollen, bevor er ihn aufgehängt hatte. Aber nun war es zu spät. Manchmal hatte er Kleidung von ihnen angezogen. Aber eigentlich war das mehr eingebildeter als realer Reiz gewesen. Eigentlich hatte das eher dem Anderen gefallen.

Leng verstaute sein Jagdmesser in einer Schublade der verzogenen Kommode, die Karl an eine Küchenzeile erinnert hatte, und verließ das Haus.

Zurück blieben Stille und das Tropfen, das Maria für einen undichten Wasserhahn gehalten hatte.

15

Es wurde Abend, aber nicht dunkel – einer der unleugbaren Vorteile des kommenden Sommers, zumindest für Leute, die es warm und lange hell mochten.

Tschicko saß auf dem abgewetzten Schaukelstuhl vor seinem Häuschen. Neben dem Stuhl stand ein kleines Tischchen – ebenfalls alt, ebenfalls abgewetzt.

In meiner Welt ist alles alt und abgewetzt, dachte er und musste lächeln.

Die Platte des Tisches war so klein, dass sie mit der Flasche Wein und einem Glas, das wie alle anderen in Tschickos Schrank ein wertloses Einzelstück war, fast schon überbevölkert wirkte. Daneben hatte nur noch die schmucklose Kerze Platz, die dort immer stand, fast heruntergebrannt war und deren geschmolzenes Wachs ihr einen fixen Platz auf der Tischplatte gesichert hatte.

Tschicko betrachtete die untergehende Sonne und stellte fest, dass er Angst vor der Nacht hatte. Das war neu. Für gewöhnlich war er ein einfacher Mann, der seinen Platz in der Welt und die Welt um sich herum kannte. Er ging mit der Sonne schlafen und stand mit ihr auf, so wie er es sein ganzes Leben lang getan hatte. Aber heute war anders. Heute war Tschicko ein kleiner Junge, der Angst vor der Dunkelheit hatte. Sobald die Sonne weg war, blieb nur noch der Schein der Kerze, und der reichte nicht weit. Nicht einmal bis zu den Bäumen.

Er griff nach der Weinflasche, stellte fest, dass sie noch nicht mal zur Hälfte leer war, und füllte sein Glas. Der Wein schmeckte nicht, aber Tschicko hatte auch nicht allzu viel dafür ausgegeben. Er hätte guten Wein nicht von schlechtem unterscheiden können, selbst wenn es auf dem Etikett gestanden hätte.

Er leerte das Glas, schenkte wieder nach und ließ seinen Blick über die friedliche Idylle vor der Veranda seines Hauses gleiten. Die Sonne erreichte die ersten Baumwipfel und war drauf und dran, sich zu verabschieden.

Diese Bäume gehörten bereits zum Leichwald. Sein Vater hatte ihm früher Geschichten darüber erzählt. Unwillig, die meiste Zeit, aber Tschicko war ein hartnäckiges Kind gewesen, wenn die Neugier ihn packte. Das Dorf gab es bereits, bevor die Passstraße gebaut worden war. Anfangs war es eine namenlose Ansammlung von Hütten gewesen, die den Holzarbeitern Schutz bot, wenn sie von ihrer harten und gefährlichen Arbeit am Pass zurückkamen. Viele verloren in diesen Tagen ihr Leben – von Bäumen erschlagen oder mit ihnen ins Tal gerissen –, und irgendwann nannte man den Wald Leichwald. Heute verwendete kaum noch jemand diesen Namen, vielleicht aus von Aberglauben beschleunigtem Vergessen, aber der Ortsname war geblieben.

Tschicko dachte an die Unglücksfälle im Wald, bei denen er selbst dabei gewesen war. Und die, von denen er nur gehört hatte.

Vor zwei Jahren waren ein Mädchen und ihr Freund auf der Passstraße mit dem Motorrad verunglückt. Er war gefahren und hatte überlebt, sie nicht. Tschicko erinnerte sich an die Stelle, wo ihr die Leitplanke die Beine abgerissen hatte. Er wollte nicht wissen, wie es war, seine Freundin auf diese Art zu verlieren. Freilich, der Junge war zu schnell unterwegs gewesen, keine Frage. Aber der Wald schien sich seinen Namen immer noch verdienen zu wollen.

Tschicko lebte gerne hier. Leichdorf war entgegen seinem Namen ein schöner Ort.

Es hatte damals nicht nur die Holzknechte getroffen. Das Bergwerk hatte nicht weniger Leben gefordert. Einstürzende Stollen, Unfälle mit Grubenhunden und Wahnsinn. Tschickos Vater, der im Berg gearbeitet hatte, erzählte ihm eines Tages von einem Bergmann, der glaubte, in den Stollen die Stimme eines Kindes zu hören. Er war losgegangen, um es zu suchen, und nie wieder aufgetaucht. Sein Vater war an der Suche beteiligt gewesen, aber sie hatten nichts gefunden. Tschicko hatte gefragt, ob sein Vater selbst jemals ein Kind dort drinnen gehört hatte. Der alte Mann hatte nur mit steinerner Miene geschwiegen und ihn ins Bett geschickt.

Und dann gab es noch die Geschichte vom Schneider. Gott allein wusste, was da wirklich geschehen war. Dort draußen im Wald stand immer noch dessen Haus. Tschicko war nur ein einziges Mal dort gewesen. Vielleicht weil die Geschichte sogar auf ihn gewirkt hatte, vielleicht weil die Bäume dort so dicht standen, dass man das Gefühl hatte, die Sonne würde mit einem Mal untergehen, wenn man sich dem Gebäude näherte. Vielleicht, vielleicht, vielleicht.

Der Schneider war ein ausgemergelter alter Mann mit gutmütigem, aber traurigem Gesicht gewesen. Jemand, der es einem leicht machte, Mitgefühl zu empfinden. Und sein Haus machte es einem leicht, davor Angst zu haben.

Die Kerze erlosch noch vor der Sonne, und als ihm der aufsteigende Rauch in die Nase stieg, dachte Tschicko an kalte Asche und farblose Bäume.

Er trank sein Glas abermals leer und füllte nach.

16

August stand vor Karls und Marias verunglücktem Auto und betrachtete das Wrack, während auf der Passstraße über ihm sporadisch ein Wagen zu hören war. Er machte sich keine Sorgen, entdeckt zu werden. Zwischen den Bäumen war er vor flüchtigen Blicken geschützt.

Das Reh, das neben Karls Unaufmerksamkeit zu dem ganzen Unglück geführt hatte, war unter dem Metall eingeklemmt und längst verendet. Augusts Blick folgte der feinen Spur aus geronnenem Blut, die sich vom Maul über das helle Fell bis zum Boden zog, betrachtete die leblosen Augen und schließlich den zerrissenen Teil des Körpers, den der Wagen nicht verdeckte. Er suchte nach Mitleid in sich selbst, fand aber keines. Da war nur die Faszination für den Blick unter die Oberfläche. Was Haut und Fell verbargen, war so viel spannender als die äußere Hülle.

August löste seine Gedanken von dem Kadaver und kehrte zur eigentlichen Aufgabe zurück. Er dachte darüber nach, den Wagen mit Ästen zu bedecken. Das würde seine Entdeckung vielleicht aufschieben, aber ganz verhindern? Kaum. Irgendwer würde sie vermissen. Irgendwann würde die Suche beginnen.

Und wenn dann Zweige auf dem Blech lagen? Was würde das für einen Eindruck machen?

»Einen schlechten«, murmelte er.

Er konnte den Wagen anzünden. Die Stoffbezüge der Sitze fingen schnell Feuer, wenn man es richtig anstellte. Er wäre ausgebrannt, bevor der erste Einsatzwagen vor Ort war. Aber die Flammen würden kaum unbemerkt bleiben, tagsüber nicht, und erst recht nicht in der Nacht. Er musste den Beginn der Suche nach den Insassen nicht unbedingt beschleunigen.

Blieb die Option, das Fahrzeug einfach so zu lassen, wie es war. Welche Spuren führten zu ihm?

Keine.

Über ihm donnerte ein Laster über die Straße. August hob kurz den Blick, der Fahrer tat das nicht. Er dachte noch einmal über die Frage nach den Spuren nach, so gründlich wie möglich. Die Antwort blieb dieselbe.

Schließlich ging er zum Wagen, versuchte sich daran zu erinnern, wo er ihn berührt hatte, und wischte mit einem Stofffetzen, den er im Haus gefunden hatte, jene Stellen ab. Keine Fingerabdrücke, keine Spur. Zwischen den Scherben des Sicherheitsglases sah er ein Taschenbuch und überlegte kurz, es mitzunehmen, bevor er sich dagegen entschied.

Als er den Wagen hinter sich gelassen hatte, warf er noch einen Blick zurück. Es war ungünstig, dass er ausgerechnet rot war statt ockerfarben oder silbern, so wie Karls Generation das meist bevorzugte. Aber wenn etwas seine Anwesenheit verriet, dann ohnehin eher das Sonnenlicht, das von den verchromten Teilen reflektierte. August überlegte, sie mit feuchter Erde zu beschmieren, um das zu verhindern, aber damit war es ähnlich wie mit den Ästen. Subtiler, aber dasselbe Problem.

Er ging zurück in den Wald, folgte dem Pfad, auf dem er Maria getragen und ihren Gatten ins Verderben geführt hatte.

August pfiff die Anfänge einer Melodie aus seiner Kindheit, ließ es aber bald wieder bleiben. Sein Vater war ein guter Pfeifer gewesen, aber ihre gemeinsame Zeit hatte nicht gereicht, um diese Fertigkeit an den Sohn weiterzugeben.

17

Zwischen den Bäumen war es bereits Nacht, auch wenn im Rest von Leichdorf der Himmel noch hell war.

»Ich hab das Haus nie gemocht«, murmelte Sandra, während sie der gewundenen Straße folgten.

»Sag ihm das halt nicht«, meinte Roland. Er war in Bezug auf den heutigen Abend ein wenig zwiegespalten. Einerseits freute er sich darauf, andererseits war alles irgendwie surreal. Dwiggi war nie der Typ gewesen, der zum Abendessen einlud. Das galt allerdings auch für die Option auf Sesshaftigkeit und ein Leben im alten Heimatdorf, insofern war es zumindest konsequente Surrealität.

Sandra schüttelte den Kopf, während sie die Dunkelheit durchs Seitenfenster betrachtete. »Ich würd hier nicht wohnen wollen.«

»Auch das sagst du ihm besser nicht!« Roland wusste nicht, ob Dwiggi wirklich beleidigt wäre. Der alte Dwiggi nicht, der hatte ein dickes Fell und eine Polsterung aus Egozentrik gehabt. Der neue allerdings … nun ja, da musste man erst abwarten, was da alles neu geworden war.

»Meine Eltern haben mir damit immer Angst gemacht«, sagte Sandra.

»Womit? Mit Dwiggi?« Roland lachte halbherzig – er wusste, dass der Witz kein Top-10-Kandidat war, aber Sandra beachtete ihn überhaupt nicht.

»Mit dem Schneider.«

Rolands Lachen verstummte. Der Schneider. Ihrer aller Böse-Nacht-Geschichte, der Folklore-Albtraum, der brave Kinder aus ihnen machen und sie fern von Ärger halten sollte. Der Boogeyman von Leichdorf. Wobei Roland sich mal gefragt hatte, woher der Ausdruck ›Boogeyman‹ kam und ob man den nicht regional anpassen sollte. Polkamann. Klang halt nicht so toll.

»Alle unsere Eltern haben uns damit Angst gemacht«, erwiderte Roland.

»Ich weiß.«

Roland wartete darauf, dass seine Verlobte fortfuhr, aber das tat sie nicht.

»War's das?«, fragte er.

Sie tauchte aus ihren Gedanken auf. »Tut mir leid. Ich mein damit: Wir haben alle diese Geschichte gehört, auch Dwiggi.«

»Ja?« Roland zog den Vokal bis zum Anschlag. Er wusste immer noch nicht, worauf sie hinauswollte.

»Dwiggi ist direkt hier beim Wald aufgewachsen«, sagte sie. »Das ist noch mal eine ganz andere Nummer, oder nicht?«

Roland verstand. Das war ihm noch nie aufgefallen.

»Das Haus vom Schneider steht ein Stückchen weg«, sagte er, und das war untertrieben. Von Dwiggis Haus brauchte man zu Fuß mindestens eine halbe Stunde hin. Nicht gerade direkte Nachbarschaft.

»Aber es ist derselbe Wald.«

Roland nickte. Sandra hatte da durchaus einen Punkt.

»Sag ihm das auch nicht«, meinte er. »Wenn Dwiggi jemals Kinder zustande bringt, reibt er denen sonst unter die Nase, dass der Schneider gleich ums Eck wohnt.«

Sie grinsten, und dann war es mit der Unterhaltung vorbei, denn sie erreichten das Haus.

»Ach du Scheiße!«, murmelte Roland und stieß gleich darauf ein ehrliches, herzhaftes Lachen aus.

»Was ist jetzt los?«, fragte Sandra verwundert.

Roland deutete auf den weißen Audi vorm Haus. Das Zwergenpenis-Prolo-Mobil gehörte Dwiggi. Und bei allem, was sich in dessen Charakter in den letzten Jahren vielleicht geändert hatte, passte dieses Auto wie die Faust aufs Auge zu ihm.

18

Dwiggi begrüßte sie mit ausgebreiteten Armen und echter Freude im Blick. Es war ein absurdes Bild, wie der vereinsamte Rucksacktourist aus der Vordertür schritt und ihnen entgegenkam. Es fehlte ein Spalier aus Fackeln, der seidene Bademantel und die Zigarre, aber rein der Gestik nach hatte er den feiernden Drogenbaron schon ganz gut drauf.

Sandra rieb ihm über den Kopf, nachdem sie sich umarmt hatten.

»Was ist passiert?«, fragte sie. »Läuse?«

»Hab dir einen Pullover gestrickt«, erwiderte Dwiggi. »Liegt drin.«

Sie lächelte und gab sich im Wortgefecht geschlagen. »Siehst gut aus«, sagte sie.

»Du auch, Alex.«

»Sandra.«

Er grinste frech. »Für mich nicht. Kommt rein.«

»Nach dir, Ludi«, sagte Sandra, und Roland, der wie das fünfte Rad am Wagen dabeistand und von einem zum anderen blickte, meinte nur: »Schön zu sehen, dass ihr euch immer noch versteht.«

19

Das Essen war fantastisch, wenn auch nichts Besonderes. Dwiggi hatte nicht den Fehler gemacht, mit Extravaganz auftrumpfen zu wollen, sondern eine Auswahl seiner eigenen Alltime-Favourites kredenzt – Gerichte, die er mehr als nur zweimal gekocht hatte.

Sie aßen in einem gemütlichen Raum im ersten Stock, der einen überdimensionierten Esstisch beherbergte. Als alle satt waren, meldete Sandra sich freiwillig zum Abräumen, weil Roland dazu tendierte, Geschirr fallen zu lassen.

»Wo soll's hin?«, fragte sie.

Und nachdem Dwiggi ihr erklärt hatte, wo die Küche war, und sie mit der ersten Fuhr losmarschierte, kümmerten die beiden Jungs sich um die Getränke, die Dwiggi in der Badewanne im ersten Stock kalt gestellt hatte.

Sandra schaffte es ohne Zwischenfall die Treppe hinunter, trug das schmutzige Geschirr in die Küche und stellte es, wie von Dwiggi verlangt, einfach auf der Arbeitsfläche ab als sie den zerbeulten Topf, mit dem Dwiggi sich gegen Harald verteidigt hatte, bemerkte. Stirnrunzelnd stand sie davor und versuchte eine Erklärung dafür zu finden, aber es wollte sich kein logischer Schluss zusammenfügen.

Sie drehte sich um, und ihr Blick blieb an der kaputten Vitrine hängen. Das Stirnrunzeln wurde größer.

20

Als Sandra nach dem Abräumen wieder zurückkehrte, saßen Dwiggi und Roland bereits mit Bier auf dem kleinen Balkon, der früher der Lieblingsplatz seiner Mutter gewesen war. Man blickte von dort zwar nur auf den Wald, aber der Balkon lag im Westen, und seine Mutter hatte Sonnenuntergänge geliebt.

»Hat in deiner Küche eine Bombe eingeschlagen?«, fragte sie und nahm das Bier, das Roland ihr entgegenstreckte.

»Lackner hat mir beim Ausmisten geholfen«, entgegnete Dwiggi. Sandra blickte ihn verwirrt an.

»Frag nicht«, entgegnete er schulterzuckend. Und das tat sie nicht.

Als sie sich setzte, strich Roland ihr mit einer Hand zärtlich über den Rücken. Die Verlobung war noch nicht lange her, aber die kleinen Alltagszärtlichkeiten hatten wieder auffällig zugenommen. Als wäre das gemeinsame ›Ja‹ ein Intimitätsboost gewesen.

Roland steckte sich eine Zigarette zwischen die Lippen und hielt Dwiggi die offene Schachtel hin, aber zu seiner Überraschung lehnte dieser ab.

»Hast du aufgehört?«

Statt einer direkten Antwort kramte Dwiggi in seiner Hosentasche und holte einen kleinen Inhalator hervor. Roland glaubte im ersten Moment, es wäre eines dieser E-Zigarettendinger, die mehr nach Alkoholtester als Glimmstängel aussahen.

»Ich rauch jetzt das«, erwiderte Dwiggi und betrachtete den Inhalator unglücklich.

Roland behielt seine Zigarette zwischen den Lippen, vergaß aber fürs Erste, sie anzuzünden. »Nicht weil es so super schmeckt, vermute ich?«

Dwiggi schüttelte den Kopf und zuckte die Achseln. »Bekam irgendwann in der Nacht keine Luft mehr«, erklärte er ohne nennenswerte emotionale Beteiligung. »Bin zum Arzt, und der meinte, dass mit meinen Lungen alles in Ordnung wäre, abgesehen vom Asthma.«

Roland sah ihn erstaunt an. »Du hast Asthma?«

»Bin auf der Zielgeraden nach St. Asthmartin.«

Roland zündete seine Zigarette an, und Sandra sagte: »Zielgerade ist noch nicht Endstation.«

Dwiggi schüttelte den Kopf. »Nein. Der Arzt war äußerst zuversichtlich, dass es mich erwischen wird, aber noch merk ich kaum was.« Er sah wieder auf den Inhalator. »Hab das Ding immer dabei, aber eher fürs Gewissen als die Lunge.« Er zuckte die Achseln und lächelte. Dwiggis Lächeln war immer schon erstaunlich hartnäckig gewesen. »Noch bin ich aus dem Schneider.«

Das letzte Wort brachte Sandra gedanklich zu ihrem und Rolands Gespräch auf der Herfahrt zurück. »Hast du eigentlich Albträume?«

Dwiggi sah sie erstaunt an, und sie lachte: »Sorry, da hab ich wohl einiges übersprungen.«

»Das Gefühl hab ich auch.«

Roland, der zu ahnen schien, worauf sie hinauswollte, warf ihr einen eindeutigen Blick zu, den sie ignorierte. Sandra war ein neugieriges Mädchen.

»Ich hab mich gefragt, ob deine Eltern dir auch mit dem Schneider gedroht haben, wenn du nicht brav warst?«

Dwiggis Gesicht schien einen Augenblick lang zu erstarren, aber nicht in Schock, Verwunderung oder dergleichen, sondern auf eine seltsam neutrale Weise, die für Sandra keine Deutung der Gedanken dahinter zuließ. Roland, der ihn länger und besser kannte, hatte diesen Blick allerdings schon ein paar Mal gesehen. Es war Dwiggis Standardmaske, wenn sein Verstand die Verteidigungsbarrieren hochzog.

»Als waschechte Leichdorfer?«, fragte Dwiggi. »Natürlich.« Sein unbeschwertes Lächeln blieb auch mit Verstandsbarrieren bestehen.

Sandra hakte weiter nach. »Und dass der Wald so nah ans Haus reicht, hat dir keine Angst gemacht?«, fragte sie.

»Keine Angst? Ich hatte die Hosen gestrichen voll, ganz gleich ob mir meine Eltern mit dem Schneider kamen oder nicht. Mein Vater musste irgendwann sogar ein paar der Bäume fällen lassen, die nah genug am Haus standen, dass ihre Äste gegen die Fenster klopften, wenn es windig war.« Er zuckte lachend die Achseln. »Dafür gab's dann mehr Brennholz im Winter.«

Roland betrachtete seinen alten Schulfreund genau, während dieser fortfuhr: »Meine Eltern haben sich mit der Geschichte vom Leichdorfer Schneider das größte Eigentor ihrer Erziehung geschossen. Es ging so weit, dass sie mir irgendwann versicherten, dass im Wald kein toter Mann mit Loch in der Brust rumrennt und nach schlimmen Kindern sucht. Nur war das den Albträumen zu dem Zeitpunkt schon egal.«

Sandra lächelte, weil auch Dwiggi unbeschwert wirkte.

»Das Gute war: Ich bekam abends Süßigkeiten, wenn ich nicht schlafen konnte.« Er grinste verschwörerisch. »Und das konnte ich natürlich eher selten, sobald ich das herausgefunden hatte.«

»Kein Wunder, dass du so fett warst«, sagte Roland, und Dwiggi trat ihm gegen das Schienbein.

Er war allerdings tatsächlich ein beleibteres Kind gewesen. Nicht fett, das war übertrieben, aber neben Roland, der im Vorschulalter die ausgezehrte Figur eines Langstreckenläufers gehabt hatte, war es natürlich schwer, nicht füllig zu wirken. Dwiggi hatte seinen Speck erst mit den innerfamiliären Todesfällen und dann mit dem Reisen verloren.

Roland tat, als hätte Dwiggi nicht ganz so fest zugetreten, wie er hatte, und Dwiggi versicherte ihnen, dass die Zeit der Albträume längst vorbei war.

»An den Schneider hab ich lange nicht mehr gedacht«, sagte er, und Roland hatte irgendwie das Gefühl, dass ihm die Nähe zum Wald heute Nacht unangenehm bewusst sein würde.

21

Harald saß vorm Fernseher im Wohnzimmer, als seine Mikrowelle ihn mit einem hellen ›Pling‹ darauf hinwies, dass die Tiefkühllasagne ihr eingefrorenes Dasein hinter sich gelassen hatte.

Er drehte den Ton lauter, damit er in der angrenzenden Küche nicht versäumte, was es alles Neues gab, während er sein Abendessen auf einen Teller stülpte. Tiefkühllasagne war ein dankbares Essen – sie machte sich von selbst. Ein Hoch auf Mikrowellen.

Er nahm ein Bier aus dem Kühlschrank und hockte sich wieder vor den Fernseher. Die Lasagne war noch viel zu heiß, um sie zu essen, aber Harald störte das nicht. Er dachte an den Dirner-Jungen und ob dieser in Leichdorf bleiben würde. Während er den Dampf betrachtete, der von seinem Abendessen aufstieg, fragte er sich, wie es war, in einem so großen Haus wie dem der Dirners alleine zu sein.

Und ob Dwiggi nachts auch jemand besuchen kam.

Vielleicht seine Mutter. Gerda war mit Dwiggis Mutter befreundet gewesen. Das hatte ihn und Dwiggis Vater zu Zwangsbekannten gemacht, aber eigentlich war das nicht allzu schlimm gewesen. Die Dirners hatten tolle Gartenfeste veranstaltet.

Harald hatte sie früher oft für ihr großes, abgelegenes Haus beneidet. Nun war er froh, dass er hier wohnte, zentral und auf kleinem Raum.

Haralds Blick glitt zu einem gemeinsamen Bild mit Gerda, das über dem schmalen Regal stand, auf dem sie Mitbringsel von Urlauben positioniert hatte. Wertlose Staubfänger, die so sehr mit Erinnerungen vollgesogen waren, dass sie unentbehrlich geworden waren. Auf dem Bild lächelte Gerda kaum, aber dazu hatte sie ohnehin nie tendiert. Sie war eine liebenswerte, warmherzige Frau gewesen, aber ihre Augen hatten immer etwas Hartes gehabt. Fast etwas Kaltes. Harald hatte sich manchmal gefragt, ob es an der Form ihrer Augenbrauen gelegen hatte – schmal und vergleichsweise steil geschwungen. Aber das war in ihrer Anfangszeit gewesen, bevor das

Geheimnisvolle hinter dem harten Blick sich in Vertrautheit verwandelt hatte.

»Vielleicht wäre es besser, wenn du heute nicht kommst«, sagte er zu dem Bild. Und obwohl das ein durchaus ernst gemeinter Gedanke war, weil es schwer war loszulassen, wenn man ständig wieder auf null zurückgesetzt wurde, bereute er die Worte in dem Moment, in dem sie ausgesprochen waren.

Im Fernsehen wurde gelacht, was gut und genau das war, was man erwarten durfte, wenn eine Gruppe Kabarettisten sich über die Kuriositäten des Alltags wunderten. Harald warf einen kurzen Blick auf den Bildschirm, aber was er dort sah, gewann sein Interesse nicht. Er hatte nie große Begeisterung für das TV-Programm entwickelt. Gerda hatte gerne geschaut, und mit ihr zusammen hatte es für ihn zumindest in der Zweisamkeit Sinn gemacht, aber inzwischen lief der Fernseher eigentlich nur noch, weil er nicht wusste, was er abends sonst machen sollte. Und damit es nicht so still im Haus war.

Harald hatte überlegt, es zu verkaufen und in eine Wohnung zu ziehen. Der Tapetenwechsel würde ihm vermutlich guttun. Zumindest wurde das immer behauptet. Aber letztlich hatte er es dann doch nie übers Herz gebracht. Und was war, wenn er wirklich umzog? Was wäre mit Gerda? Würde sie mit ihm kommen oder hierbleiben?

»Vielleicht sollte ich zu dir kommen«, überlegte er mit Blick auf das gemeinsame Bild.

Inzwischen war die Lasagne nicht mehr so heiß, dass der geschmolzene Käse ihn umbringen würde, und er vergaß seine halbgaren Selbstmordgedanken, während in der Welt des Fernsehstudios gelacht und Beifall geklatscht wurde.

22

Als Roland und Sandra sich von Dwiggi verabschiedeten, war es schon nach Mitternacht. Und während Dwiggi ihnen vom Vordereingang aus zuwinkte, als wäre er eine Großmutter, die ihren Enkeln eine gute Reise wünscht, sagte Roland: »Du hättest ihn wegen der Sache mit dem Schneider nicht fragen sollen.«

Sandra warf ihm einen verwunderten Blick zu. »Hat nicht gewirkt, als hätte es ihn gestört«, antwortete sie.

»Nein, hat es nicht.«

»Wo liegt dann das Problem?«

Roland schien einen Moment lang nach der richtigen Formulierung zu suchen. »Dwiggi ist ein ausgezeichneter Lügner«, sagte er schließlich.

23

Dwiggi beobachtete, wie die Rücklichter von Rolands Wagen zwischen den Bäumen verschwanden. Zurück blieb die überraschend laute Stille des Waldes, die er noch aus seiner Kindheit kannte.

Erste Nacht im neuen alten Zuhause, dachte er. Es war kein ausschließlich erfreulicher Gedanke. Seit er wieder in Leichdorf war, fühlte er sich einsamer als je zuvor. Als würde die alte Heimat ihn daran erinnern, wie viel er verloren hatte, und wie unzulänglich er diese freien Räume wieder gefüllt hatte.

Sandras Frage hatte ihn an der kalten Schulter erwischt. Dwiggi hatte seit seiner Kindheit unter Albträumen gelitten, und der Schneider war darin oft ein prominenter Gast gewesen. Mehr als einmal waren seine Eltern nachts zu ihm ins Zimmer gekommen, weil er geschrien hatte, und mehr als einmal war er aus seinen Träumen in einem halb bewussten Dämmerzustand erwacht, in dem er zwar in seinem Bett lag, der Schneider allerdings immer noch davorstand.

Die Albträume waren nie ganz verschwunden, aber mit zunehmendem Alter und dem Abstand zu Leichdorf hatten sie abgenommen. Dwiggi hatte im Laufe seines Lebens ein paar Mal mit Drogen experimentiert und festgestellt, dass er nicht zum Konsumenten taugte. Psychedelisches Zeug, das anderen einen variabel unterhaltsamen Abend sicherte, schaufelte in Dwiggis Fall nur sein Gehirn um, holte Dinge aus den Untiefen seines Verstandes, die nicht ans Licht gehörten, und bescherte ihm alles andere als eine gute Zeit. Er hatte den letzten und gleichzeitig schlimmsten Trip während seiner Zeit in Irland gehabt, vielleicht weil das kalte und feuchte Wetter dort ihn an die Herbste zu Hause erinnert hatte. Und vielleicht weil das so kurz nach dem Tod seines Vaters gewesen war. Als der Mann aus den Albträumen seiner Kindheit in Dublin aufgetaucht war und Dwiggi höflich, aber bestimmt um einen Teil seines Herzens gebeten hatte, war Dwiggi gerannt. Raus aus dem Pub, in dem er das LSD eingenommen hatte, hinaus auf Straßen, in denen er sich zu dem Zeitpunkt noch nicht zurechtgefunden hatte, die Schritte seines Verfolgers im Nacken – ganz knapp, immer nur eine Armlänge entfernt, aber nie da, wenn er sich umdrehte.

Wie bei allen gut funktionierenden Lokalhorrormärchen hatten Dwiggi und die anderen Kinder seiner Generation den Schneider nie in der Realität gesehen, auch wenn er eine echte Person gewesen war. Er hatte im Leichwald gelebt und war dort gestorben. Aber das war vor seiner Zeit gewesen.

Das kleine Häuschen stand noch – verfallen und unbewohnbar, ein gedrungener Bau, der langsam vor sich hin moderte und immer tiefer in Vergessenheit geriet, je unpopulärer die Böse-Nacht-Geschichte vom Schneider wurde.

Trotz aller Verbote waren sie als Kinder natürlich dort gewesen. Dwiggi erinnerte sich an die verwucherte Zufahrt zum Haus, an die nur noch die Schneise in den Bäumen erinnerte. Er erinnerte sich, wie dunkel es dort gewesen war und wie ihre Angst die Luft mit einer seltsamen Spannung aufgeladen hatte. Nicht in jedem Ort konnten die Kinder das Haus des lokalen Schreckgespenstes besuchen.

Es stand versteckt in einem abgelegenen Winkel des Waldes – weit weg vom Pass, weit weg vom Dorf, weit weg von allem. Aber nicht weit genug weg von Dwiggis Elternhaus, um dem kleinen Jungen darin Albträume zu ersparen, die zu plausibel wirkten, um am Morgen wirklich vergessen zu sein.

Der Schneider – in seiner Jugend ein freundlicher und beliebter Mann – hatte seine Frau und beide Kinder verloren. Danach stürzte er sich in die Arbeit, aber als es irgendwann damit vorbei war, weil das Alter ihn einholte, zog er sich in sein kleines Häuschen im Wald zurück.

Vermutlich waren es Stille und Einsamkeit, die ihm schließlich den Verstand raubten. Er nahm sich das Leben, rammte sich eine seiner Schneiderscheren in die Brust und verblutete, einsam und unbemerkt.

Es war die Fleischerin gewesen, die nach Wochen schließlich Alarm geschlagen hatte, weil er auffällig lange mit seinen Wurstvorräten auszukommen schien.

Sein Haus wurde aufgebrochen, die Leiche geborgen und begraben. Das Begräbnis war das traurige, einsame Ende eines dementsprechenden Lebens.

Und dann gab es noch die zweite Version der Geschichte. Die, die von den Leichdorfer Kinderzimmern zu den Lagerfeuern der Sommerlager gewandert und mitgewachsen war. Die, deren Kern vielen Leichdorfer Kindern abends am Bett erzählt worden war, damit sie brav waren und nicht auf die Idee kamen, nachts in den Wald zu gehen. Neben erfundenen Gefahren gab es dort eine Menge realer: Offene und überwucherte Weltkriegsbunker, das unwegsame Gelände und Steinschläge von einem der nahen Berge waren nur ein paar davon.

Manche, die der zweiten Version glaubten, behaupteten, der alte Schneider hätte sich die Schere nicht einfach in die Brust gerammt, sondern versucht, sein eigenes Herz herauszuschneiden. Es gab Gerüchte um lebensgroße Puppen aus Jutesäcken, mit denen er am Tisch gesessen haben soll, aber die waren wahrscheinlich erst später hinzugekommen. Die Puppen hatte er angeblich selbst gemacht, weil er glaubte, sich seinen Körper mit drei anderen – seiner toten Familie – teilen zu müssen. Diese Version der Geschichte behauptete, dass er sich das Herz herausschneiden, vierteln und jeder der Puppen einen Teil davon einsetzen wollte, damit in seinem Kopf endlich Ruhe einkehrte.

Als Kinder hatte man ihnen erzählt, dass der Schneider sie holen käme, wenn sie schlimm wären, aber im Laufe der Zeit entwickelte die Geschichte sich noch weiter. Eine jüngere Generation erzählte sich, dass die Puppen des Schneiders lebendig geworden waren und jede von ihnen nun ein ganzes Herz statt dem Viertel haben wollte. Dass die Puppen Kinder fangen und ihnen den Brustkorb öffnen würden und dass der Schrecken erst dann vorbei wäre, wenn in der Brust jeder Puppe ein komplettes Herz schlug.

Dwiggi hatte lange nicht mehr unter Albträumen gelitten, aber das Leben drehte sich nun mal im Kreis.

24

Harald ging mit traumwandlerischer Sicherheit vom dunklen Wohnzimmer den noch dunkleren Gang bis zum Badezimmer entlang, wo er das Licht des Schränkchens über dem Waschbecken aufdrehte. Gerda hatte es nie gemocht, weil sich nach ihrer Behauptung die Falten verdoppelten. Harald waren seine Falten egal, und während er seine Zähne putzte, dachte er nur kurz an Gerdas Abneigung gegen das fast klinisch kalte Licht.

Nachdem er die Lampe wieder abgeschaltet hatte, ging er in das Schlafzimmer und schlüpfte unter die Decke.

Als er merkte, dass er nicht schlafen konnte, warf er einen Blick auf die Uhr am Nachtkästchen. Schon nach Mitternacht.

Er schloss die Augen und wartete, aber der Schlaf wollte nicht kommen.

Genauso wenig wie seine tote Frau.

Kapitel 3

1

Roland und Sandra hatten bereits am Tag nach dem gemeinsamen Abendessen damit begonnen, Dwiggi beim Ausmisten unter die Arme zu greifen. Wie zu erwarten, war dieser dabei äußerst kompromisslos. Kommoden, Stühle, Teppiche, Vorhänge, Bilder – was ihm nicht zusagte, flog hochkant raus, ohne dass mit der Wimper gezuckt wurde. Es gab zwei Kategorien: Ebay und Müllplatz.

Kategorie eins wurde in die Bibliothek verfrachtet, weil es dort am wenigsten im Weg war, und für Kategorie zwei hatte Dwiggi sich von Harald einen Kleinlastwagen ausgeborgt, den dieser normalerweise für Umzüge zum Verleih anbot.

Es war der vierte Tag in Folge, den sie nun mit Ausmisten verbrachten, und sowohl in der Bibliothek als auch auf dem Lkw hatte sich bereits eine ordentliche Sammlung gebildet. Vor allem, wenn man bedachte, dass sie bereits zweimal zur Mülldeponie gefahren waren.

Zurzeit war im Taxibusiness nicht viel los, und weil sich in Leichdorf alles in der Nähe befand, sofern man motorisiert war, hatte Rolands Chefin ihm erlaubt, Dwiggi zu helfen, mit der Auflage, dass er auf Abruf blieb und sofort einsatzfähig war, wenn ein Auftrag hereinkam. Roland hatte zugestimmt, Dwiggi kein Mitspracherecht, und somit war die Sache geritzt. Er machte seine gewöhnlichen vormittäglichen Touren – ältere Damen zum Supermarkt und wieder nach Hause, Männer, die schlau genug waren, sich in ihrem Alter nicht mehr hinters Steuer zu setzen, zum Arzt fahren und der sporadische Trip zum Bahnhof – gewöhnlich das Highlight seines innerdörflichen Taxialltags.

»Sag mal, es geht mich ja nix an«, meinte Roland, während sie gerade eine altmodische Polsterbank aus dem Haus trugen, eingehüllt in eine Staubwolke, in der man selbst die beste Lunge an ihre Grenzen hustete, »aber kennst du dich mit dem Zeugs aus? Ich mein, bist du dir sicher, dass das …« Er ging weiter, übersah die Schwelle der Vordertür, stolperte und brachte sie damit fast beide zu Fall. Die Bank knallte zu Boden, die altersschwachen Füßchen auf Rolands Seite brachen, und er landete mit dem Gesicht voran auf dem Sitzpolster, was eine weitere Staubwolke aufwirbelte – die beeindruckendste bisher. Und Rolands Lunge hatte sie ganz für sich allein.

»Nichts wert ist?«, beendete Dwiggi Rolands Satz und sah zu, wie dieser sich hustend wieder aufrappelte.

»Entschuldigung«, würgte Roland hervor, als er halbwegs wieder bei Atem war.

Sie betrachteten die Bank, die nun schräg und mit einer Seite komplett auf dem Boden stand.

»Hässliches Teil«, meinte Roland.

»Deshalb fliegt es raus.«

Dwiggi trat die Füßchen auf seiner Seite weg, womit die Sitzfläche wieder waagerecht und die Bank an sich vollkommen wertlos war. »Pause!«, sagte er und ließ sich nieder. Roland tat es ihm gleich.

Die Bäume standen zwar dicht um das Haus, aber davor war es tagsüber meist sonnig. Leider hingen heute den ganzen Tag schon dicke Wolken am Himmel, und es war nur eine Frage der Zeit, bis der Regen kam.

»Im Ernst«, meinte Roland. »Wäre es nicht besser, du lässt jemanden kommen, der sich mit so altem Zeug auskennt?«

Dwiggi atmete einmal tief durch und dachte vielleicht an seinen Inhalator. Roland holte sein Päckchen Zigaretten hervor und steckte sich eine an.

»Meine Eltern haben mir gezeigt, was wertvoll ist und was nicht«, meinte Dwiggi. »Da drin gibt's weniger zu klauen, als du vielleicht denkst.«

»Und diese Couch hier?«

»Sammlerstück.«

»Oh.« Roland betrachtete den altmodischen Sitzbezug. »Ich sammle leider nicht, sonst hätte ich dir einen guten Preis gemacht.«

Dwiggi lachte, und winkte mit einem halb gegrunzten ›scheiß drauf‹ ab.

»Was hast du mit dem leeren Haus vor?«, fragte Roland. »Vermieten?«

Daran hatte Dwiggi auch schon gedacht. Aber da kollidierten zwei sehr elementare Teile seiner Persönlichkeit miteinander: Einerseits war er immer noch ein ausgeprägter Eigenbrötler und war gerne allein. Sein Zimmer auf Reisen mit einem Dutzend anderer zu teilen war eine Sache, aber für Leute wie Dwiggi waren Rückzugsorte heilig. Die entweihte man nicht mit Gesellschaft. Andererseits würde eine solche die Leere im Haus vertreiben. Dwiggi hatte in der letzten Nacht nicht schlecht geschlafen. Keine Albträume vom Schneider am Bett, keine toten Verwandten, die durch seine Träume zogen, kein Klopfen von Ästen am Fenster. Das Haus hatte geächzt und geknarrt, und klar, man konnte sich schon einreden, dass das alles wie Schritte und andere menschliche Geräusche klang, aber man musste es nicht. Dwiggi war ausgesprochen gut darin, aufkeimender Fantasie den Garaus zu machen, bevor sie voll auftrumpfen konnte und nicht mehr wegzukriegen war.

Und neben allem anderen war da immer noch der finanzielle Aspekt. Früher oder später würde sein Erbe aufgebraucht sein, und Dwiggi fehlte es an realistischen Berufsaussichten. Sein Lebenslauf war ein weißes Blatt mit uninteressanten Eckdaten.

Dwiggi zuckte die Achseln. »Mal ausräumen und dann schauen,

was sich ergibt. Leichdorf ist immer noch kein Tourismusort, vermute ich?«

Roland schüttelte den Kopf. »Die kreisen immer noch um Ebenkreuz wie Fliegen um den heiligen Fladen.«

Dwiggi grinste. »Gut so.« Für einen Weltreisenden war er in manchen Aspekten außergewöhnlich dörflich geblieben.

»Habt ihr eigentlich schon einen Termin für die Hochzeit?«, fragte er, als sich das Mietthema erledigt hatte.

»Nicht Winter«, meinte Roland.

»Gut, der ist ja auch grad vorbei.«

Roland ging nicht darauf ein. »Ende Sommer, vielleicht.«

»Und Kinder?« Für viele wäre die Frage nach Nachwuchs eine gewesen, die man mit Vorsicht stellte. Manche wollten keine Kinder, manche konnten nicht, manche durften nicht. In den meisten Fällen war das Thema ein Minenfeld. Für Dwiggi nicht, er ging geradeaus durch, ganz egal ob links und rechts von ihm die Fetzen flogen.

»Ach lass mich mit dem Scheiß in Frieden.«

Ka-Bumm. Mine explodiert.

»Hab ich da einen Nerv getroffen?«

»Du triffst immer einen Nerv, Dwiggi.«

»Kein gutes Thema?«

Roland schüttelte den Kopf. Asche landete auf dem Sofa. »Nein, kein gutes Thema. Tu mir einen Gefallen und sprich das bei Sandra nicht an. Sonst kommt die Scheidung vielleicht vor der Hochzeit.«

»Das geht nicht.«

Roland öffnete den Mund, um noch etwas darauf zu erwidern, aber als Dwiggi merkte, dass bei der Sache wirklich kein Platz für Humor war, hob er schnell die Hand und versprach, dass er es auf sich beruhen lassen würde.

Kinder waren das eine große Streitthema zwischen Roland und Sandra, und der ganze Disput war schnell zusammengefasst: Sie wollte, er nicht.

Roland fühlte sich gedrängt, Sandra hörte ihre biologische Uhr ticken (Roland glaubte, dass es ihn zerreißen würde, wenn er diesen Ausdruck noch einmal hören musste), und beide fühlten sich missverstanden. Vielleicht würde sich das mit der Heirat ändern – Roland hoffte zumindest darauf. Er wusste nicht, ob er nur später Kinder wollte oder nie. Irgendwie hatte er immer angenommen, dass es eines Tages ›klick‹ machen und die Sache klar sein würde. Aber bis dato hatte es nicht geklickt, und Roland wusste durchaus, dass Sandras Uhren-Argument kein Bullshit war. Er wollte wirklich und ernsthaft sein Leben mit ihr verbringen, und die Tatsache, dass er ihrem Glück im Wege stand, war nichts, was er einfach verdaute, auch wenn es von außen den Anschein machte. Er hatte ausufernde Diskussionen mit sich selbst geführt. *Lass es auf dich zukommen* und *Alles halb so wild* waren dabei gut gemeinte, aber wenig widerstandsfähige verbale Beruhigungstabletten, denn da war immer noch dieser tief sitzende, schwer zugängliche Teil in ihm, der schlicht und ergreifend ›Nein‹ sagte. Dieser Teil war nicht empfänglich für Argumentationen. Er war wie ein kleines Kind, das mit verschränkten Armen auf den Boden stampfte – ohne Blick fürs Ganze und stur wie ein Esel.

Er hatte Sandra wegen des Themas mehr als nur einmal zum Weinen gebracht, obwohl sie eine starke Frau war. Er wusste, dass das Kinderthema Gift für ihre Beziehung war, aber beim Prä-Familienplanungs-Hochzeitsdebakel hatte es auch irgendwann ›klick‹ gemacht. Roland hoffte inständig, dass der Knoten in seinem Inneren, der seine Beziehung ernsthaft in Gefahr bringen konnte, sich genauso plötzlich und lautstark lösen würde wie seine Scheu vor Heiratsbindung.

»Lass uns weitermachen, bevor deine Frau zurückkommt.« Dwiggi stand auf und klopfte sich flüchtig die Hose ab.

»Verlobte.«

Sandra war Essen holen gefahren, weil Gleichberechtigung plötzlich uninteressant wurde, wenn es ums Schleppen schwerer Sachen ging.

»Will dich nur schon mal eingewöhnen.«

»Zu gütig von dir.« Roland nahm noch einen letzten Zug und stand dann unentschlossen mit seinem Zigarettenstummel da. Er warf Dwiggi einen fragenden Blick zu, dieser zuckte die Achseln, und Roland dämpfte die Glut an der Lehne des Sofas aus.

»Das war's mit dem Wiederverkaufswert«, meinte Dwiggi.

Als sie die, ob ihrer geringen Größe überraschend schwere, Bank auf die Ladefläche hievten und sich der unangenehm feucht an ihrem Rücken klebenden T-Shirts bewusst wurden, klingelte Rolands Telefon.

»Oh Shit, da muss ich ran.«

Er stabilisierte die Bank mit der Schulter, zog sein Handy aus der Hosentasche und sah auf dem Display, wie erwartet, die Nummer seiner Chefin.

»Hey, brennt der Hut?«

»Lichterloh.«

Gabi tendierte in der Regel zu Übertreibungen, und wie sich herausstellte, brannte der sprichwörtliche Hut nicht mal ansatzweise. Frau Giesbauer wollte einkaufen gehen. Genauer gesagt: Sie wollte nach Leenitz zum Shoppen. Leenitz war knappe fünfzig Kilometer entfernt, ein Durchzugsshoppingparadies für die Region und vom Flair her so einladend wie grauer Star. Farblich eine passende Metapher.

Frau Giesbauer war eine jung gebliebene Mittsechzigerin im Körper einer Siebzigjährigen, die eine ihrer treusten Stammkundinnen geworden war, nachdem vorletzten Sommer ein außer Kontrolle geratener Anhänger beinahe ein Cabrio samt Fahrer erschlagen hätte. Sie war zu dem Schluss gekommen, dass ihre schwindenden Reflexe zwar für vorne, hinten und seitlich reichten, aber wenn man jetzt beim Autofahren auch schon nach oben blicken musste, war sie aus dem Spiel.

»Ich werd für zwei bis drei Stunden weg sein«, sagte Roland, nachdem er aufgelegt und das Sofa mit Dwiggi vollends auf die Ladefläche geschoben hatte. »Je nachdem, ob ich auf die alte Giesbauer warten soll oder nicht.«

»Die Welt braucht dich, mein Junge, reite los.«

»Tu mir einen Gefallen und gib meiner Verlobten keinen Kuss von mir, wenn sie zurückkommt.«

»Würd ich nie tun.«

Roland wechselte sein T-Shirt, frischte sein Deo auf und machte sich auf den Weg.

2

Wenig später, ungefähr zu der Zeit, als Roland mit seinem Fahrgast in Leenitz eintraf, brach der Himmel, und aus dem drückenden Grau wurde ein feuchter Schleier aus dicken, schweren Tropfen.

In dem kleinen Raum, in dem Maria vor einigen Tagen erwacht war, hatte der Regen keine Bedeutung. Sie hörte das schwere Prasseln der Tropfen – überraschend laut dafür, dass der Raum kein Fenster hatte. Das Geräusch offenbarte die sadistische Nähe einer Außenwelt, von der sie nur durch die dünne, altersschwache Wand getrennt war. Dünn, altersschwach, unüberwindbar.

Die Tür war angelehnt, aus dem Nebenzimmer erreichte sie die Ahnung von Licht. Schwach. Eine Kerze oder Campinglampe, etwas in der Art. Maria erinnerte sich an den kleinen Reisekocher, auf dem Karl und sie beim Zelten ihr Essen gewärmt hatten. Meistens Konservendosen. Zu Hause hatte Karl Linsen mit Speck nicht gemocht, aber unterwegs, vorm Zelt, waren sie eine Wucht gewesen. Wie hatte das Gas geheißen, mit dem der Kocher betrieben worden war? Methan?

»Butan«, murmelte sie.

Die Schmerzmittel machten sie müde, ihren Geist träge. Sie wusste nicht genau, seit wie vielen Tagen sie hier war – Tage und Nächte verschwammen ineinander, bildeten keine klaren Einheiten mehr.

Aber es war lang. Zu lang, als dass das Versprechen, er würde sie in ein Krankenhaus oder einen Arzt zu ihr bringen, noch eingelöst werden würde. Maria hatte bald erkannt, dass sie eine Gefangene war. Die Hoffnung, Karl wiederzusehen, hatte weiterhin Bestand, würde bleiben, bis ihr das Gegenteil bewiesen war, allerdings schwand sie. Sie lebte noch, also war das in Bezug auf Karl ebenso wahrscheinlich. Sie vermutete, dass er in einem anderen Zimmer dieses Hauses lag. Vor ein paar Tagen hatte sie seinen Namen gerufen, in der Hoffnung, dass er sie hören und antworten würde. Aber nichts.

Stattdessen war der Mann zu ihr ins Zimmer gekommen, in der Tür stehen geblieben und hatte sie beobachtet. Dunkle Augen, scheues Lächeln, ganz der brave Unbeteiligte.

Sie hatte versucht, die Angst aus ihrer Stimme und ihrem Blick herauszuhalten, während sie den Fremden nicht aus den Augen ließ und nach ihrem Gatten rief, aber ob ihr das geglückt war, wusste sie nicht.

Karl hatte nicht geantwortet, und irgendwann war ihre Stimme heiser geworden. Sie hatte um Hilfe statt nach Karl gerufen, bis ihre Stimme versagte, ihr Hals brennend und trocken und ihre Hoffnung tot war.

Der Mann war nur dort gestanden, ruhig lächelnd und darauf wartend, dass sie aufgab. Was sie schließlich getan hatte. Er musste seine Gründe haben, warum er so gleichgültig bleiben konnte, während sein Opfer sich die Seele aus dem Leib schrie, und was auch immer diese Gründe waren, sie bedeuteten nichts Gutes für Maria.

Als sie nicht mehr schreien konnte, hatte er ihr ein Glas Wasser gebracht und darauf hingewiesen, dass sie sich besser schonen sollte.

»Warum wir?«, hatte sie gefragt.

Die Antwort darauf war nur das entschuldigende Lächeln gewesen. Maria verabscheute es inzwischen.

Wenn ihre Gedanken nicht um Karl kreisten, dann beschäftigten sie sich mit Flucht. Aber ihre Beine würden sie nicht tragen. Sie hätte auf dem Bauch robben müssen. Marias Verzweiflung war groß genug, aber sie hatte auf halbem Weg aus dem Bett aufgegeben, als der Schmerz in ihren Beinen sie niederzwang. Die Tür ist sowieso versperrt, hatte sie gedacht. Das klang durchaus plausibel, aber auch ein wenig nach Ausrede.

Was mit Karl geschehen war, wurde ihr nicht gesagt, aber Maria musste sich nur ihre eigene Situation vor Augen führen, um zu wissen, dass es nichts Schönes sein konnte.

Sie versuchte die Angst – immer bei ihr, in den Schatten, geduldig und unerbittlich – klein zu halten, weil sie ihr nicht half. Weil sie die Rationalität ihres scharfen Verstandes überlagerte, betäubte, wie die Schmerzmittel das Pochen in ihren Beinen. Ein Teil von Maria hatte sich mit der Vorstellung abgefunden, dass sie hier nicht mehr herauskommen würde. Ein anderer kämpfte weiter.

Sie lauschte dem prasselnden Rhythmus des Regens. Abgesehen von den Tropfen, die gegen Fenster flogen, die sie noch nie gesehen hatte, war es still im Haus.

Maria hatte Sommerregen immer gemocht. Es schien die idealste Stimmung für bequeme Lesenachmittage zu sein. Mit Sehnsucht dachte sie an den austauschbaren Regio-Krimi, der halb gelesen in ihrem verunglückten Wagen liegen musste. Die Geschichte war mau, die Charaktere dumm, und das Gesamtwerk unterforderte sie intellektuell, aber dennoch hatte sie bisher eine gute Zeit damit verbracht. Nicht immer war der Zweck von Büchern geistige Bereicherung, manchmal ging es eher um gedankliche Darmspülung, ein wenig Entspannung, wenn der stete Informationsfluss die Leitungen verstopfte und mal wieder durchgelüftet werden musste.

Sie dachte darüber nach, wer der Mörder in der Geschichte sein könnte, und stellte fest, dass es sie gar nicht interessierte. Mord war in dem Krimi so trivial. Nicht beiläufig, aber entmenschlicht, seiner drückenden emotionalen Komponente beraubt, um die Leichtigkeit der Geschichte aufrechtzuerhalten. Mord in dem Krimi stank nicht, und er tat nicht weh, weder körperlich, noch seelisch. Und er verlangte nicht nach Aufwand.

Aber sonderlich viel Aufwand schien diese Sache hier ihren Entführer auch nicht gekostet zu haben.

Ich habe Sie gerettet, hatte er gesagt, als wäre er der Held der Geschichte. Und vielleicht hielt er sich sogar dafür. Wobei Maria das bezweifelte. Die meiste Zeit ließ er sie alleine, aber jenes Lächeln, mit dem er darauf gewartet hatte, dass sie selbst erkannte, wie fruchtlos ihre Schreie waren, blieb auch in seiner Abwesenheit bei ihr. Jenes Lächeln versuchte zu sagen: *Ich bin einer von den Guten*. Aber das klappte nicht.

Sie hörte Schritte. Essenszeit. Sie wurde nicht königlich verpflegt, aber regelmäßig. Es dämpfte die Vorstellung, im Todestrakt zu sitzen, löste sie aber nicht vollständig auf.

Das Essen war einfach, in der Regel kalt und die Zutaten mittelmäßig bis schlecht. Sie ging davon aus, dass er es ihr bald entziehen würde. Den Zweck des Ganzen, seine Absicht hinter dieser Sache verstand sie nicht, und Erklärungen blieb er schuldig.

Sie bekam Besteck. Auch das war überraschend. Bisher hatte sie noch nicht gewagt, ihn damit anzugreifen. Er musste die Möglichkeit in Betracht ziehen, schien aber keine Angst davor zu haben. Und Maria hatte sich bisher nie zugetraut, ausreichend ernsthaften Schaden mit dem stumpfen Messer oder der verbogenen Gabel anzurichten. Wenn sie etwas damit versuchte, musste es auf Anhieb klappen. Eine zweite Chance würde sie nicht bekommen.

»Gut geschlafen?«, fragte er.

Sie hatte aufgehört, auf seine Fragen zu antworten, und wartete stattdessen darauf, dass ihre Kommunikationsunwilligkeit ihn wütend machte. Aber das schien nicht zu geschehen.

Während sie aß, sah er zu. Anfangs hatte sie das Essen verweigert, aber das hatte sich schnell erledigt. Im Hungerstreik fand sich kein Vorteil, außer dass sie Gift entging, falls er solches ins Essen mischte. Aber die einzige Chemie, die sie bekam, waren Schmerz- und Schlafmittel. Erstere nahm sie gerne, Zweitere meistens ohne Einwilligung.

Sie hielt ihn für einen Voyeur. Sie hielt ihn für einen Perversling und sie hielt ihn für gefährlich. Aber – und in der Hinsicht wusste sie nicht, ob das gut oder schlecht für sie war – sie hielt ihn nicht für dumm.

Seine Augen waren intelligent und von einer beunruhigenden Direktheit, als wäre er es nicht gewohnt, den Blick zu senken. Im spärlichen Licht des Zimmers wirkten sie oft schwarz, als fehlte ihnen die Iris. Schwarze Kreise ohne Rahmen. Seine Statur war kräftig, aber nicht bullig. Eher Gepard als Stier.

Sie kaute Nahrungsmittel, deren einziger Zweck Systemerhaltung geworden war, und betrachtete seine Hände.

Er bemerkte ihren Blick, sah selbst hinunter und hielt sie schließlich hoch, damit sie einen besseren Blick darauf werfen konnte.

»Handleserin?«, fragte er. Seine Stimme war warm und freundlich. Unpassend zum Kontext, in dem sie sich befanden.

Maria wandte ihren Blick wieder ab und aß schweigend weiter. Aber er bewies, dass er so schlau war, wie sie befürchtete.

»Hände verraten etwas darüber, womit man seine Zeit verbringt«, sagte er. »Ist es das?«

Er betrachtete seine Finger, drehte sie hin und her und spielte mit dem wechselnden Lichteinfall, während er vielleicht selbst darüber nachdachte, was sie über ihn aussagten. »Zu dünn für Handwerkerhände, zu kräftig für einen Bankangestellten. Deckt das so weit Ihre Überlegungen?«

Tat es, aber Maria ignorierte ihn.

»Wollen Sie wissen, was ich beruflich mache?«, fragte er.

Sie schwieg. Es war gut, Informationen über ihn zu sammeln. Etwas zu finden, mit dem sie ihn vielleicht überreden konnte, sie gehen zu lassen. Allerdings würde er wahrscheinlich wieder nur lächeln, statt zu antworten, und dann würde Maria vielleicht den Teller nach ihm werfen. Kurz verblieben ihre Gedanken bei dieser Möglichkeit. Der Teller war vielleicht die bessere Waffe als das Besteck. Vielleicht, wenn sie den richtigen Moment erwischte.

»Ich sage Ihnen, was ich mache, und Sie sagen mir, was Sie machen«, meinte er.

Maria ging nicht darauf ein.

»Sie sind Lehrerin«, sagte er schließlich, und nun sah sie doch auf. Die Überraschung in ihrem Blick konnte ihm nicht entgehen. Dieses Wissen suggerierte eine Absicht hinter der ganzen Entführung, nach der sie die ganze Zeit über gesucht, vor der sie aber auch Angst gehabt hatte.

»Sie waren Lehrerin.«

Er wartete, sah ihren Gedanken beim Rotieren zu, sah vielleicht, wie sie sich überschlugen, wie sie sich fragte, woher er wusste, was er wusste.

»Sie haben eine Lehrkraft an der Schule vertreten, an der Karl unterrichtete. Sie haben sich verliebt, und Sie sind geblieben.« Sein Blick blieb ruhig, und die dunklen Augen wirkten dabei nicht einmal unfreundlich. Aber Maria entging das feine Lächeln nicht, das um die Mundwinkel spielte. Es war im Zaum gehaltene Überheblichkeit, die arrogante Wahrheit, die unter der Maske aus Gutmütigkeit hervorblitzte.

Obwohl der Teller noch nicht leer war, stellte sie ihn beiseite. Ihr Magen war flau, ein Ball aus Vakuum, der sich selbst verzehren wollte.

»Karl hat mir davon erzählt.«

Karls Name aus seinem Mund versetzte ihr einen Stich in der Brust, mit dem sie nicht gerechnet hatte. Er sah es.

Hatte Karl ihm wirklich davon erzählt? Wann? Es gab der Hoffnung Aufwind, dass er irgendwo in der Nähe war. Vielleicht in einem anderen Haus, vielleicht doch nur in einem anderen Raum, geknebelt, betäubt.

Und woher wusste er von der Lehrstelle, wenn nicht von Karl? Nachforschungen? Was würde das bedeuten?

Dass diese ganze Sache nicht im Affekt passiert war.

Maria fiel es schwer, das zu glauben. Es gab einfach keinen Grund dafür.

»Er hat nicht gelogen, oder?«

Maria schwieg. Dass er sich so sehr um Freundlichkeit bemühte, ging ihr auf die Nerven.

»Ich habe Ihren Anhänger bemerkt«, sagte er.

Marias Hand griff reflexartig zu der feinen Kette an ihrem Hals – eine alte Gewohnheit, die zu tief verwurzelt war, um vor dem Grab noch abgelegt zu werden. Es war ein Geschenk ihrer Mutter gewesen, ein schlichtes Kreuz, weil Gott ihrer Meinung nach keinen Schnickschnack brauchte. Katholische Kirchen wären einfache Bunker, wenn Marias Mutter ihre Architektin gewesen wäre.

»Gott schon gefunden?«, fragte er. »Oder noch auf der Suche?«

Sie suchte in seiner Stimme, seinem Blick und seiner Haltung nach einem Hinweis, dass er sich über sie lustig machte. Dass sie nichts dergleichen fand, war beunruhigend.

Er wartete noch eine Weile, und diesmal hielt sie seinem Blick stand, ohne zu antworten. Aber natürlich war keine Antwort auch eine Antwort, und als er schließlich ging, fühlte sie sich nicht, als hätte sie mit ihrer Standhaftigkeit etwas bezweckt.

3

Der Regen hörte irgendwann auf. Es war ein heftiger und dafür überraschend langer Schauer gewesen. Die Luft roch frisch und feucht, und die Blätter nickten unter den letzten Tropfen, aber nichts davon erreichte Tschickos Aufmerksamkeit. Er saß in der Küche seines kleinen Häuschens, durch dessen enge Fenster selbst im Sommer nur wenig Licht fiel, und starrte an die Wand. Eine Fliege hatte sich zu ihm ins Zimmer verirrt, war nun genauso darin eingesperrt wie er selbst. Tschicko dachte an den Wald, an seine seltsame Halluzination, bildete sich ein, kalte Asche zu riechen, und beobachtete das Karussell seiner Gedanken, das sich unerschöpflich um Gehirntumore und ihre Symptome drehte. Was er darüber wusste, war sehr wenig, aber eingebildete Gerüche und Farbverlust beim Sehen wirkten plausibel.

Die Fliege landete vor ihm am Tisch. Gedankenverloren beobachtete er, wie sie zwischen den Flecken, die seit Jahren nicht mehr rausgingen und für ihn mittlerweile zum Muster des Stoffs gehörten, hin und her kroch, auf der Suche nach dem, wonach Fliegen auch immer auf der Suche waren. *Emsige kleine Dinger*, dachte er, während der Rüssel des Insekts immer wieder das Tischtuch betastete, als würde es sie küssen, bevor es weiterhuschte und die Prozedur von vorne begann.

Und da fiel ihm mit einem Mal die Plötzlichkeit auf, mit der die Fliege sich bewegte. Nicht fließend, wie Bewegungen zwangsläufig waren, sondern sprunghaft von einer Position in die nächste. Zu schnell für das menschliche Auge. Nur Schnappschüsse ihrer Bewegungen, nie den ganzen Ablauf. Und wie war das mit dem falschen Wald gewesen? Alles in Ordnung, dann plötzlich nicht mehr. Als würde ein Blinzeln reichen, um die Welt aus ihrer Bahn zu werfen. Tschickos Halluzination – wenn es eine gewesen war – hatte sich so schnell bewegt wie die Fliege.

Realitätsverlust in Schnappschüssen.

Unter all der Angst, die sich in seine Gedanken gestohlen hatte – zum Teil vor schwerer Krankheit, zum Teil vor Wahrheiten, die einen rationalen Verstand zerstören mussten –, mischte sich auch Wissbegierde. Tschicko scheute den Wald, aber er wollte auch hin. Er wollte wissen, ob die verbrannten Bäume zurückkehrten, der knöcherne Himmel, der Boden aus Asche.

Wenn er schon den Verstand verlor, dann wollte er das zumindest aktiv tun.

X

4

Roland war gerade bis zu den Ellbogen in der schäumenden Spüle am Herumwerkeln, als er hinter sich das charakteristische Klicken eines Smartphones hörte, das so tat, als wäre es ein Fotoapparat.

»Was machst du denn?«, fragte er, als er sich umdrehte und seine Verlobte mit erhobenem Handy im Türrahmen stehen sah.

»Ich will dich zur Hausfrau des Jahres anmelden«, entgegnete sie, ohne den Blick vom Display zu nehmen. »Da kann man einen Toaster gewinnen, also halt still.«

Sie drückte ein weiteres Mal ab und erkannte im allerletzten Moment, dass er nicht stillhalten wollte und trotz nasser, schaumbedeckter Arme hinter ihr her war, als sie lachend davonrannte. Er schnappte sie im Wohnzimmer, packte sie um die Taille und schleuderte sich mit ihr auf die Couch. Es war ein gewagtes Manöver, das mit nassen Bezügen aber ohne blaue Flecken endete.

»Lass das!«, schrie sie, als er ihr Gesicht einseifte.

»Hausfrau des Jahres?«

Er versuchte, ihr das Handy wegzunehmen, als es klingelte.

Im Gerangel hob Sandra unabsichtlich ab, und als ihr neckender Disput sich entspannte, blickten die beiden in das verwirrte Gesicht von Sandras Mutter, die per facetime angerufen hatte. Anita, die kaum Make-up trug und ihrem biologischen Alter trotzte wie ein Rudel Widerstandskämpfer der feindlichen Besatzungsmacht, sah sie mit erhobenen Augenbrauen an. Roland hatte immer gefunden, dass seine zukünftige Schwiegermutter die Ausstrahlung eines italienischen Filmstars der alten Schule hatte, auch wenn Anita nach ihrer Karriere in einer Wäscherei als Hilfsköchin in der Gastronomie gelandet war und mittlerweile im Büro des Autohauses Renner in Salzburg arbeitete.

Sandra räusperte sich. »Waschtag«, sagte sie, und Anitas Gesicht explodierte in ein breites Lächeln, von dem vor allem ihre dunklen Augen betroffen waren.

Sie murmelte irgendetwas auf Italienisch, das Roland nur zum Teil verstand. ›Bambini‹ konnte sein Hirn herausfiltern, aber das war's dann auch schon. Sandra rückte selten mit ihrer inneren Italienerin heraus, was Roland in der Regel schade fand.

Sandra lachte wegen der Bemerkung ihrer Mutter.

»Was hat sie gesagt?«

»Keine Kinder vor der Ehe.«

Roland beugte sich direkt vor die Kamera, sodass er Sandra zur Hälfte verdeckte, und als er sprach, tat er dies langsam, überdeutlich und laut, als wäre Anita schwerhörig. »Ich verspreche Ihnen, Frau Constantini, ich werde Ihre Tochter nicht schänden!«

Sandra stieß ihn lachend beiseite, und Roland verabschiedete sich mit einem Kuss bei seiner Verlobten, um den Abwasch fertig zu machen.

»Du heiratest einen Clown!«, sagte Anita trocken.

»Dir hat's auch nicht geschadet.« Sandras Vater war ein fröhlicher, kleiner Mann, dem die Haare recht früh ausgefallen waren, dafür aber nur zur Hälfte. »Wo ist Papa?«

»Einkaufen.«

Die große Leidenschaft ihres Vaters. Neben Essen.

»Was gibt's?«

»Schnitzel.« Ihr Vater liebte Schnitzel, und dass Anita es trotz der ganzen Sauerei, die danach in der Küche herrschte, immer noch regelmäßig für ihn zubereitete, war ein Wunder, aber auch liebenswert.

Ihre Mutter wurde ernst. »Du brauchst Hilfe bei der Hochzeit.« Das war keine Frage, das war kein Angebot, das war eine Feststellung. Sandra war eine starke Frau, ihre Mutter war eine noch stärkere Frau, und ihre Großmutter – Gott hab sie selig – war ein Orkan in Menschengestalt gewesen. Man legte sich nicht mit den Constantini-Mädels an.

Sandra sah ihre Mutter auffordernd an. »Mama«, sagte sie. »Ich weiß, du willst mitmachen, und ich lass dich auch, aber noch sind wir nicht so weit, dass wir Input von außen brauchen.«

»Alessandra, du bist schlau, aber verliebt, und deshalb dumm. Das ist wie mit hungrigen Männern – du bist im Moment zu nichts zu gebrauchen.«

Sandra wollte sich verteidigen, aber daran hatte ihre Mutter gar kein Interesse.

»Lass mich ausreden. Schieb es nicht zu lange auf, sonst wird das eine Winterhochzeit, und das willst du nicht.«

»Nein, das ...«

»Also, Termin, Einladungen, Menü, zack zack.«

Sandra betrachtete ihre Mutter mit einem nur halb belustigten Grinsen, sich wohl bewusst, dass Roland in der Küche nebenan ganz genau zuhörte und sich über jedes Wort amüsierte. Das Ding mit ihrer Mutter war folgendes: Sie war eine herzliche Frau, mit der das Feuer ab und zu durchging. Sandra und sie hatten in der Zeit, in der sie unter demselben Dach gelebt hatten, vielleicht ein halbes Dutzend Mal gestritten und davon nur ein- oder zweimal wirklich ernsthaft. Das war ein verdammt guter Schnitt, wenn man sich die Geschichten von anderen Müttern und Töchtern anhörte. Anita war eine fordernde Frau, aber sie gab auch eine Menge zurück. Vielleicht war das auch ein Grund, warum ihre Ehe mit Sandras Vater immer noch hielt, und das nicht nur zweckdienlich, sondern tatsächlich mit gegenseitigem Respekt und erwiderter Zuneigung.

»Du bist die Erste, die ich anrufe, wenn ich was Genaueres weiß, und die Erste, die ich um Hilfe frag«, sagte Sandra. Das war eine glatte Lüge. Verdammt sollte sie sein, wenn sie die Hochzeitsplanerei mit ihrer fast doppelt so alten Mutter bestritt, statt mit ihren gleichaltrigen Freundinnen. Sandra war klar, dass ihre Mutter wusste, dass sie log. Aber was in dem Fall stärker wog, war nicht die Lüge, sondern die Geste, die dahintersteckte. Mit der kleinen Flunkerei umging Sandra eine Verletzung der Gefühle ihrer Mutter, die – der Situation entsprechend – genauso viel Angst davor hatte, ihre Tochter an einen Mann zu ›verlieren‹, wie sie sich darüber freute.

Und außerdem wussten sie beide, dass Sandra ihre Mutter nicht außen vor lassen würde. Es gab eine Menge bescheuerter Sachen zu organisieren, und niemand war ein dankbarerer Abnehmer und besserer Erfüller dieser Aufgaben als ihre Mutter.

Für Anita schien das Thema damit erledigt zu sein. Überhaupt war es mehr Aufhänger als wahrer Grund des Anrufs gewesen. Anita telefonierte gerne mit ihrer Tochter, vor allem seit sie sich nicht mehr allzu oft sahen. Ihre Eltern waren aus Ebenkreuz weggezogen, als Sandra ihre Ausbildung zur Therapeutin begonnen hatte, und im Gegensatz zu ihr waren sie nicht mehr in die Gegend zurückgekehrt.

»Wie geht es euch sonst so?«, fragte Anita, und ab da drehte das Gespräch sich nur noch um Alltäglichkeiten und kleine Tratschereien unter Freundinnen, die zufällig Mutter und Tochter waren und sich – was keine der beiden je eingestehen würde – am besten verstanden, wenn sie genug Abstand zueinander hatten.

5

Roland – auf dem besten Weg zur Hausfrau des Jahres 2019 – spülte ab und hörte zu. Damit war er in seiner Welt auch Anwärter auf Mr. Multitasking.

Sandra hatte ein gutes Verhältnis zu ihrer Mutter, auch wenn es das erst wirklich geworden war, seit die beiden sich nicht mehr allzu oft sahen. Er selbst scherzte die meiste Zeit mit Anita herum, was leicht war, weil sie einen guten Humor hatte und sich selbst nicht allzu ernst nahm, aber er wusste auch, wie anstrengend sie sein konnte. Wie alle Mütter, könnte man sagen, aber das stimmte nur zum Teil. Anita war jemand, die sich in dein Leben drängte, wenn sie drin sein wollte. Man selbst hatte da nur noch bedingt Mitspracherecht. Die Beziehung zu ihrem Gatten hielt lange und war stark, aber Roland war klar, was Sandra nicht sah: dass ihr Vater, der zwar den Humor seiner Frau, aber nicht deren Rückgrat hatte, die Beziehung am Laufen hielt, indem er die Klappe hielt und damit für Harmonie sorgte. Für ihn schien das völlig in Ordnung zu sein, und insofern brauchte man Anita auch keinen Vorwurf zu machen, aber Roland hatte Sandra bereits nach dem ersten Treffen mit ihrer Mutter gesagt, dass eine solche Partnerschaft für ihn nicht funktionieren würde.

Auch bei ihnen hatte Sandra die Hosen an, aber Roland würde deshalb noch lange nicht in Unterwäsche rumrennen.

Er konnte zurückstecken und sich bis zu einem gewissen Grad unterordnen und würde das auch tun, sollte Sandra ihm jemals einen Grund dafür geben. Was sie nicht tat, weil sie ein verdammter

Hauptgewinn war. Er wartete immer noch darauf, dass die rosarote Brille verschwand, aber mit Sandra schien das nicht zu passieren. Mit ihr war es, als hätte er keine Brille, sondern rosarote Kontaktlinsen, die er nachts nicht rausnehmen musste.

Zumindest bis das Gespräch auf Kinder kam. *Verdammte Dreckskinder*, dachte er und fühlte sich bei dem Gedanken nicht halb so schuldig, wie er sich angesichts seiner Zuneigung zu Sandra hätte fühlen sollen. Er liebte ihr unabhängiges, einfaches Leben. Und die Wahrheit war, dass er nicht wusste, ob er einem Dasein als Vater gewachsen wäre. Kinder waren schon toll, solange sie gut erzogen und keine dämlichen, sabbernden Halbaffen waren, bei denen man das Gefühl hatte, dass die Evolution laut klatschend rückwärts hüpfte. Aber was, wenn sie nicht gut erzogen waren? Die eigenen konnte man bekanntlich nicht zurückgeben.

Roland wurde übel bei der Vorstellung, ein kreischendes Bündel Fleisch um sich herumrennen zu haben, das ständig Aufmerksamkeit verlangte und nicht still zu kriegen war.

Und was war mit Sex in der Küche? Im Bad, auf der Couch, im Wohnzimmer, überhaupt? Roland war kein Verfechter knechtender Erziehungsmaßnahmen, aber man konnte das Kind schlecht daneben herumsitzen lassen, während man ein zweites machte.

Die Liste, die er schon seit Jahren im Kopf erweiterte, kippte bedenklich zur Kontra-Seite. Er hatte mit Sandra darüber gesprochen, mehr als nur einmal, weil sie der irrigen Vorstellung erlag, dass mit Reden alles besser wurde, was nicht stimmte. Sie wollte über ihre Probleme reden, weil es ihr dann besser ging. Wenn er sich aber schwertat, ihre Probleme ernst zu nehmen, weil sie seiner Ansicht nach Lappalien waren, machten die Gespräche überhaupt nichts besser, im Gegenteil. Sie wurde wütend, weil er nichts Konstruktives zustande brachte, und er wurde wütend, weil ihm die ganze Sache gegen den Strich ging.

Und zurück zur Kern-Debatte: Sandras einziges Gegenargument war: Ich will eins. (!)

Das war keine Diskussion, das war eine Kindergartenargumentation, bei der sie sich so lange verschiedene Ausformungen von ›nein‹ und ›doch‹ an den Kopf warfen, bis sie zu erschöpft waren, um weiterzumachen. Und das Schlimmste an der ganzen Sache war, dass sie auf keinen gemeinsamen Kompromiss kamen, denn zwischen ›nein‹ und ›doch‹ lag bestenfalls ›vielleicht‹, und das stellte keinen zufrieden.

Während er nach den Tellern, Gläsern und dem Besteck zum Abschluss die Töpfe spülte, wurde ihm erneut klar, dass das Thema Nachwuchs ihrem gemeinsamen Leben vielleicht das Genick brach, und das stimmte ihn traurig. Im Endeffekt würde er klein beigeben müssen, aber neben der Unklarheit war da auch noch die Angst davor, ein schlechter Vater zu sein. Und diese Angst war sehr real. War es nicht genauso schlimm, aus purer Konfliktfaulheit ›Ja‹ zu einem Kind zu sagen, wie jemandem dieses vorzuenthalten, weil man dachte, dass es eine schlechte Idee war?

Wie immer wusste er es nicht. *Nicht mal mit dir selbst kommst auf einen grünen Zweig*, dachte er.

Er begann damit, die Töpfe abzutrocknen. Sandra hatte durch ihre Wurzeln nicht nur die italienische Version von ›Alexandra‹ mitbekommen, sondern auch die genetisch veranlagte Fähigkeit, Pasta auf den Punkt zu kochen. Roland selbst konnte sich nicht daran erinnern, jemals Nudeln gekocht zu haben, ohne dass das Wasser übergelaufen war, und von auf den Punkt kochen brauchte man bei ihm gar nicht anfangen.

Verdammter Hauptgewinn, dachte er wieder und wartete auf das ›Klick‹, mit dem seine inneren Zweifel und Ängste sich auflösten. Es kam auch diesmal nicht.

6

Sandra beendete das Gespräch mit ihrer Mutter. Wie immer war es zur Hälfte nett gewesen und zur Hälfte gekonntes Aushorchen. Ihre Mutter hatte stets mehr als nur ein Kind gewollt und nie bekommen, weil kurz nach Sandras Geburt Eierstockkrebs bei ihr diagnostiziert worden war und die Sache sich damit erledigt hatte. Sandra war behandelt worden wie ein Geschenk Gottes, behütet, gepflegt, nur mit Mühe und Not von zu Hause weggelassen und nur um ein Haar nicht eingesperrt.

Ihre Mutter hatte die körperliche Seite des Krebses besiegt, aber die geistige war geblieben. Anita litt bis heute unter der Tatsache, dass sie auf keine Schar von Enkeln aufpassen konnte, wenn die Fußballmannschaft aus ihren Lenden mal keine Zeit hatte.

Es war nicht einfach, als einziges Kind all die Erwartungen seiner Eltern erfüllen zu müssen, auch wenn diese nicht mal im beruflichen Bereich lagen, sondern ›nur‹ im familiären.

Sie fragte sich manchmal, ob der Druck, den sie sich selbst in Bezug aufs Kinderkriegen auferlegte, sich nicht zu einem großen Teil zu ihrer Mutter zurückverfolgen ließ.

Ihr Vater sah die Sache entspannter.

Ihr Vater sagte aber auch Sachen wie: *Die Liebe geht durch den Magen, aber am Ende des Darms kommt sie wieder raus.*

Sandra schmunzelte bei dem Gedanken an diesen Satz.

Würde sie Roland verlassen, wenn er sich in Bezug auf Kinder weiterhin so stur stellte? Sie glaubte, dass sie sich eines Tages vielleicht darüber Gedanken machen müssen würde, dass vielleicht irgendwann einmal die Entscheidung *Kinder oder Roland* vor ihrer Haustür stand. Aber dieser Tag war noch nicht heute, und abgesehen davon wurde erst mal geheiratet. Sie liebte Roland, und nachdem sie die Hochzeit schon beinahe von ihrem Wunschzettel gestrichen hätte, kurz bevor der Antrag gekommen war, gab es immer noch eine reelle Hoffnung auf Nachwuchs. *Ich hoffe nur, er kommt nicht einfach mit einer Puppe in Windeln daher und denkt, dass das reicht,* überlegte sie bei dem Gedanken an den halb idiotischen, halb kreativen Alufolienverlobungsring. Aber zumindest – und da hatte er durchaus recht – war das etwas, das in Erinnerung blieb.

Roland tauchte mit keck über die Schulter geworfenem Geschirrtuch im Durchgang zum Wohnzimmer auf und lächelte sie an.

Tick-tack machte ihre innere Uhr, und zum ersten Mal seit Langem hörte Sandra nicht hin.

7

Harald war nie ein begeisterter Esser gewesen, und das Maximum, das Gerdas Kochkunst aus dieser kulinarischen Lethargie herausgebracht hatte, war, dass er zumindest bewusst gegessen hatte. Davor hatte er sich immer mit stoischer Gleichgültigkeit einen Bissen nach dem anderen in den Mund geschoben – und nun tat er das wieder. Es hätte fast etwas Meditatives haben können, wenn es nicht auf die Ausformung eines depressiven Geistes und die Gleichgültigkeit auf Ausgeglichenheit statt Antriebslosigkeit zurückzuführen gewesen wäre.

Gerda hatte ihm gezeigt, dass Essen mehr als eine nervige Alltagsunterbrechung sein konnte, und nun hatte der Tag zu viele Stunden, um sie alle zu füllen, auch wenn er sich beim Einkaufen, Essen und Kochen Zeit ließ.

Harald schob seinen beinahe leeren Einkaufswagen durch die ebenfalls beinahe leeren Gänge des einzigen Supermarktes in Leichdorf, ließ eine unendliche Vielzahl an bunt verpackten Produkten an sich vorbeiziehen und konnte nichts entdecken, worauf er Lust hatte.

Er verbrachte dort fast eine halbe Stunde, was durchaus nicht ungewöhnlich war für jemanden, der entweder ein geeichter Preisvergleicher war oder vorm Mittagessen mal schauen ging, auf was er heute denn so Lust haben könnte.

Aber Harald tat weder das eine, noch das andere, und als er seinen Einkaufswagen schließlich zur Kasse schob, hätte alles darin in eine Kinderschultasche gepasst. Was auch nicht so schlimm gewesen wäre, wenn es sich nicht um seinen Einkauf für die ganze Woche gehandelt hätte.

Die Kassiererin warf ihm unterwürfige Blicke und ein schüchternes »Hallo« zu, auf das er nur mit einem Nicken reagierte.

Sie hatte ihm bereits Avancen gemacht, als seine Frau noch gelebt hatte, und seit Gerda nicht mehr da war, versuchte sie diese nicht mehr zu verbergen. Einmal hatte sie ihm mitgeteilt, dass sie noch Bratenreste zu Hause hätte, und er hatte den Wink schon verstanden. Aber er wollte nicht mit ihr am Tisch sitzen, er wollte Tiefkühllasagne essen und Bilder seiner toten Frau ansehen.

Harald wusste nicht, wie die Kassiererin hieß, aber er kannte sie. So wie man in kleinen Orten eine Menge Leute vom Sehen her kannte. Fremde mit Informationshintergrund, der oft nur von Gerüchten zusammengehalten wurde.

Harald wusste, dass sie verheiratet war, aber getrennt lebte, dass ihr Immer-noch-Ehemann empfänglich für Alkohol und Gewalt war, und er vermutete, dass es ihr an Rückgrat fehlte. Sie hatte sich ihr eigenes Grab geschaufelt und war anschließend hineingestiegen – wahrscheinlich mit demselben unterwürfigen Blick, mit dem sie nun zu ihm aufsah.

Sie hingegen sah in ihm den guten Kerl, der er nicht war.

Er gestand es sich nicht ein, aber ein kleiner Teil von ihm selbst schien den Jähzorn ihres Mannes verstehen zu können. Es war nicht in Ordnung, keinesfalls okay, aber trotzdem konnte er es irgendwie nachvollziehen. Es war ein wütender Teil, der in einem anderen Leben mit der Faust gedacht hatte, und es war ein Teil, zu dem er sich den Zugang selbst verbot, seit seine Frau nicht mehr da war, um das zu tun.

Zwischen Gerda und ihm hatte es manchmal Krach gegeben, aber wenn ihm dabei mal die Hand ausgerutscht wäre, hätte sie zurückgeschlagen. Und Gerda hätte dafür nicht nur ihre Fäuste verwendet.

Er lächelte bei der Vorstellung. Gerda war eine Frau mit Rückgrat gewesen.

Die Kassiererin missinterpretierte sein Lächeln und erwiderte es glücklich, aber das machte sie in Haralds Augen nicht attraktiver. Als er erkannte, welche Signale er unabsichtlich sendete, wurde sein Gesicht wieder ernst, und einen verwirrten Moment später wich auch das Lächeln der Kassiererin ihrem Darf-ich-bitte-Stöckchen-holen-Blick.

Harald bezahlte, packte die spärliche Ausbeute seines Einkaufs in die Stofftragetasche – ein weiteres Überbleibsel aus der Zeit mit Gerda – und verließ den Supermarkt wortlos.

Er grüßte nie.

Die Hoffnung bestand, dass sie in ihm irgendwann nur noch einen Kunden unter vielen sehen würde.

8

Weil man sich auf alte, lang gewachsene Freundschaften in der Regel verlassen konnte, solange ihnen kein zwischenmenschlicher Atomkrieg den Garaus machte, waren Dwiggi, Roland und Sandra später an diesem Tag wieder damit beschäftigt, das Dirner-Haus von Dingen zu befreien, die anderen Menschen in anderen Leben eine Menge bedeutet hatten.

Und weil, abgesehen vom Keller, der Rest des Hauses so gut wie fertig war und nur noch nach Staubsauger und Putzeimer verlangte, hatte Dwiggi seinen Mini-Trupp zum Dachboden beordert.

Dorthin führte eine schmale Treppe, beiderseits von holzvertäfelten Wänden eingeengt und überraschend lang. Sie war flach, mit niedrigen Stufen, die mehr Rampe als Treppe bildeten.

Dwiggi füllte Bananenkisten und Umzugskartons am oberen Ende und ließ sie nach unten rutschen, wo Roland als menschlicher Boller herumstand und blaue Flecken am Schienbein sammelte. Er stoppte alles, was von oben herunterkam, und Sandra schob es weiter zur Treppe ins Erdgeschoss. Fließbandarbeit im Entrümpelungsgewerbe.

»Ooohh.« Dwiggis Stimme, gedehnt zu einem merkwürdig surrealen Laut des Erstaunens, kam etwas gedämpft aus dem Dachboden über ihnen, er selbst war allerdings außer Sicht.

»Was Interessantes gefunden?«, fragte Roland.

»Kommt drauf an«, entgegnete Dwiggi.

»Worauf?« Sandra kam zu ihrem Verlobten und blickte ebenfalls neugierig nach oben.

»Ob man auf so was steht.«

Roland sah vor seinem geistigen Auge verblichene Pornomagazine aus den Siebzigern – mit Fotos, auf denen die Akteure aussahen, als würden sie zwischen ihren Beinen Werbung für Haarpflegeprodukte machen. Aber Dwiggi tauchte mit etwas ganz anderem in der Öffnung über ihnen auf.

»M-hm«, machte Roland nur, und Sandra sagte gar nichts.

In Dwiggis Hand sahen sie eine an sich unauffällige Schachtel, wären da nicht die darauf abgebildeten Patronen gewesen, die ihren Inhalt erklärten.

»Voll?«, fragte Roland.

Dwiggi wog sie in der Hand, bevor er sie öffnete. »Auf jeden Fall schwer.« Er klappte den alten und irgendwann feucht gewordenen Deckel aus steifem Karton auf und betrachtete den Inhalt mit unschlüssigem Gesichtsausdruck. »Jap«, sagte er dann. »Voll.«

Rolands Erfahrung mit Schusswaffen beschränkte sich auf die Zeit während seines Grundwehrdienstes, und da hatte er nur mit dem Sturmgewehr geschossen. Aber er kannte sich mit Munitionstypen genug aus, um zu erkennen, dass die, die Dwiggi in der Hand hielt, zu einer Faustfeuerwaffe gehörten.

»Hatte dein Vater eine Pistole?«, fragte er.

Dwiggi zuckte die Achseln. »Ohne Pistole macht Munition wenig Sinn, oder?«

Er betrachtete die Schachtel in seiner Hand noch einen Moment unsicher, bevor er sie wieder zuklappte und trocken meinte: »Das stell ich vielleicht lieber nicht auf Ebay.«

Roland gab ihm recht.

Dann – weil Dwiggi Dwiggi war und thematische Weitsprünge sein Metier – fragte er: »Grillparty am Nachmittag?«

Roland und Sandra waren überrumpelt und um eine Antwort verlegen.

»Überlegt es euch«, sagte Dwiggi und verschwand mit der Patronenschachtel wieder aus ihrem Blickfeld.

Sie hatten vorgehabt, den Nachmittag mit Hochzeitsvorbereitungen zu verbringen, weil Sandras Mutter schon recht hatte – wenn sie es zu lange aufschoben, würde es tatsächlich eine winterliche Trauung werden.

Roland warf seiner Verlobten einen fragenden Blick zu. Sie freute sich auf die Hochzeitsvorbereitungen, aber nicht zwangsläufig mit ihm zusammen. Es war ein Klischee, aber eins, das in seinem Fall stimmte: Für manche Sachen war er einfach nicht zu gebrauchen. Shoppen gehörte dazu und Hochzeitsplanung mit sehr großer Wahrscheinlichkeit auch. Außerdem war es nach dem Winter endlich warm und sonnig, und die Tage waren länger. Grillen auf den Winter verschieben war genauso dämlich wie heiraten, wenn man das eine wie das andere nicht im Schnee tun wollte.

Sie zuckte nickend die Achseln.

»Wir sind dabei!«, rief er nach oben.

»Großartig!« Dwiggi schepperte schon wieder fröhlich vor sich hin. »Sandra soll Single-Mädels mitbringen, dann spar ich mir die Nutten.«

Außenstehende hätten bei Dwiggi durchaus annehmen können, dass die Aussage ernst gemeint war, aber Roland und Sandra kannten ihn gut genug, um zu wissen, dass das Idiotenangeberei war, überspitztes Pseudo-Selbstvertrauen, mit dem Dwiggi eine Menge Spaß haben konnte, wenn er wollte.

Eine neue Kiste kam scheppernd die Treppe herunter, und sie gingen wieder an die Arbeit. Roland fragte sich, ob irgendetwas darin heil bleiben konnte. Dwiggi war eine Frühjahrsputzmaschine – wenn er mit Bagger und Sattelschlepper durchs Haus hätte fahren können, er hätte das wahrscheinlich getan.

»Du kümmerst dich um Fleisch und Getränke, wir besorgen die Kohle«, rief Roland nach oben.

Dwiggi tauchte mit etwas, das verdächtig nach einer veralteten Klobrille aussah, in der Öffnung auf. »In meinen Augen etwas unausgeglichen, aber gut.« Dann ließ er das Ding in die leere Kiste neben sich fallen.

»Wir können auch über unseren Stundenlohn reden.«

Dwiggi dachte nicht lange darüber nach. »Fleisch und Bier, und ein dankbares Lächeln bis ans Ende meiner Tage.«

»Die solltest du vielleicht behalten«, sagte Sandra, und als sie neben Roland auftauchte, hielt sie eine Handvoll bunter Faschingsperücken hoch. Roland lächelte, Sandra blickte herausfordernd nach oben, und Dwiggi ging kopfschüttelnd außer Sicht.

»Euch hab ich echt gebraucht«, hörten sie ihn noch sagen, bevor er den Überbleibseln vergangener Leben wieder zeigte, wer der neue Herr im Haus war.

9

Mit dem Dachboden waren sie rasch fertig, und nachdem Dwiggi das meiste von dem Zeug für den Schrottplatz bestimmte, wurde auch Haralds Lkw an diesem Tag wieder voll.

»Ihr fahrt nach Hause«, sagte Dwiggi, lässig in der halb offenen Fahrertür des Lastwagens lehnend. » »Ich tucker zur Mülldeponie, fahre einkaufen, und in zwei Stunden treffen wir uns wieder hier.«

Dwiggi war zu energisch in seinen Vorschlägen, um lange mit ihm zu diskutieren. Das hatte er mit Sandras Mutter gemeinsam, wie Roland an diesem Tag zum ersten Mal auffiel. Er stieg mit einem breiten Grinsen ins Auto, nachdem sie sich verabschiedet hatten, und als Sandra ihn fragte, was so lustig war, weigerte er sich, sie aufzuklären.

Später, Sandra stand gerade unter der Dusche und Roland suchte nach dem angebrochenen Sack Grillkohle vom letzten Jahr, rief Dwiggi an.

»Das mit den Single-Mädels war übrigens ein Scherz!«, sagte er.

»Ich hatte gehofft, das mit den Nutten wäre der Scherz«, entgegnete Roland. Er entdeckte die Kohle zwischen den in ihrem Haushalt weniger beliebten Gartenmöbeln und wollte sie herausziehen. Das eigentlich robuste Papier war feucht und riss. Roland stöhnte genervt auf.

»Haha.« Das war kein echtes Lachen, sondern jemand, der ausgeschriebenes Lachen vorlas. »Im Ernst. Ich meinte nur uns drei. Party war vielleicht ein etwas großes Wort für die kleine Sause.«

Roland packte den Sack erneut, diesmal in der Mitte, und hoffte, dass er nicht wieder riss. Seine Hoffnung wurde erfüllt.

»Dafür ist es zu spät«, meinte Roland.

Sandra war eine soziale Dame, die vergleichsweise viele Single-Mädels kannte. »Sie ist nett«, hatte sie gesagt, nachdem Roland ihr davon abgeraten hatte, Barbara einzuladen.

»Sie wird mit Dwiggi nichts anfangen können. Und er nichts mit ihr.« Aber seine Argumente waren ohne nennenswerte Auswirkungen an ihr vorbeigeglitten.

»Ach was«, hatte sie gesagt. »Babsi ist hübsch, Dwiggi mag hübsche Frauen, was soll da schiefgehen?«

10

Barbara. Der Name bestand aus zu vielen Bs und Rs. Gesprochen klang er zu weich und geschrieben wirkte er zu eintönig. Dwiggi war schon abgeneigt gewesen, als er den Namen übers Telefon gehört hatte.

Allerdings hatte er mal in Prag eine Stripperin getroffen, die sich Barbara genannt hatte. Sie war eine strahlende Schönheit mit blonden Haaren gewesen – echtblond, keiner dieser Wasserstoffunfälle – und Dwiggi hatte nicht verstanden, was sie in einem Stripclub zu suchen hatte statt in einer Hochzeitskapelle. Tatsächlich hatte er sich im Leuchten ihrer Augen schneller verloren als der Festigkeit ihrer Schenkel, die wohl irgendwo in einer Schmiede hergestellt worden waren, die sonst für Gottes Ersatzteile reserviert war.

Auch wenn ihre Begegnung über den Lapdance nicht hinausgegangen war, hatte Barbara sich auf ewig in Dwiggis Träume gebrannt. Und das nicht mal nackt. Selbst in Rollkragenpulli und Flatterhosen wären ihre Augen und ihr Lächeln frei geblieben.

Die Barbara, die nun vor ihm stand, war eine gelangweilt wirkende Frau mit braunen Haaren und einer ausgezehrten Schlankheit, die von zu viel Druck und einer schuldbewussten Zwangsdiät ohne Sport kam. Alles an ihr schien wütend zu sein, und unter dem dünnen Fell verbarg sich ein reizbares, schnell beleidigtes kleines Mädchen, das mit der Welt und sich unzufrieden war.

Dwiggi seufzte bei dem Gedanken an die andere Barbara und fragte sich erneut, ob er wirklich hierbleiben wollte.

Sandra lächelte, und allein ihr Lächeln hatte mehr von Dwiggis Prager Bekanntschaft als die überspannte Gestalt daneben. *Roland, du verfickter Glückspilz*, dachte er, darum bemüht, sein Lächeln beizubehalten, als er Barbara mit hölzernem Küsschen links, Küsschen rechts begrüßte, das phlegmatisch erwidert wurde.

»Schön, dass ihr da seid«, sagte er und hasste sich dafür, die Grillerei überhaupt vorgeschlagen zu haben. Ein Bier mit Roland und optionalem Besäufnis wäre wohl die bessere Idee gewesen. Dumm, dass er auch mit Sandra befreundet war, da hatten es jene leichter, die die Verlobten ihrer Freunde nicht leiden konnten.

Dwiggi ging zu den Gartenstühlen, die er innerhalb der niedrigen Mauer neben dem Grill aufgestellt hatte. Auch die immer noch voll behangene Wäschespinne leistete ihren Beitrag zum gestörten Feng-Shui des Nachmittags.

Barbara folgte Dwiggi mit kurzem Zögern, und Roland warf seiner Verlobten einen nachdrücklichen Ich-hab's-dir-doch-gesagt-Blick zu, den Sandra kommentarlos zur Kenntnis nahm, nachdem sie sich eingestehen musste, dass dieser Kupplungsversuch ein Griff ins Klo war.

So dachten sich alle vier – unabhängig voneinander – schon die ersten Entschuldigungen für ein Verkürzen des Nachmittags aus, bevor das erste Würstchen auf dem Grill lag.

11

Tschicko stand am Rande des Leichwalds. Irgendwo in seiner Brust spürte er Widerstand, eine innere Barrikade, die sich gegen das Übertreten der undefinierten Grenze stemmte, als wären magnetische Pole am Werk, die ihn draußen halten wollten.

Das ist lächerlich, sagte er sich. Aber das war es nicht. Albträume waren genauso real wie eine geladene Waffe an der Schläfe, wenn man mittendrin steckte. Nichts war wirklich lächerlich, wenn man ganz alleine war und Angst die Gedanken untergraben hatte.

Tschicko suchte nach dem Gefühl der Entspannung, das ihn normalerweise im Wald erwartete, aber das Beste, was er zustande brachte, war emotionale Leere. Der seltsame Farbverlust, der Geruch von Asche und all die anderen kleinen Details hatten ihn in seinen Träumen heimgesucht, als wären sie alte Bekannte, die sich regelmäßig auf ein Pläuschchen trafen.

Er war sich darüber im Klaren, dass seine Fantasie Dinge überspitzt darstellte, sie größer und eindrucksvoller machte, als sie waren. Und es blieb immer noch die Möglichkeit, dass all das nur Einbildung war.

Eine Einbildung, die es schaffte, ihm die Freude an Waldspaziergängen und der unberührten Natur zu verderben, die ihn abends trinken ließ, um schneller einschlafen zu können, und die sich nicht nur in seinen Kopf, sondern – und das war noch schlimmer – in sein peripheres Sichtfeld gestohlen hatte. Er glaubte, Gestalten in Sträuchern, kleineren Bäumen und manchmal im hohen Gras zu sehen, und er hatte es satt, Angst zu haben. Er war verdammt noch mal zu alt dafür. Sein Vater hatte ihn gelehrt, dass man seiner Angst die Zähne zeigen müsse, sonst würde sie es tun, und genau das hatte Tschicko vor.

Er würde in den Wald gehen. Chicos Grab besuchen. Vielleicht würde er ein wenig Wild beobachten, wenn ihm welches über den Weg lief, aber das Allerwichtigste war fürs Erste, dass er dorthin ging. Denn je länger man die Augen vor seinen Ängsten verschloss, umso länger hatten sie Zeit zu wachsen.

Und abgesehen von diesem Gefühl, von diesem nicht greifbaren Ziehen in seiner Bauchgegend, hatte seine Angst noch gar keine Form. Jeden Tag saufen und wie sein Onkel enden oder den Teufel an den Hörnern packen – das waren hier die Alternativen. Tschicko, der kein sonderlich ängstlicher Junge gewesen war und sich weder von Dunkelheit noch Einsamkeit verschrecken lassen hatte, hätte nie geglaubt, dass für ihn noch eine Zeit kommen würde, in der er sich vor dem Wald fürchtete.

Tschicko hätte geflucht, wenn ihm das nicht vor langer Zeit abgewöhnt worden wäre – früher hatte es dafür Schläge mit dem Gürtel gegeben. Nicht über die Maßen fest – eher beängstigend als schmerzhaft. Aber in manchen Dingen hatten die zweifelhaften Erziehungsmaßnahmen seines Vaters angeschlagen. Es war leichter, seiner Angst die Zähne zu zeigen, wenn man wütend war, und zur Wut gehörte das entsprechende Vokabular.

Er vermisste sein Jagdgewehr, bildete sich ein, dass es ihm ein vages Gefühl von Sicherheit gegeben hätte, weniger aufgrund seiner Natur als Waffe, sondern wegen der Vertrautheit, die das Gewicht, der Duft des Waffenöls und der abgewetzte Tragegurt mit sich gebracht hätten. Ein alter Freund, der die Einsamkeit vertrieben hätte.

Aber natürlich war das nur ein Streich seines Verstandes. Er dachte darüber nach, umzudrehen und das Gewehr tatsächlich zu holen – eine schnell entlarvte Ausrede.

Tschicko trat durch die ersten Baumreihen und war von einem Moment auf den anderen in der Welt, in der er sich jahrelang am liebsten aufgehalten hatte. In der er sich entspannt und zu Hause gefühlt hatte.

Diesmal war er fremd. Und sosehr er seine Gedanken auch auf Durchzug stellte – er wurde die Vorstellung nicht los, dass die Bäume jeden Moment wieder fahl werden würden.

Das vergeht, dachte er. So wie der Hunger beim Fasten irgendwann verging, wenn man ihm gezeigt hatte, dass man es ernst meinte. Der Boden war vom Regen aufgeweicht. Auf den ersten Metern versank Tschicko fast knöcheltief im Schlamm, aber das legte sich bald. Und mit der zunehmenden Entfernung, die er unter den Bäumen zurücklegte, kehrte auch ein Teil jener vertrauten Ruhe zurück, die ihn bisher stets verlässlich in Empfang genommen hatte.

Sie blieb und nahm sogar weiter zu.

Bis er das versteckte Grab seines Hundes erreichte.

12

Bei Bud Spencer und Terence Hill waren Bier und Würstchen zu einem liebenswerten Klassiker geworden, in Dwiggis Garten blieben sie das kulinarische Äquivalent einer Zusammenkunft, die nicht so recht in Schwung kommen wollte.

Barbara stand zwischen den Gesprächen – zwischen allen –, und wenn sie sich dessen bewusst war, ließ sie es sich nicht anmerken, was eine beeindruckende Leistung sein musste.

Sie hatten es mit Höflichkeits-Smalltalk versucht, aber Dwiggi war nicht sehr gut darin, sein Desinteresse zu verbergen. Er wusste nicht genau, was es war. Barbara war eigentlich eine hübsche Frau, die vielleicht sogar sympathisch hätte wirken können, wenn da nur nicht diese unerträgliche frustrierte Aura gewesen wäre, die sie umgab wie der Gestank eine Biomülltonne im Sommer. Und sie trank nichts! Herrgott noch mal, Dwiggi war auch kein Freund von gruppendynamisch aufgedrängtem Saufzwang, aber sah sie denn nicht, dass es notwendig war?

Als sie das Essen beendet hatten, trug Dwiggi die schmutzigen Teller nach drinnen und blockte alle Hilfsangebote ab, die ihm entgegengeworfen wurden. Er musste ein wenig alleine sein – was eine seltsame Zwiespältigkeit beinhaltete, denn immerhin war seine Motivation für die Grillfeier in erster Linie gewesen, seiner Einsamkeit zu entkommen.

Diese Einsamkeit war nicht einmal wirklich greifbar, es war eher ein stetes, unterbewusstes Ziehen, ein Gefühl, dass die Dinge aus dem Lot waren, aber nur leicht, gerade genug, um Unruhe zu verursachen, aber nicht ausreichend, um die Ursache zu entlarven. Am naheliegendsten war natürlich die Konfrontation mit seiner unaufgearbeiteten Vergangenheit, die man wunderbar ignorieren konnte, solange die Gedanken daran mit frischen Eindrücken überlagert wurden.

Hier, in Leichdorf, in diesem Haus gab es überhaupt nichts, was frisch war. Nur alte Möbel, alte Erinnerungen, alte Schmerzen.

Dwiggi war sich im Laufe seines bisherigen Lebens nie bewusst geworden, dass seine Energiereserven direkt mit Bewegung zusammenhingen, dass er sich frisch und munter fühlte, solange er vorwärtsstürmte, und die Trostlosigkeit, vor der er seit Jahren erfolgreich floh, sich unter all den Kissen entlang seines Weges verbarg, auf die er sich niederlassen könnte.

Er war nicht zum Sesshaftwerden gemacht, aber das war keine angeborene Tatsache, das war erlerntes Verhalten zum Selbstschutz. Er fühlte sich in seinem Elternhaus allein, weil hier die Gedanken und Erinnerungen lauter waren als in der Welt da draußen, und er war für Drogen ungeeignet, weil sein Unterbewusstsein eine Mülltonne war, in die er die Dinge kippte, mit denen er sich nicht auseinandersetzen wollte. Und weil Tonnen nicht verschwanden, nur weil man sie mit einem Deckel verschloss und so tat, als wären sie nicht mehr da, waren Substanzen, die im Dreck wühlten, nicht das richtige für Menschen wie Dwiggi.

Er stellte die Teller in den Abwasch und nahm sich ein frisches Bier aus dem Kühlschrank, das er wenigstens zur Hälfte hier in der Küche trinken wollte. Es war nicht einfach weiterzukommen, wenn der eine Fuß auf der Bremse stand und der andere Gas gab, und es wurde noch viel schwieriger, wenn man nicht wusste, welcher der beiden der vernünftige war.

Dwiggi widerstand im letzten Moment der Gewohnheit, sein Bier an der Kante der Küchenzeile aufzuschlagen, so wie sie das in der WG in Dublin gemacht hatten, weil dort sowieso schon alles renovierungsbedürftig gewesen war, und weil nichts Brauchbareres in Sicht war, zweckentfremdete er schlussendlich seinen Inhalator, um an den Inhalt der Flasche zu kommen.

Als er den Kronkorken zum schmutzigen Geschirr in die Spüle geworfen hatte und sich mit dem Bier in der einen und Inhalator in der anderen Hand umdrehte, stand Barbara hinter ihm. Er hätte sich erschrecken können, aber nachdem sie nur reglos in der Tür stand wie ein abgestellter Koffer und ihn ausdruckslos ansah, Geschirr auf dem Arm und Leere in den Augen, war da nicht allzu viel, wovor man sich erschrecken konnte.

Meine Fresse, Mädchen, dachte er. *Ein bisschen Leben, ist das zu viel verlangt?*

Er wollte ihr gerade Platz machen, damit sie die Teller abstellen konnte, aber sie kam ihm zuvor.

»Ich bin eigentlich ganz witzig, weißt du?«, sagte sie.

Dwiggi wusste das nicht, und er hatte keine Ahnung, was er erwidern sollte.

Sie wirkte immer noch müde – ein Emo ohne die ganze Kriegsbemalung –, und das Geschirr musste langsam schwer werden, aber dennoch blieb sie einfach dort stehen.

»Sieht nicht so aus, ich weiß.«

Sie atmete tief durch, und Dwiggi fragte sich, ob ihm die Teller auf ihren Armen ausreichend viel bedeuteten, um sie ihr abzunehmen. Aber irgendwie hatte er Angst, dass sie dann weiterhin dort stehen würde, ohne Geschirr, aber mit ausgestreckten Armen, als bettelte sie um eine Spende.

Sie hob ihren Blick, sah ihn an, und plötzlich erkannte er, was er schon die ganze Zeit über irgendwie gespürt hatte: Sie war schön. Nicht eine vor Vitalität sprudelnde Leuchtgranate wie Sandra, aber auf andere Weise. Für einen Moment war es, als sähe er eine andere Barbara vor sich, und obwohl sie immer noch nichts mit der Stripperin aus Prag zu tun hatte, war sie seiner Erinnerung an diese auf einmal näher. Er kam nur nicht dahinter, warum das so war.

»Mir geht's nicht gut«, flüsterte sie, als hätte er danach gefragt, und als ihre Arme ein wenig zuckten, fand Dwiggi endlich die eine Gentleman-Zelle, die sich irgendwo in seinem Gen-Code versteckte, stellte sein Bier beiseite und steckte den Inhalator zurück in die Hosentasche, wo er die Jeans ausbeulte und auf eine Weise gegen seine Hüfte drückte, die ihm schon so vertraut war, dass der Druck fehlte, wenn die Tasche leer war.

Als er die Teller nahm und ihre Arme wie befürchtet noch einen Moment lang ausgestreckt blieben – Handflächen nach oben – sah er die Narbe an ihrem linken Handgelenk. Und das war nicht ›ich ritz mir mit der Schere mal ein wenig in die Haut, weil ich so traurig bin‹. Da hatte es jemand ernst gemeint.

Er starrte auf das helle Narbengewebe, bis sie den Arm sinken ließ, was nicht lange war, aber lange genug, um ihm einen Schauer über den Rücken zu jagen. Und erst da bemerkte er, was sie eben gesagt hatte. »Warum geht's dir nicht gut?«, fragte er, ohne die Antwort wissen zu wollen.

Dwiggi war ein Egoist, und seine Bindungsängste waren Teil eines emotionalen Gesamtkonstrukts, das sich um niemand anderen kümmern wollte. Er hatte keine Lust, Mama für Barbara zu spielen, auch wenn sie plötzlich vom hässlichen Entlein zum Schwan geworden war. Wie auch immer das geschehen war.

Er wartete ihre Antwort nicht ab, weil er Abstand zwischen sie beide bringen wollte und weil er hoffte, dass sie ihren emotionalen Ballast bei Sandra abladen würde. Dwiggi hatte seinen eigenen Rucksack zu schleppen, er brauchte keinen zweiten.

Aber als er das Geschirr abgeladen und sein Bier wieder aufgenommen hatte, stand sie immer noch da. Und sie war immer noch schön.

Und im gleichen Moment, in dem Dwiggi erkannte, was für ein verdammtes Arschloch er war, als er es wirklich erkannte, da kapierte er auch, was sich an Barbara geändert hatte: Der Frust war weg. Und das, was er als Langeweile missinterpretiert hatte, war in Wahrheit Müdigkeit. Sie sprach nicht von der Narbe an ihrem Handgelenk, und ihr schmales, scharf geschnittenes Gesicht drückte Intelligenz aus, die ihm zuvor entweder entgangen war oder die er ausgeblendet hatte, weil sie ihn von vornherein genervt hatte. Vielleicht ließ das warme Licht der untergehenden Sonne – das durch die Fenster fiel und hier drin von keiner künstlichen Lichtquelle Konkurrenz bekam – ihre Augen ein wenig lebendiger wirken. Vielleicht war es aber auch nur der erste Moment, in dem Dwiggi wirklich hinsah.

»Wieso geht es dir nicht gut?«, fragte er noch einmal, und diesmal wollte er die Antwort wissen.

Aber Barbara gab sie ihm nicht. »Wir haben total beschissen angefangen«, sagte sie. »Tut mir leid.«

»Dann fangen wir noch mal an«, schlug er vor.

Sie nickte, und ihr Blick blieb an ihm haften, ohne zu starren. Er konnte nicht lesen, was hinter diesen Augen vorging. Sonderlich gut war er ohnehin nie darin geworden, auch ein Nebeneffekt, wenn man kaum ernsthafte Bekanntschaften in seinem Leben haben wollte, aber bei Barbara war das noch mal eine ganz andere Nummer. Ihre Augen waren in dem schwindenden Licht schwarz, und obwohl sie immer noch die gleichen waren, wirkten sie auf Dwiggi nicht mehr leer.

»Bier?«, fragte er in der Hoffnung, dass sie eins nehmen und die Anspannung sich weiter lösen würde.

Aber sie schüttelte den Kopf. »Hab Tabletten genommen.«

»Ich hab auch alkoholfreies.«

Sie dachte darüber nach, ohne ihn aus den Augen zu lassen, und nickte schließlich.

Dwiggi ging zum Kühlschrank, und als er die Flasche geöffnet hatte und ihr reichte, sagte sie: »Wobei da auch ein wenig Alkohol drin ist, also flieg ich wahrscheinlich sowieso auf bunten Einhörnern nach Hause.«

Das fand Dwiggi absurderweise lustig, und der nächste Satz war draußen, bevor er in seinem Gehirn angekündigt worden war. »Du kannst hierbleiben. Ist genug Platz.«

Und das vielleicht Überraschendste daran war, dass er den Vorschlag mit keinerlei Hintergedanken machte.

Zuerst war sie vor den Kopf gestoßen, dann lächelte sie. Das verwandelte ihre schmalen Lippen in einen Strich. Sie war schön.

»Ganz ein Schlimmer, was?«, sagte sie. In ihre dunklen Augen trat eine Kälte, die nicht nur hart, sondern auch stark war und nichts mehr von der gehemmten Weltverbesserin hatte, die er anfangs in ihr gesehen hatte.

»Normalerweise schon«, sagte er und hielt sein Bier hoch.

Sie stießen an, und während Dwiggi trank, versuchte er damit klarzukommen, was eben passiert war. Sie hatte sich nicht geändert. Sein Blick auf sie war anders geworden. Warum und wie auch immer.

Als er ausreichend lang an seiner Flasche genuckelt hatte um als Alkoholiker durchzugehen, wiederholte er seine Frage von vorhin erneut. »Wieso geht's dir nicht gut?«

Sie blickte ihn stumm an und senkte den Blick. »Das hätte ich nicht sagen sollen. Beschissener Start Nummer zwei.«

Er legte die Finger seiner freien Hand unter ihr Kinn und zwang ihren Kopf wieder hoch. »Ist okay«, sagte er. »Ich hör zu, wenn du reden willst.«

Sie suchte in seinen Augen nach Lügen und schien sich nicht ganz sicher zu sein, ob sie welche fand.

»Du musst aber nicht. Und wenn du anfängst Einhörner zu sehen, lässt du das Bier einfach stehn.«

Das brachte sie zum Lachen, und fürs Erste schienen sich damit ihre Zweifel, die sie trotz aller anfänglicher Offenheit gehabt hatte, zu zerstreuen.

Sie erzählte, und es war schlimm. Zum ersten Mal in seinem Leben hörte Dwiggi zu, anstatt zu reden. Und das Interesse, das er dabei zeigte, war echt.

13

Tschicko stand vor dem Baum mit dem eingeritzten Kreuz und starrte ungläubig auf das Bild, das sich ihm dort präsentierte. Das Grab, von seiner Umgebung normalerweise nicht zu unterscheiden, war offen, die schweren Steine zur Seite geschoben, der Boden aufgerissen. In dem Loch türmte sich ein Durcheinander loser Knochen. Als hätte ein Kind sein Stofftier zerrissen und die Reste einfach in die Ecke geworfen.

Tschicko sank auf die Knie und verstand nicht, wie das hatte passieren können. Oder warum. Er hatte niemandem von Chicos Grab erzählt, und selbst wenn vermutlich ein paar Leute davon wussten, wer würde …?

Obwohl die Knochen leb- und gesichtslos waren, hatte Tschicko das Gefühl, die geschändete Leiche seines Freundes zu betrachten.

Und während er das tat, fiel ihm auf, dass der Schädel fehlte. Der Schädel, in dem ein Loch prangen musste, das Resultat von Tschickos Kugel, mit der er dem Hund Leben und Schmerz genommen hatte.

Vorsichtig hob er ein paar Knochenstücke beiseite, um sich zu vergewissern, dass der Schädel nicht einfach darunter begraben war.

War er nicht.

Schwerfällig kam er wieder auf die Beine. Was war das gewesen?

Wölfe, dachte er, aber er wusste nichts von Wölfen, die sich in der Gegend herumtrieben. Das alleine reichte noch nicht, um sie völlig auszuschließen. Aber Wölfe hoben keine Gräber für Souvenirs aus. So etwas taten nur Menschen.

Während er noch unschlüssig vor dem Erdloch stand, entdeckte er die Spuren im Schlamm. Im ersten Moment hielt er sie für seine eigenen, aber das waren sie nicht. Sie führten in eine andere Richtung – nicht zum Grab hin, sondern davon weg. Tiefer in den Wald hinein. In der ausgegrabenen Erde waren sie gut zu erkennen. Nach ein paar Metern verloren sie sich, aber Tschicko war nicht der Einzige, der durch den Schlamm gewatet war.

Man sah deutliche Vertiefungen und schmutzige Flecken auf dem bemoosten Untergrund.

Er folgte den Spuren mit seinem Blick, bis sie sich in der Unschärfe verloren.

Das war kein Wolf.

Das war nichts, was auf vier Beinen ging.

Die Vertiefungen waren zu groß für Pfoten.

Tschicko hockte sich erneut neben das ausgehobene Grab und betrachtete die Abdrücke genauer. Der Teufel solle ihn holen, wenn das keine Schuhabdrücke waren. Wieder folgte er der Spur mit dem Blick, und zwei mögliche Szenarien blieben in seinem Kopf hängen.

Im ersten war bereits jemand vor ihm hier gewesen, hatte Chicos Überreste entdeckt und sich auf die Suche nach dem vielleicht tollwütigen Tier gemacht.

Im zweiten trug das Tier Schuhe und ging auf zwei Beinen.

Du solltest nach Hause gehen, sagte er sich. Dort kannst du jemanden anrufen. Jemanden, der zuständig ist.

Er konnte aber auch den Spuren folgen, bevor ein weiterer Regenschauer sie unleserlich machte.

Tschicko hob seinen Blick zum Himmel. Für einen Moment schien dort ein grauer Schleier zu sein, hinter dem eine schwarze Wolke lauerte, aber eigentlich war sie gar nicht da. Nur endloses Blau und die Sonne, die wie eine Lüge wirkten.

Er zwang Blick und Gedanken weg vom Himmel und wieder zurück auf den Boden. War es möglich, dass sich hier in den Wäldern um Leichdorf ein Verrückter herumtrieb?

Vielleicht aus einem Gefängnis oder einer Anstalt ausgebrochen? Dass er sich hier versteckte?

Was, wenn er den Spuren folgte und ihn fand? Was, wenn er angriff?

Ja, was dann?

Irgendwo stieß ein Vogel schrilles Gezwitscher aus, das sich in Tschickos Wahrnehmung zum sterbenden Winseln seines Hundes verformte. Und die schwarze Wolke, die er unter der dünnen Haut des Himmels gesehen zu haben geglaubt hatte, als die Welt ihre Greifbarkeit verlor, brodelte als dunkler, kalter Zorn in seinem Inneren hoch.

Er schüttete das Grab wieder zu und kehrte nach Hause zurück.

14

Schließlich gaben Roland und Sandra das Warten auf.

»Also entweder haben die beiden sich doch noch gefunden, oder er hat sie umgebracht!«, sagte Sandra.

»Wenn, dann hat sie ihn umgebracht«, entgegnete Roland.

»Ach komm, so schlimm war's nicht«, lachte Sandra, während Roland sie nur mit hochgezogenen Augenbrauen ansah. »Was? So schlimm war's nicht.«

Er hielt seine Bierflasche gegen das Licht, um zu sehen, wie viel noch drin war. »Keine Ahnung, wo du warst, aber auf meiner Party war's die Hölle.«

Sandra schwieg, und Roland trank den letzten Schluck.

»Lass uns hoffen, dass er ihr nur das Haus zeigt«, sagte er dann.

Sie blickten zu dem Gebäude, aber weder war irgendwo in den Fenstern Licht zu sehen noch etwas zu hören.

Sandra stand auf. »Komm, lass uns reingehen.«

»Nein, wir gehen da nicht rein.«

»Warum nicht?«

»Weil man da nicht stört, deshalb.«

Sie grinste frech. »Wo, beim Mord?«

Roland wandte sich zum Wagen um, aber Sandra folgte ihm nicht. Sie sah zum Haus, und er wusste natürlich, warum sie da hineinwollte. Sie war diejenige gewesen, die Barbara ins Spiel gebracht hatte. Und wenn jetzt trotz der Startschwierigkeiten doch noch was draus wurde, war es ihr Sieg, und den würde sie ihm in dem Fall noch die halbe Nacht unter die Nase reiben. Darauf hatte

Roland aber keine Lust, und anstatt ihr ihren Willen zu lassen, ging er zu ihr und schlang seine Arme um ihre Hüfte.

»Meine liebe, zukünftige Frau«, sagte er. »Ich glaube eben *nicht*, dass er ihr nur das Haus zeigt, sondern vielmehr das Schlafzimmer. Ganz egal, welche Körperflüssigkeiten da drin gerade ausgetauscht werden, ich will nicht, dass du da hineingehst.«

»Oh«, erwiderte sie gedehnt und mit schief gelegtem Kopf wie besonders böse Mädchen, die einen auf besonders lieb machten. »Willst du mich beschützen, mein großer Held?«

»Ich will dir unser eigenes Schlafzimmer zeigen.«

»Aber das kenn ich schon.«

Er schüttelte ungläubig den Kopf, worüber sie sich köstlich amüsierte.

»Was ist mit Babsi?«, fragte sie. Sie war mit ihnen gekommen, und eigentlich war abgemacht, dass sie auch wieder mit ihnen fuhr.

»Dwiggi hat selbst ein Auto«, antwortete Roland, während er seine Verlobte zum Wagen schob.

»Der hat aber gar nicht wenig getrunken«, entgegnete sie.

»Dwiggi trinkt nie wenig. Und sie kann anrufen, dann hol ich sie ab.«

»Wirst ja noch ein richtiger Gentleman.«

»Erzähl es nur nicht rum.«

15

Wieder zu Hause, machte sich Tschicko extrastarken Kaffee und nahm sein Gewehr, das neben dem Nachtkästchen im Eck lehnte. Es war in einwandfreiem Zustand, das wusste er, weil er selbst dafür sorgte. Dennoch zerlegte und reinigte er es noch einmal. Nicht weil es nötig war, sondern weil er hoffte, dass es ihn beruhigte.

Aber als der Kaffee fertig und das Gewehr gereinigt war, fühlte er sich immer noch aufgewühlt. Mit der Pflege der Waffe ging ein Entschluss einher, der unter Umständen der falsche sein könnte.

Du solltest Bachmann anrufen, dachte er ein paar Mal, während er die bittere schwarze Brühe trank und Ölreste vom Metall wischte.

Aber er rief den obersten Polizeibeamten von Ebenkreuz nicht an. Er rief überhaupt niemanden an.

Als der Kaffee ausgetrunken war und sein Herz eine Spur zu schnell und heftig schlug, zog Tschicko sich an – die alten olivgrünen Sachen, die er früher zum Jagen getragen hatte anstatt der leuchtend roten Jacke, mit der er seit Chicos Tod im Wald unterwegs war.

Er schulterte das Gewehr, schloss ab und ging los. Und während er sich dem Wald zum zweiten Mal in so kurzer Zeit näherte, fragte er sich, ob er wirklich schießen wollte, wenn er vor der Entscheidung stand.

Er sagte sich ›Nein‹, aber diese Stimme wirkte nicht ganz ehrlich. Wie der opportunistische Interessenvertreter eines Großkonzerns. Diese Stimme sagte, dass er nur beobachten wollte, dass er das Gewehr zum Selbstschutz mithatte, dass es ein letzter Ausweg war.

Aber dahinter war noch eine andere, und die musste die Zähne zusammenbeißen, um die Klappe zu halten. Denn bei aller Vernunft und Distanz, zu der Tschicko sich selbst anhielt, war da immer noch die Tatsache des geschändeten Grabes.

Tschicko konnte sich einreden, was er wollte, ein Teil von ihm war sich bewusst, dass er Bachmann nicht angerufen hatte, weil die Sache persönlich geworden war.

16

Er kehrte in den Wald zurück. Die Spuren waren noch gut zu sehen, auch wenn er aufpassen musste, seine eigenen nicht mit denen des anderen zu verwechseln.

Der Grabschänder hatte die Nähe zum Dirner-Haus gemieden, und Tschicko tat das ebenfalls. Der alte Dirner war gestorben, elendiglich verreckt in seiner eigenen Pisse und Scheiße, soweit er wusste. Dass es nun wieder bewohnt war, hieß vermutlich, dass der Sohn nach Hause zurückgekehrt war. Tschicko kannte ihn nicht persönlich, aber es hatte geheißen, er sei ein Taugenichts, der sich davongestohlen hatte, statt sich um seinen kranken Vater zu kümmern. Das mochte stimmen, oder auch nicht. Leichdorf war vielfältig in seinen Wahrheiten.

Je länger er über die Spuren und ihren Verursacher nachdachte, umso plausibler wurde die Vorstellung eines entflohenen Sträflings oder Anstaltspatienten, auch wenn weder ein Gefängnis noch eine derartige Anstalt in der Nähe waren.

Was nichts heißt, sagte er sich und hatte damit natürlich recht.

In Leichdorf gab es ein ungewöhnlich hohes Aufkommen von Geisteskrankheiten bei Kindern. Die Einwohner schoben es auf heftigen Alkoholkonsum in den Zeugungsnächten, die betreuenden Psychologen sahen das anders. Tschicko hatte keine eigenen Kinder und keine Meinung zu dem Thema. Er wusste nur, dass aus Kindern irgendwann Erwachsene wurden.

Er gehörte nicht zu denen, die an die Wirksamkeit von Psychotherapie glaubten. Seiner Ansicht nach waren geistige Erkrankungen eine Willensfrage. Nachdem er inzwischen Angst vor einem grauen Himmel hatte, hinter dem sich etwas Lebendiges verbarg, würde diese Einstellung vielleicht bald auf ihre Festigkeit geprüft werden.

Die Spur führte ihn auf einen der verwucherten Pfade, die sich durch den Leichwald zogen und schließlich zu einer verwitterten Bank, zu der seine Großmutter ihn öfter mitgenommen hatte, bevor sie gestorben war, bevor er zum ersten Mal den dunklen Himmel gesehen hatte, direkt über der Lichtung, an deren Rand die Bank stand, als wäre das Meer aus Gras davor die Aussicht wert.

Seltsamerweise war sie das gewesen. Er erinnerte sich daran, wie das hohe Gras sich sanft im Wind gewiegt hatte, während seine Großmutter Geschichten erzählte, wie nur Großmütter es konnten. Sie war eine freundliche Frau gewesen, leicht übergewichtig und ständig lächelnd. *Lieber rund und g'sund als schlank und krank.* Das war ihr Lieblingsspruch gewesen.

Tschicko blieb nicht bei der Bank, obwohl die Erinnerung an die Tage dort schön war. Er folgte weiter dem Pfad, aber die Spur fand er nicht mehr. Das Gewehr hing schwer über seiner Schulter, wie erwartet der vertraute, alte Freund, dessen tödliche Natur seiner angenehmen Gesellschaft einen schalen Beigeschmack untermischte. Je näher er dem Haus des Schneiders kam, umso vorsichtiger wurde er, und umso öfter hielt er inne, beobachtete die Umgebung und lauschte. Hier wurde der Wald still, als wäre alles Lebendige ein Eindringling. Seine Großmutter hatte sich geweigert, dort hinzugehen.

Bald sah er es zwischen den Bäumen. Lang gezogen und dunkel, das Dach verzogen und im Laufe der Jahrzehnte eingedrückt, die Schindeln mit Moos bedeckt. Verwitterte Fassade, lächerlich kleine, schwarze Fenster, die einen anzustarren schienen, wenn man die Vorstellung zuließ. Man konnte nur erahnen, wie es drinnen aussah, so schmutzig waren sie. Teilweise verklebt, innen mit staubigen Spinnweben verhangen, in denen außer der abgestreiften Haut ihrer Erbauer längst nichts mehr wohnte.

Still und verlassen ragte es vor ihm auf, gedrungen, dunkel und abweisend, so wie er es kannte. Das Fehlen von Geräuschen unterstützte den Eindruck, dass sich hier etwas verbarg, etwas, das nicht greifbar war. Ein Schatten, der sich in der Luft versteckte. Hinter dem grauen Schleier des Himmels. *Blödsinn*, schimpfte er in Gedanken und suchte nach einem blassen Kerl in Zwangsjacke, der mit unsichtbaren Schmetterlingen tanzte und mit sich selbst sprach.

Aber da waren nur das Haus und die Stille, und von außen betrachtet war der Einzige, der nicht ganz richtig im Kopf wirkte, Tschicko selbst.

Nach kurzem Zögern lud er das Gewehr durch und entsicherte es. Das metallene Klacken des geölten Metalls war unangenehm laut in der Stille und holte ihn in eine Realität zurück, von der er sich gedanklich entfernt hatte, ohne es zu bemerken.

»Was machst du nur?«, fragte er sich leise, während ihm bewusst wurde, wie absurd das war, was er hier tat. Ein alter Mann, der mit geladener Waffe allein im Wald stand und nach einem Grabschänder suchte, den er wahrscheinlich gar nicht finden würde. Den es vielleicht gar nicht gab. Vielleicht war es Zeit einzusehen, dass das alles Blödsinn war.

Aber dann stieg ihm der Geruch von Rauch in die Nase, und Tschickos Finger verkrampften sich um das Gewehr. Er blickte nach oben, erwartete den fahlen Himmel und sah stattdessen unschuldiges Blau. Die Bäume verloren nicht ihre Farbe, und der Boden blieb mit Laub statt Asche bedeckt.

Aber der Geruch blieb.

Reglos lauschte Tschicko. Kein Feuer. Zumindest keins, das nah genug war, um es zu hören.

Waldbrände waren keine alltägliche Gefahr in der Gegend, aber das machte sie nur unwahrscheinlich, nicht unmöglich.

Er setzte seinen Weg fort und stieß schon bald auf den Ursprung des Geruchs.

17

Als Dwiggi und Barbara erkannten, wie lange sie schon in der Küche standen und redeten, war es für beide eine Überraschung. Und keine unbedingt negative. Dwiggi hatte ihr sein Schlafzimmer nicht gezeigt, und auch in der Küche war alles jugendfrei geblieben. Aber Dwiggi wusste, dass zumindest ihm das niemand abnehmen würde. Vielleicht genoss Barbara bei Roland und Sandra mehr Glaubwürdigkeitskredit.

Niemand sagte: *Wir sollten vielleicht wieder mal rausschauen*, aber beide dachten es. Barbara war wesentlich mehr überrascht, Roland und Sandra nicht mehr anzutreffen, als Dwiggi. Vielleicht, weil ihm bewusster gewesen war, wie man ihr Fortbleiben interpretieren würde.

»Ich fahr dich nach Hause«, sagte er. Die Übernachtungsmöglichkeit war irgendwie vom Tisch, ohne dass es ausgesprochen hätte werden müssen, und für beide war das okay.

18

Nichts brannte mehr. Aber hier, in der Nähe des kleinen Flusses, der sich von den Bergen herunter durch den Wald zog, war der Geruch von Rauch am intensivsten.

Ein Mann – zwischen den Baumstämmen leicht zu übersehen – stand vor einer Grube, die Tschicko von seiner Position aus nur erahnen konnte. Aber er sah die Schaufel und den Rauch, der aufwirbelte, als der Mann Erde in die Grube warf.

Der Mann selbst drehte ihm während seiner Arbeit den Rücken zu. Wer vergrub heutzutage noch Sachen im Wald?

Du, hallte es durch Tschickos Gedanken. *Du vergräbst tote Hunde.*

Aber er glaubte nicht wirklich, dass der andere das tat.

Tschicko fehlte die freudige Geilheit eines Voyeurs, aber das Kribbeln des Verbotenen war da. Er musste wieder an den tanzenden Kerl mit den Schmetterlingen denken, aber abgesehen von der Situation an sich war nichts von dem, was er sah, seltsam.

Der Mann beendete seine Arbeit, klopfte den Boden fest, verteilte Laub und Moos darauf.

Erst als er sich umdrehte, erkannte Tschicko ihn. Verwundert betrachtete er die dunklen Augen, das ernste Gesicht, den schmalen Mund. Leng und er hatten nie wirklich etwas miteinander zu tun gehabt, aber sie liefen sich oft genug über den Weg, um einander zu erkennen. Verschwitzt und schmutzig wirkte der Pfarrer genauso vertraut wie fremd.

Leng beendete seine Arbeit, hielt kurz inne, während er den Waldboden zu seinen Füßen betrachtete, und machte sich schließlich wieder auf den Weg – den Stiel der schmutzigen Schaufel über der Schulter und den Blick gesenkt.

Tschicko sah zu, wie er zwischen den Bäumen in Richtung Schneiderhaus verschwand. Verwirrt blickte er ihm nach, auch noch, als er schon längst nicht mehr zu sehen war. Er konnte sich keinen Reim darauf machen, was er gesehen hatte. Er blickte wieder zu der Stelle, an der Leng gegraben hatte. Die Vorstellung, er könnte Chicos fehlenden Schädel dort eingegraben haben, war absurd. Aber das war auch die Vorstellung, dass der Pfarrer im Wald Löcher gräbt.

Wenn ich es nicht selbst gesehen hätte …, dachte er.

Neugier und der Unwillen, die Privatsphäre von anderen zu durchbrechen, lieferten sich ein Duell in seinen Gedanken, Tauziehen zweier Kontrahenten auf demselben Niveau, aber letztlich siegte seine Neugier. Er löste sich vom Baum und ging zu der Stelle, an der Leng den Boden festgeklopft hatte. Unter Laub und Moos war sie kaum zu finden.

Er kniete nieder, entfernte die äußerste Schicht und begann zu graben – mit den Händen, weil ihm passenderes Werkzeug fehlte. Bald nahm der Geruch von Asche wieder zu, und wenig später stieß er auf verbrannte Stoffreste, die keine Kleidung sein mussten, aber welche sein konnten.

Weil die verbrannten Stücke nur fragend anzustarren keine Erleuchtung bringen würde, legte er noch ein wenig mehr frei. Das Innenfutter der Jacke existierte nicht mehr, aber dort, als hätte es in der Innentasche gesteckt, lag ein altes Foto, halb verbrannt und kaum noch brauchbar. Eine junge Frau neben einem jungen Mann, sie ein Croissant in der Hand, er ein Geheimnis, das von den Flammen verschlungen worden war. Tschicko erkannte keines der Gesichter. Leng sah keinem der beiden ähnlich, also waren es wohl keine Erbstücke, die er verbrannte und vergrub.

Er hob die Jacke beiseite. Der Stoff war noch warm, eine schwindende Erinnerung der Flammen. Darunter kam etwas anderes zum Vorschein. Tschicko spürte, wie seine Kehle sich verengte, spürte, wie die Situation von seltsam zu gefährlich wechselte.

Er hatte lange genug gejagt, um Haut zu erkennen.

Und auch wenn das Gewebe dort ein faltiges Knäuel war, erkannte er ein Gesicht darin.

Während er sich selbst verfluchte, weil er Mobiltelefonen gegenüber immer stur gewesen war – mit dem Nummer-eins-Argument unsicherer alter Männer: *Hatte ich nie, brauch ich nicht* –, kam er stolpernd auf die Beine, die sich anfühlten, als hätte Gelee die Knochen ersetzt.

Ein paar Meter entfernt stand Leng zwischen den Bäumen und starrte ihn an.

Tschicko zuckte erschrocken zusammen und widerstand dem Impuls, das Gewehr zu heben. Er suchte nach Worten, die der Situation angemessen waren, und fand keine. Da war Scham, aber da war auch Angst. Angst vor der Reglosigkeit des unscheinbaren Dorfpfarrers, den manche im Ort jung für sein Amt, aber alt für das Wissen in seinen Augen hielten.

»Wollen Sie sich die Schaufel ausborgen?«, fragte Leng.

Tschicko sah das Glitzern in seinen Augen, sah die Belustigung. Zum ersten Mal, seit er den Priester kannte, hatte dieser etwas von einem lauernden Raubtier. Er war nie auf Großwildjagd nach Afrika gefahren – er war ein Freund geografischer Vertrautheit –, aber er war mal einem Wolf gegenübergestanden. Nur im Zoo, und das Tier hatte weder die Zähne gefletscht noch ihn anderweitig bedroht, aber es hatte ihn nicht aus den Augen gelassen. Der geschmeidige Körper war ruhig geblieben, die Kraft und Schnelligkeit unter dem Fell eine verborgene Ahnung. Er erinnerte sich, wie die Lefzen des Wolfs gezuckt hatten, als hielte er sich nur mit Mühe davon ab, die Zähne zu fletschen und seine Abneigung sichtbar zu machen.

Leng fletschte weder die Zähne noch zuckten seine Lippen, aber der Ausdruck in seinen Augen war derselbe.

Tschicko wich einen Schritt zurück. Zwischen ihnen hing Gefahr in der Luft, die mit ein wenig Rationalität sofort ausgehebelt werden konnte. Aber Rationalität schien für den Moment leider keine vorhanden zu sein. Ein weiterer Schritt nach hinten, dann setzte Leng sich in Bewegung. Tschicko beschleunigte sein Tempo, Leng hielt mühelos mit.

»Bleiben Sie stehen, Pfarrer.«

Leng schien ihn gar nicht zu hören.

Tschicko konnte keine Gedanken lesen, aber ein Blick, dessen Kraft von Entscheidung gestützt war? Den erkannte er mit Leichtigkeit.

Leng begann zu rennen, und als seine Lippen sich teilten schien er tatsächlich die Zähne zu fletschen. Lächerlich, verglichen mit denen eines Wolfs, aber die Augen überlagerten jeglichen Anflug von relativierender Peinlichkeit.

Leng hob die Schaufel – noch nicht nah genug, um ihn damit zu erreichen, aber nah genug, dass dieser seinen Schweiß riechen konnte.

Was dann kam, war vielleicht ein intellektueller Kurzschluss – ausgehebelte Moral, fehlendes Bewusstsein für Konsequenzen, vielleicht war es aber auch eine Erweiterung seines Überlebensinstinkts, die Spitze der Alarmanzeige, wenn die Nadel in den roten Bereich rutschte.

Tschicko hob das Gewehr und drückte ab, ohne durchs Zielfernrohr zu blicken. Wäre es nicht durchgeladen gewesen, wäre nichts passiert. Wäre es gesichert gewesen, wäre nichts passiert.

Aber es war geladen, es war entsichert, und weil Angst ein dominanter Steuermann ist, passierte etwas.

Der Schuss hallte laut und endgültig durch die leblose Stille. Leng wurde von den Füßen gerissen und landete rücklings am Boden, die Schaufel neben ihm, wie ein fallen gelassener Krückstock.

Zurück blieben akustische und emotionale Taubheit, ein Vakuum, in dem Tschickos Verstand den Atem anzuhalten schien, bevor die Erkenntnis und der Schrecken über seine Tat ihn mit voller Wucht trafen.

Du hast ihn erschossen. Der Gedanke wurde von unkontrolliertem Zucken seiner Lippen begleitet, als suchte er immer noch nach

Worten, die nicht gefunden werden wollten. Es war ein klarer und deutlicher Gedanke, eine sachliche Feststellung, der fürs Erste die emotionale Komponente fehlte, wenn auch nicht die Schwere.

Vögel hätten aufgeschreckt herumflattern sollen, aber das taten sie nicht. Hier gab es keine. Sie waren immer noch zu nah beim Schneiderhaus – hier gab es nur Tod.

Er musste einen Krankenwagen rufen. Er musste Hilfe holen, aber Tschicko bewegte sich nicht. Während das Gewicht des Gewehrs im selben Ausmaß zuzunehmen schien, in dem seine Finger an Kraft verloren, starrte er zu dem leblosen Körper, der nur ein paar Meter vor ihm am Boden lag, während Blut in das Moos darunter sickerte.

Dahinter war das Grab, die verbrannte Kleidung, das verbrannte Foto, die abgezogene Haut. Er versuchte mit dem Gedanken an den seltsamen Fund sein Gewissen zu beruhigen, aber es gelang ihm nicht.

Immer noch in der gedämpften Leere seines eigenen Unglaubens gefangen, schlang Tschicko sich den Gewehrgurt um die Schulter, bevor es seinen versagenden Fingern entgleiten konnte. Er glaubte nicht, dass er sich dazu aufraffen könnte, es wieder aufzuheben. Dann begann er zu rennen, soweit seine weichen Knie das zuließen. Es war mehr ein gehetztes Taumeln, aber es brachte Abstand zwischen ihn und die Leiche, aber nicht zwischen ihn und das, was er getan hatte.

Bald kehrten die natürlichen Geräusche des Waldes zurück, und er glaubte darin die Schritte seines Verfolgers zu hören.

Aber niemand folgte ihm, und als er sein eigenes Haus erreichte, war er verschwitzt und außer Atem, aber immer noch am Leben – mit dem Wissen, ein anderes beendet und damit eine Lawine aus Konsequenzen losgetreten zu haben, deren Ausmaß sich noch nicht abschätzen ließ.

Tschicko war jetzt ein Mörder. Und diese Gewissheit ätzte sich giftig in den Mantel seines Verstandes, verseuchte alle Gedanken, Eindrücke und Beschwichtigungen, machte rationale Erklärungen wirkungslos und ließ ihn mit einer Art Herzstillstand zurück, der sich nur auf seinen Geist zu beschränken schien.

19

Karl war bei ihr. Als Maria sah, wie er sich aus der Dunkelheit schälte, wusste sie, dass sie träumte. Er blieb vor ihr stehen, gehüllt in ein Licht, das nur für ihn zu scheinen schien, aber außerhalb ihrer Reichweite. Maria streckte ihren Arm nach ihm aus, erreichte ihn aber nicht. Das war in Ordnung. So musste sie ihren Fingern nicht dabei zusehen, wie sie durch ihn hindurchglitten. Sie erkannte den Selbstbetrug ihres Verstandes, die verzweifelte Projektion des einzigen Menschen, der in ihrem Leben noch Bedeutung hatte, aber sie ließ sie zu. Sie erkannte auch die lindernde Absicht dahinter.

»Erinnerst du dich daran, wie ich dich zum ersten Mal zum Tanzen ausgeführt habe?«, fragte er.

Das tat sie. Er war ein furchtbarer Tänzer gewesen und hatte vor Nervosität geschwitzt. Aber hinter jedem tollpatschig ausgeführten Tanzschritt, hinter jedem unrhythmischen Hopser hatte ein Versprechen gelegen – dass sie es wert war, sich zum Affen zu machen, dass nur sie zählte.

»Es war ein schöner Abend«, sagte sie.

»Das war es.«

Karl lächelte, aber weil er ihrem Unterbewusstsein entsprang und dessen Stimmung unterworfen war, war es ein beflecktes Lächeln.

»Wie hat das passieren können?«, fragte sie, und Karl schwieg. Der echte hätte die Schuld auf sich genommen, aber Marias Unterbewusstsein ließ nicht zu, dass diese Version von ihm das tat. Karl war ein Schutzschild, den sie brauchte und der nicht funktionierte, wenn er von innen bombardiert wurde.

Sie sehnte sich nach ihrer kleinen Wohnung, in der alles an seinem Platz war. An die Ordnung, die sie dort wie ein Netz aus Sicherheit umgab, sie auffing, wenn sie taumelte.

»Bist du auch irgendwo hier?«, fragte sie und wusste, dass sie auf die Frage nur unzureichende Antworten erwarten konnte. Karl konnte nicht sagen, was sie selbst nicht wusste. ›Ja‹ wäre eine gute Antwort gewesen, aber auch eine Lüge. Und sie hätte es gewusst, genau wie er. ›Ja‹ war Hoffnung – und nicht einmal unwahrscheinliche, immerhin lebte auch sie noch –, aber keine Sicherheit.

Karl wollte antworten – irgendetwas Aufbauendes, so wie es seine Art war –, vielleicht ein *Ich bin immer bei dir* oder etwas dergleichen. Aber dann hörte sie einen Knall, gedämpft, aber dennoch laut. Maria erstarrte und hielt inne. Sie versuchte, das Geräusch einzuteilen, und konnte es nicht. Außerhalb des Fernsehens hatte sie noch nie gehört, wie eine Waffe abgefeuert wurde. Der Gedanke an einen Schuss kam ihr erst verspätet, erst als Leng bereits zusammengebrochen war, als Tschicko durch den Wald rannte und sich mit seiner eigenen Unmenschlichkeit konfrontiert sah.

Obwohl sie selbst keinen Schaden genommen hatte, war sie erschrocken. Sie rief um Hilfe, aber es war niemand mehr da, der sie hätte hören können.

Karl stand vor dem Bett und sah sie ernst an.

»Du musst versuchen, hier rauszukommen«, sagte er. Aber einen Plan hatte er leider nicht.

20

Dwiggi hatte Barbara nach Hause gebracht, und bis zum Ende ihrer Begegnung waren sie ohne echten Körperkontakt geblieben. Die Küsschen beim Abschied waren allerdings wärmer gewesen als bei der Begrüßung. Und er – der darum kämpfte, es sich nicht eingestehen zu müssen – bekam sie nicht mehr aus dem Kopf.

Während er zurück zu seinem Haus fuhr, sah er ihre Augen vor sich, dunkel und erschöpft, aber nachdem während ihres Gesprächs die zwischen ihnen hängende Unsicherheit langsam verschwunden war, war ihr Blick länger direkt und stark geblieben. Dwiggi mochte starke Frauen. Vielleicht weil er niemanden brauchte, den er mitschleppen musste. Er interessierte sich nur für Mädels, die selbst gehen konnten.

Vielleicht war das ein Grund, warum er in den letzten Jahren eine steigende Zuneigung zu Stripperinnen und Prostituierten entwickelt hatte. Mit ihnen waren die Dinge einfach: Jedem war klar, was Sache war. Keine unausgesprochenen Zwischentöne, keine Unklarheiten. Klar, es war ein Tausch von Geld und Dienstleistung, aber das musste nichts Schlechtes sein.

Aber Dwiggi musste sich eingestehen, dass er schon lange nicht mehr so empfunden hatte wie jetzt, denn die Zeiten, in denen er zugelassen hatte, dass jemand ihm tatsächlich fehlte, waren eigentlich vorbei. Er hatte lange daran gearbeitet, so wenig wie möglich von anderen abhängig zu sein, und das hatte zwangsläufig dazu geführt, dass er nur wenig von seinem Leben und seinen Erfahrungen teilen konnte.

Irgendwie hatte Barbara seine Barrikaden umschifft und ihn eiskalt an der ungeschützten Rückseite erwischt. Er wusste nicht, wie sie das angestellt hatte, es machte aber auch keinen Unterschied. Während der letzten Jahre war er öfter neben hübschen Frauen aufgewacht, und in der Regel war die Sache nach dem Frühstück erledigt gewesen. Dwiggi hatte stets dafür gesorgt, dass sich nicht mehr daraus entwickelte. Und nun hatte ihn ausgerechnet die erwischt, die er nicht mal abfüllen und zum Übernachten überreden hatte wollen.

Das war kitschig. Und bescheuert.

Es war aber dummerweise auch eine Tatsache.

Er parkte seinen Wagen wieder vorm Haus – viel zu aufgekratzt, um gleich ins Bett gehen zu können.

Erst räumte er die Reste der unterm Strich dennoch misslungenen Grillfeier weg – denn als Party war das Ganze trotz Barbara ein Reinfall gewesen.

Er merkte nicht, dass er dabei vor sich hin pfiff, und obwohl Dwiggi gelernt hatte, eher auf der unbeschwerten Seite des Lebens dahinzuwandern, tendierte er nicht zu gepfiffenen Privatkonzerten.

Später saß er auf dem Balkon und betrachtete mit offenem Bier in der Hand den Sonnenuntergang, so wie seine Mutter es früher getan hatte. Seine Gedanken kreisten unverändert um Barbara, und darunter schwamm immer noch die alles dominierende Frage: Wollte er wirklich hierbleiben?

Die Antwort war kein Stückchen klarer, aber der Zug in die Ferne war seit heute ein wenig gemindert.

Dwiggi nahm sein Handy und überlegte, sie anzurufen. Was man nicht tun sollte. Warum auch immer. *Weil es so bedürftig wirkt.*

Aber wenn sie ebenfalls zu Hause saß, ebenfalls auf ihr Handy starrte und das Gleiche dachte? Dwiggi hatte das Gefühl, dass das gut sein könnte.

Beschissener Eiertanz, dachte er und legte das Telefon wieder weg.

21

Es wurde dunkel, und Tschicko war immer noch von niemandem aufgesucht worden. Er reinigte sein Gewehr in der Hoffnung, die Spuren des abgefeuerten Schusses ausreichend zu entfernen, bevor die Polizisten schließlich kamen.

Und sie würden kommen, daran zweifelte er nicht. Auch wenn jede Minute, die still und ohne das Geräusch von Reifen auf dem Schotter vorbeiging, das Warten noch unerträglicher machte.

Tschicko beschloss zu trinken, bis seine Wahrnehmung in gleichgültiger Dunkelheit versank, um alle Träume fernzuhalten, die auf der anderen Seite seines Bewusstseins auf ihn warteten.

Kannst du mit dem leben, was du getan hast?, fragte eine Stimme in seinem Kopf, die mehr nach der seines Vaters als seiner eigenen klang.

Konnte er das?

Tschicko dachte an die Kleidungsstücke, dachte an das Foto, dachte an das, was Leng getan haben könnte, und wusste es trotzdem nicht.

22

Gerda hatte sich umgebracht, weil sie keine Belastung für ihn sein wollte. Daran musste Harald oft denken. Und ganz egal, welche Gedanken ihrer Entscheidung zugrunde gelegen hatten – ihr Selbstmord war und blieb eine egoistische Tat. Vielleicht hatte sie sich – wie in ihrem Abschiedsbrief gestanden hatte – das Leben genommen, damit er ihr nicht dabei zusehen musste, wie sie langsam zugrunde ging. Aber es war nicht fair, ihn dabei außen vor zu lassen. Es wäre auch seine Entscheidung gewesen, ob er dabei hätte zusehen wollen oder nicht. Und natürlich wäre es dabei nicht ums Zusehen gegangen.

Harald redete sich gerne ein, dass der Abschied leichter gewesen wäre, wenn er mehr Zeit gehabt hätte, sich darauf vorzubereiten, aber tief in sich drin, dort, wo er sein Bewusstsein nur selten hinließ, musste er sich eingestehen, dass das nicht unbedingt der Wahrheit entsprach.

Er hatte von ihrer Krankheit durch den Abschiedsbrief erfahren. Sie hatte schon seit Monaten gewusst, dass sie sterben würde, und bevor es nicht mehr zu übersehen gewesen wäre, hatte sie die Sache beendet. Er hatte unendliche Stunden damit verbracht, sich zu fragen, ob es Anzeichen gegeben hatte, Anzeichen, die er übersehen oder schlichtweg ignoriert hatte. Ob er mit schuld daran war, dass sie sich das Leben genommen hatte. Es war leicht, sich nachträglich einzureden, dass man etwas hätte ändern können, wenn man nur ein wenig aufmerksamer gewesen wäre. Es war leicht, sich selbst die Schuld zu geben.

Und die Stimmen von außen, die, die mit ihrem ganzen Dumusst-jetzt-stark-sein-Blabla daherkamen, die konnten die kleine Stimme in Haralds Innerem nicht überlagern. Die kleine Stimme, die nach wie vor darauf beharrte, dass er es hätte verhindern können.

An dem Morgen, an dem er zum ersten Mal seit ihrer Hochzeit alleine im Bett wach geworden war, hatte er verschlafen. Sie war vor ihm aufgestanden, hatte die Weckfunktion des Radios am Nachtkästchen deaktiviert und war aus dem Zimmer geschlichen.

Harald war nicht viel später als gewöhnlich aufgewacht, aber ausreichend, um seiner Frau die Chance zu geben, den vermutlich bereits vorbereiteten Brief am Küchentisch zu positionieren, sich das Seil aus dem Keller zu holen und loszumarschieren. Irgendwann in den frühen Morgenstunden, wenn niemand die Frau im Nachthemd und mit Seil über der Schulter bemerken würde.

Harald hatte sich immer gefragt, ob sie nicht doch jemand gesehen hatte. Ob nicht irgendjemand schon auf den Beinen gewesen war, sie vielleicht begrüßt oder einfach nur beobachtet hatte. Ob jemand sie gesehen und sich einfach nur gedacht hatte, sie wäre besoffen oder verrückt, anstatt ihren Mann anzurufen. Ob irgendjemand sonst, außer ihm selbst, die ganze Tragödie verhindern hätte können.

Harald hatte in der Zeit nach ihrem Selbstmord ein wenig herumgefragt, aber niemand gab zu, sie gesehen zu haben. Niemand außer Tschicko, aber der hatte sie erst gefunden, als es schon zu spät gewesen war.

Sie hatten Gerda bereits vom Baum heruntergeholt, als Harald dort eingetroffen war, und der Anblick, der Tschicko nach dem Fund manchmal in seinen Träumen heimsuchte, war Harald erspart geblieben. Aber natürlich nicht die Identifikation der Toten. Sie hatten ihre Augenlider geschlossen, aber in Haralds Erinnerung waren sie immer offen. Ihre geschwollene, dunkel verfärbte Zunge, der Bluterguss um ihren Hals, das farblose Gesicht – es hatte Harald viel Zeit gekostet, diese Bilder wieder halbwegs aus seinen Gedanken zu vertreiben. Er wollte sie so in Erinnerung behalten, wie sie als

Mensch gewesen war, nicht als dieses entstellte Ding unter dem Laken auf der Bahre, also hatte er viel Zeit damit verbracht, Bilder von Gerda anzusehen, und das hatte wehgetan.

Ich liebe dich, hatte sie in ihrem Abschiedsbrief geschrieben. Als würde das etwas ändern. Als wäre es glaubwürdig.

Harald hatte sie gehasst, und der Hass war etwas leichter zu ertragen gewesen als die Trauer. Aber weder das eine noch das andere hatten geholfen, und nachdem es inzwischen zwei Jahre her war, dass Gerda gegangen war, fragte er sich, ob er jemals wieder ganz gesund werden würde. Denn die nächtlichen Besuche waren für Harald nicht zu leugnende Realität, und er fragte sich nicht zum ersten Mal, ob es nicht vielleicht schlau wäre, mit jemandem darüber zu reden, der sich beruflich mit solchen Dingen befasste.

Harald hatte nur Angst davor, dass man ihn wegsperren und nicht mehr freilassen würde.

Auch in dieser Nacht kam Gerda nicht zu ihm ins Bett. Und obwohl es immer Phasen gegeben hatte, in denen sie öfter gekommen war, und welche, in denen sie zum Teil wochenlang dort blieb, wo auch immer sie jetzt war, fragte er sich, ob sich vielleicht gerade alles als Einbildung herauszustellen begann. Ob sein Verstand mächtig genug war, ihm ein Trostpflaster als Selbstschutz vorzugaukeln, damit er seiner Frau nicht in den Freitod folgte.

Harald wusste nicht, ob diese Vorstellung ihn beruhigte oder noch mehr verunsicherte.

23

Tschicko quälte sich durch einen unscharfen, rotierenden Mix aus Realität und Traum, zu betrunken, um das eine vom anderen unterscheiden zu können.

Er hatte das Gewehr gereinigt und neben dem Bett abgestellt. Die Flasche Schnaps war leer, die Schuld immer noch da und sein

Körper ein unkoordinierbarer Haufen lose zusammenhängender Einzelteile.

Er taumelte von der Küche ins Bad, vom Bad ins Schlafzimmer und vom Schlafzimmer wieder zurück in die Küche, weil seine Gedanken immer noch zu laut waren und er wusste, dass sich im Küchenschrank noch eine angebrochene Flasche Rum befand. Kein gutes Zeug, nichts, was man trank, sondern Billigalkohol zum Backen. ›Aber in der Not säuft der Teufel Fusel‹, hieß das nicht irgendwie so?

Und war Tschicko nun ein Teufel? In jedem Fall war er ein Mörder.

Er ließ die leere Schnapsflasche in den kleinen Plastikeimer gleiten, der neben der Tür vom Gang zur Küche stand und für diese Art von Müll reserviert war. Dann ging er zum Schrank mit dem Rum.

In diesem Moment spürte er den Luftzug.

Und als nun Stille eintrat, weil er sich nicht mehr bewegte, und weil seine Gedanken fürs Erste Ruhe gaben, weil sie mit ihm lauschten, da hörte er das zaghafte Quietschen einer Tür, unterbrochen von leisem Klacken. Tschicko kannte dieses Quietschen, er wusste genau, welche Tür es war. Er lebte zu lange in diesem Haus, um das nicht zu tun.

Er vergaß den Rum und versuchte – mit klopfendem Herzen und verschwommener Sicht – auf den Gang zu schleichen, der die Küche mit dem kleinen Eingangsbereich verband. Und er kämpfte verzweifelt darum, den Alkohol aus seinem Kopf und seinem Körper zu verdrängen, aber die Welt um ihn herum wankte weiterhin unscharf von einer Seite zur anderen.

Tschicko erreichte den Gang, und schon bevor er zur Vordertür blickte, sah er das Licht am Boden. Fahl und kalt und hell. Und es hatte im Gang nichts zu suchen.

Die Vordertür stand offen, ließ das Mondlicht herein und schwang im Luftzug leicht hin und her, wobei sie immer wieder gegen die Wand stieß.

Quietsch-Klack. Quietsch-Klack.

Tschicko betrachtete sie ungläubig und versuchte sich daran zu erinnern, ob er die Tür offen gelassen hatte. Er war nüchtern nach Hause gekommen, aber emotional aufgewühlt, verwirrt und ängstlich.

Er wusste es nicht.

Das Haus war alt, die Tür war alt, das Schloss war alt. Wie das meiste andere gehörte es ausgetauscht, und er wusste, dass es nicht mehr einwandfrei funktionierte. Man musste die Tür mit Nachdruck zuziehen, damit es einrastete, aber er wusste, dass das notwendig war. Er schloss sie immer mit der nötigen Extraportion Kraft, damit sie zu blieb. Er musste nicht extra darüber nachdenken, und er vergaß es nicht. Nie.

Aber er war betrunken und in einem schuldbeladenen Zustand, der wie Turbo-Dünger für lauernde Paranoia wirken konnte. Vielleicht hatte er sie heute einfach mal nicht richtig zugezogen. Für alles gibt es ein erstes Mal, wie zweifellos so manch klugscheißender Kalenderspruchfreund gerne behauptete.

Während er zur Tür ging, versuchte er sich nachdrücklich einzureden, dass alles normal war, dass es keinen Grund gab zu schleichen.

Sein Körper schlich trotzdem.

Und während das verschwommene Rechteck vor ihm sich immer wieder schwankend verdoppelte, taten das auch seine knarzenden Schritte auf dem alten Boden.

Tschicko blieb stehen, damit die Stille seine Paranoia vertreiben konnte.

Die Schritte hinter ihm kamen weiterhin näher.

Tschicko drehte sich um, und aus der zwielichtigen Dunkelheit des Gangs schälte sich der Mann heraus, den er an diesem Nachmittag erschossen hatte.

»Es tut mir leid!«, stammelte Tschicko. Leng reagierte nicht darauf.

Tschicko versuchte, seinen Blick scharf zu stellen, der Alkohol wirkte dagegen. Schwankend taumelte er einen Schritt nach hinten, denn es gab nur eine Richtung, und die war weg von dem Priester.

Leng folgte ihm, wie schon zuvor im Wald.

Ein weiterer Schritt auf die Tür zu.

Quietsch-Klack.

Auch Leng stand nicht still, hielt den Abstand zu Tschicko mit entspannter Beiläufigkeit ein.

Dieser drehte sich um und rannte. Er hatte nur den Bruchteil einer Sekunde Zeit, sich für den schnelleren Läufer zu halten. Er stieß die Tür auf, die sich gerade schließen wollte, und unterbrach damit ihren gleichförmigen Rhythmus. Sie prallte außen gegen die Wand, und als er den ersten Schritt aus seinem Haus machte und sich wünschte, in einer Gegend mit näheren Nachbarn zu wohnen, packte Leng ihn an den Haaren und riss ihn zurück.

Tschicko schrie vor Schmerz und Angst, als der Priester ihn wieder ins Haus zerrte – mit einer Kraft, die nicht nur von Muskeln stammen konnte, hinein in die Schatten, aus denen er gekommen war. Die Tür ließ er offen, als hätte er es nicht nötig, das Folgende vor der Außenwelt zu verstecken.

Tschicko stolperte, und als er fiel, schleifte Leng ihn einfach weiter, als wäre er ein Sack Müll, den man problemlos hinter sich herziehen konnte.

Sie erreichten den Durchgang zur Küche, und als Tschicko mit vor Schmerz und Alkohol verschleiertem Blick den kleinen Mülleimer neben der Tür sah, war er glücklicherweise geistesgegenwärtig genug, um nicht zu zögern.

Er griff nach der leeren Schnapsflasche und schwang sie in Richtung des Mannes, den er geglaubt hatte zu kennen. Sie traf ihn wirkungslos am Oberschenkel. Er schlug ein weiteres Mal zu und verfehlte ganz. Die dünne Glasflasche traf den Boden, zersprang, und als er erkannte, dass er nun eine viel gefährlichere Waffe in der Hand hatte, stach er damit nach oben, gegen die Hand, die sich in seinen Haaren verkrallt hatte.

Leng schrie überrascht auf und ließ los. Tschicko kam mit einer

Geschwindigkeit, die nur von seiner Angst kommen konnte, auf die Beine. Im Halbdunkel sah er, wie Leng seinen Arm hielt, sah Blut, das im Mondlicht schwarz und zäh wirkte.

Tschicko rannte tiefer in das Haus, in dem er sein ganzes Leben verbracht hatte und nun vielleicht beenden würde. Die Angst bündelte die kläglichen Kraftreserven, die er noch zur Verfügung hatte, aber durch den Alkohol waren seine Schritte weiterhin unsicher und schwammig. Er erreichte das Schlafzimmer, schlug die Tür hinter sich zu und stürzte zum Gewehr neben dem Bett.

Hinter ihm flog die Tür wieder auf.

Tschicko zog den Verschlusshebel nach hinten und hoffte, dass sie geladen war. Er konnte sich nicht mehr erinnern, ob er das nach der Reinigung getan hatte. Am Boden, mit dem Rücken ans Bett gepresst, beobachtete er, wie Leng auf ihn zukam – sein entstelltes Gesicht leer, die Augen tot und ohne Mitgefühl.

Tschicko richtete die Mündung auf ihn und versuchte abzudrücken, aber sein Zeigefinger wollte nicht gehorchen. Die ganze Hand zitterte und war vollkommen unbrauchbar.

»Es tut mir leid«, wiederholte er.

Leng erreichte Tschickos Füße, die dieser rasch zurückzog, wie ein verängstigtes Kind, das glaubte unter der Decke vor dem Monster unterm Bett sicher zu sein.

Nur gab es hier keine Decke, und das Monster war nicht mehr unter dem Bett.

Leng ging in die Hocke, griff nach dem Lauf des Gewehrs und drückte ihn nach oben. Tschicko war zu erschrocken, um dagegenzuhalten.

Durch das kleine Fenster fiel ein schwacher Strahl Mondlicht. Leng kam nach vorn, und als das fahle Licht ihn traf, zerbrach Tschickos Illusion von Realität vollends.

Es war, als wäre das Gesicht die Oberfläche eines Sees, unter der etwas anderes aus der Tiefe auftauchte und sie schließlich ersetzte.

Während Lengs Lächeln breiter wurde und die Überheblichkeit in seinem Blick einer gierigen Bösartigkeit zu weichen schien, zerflossen die Pupillen, als wären sie schwarze Farbbeutel, die jemand zerstochen hatte. Dunkelheit sickerte in den Rest der Augen und füllte sie aus. Das Licht wurde nicht mehr reflektiert, sondern schien darin zu versickern.

Zwei Fenster in eine sternenlose, finstere Nacht.

Die Mündung des Gewehrs wurde unter Tschickos Kinn geschoben und dort festgehalten.

Lengs Mund schien zu breit für sein Gesicht zu sein.

»Bitte!«, wimmerte Tschicko, obwohl er nicht wusste, worum er bitten sollte. Gnade oder Mitleid schienen hier keinen Platz zu haben. Er versuchte, das Gewehr von sich zu schieben, wollte seinen Finger vom Abzug und die Hand vom Griff nehmen, aber Leng hielt sie dort fest.

Tschicko starrte in die leblosen Augen und spürte, wie sich einer von Lengs Fingern auf seinen eigenen legte und den Abzug nach unten drückte.

Es wird wie Selbstmord aussehen, dachte er, aber statt dem Schrecken ein Ende zu machen, gab das Gewehr nur ein knappes Klicken von sich. Tschicko zuckte zusammen und nässte sich ein, Leng stieß ein hämisches Keuchen aus, das vielleicht ein Lachen war, und blies ihm dabei einen Hauch von Verwesung ins Gesicht.

Tschicko spürte, dass jene Angst, die ihm vorhin im Gang noch Kraft geschenkt hatte, nun von ihm wich wie fallende Blätter und ihn nackt und hilflos zurückließ. Er spürte Verzweiflung in seinem Inneren aufsteigen. Mit ihr kam die Akzeptanz und mit der Akzeptanz die echte, unverkleidete Angst.

Nicht die Angst vorm Ende – die Angst vor Schmerzen.

»Bitte!«, flehte er, während Tränen über seine Wangen liefen und das nicht mehr menschliche Gesicht ihn herzlos anstarrte.

Leng griff das Gewehr am Lauf, zog es zur Seite und ließ es achtlos zu Boden fallen.

»Bitte, bitte«, äffte er grinsend. »Der Duft von Tod ist mehr als Blut, Pisse und Scheiße.« Er kam noch näher. »Schon mal eine sterbende Seele gerochen? Schmeckt nach Angst.«

Tschicko hatte keine Zeit, etwas zu erwidern. Leng packte ihn mit beiden Händen an den Schläfen. Seine Kiefer klafften auseinander – weiter als das bei einem Menschen möglich sein sollte –, und Tschicko sah die Doppelreihen aus viel zu vielen Zähnen, sah die dunkle Zunge, sah, wie das aufgerissene Maul auf ihn zukam.

Er unternahm noch einen letzten, verzweifelten Versuch, Leng von sich zu drücken. Vergeblich. Leng legte seine unnatürlichen Zähne auf Tschickos Kopf. Die unteren Reihen berührten ihn an der Stirn über den Augen, die oberen etwa in der Mitte seines Schädels.

Das ist nicht möglich, dachte er. Nichts von alledem war möglich.

Als die Kiefer sich zu schließen begannen, langsam und unerbittlich, als Tschicko das Knacken hörte, mit dem sein Schädelknochen unter dem Druck nachgab, winselte er, wie sein Hund gewinselt hatte, nachdem der Baum auf ihn gestürzt war und das Ende seines Lebens eingeleitet hatte.

Dann schrie er, weil es das Letzte war, was noch Sinn ergab.

Tschicko blieb nicht mehr lange bei Bewusstsein – aber dennoch zu lange, als dass sein Verstand gesund verenden hätte können.

Die dunkle Welle aus nichts überrollte ihn erst, als Lengs Kiefer sich ganz geschlossen hatten und seinen Kopf wieder freigaben. Tschicko sah ein letztes Mal in jene schwarzen, leeren Augen, während sein Schrei zu einem Krächzen verebbte. Sein Verstand ließ nicht zu, dass er wirklich erkannte, was Leng im Mund hatte, worauf er herumkaute, aber er konnte nicht verhindern, dass Tschicko die Leere über seinen eigenen Augen spürte oder die Feuchtigkeit, die sich über sein Gesicht ausbreitete.

Weiterhin grinsend kaute Leng, während Tschickos Bewusstsein in Bedeutungslosigkeit verklang wie der Schlussakkord eines nicht gehörten Liedes.

II

NACHT OHNE STERNE

Kapitel 4

1

In Tschickos Haus krümmte sich der Mann, der zu ihm gekommen war, über dessen Toilette und erbrach in schmerzhaften Wellen die Teile, die er von Tschicko verspeist hatte.

Als es vorbei war, setzte er sich auf das Bett und ließ seinen Blick in der Dunkelheit versickern, die ihn umgab. August Leng hatte ein unglückliches Leben hinter sich, unter dessen Oberfläche sich eine simple, aber schockierend funktionale Psychologie verbarg. Er betrachtete Tschickos Überreste: das Loch über den gebrochenen Augen, denen im Tod der Ausdruck von Unglauben abhandengekommen war, die anderen Stellen, an denen Fleisch herausgebissen worden war, und das Blut, das die Furchen und Spalten im Boden nachzeichnete wie die Topografie vergifteter Adern. Der Andere fraß, aber August würgte es wieder hoch. Sein Magen rebellierte jedes Mal – nach Tschicko, nach Karl, nach denen davor.

Er würde ihm die Haut abziehen. Er würde einen Blick unter die Oberfläche werfen. Normalerweise freute August sich darauf, aber diesmal war es ein ermüdender Gedanke. Der Drang war nicht sehr stark. Vielleicht, weil Tschickos Tod kein Aufbau vorausgegangen war. Weil es so kurz nach dem alten Mann geschehen war, weil die Zeit der neuen Jagd noch nicht gekommen war. Bedarf baute sich auf, bis er zu Zwang wurde. So weit war es aber noch nicht gewesen.

Tschicko war wegen Umständen gestorben, die mehr mit Pech als Gier zu tun hatten.

Der Mann hinter seiner Schulter schlief, wie oft nach solchen Ausbrüchen. August glitt mit seiner Zungenspitze durch den Mund. Da war immer noch der Geschmack von Tschickos Fleisch, und kurz wurde ihm wieder übel. Aber das schale Echo von Angst war auch gleichbedeutend mit Macht. Verdorbene Macht, aber trotz aller Bitterkeit machte sie süchtig. Er fand kleine, harte Teilchen, die in seinem Speichel schwammen, und glitt mit der Zunge über seine Zähne, ein Teil seines oberen Schneidezahns war abgesplittert. Der Rest stammte von Tschickos Schädel. Die untere Hälfte seines Gesichts war klebrig von getrocknetem Blut und Erbrochenem. Er fühlte sich schmutzig und müde, erschöpft und ausgelaugt.

Wieder dachte er darüber nach, Tschickos Leichnam zu häuten, aber gleich darauf beschloss er, es sein zu lassen. Manchmal erinnerte ihn das zu sehr an seinen Vater, und für den Moment war jede Ausrede gut genug, um sich weitere Eskapaden zu ersparen.

Es war wie ein umgekehrter Entwöhnungseffekt. Zwang war der Anfang, aber dann wurde es trivialisiert und wurde zur Normalität. Trotz aller Umstände und allem, was er bereits getan hatte, hatte August eine gewisse Angst vor dieser Normalität nie ganz verloren. Zwischen den Entgleisungen des Anderen lagen die geläufigen Schwüre des Süchtigen – *das nächste Mal ist das letzte Mal, ich kann jederzeit aufhören, ich habe immer noch die Kontrolle* und so weiter.

Aber Kontrolle war eine Illusion, die von einem Teil in Augusts Verstand aufrechterhalten wurde, der tief in seinem Inneren war, weit unter seiner eigenen Haut, an einem Ort, den die Sicherheitskräfte seiner moralischen Überzeugungen nicht mehr erreichen konnten. Wie ein Stück Obst, das unter seiner eigenen Schale von innen heraus verrottete.

Tschickos Tod konnte zum Problem werden. War er schon, wenn er jemandem von der Sache im Wald erzählt hatte. Aber eigentlich hielt August das für unwahrscheinlich. Tschicko war ein Einzelgänger gewesen, ein Eigenbrötler. Keine Freunde, kein soziales Umfeld.

Und er hatte auf August geschossen. Schwierig, das in einem guten Licht dastehen zu lassen.

Wenn Probleme kamen, dann hatten sie schon mit den beiden im Auto begonnen. Karl und Maria. Sie alle waren frisches Fleisch, und frisches Fleisch war gefährlich. Frisches Fleisch wurde vermisst.

»Der hier nicht«, murmelte er mit Blick auf Tschicko. Das war Hoffnung, keine Gewissheit, aber zumindest Hoffnung mit hoher Wahrscheinlichkeit. Entdeckt werden würde sein Tod trotzdem. Und er würde für Aufregung sorgen.

August bewegte seinen Unterkiefer unbewusst hin und her. Die Kiefer schmerzten. Muskelkater der Kauwerkzeuge. Zu viele Leichen in zu kurzer Zeit. Er griff nach seiner Schulter, wo Tschickos Kugel ihn getroffen hatte. Zwei Narben würden bleiben – eine auf der Vorder- und eine auf der Rückseite. Er betrachtete seinen Handrücken, auf dem die zerbrochene Flasche ihren Schaden angerichtet hatte. Es hatte aufgehört zu bluten, aber Hautfetzen standen unschön weg. Kurz dachte er darüber nach, daran zu ziehen, sich selbst zu häuten wie das faulende Stück Obst, das er vielleicht war.

Tschicko hatte ihm ganz schön zugesetzt.

Als der Mann hinter seiner Schulter erwachte, brachte er die Ahnung einer grellen Dunkelheit mit sich, nicht unähnlich einem Migräneanfall, allerdings weniger schmerzhaft. Anfangs hatte er es für die Erinnerung an Feuer gehalten, aber im Laufe der Jahre hatte August gelernt, dass das ein halber Blick in eine andere Welt war, denn der Andere war nicht nur sein Kreuz, nicht nur Bürde, er stellte ihm auch einen Blick hinter den Vorhang der Realität in Aussicht.

Einen Blick auf Gott.

Seine Augen waren wieder normal. Kein ausfüllendes Schwarz, kein fehlender Glanz. Sein Mund sah aus wie der jedes anderen Mannes. Vielleicht sogar eine Spur kleiner.

Er wusch sich das Blut im Badezimmer vom Körper und betrachtete sein verwundetes Gesicht im Spiegel. Als er im Dunkel seiner Augen dem Weg folgte, den er gegangen war, da fragte er sich – nicht zum ersten Mal –, wie die Verdammnis am Ende dieses Weges aussehen würde. Er sagte sich, dass er sie verdient hatte, aber das war umgekehrte Psychologie. Eine Entschärfung der eigenen Schuld durch Eingeständnis.

Er hatte Lackners Frau auf einer der Bänke in der Leichdorfer Kirche gefickt, kurz vor ihrem Selbstmord. Was war schlimmer – ihr Streben nach spiritueller Unterstützung auszunützen, ihre gutgläubig offengelegten Schwächen, die Löcher in ihrem manipulierbaren Geist? Oder nach alldem ihre Beisetzung zu leiten – mit Reue, die er spielen musste, weil er sie nicht empfand?

Gerda war nicht die Erste gewesen. August hatte im Laufe der Jahre einige selbst ernannte Sünderinnen verführt, die auf der Suche nach Hilfe zu ihm gekommen waren. Es war einfach, weil seine Soutane, sein priesterliches Gewand, einen sicheren Hafen suggerierte, ein Umfeld, in dem alles in Ordnung und Vergebung jederzeit in Reichweite war, denn Gott war da, und Gott vergab, wenn man selbst es zuließ.

Der Spruch funktionierte immer.

August war schlau. Er nahm nur die, deren Geist wackelte, nur die, bei denen er wusste, dass sie die Schuld anschließend bei sich selbst suchen würden. Er half ihnen dabei, sie zu finden. Gerda war weder die Erste gewesen, die sich danach umbrachte, noch die Einzige, die schwanger wurde. Sie war zu ihm gekommen, hatte ihm davon berichtet, und er hatte getan, was er auch sonst immer tat: sie mit salbungsvollem Floskel-Blabla argumentativ einzementiert. Er hatte damit gerechnet, dass sie das Kind einfach austrug oder abtrieb, so wie die anderen. Aber Gerda war dann doch ein eigener Fall gewesen.

August hatte auch getötet. Eines der Kinder – geistig und körperlich behindert – hatte ihm trotz allem zu ähnlich gesehen. Die Mutter war alleinstehend gewesen, die Geburt und der unbekannte Vater keine große Aufregung, nur ein bisschen neuer Gesprächsstoff. Leichdorf war voll mit gesellschaftlich akzeptierten Gewohnheitsalkoholikern. Erwachsene, die sich zu allen möglichen Anlässen besinnungslos betranken, als wären sie pubertierende Hormonbomben, waren keine Ausnahme. Geistig beeinträchtigte Kinder und ein hohes Maß an dumpfer Primitivität im Nachwuchs auch nicht.

August hatte das Kind mit in den Wald genommen, ihm den Schädel eingeschlagen und mit derselben Schaufel vergraben, nicht weit von der Stelle, an der nun Karls Überreste lagen und wo Tschicko ihn beobachtet hatte. Die Mutter war daran zerbrochen, hatte ihn aber nicht verraten. Er hatte ihr klargemacht, dass er nur die Scherben der Vase wegräumte, die sie hinuntergeworfen hatte. Ihr oberstes und einziges Ziel war daraufhin der Versuch zu vergessen geworden. August hatte vor einigen Jahren ihre Todesanzeige gelesen. Autounfall, alkoholisiert.

Sie waren alle gleich. Schafe. Eine Herde gesichtsloser, erbärmlicher, verachtenswerter Beute. Sie wollten sich brav fühlen und böse sein, wollten Absolution für ihre erbärmlichen Triebe.

Er war gern dabei, wenn sie über die Klippe gingen. Er nahm sie an der Hand und führte sie in den Abgrund. Saugte den bitteren Hauch ein, der entstand, wenn eine Seele zu schwarzer Kohle verbrannte, wenn ein gesprungener Verstand zerbrach.

Bei Lackners Frau war es so gewesen. Bei anderen davor ebenso.

Aber Maria war anders. Bei der Frau, die im Schneiderhaus lag und sich erst noch daran gewöhnen musste, dass das nun ihr neues Zuhause war, hatte August das Gefühl, dass sie ihn verstehen könnte. Die Erste in all den Jahren.

Seine dunklen Augen starrten ihn aus dem Spiegel heraus gleichgültig an. Er versuchte, sie von ihrer Schuld zu überzeugen, aber in der Dunkelheit dieser Nacht ging das nicht. Das halbherzige Gefühl des Selbstekels verklang, und August ließ es zu. Der Andere hockte lauernd und grinsend in seinem Tempel aus grellem Schmerz, ein dunkles Herz in einem Mantel aus Licht, und versicherte August, dass es gut war. Dass die Wege zu Gott immer mit Blut gestrichen wurden.

August fand im Spiegelschrank Desinfektionsmittel, Wundauflagen und Mullbinden, verband seine Hand und wandte sich ab. Er ging zum Kleiderschrank, um sich frische Sachen zu nehmen. Tschicko war ein wenig kleiner als er gewesen, und sein Modegeschmack ließ zu wünschen übrig, aber all das war besser, als blutüberströmt durch die Gegend zu laufen.

Er probierte einen Pullover, der unangenehm kratzte, und entschied sich stattdessen für unauffällige Hosen und eine einfache Strickjacke, die etwas zu eng war, aber einem flüchtigen Blick standhalten würde.

Der aufgestickte Hundekopf am Rücken entging ihm.

Mit seiner versauten Kleidung und den Überresten der zerbrochenen Schnapsflasche in einem Müllbeutel aus Tschickos Küche verließ er dessen Haus.

Genau wie zuvor zog er die Tür nicht richtig zu. Beim ersten stärkeren Lufthauch schwang sie wieder auf und setzte den Rhythmus fort, der Tschickos Ende eingeleitet hatte.

Quietsch-Klack.

2

Es war schließlich Dwiggi, der Barbara anrief, und das war enorm untypisch für ihn. Man konnte ihm eine gewisse Feigheit in solchen Dingen vorwerfen, denn um die Entwicklung einer emotionalen Bindung zu blockieren, war es ihm bisher immer recht gewesen, wenn die Mädels sich nach der gemeinsamen Nacht nicht gemeldet und stattdessen auf seinen Anruf gewartet hatten. Aber Barbara war anders, und das lag nicht nur daran, dass sie kein One-Night-Stand gewesen war. Das, was er vermisste, war etwas anderes. Etwas Tieferes, etwas, das er weder mit Geld noch gegenseitigem Einverständnis kaufen konnte.

Barbara hatte sich gefreut, allerdings mit einer gewissen Distanziertheit. Dwiggi wusste nicht, ob sie an diesem Tag nur keine Tabletten genommen hatte oder ihre anfängliche Scheu nach dem langen Gespräch bei seiner Grillfeier einfach nicht mehr zurückgekommen war.

Sie verabredeten sich zum Mittagessen, aber Barbara wollte sich irgendwas zum Lesen besorgen, und weil Dwiggi nichts dagegen hatte, eher mehr als wenig Zeit mit ihr zu verbringen, trafen sie sich bei der kleinen Buchhandlung in Ebenkreuz, bevor sie später gemeinsam zum Restaurant aufbrachen.

Die Begrüßung war immer noch vorsichtig und etwas gehemmt, aber selbst Dwiggi, der wenig Gespür für Menschen hatte, erkannte, dass Barbara zumindest menschliches Interesse für ihn empfand. In früheren Zeiten hatte er immer geglaubt zu wissen, wenn Frauen ihn attraktiv fanden. Aber was mit geübtem Auge von außen relativ leicht zu erkennen war, hatte sich Dwiggi nie als der eigentliche Grund für seine vergleichsweise gute Aufrissquote erschlossen: Sein fatalistischer Lebensmodus ohne Weichen und Rückwärtsgang hatte zu übersteigertem Selbstvertrauen geführt, und weil dieses durch die seelischen Narben, die er sich auf seinem Weg eingefangen hatte, und den Erfahrungen, die er auf Reisen gesammelt hatte, nicht schal und aufgesetzt wirkte, sondern sich merkwürdig in sein Gesamtbild als Mensch einfügte, hatte es meistens anziehend auf andere gewirkt.

Und das war es, weswegen die Frauen zu ihm hingezogen waren. Insofern war das Ganze ein Teufelskreis im positiven Sinn, zumindest für Dwiggi. Einfach gesagt: Er glaubte, Glück zu haben, und deshalb hatte er es.

Aber das war nie der echte Dwiggi gewesen, den hatte er immer weggesperrt und zu Hause gelassen.

Mit Barbara war das schwer. Wenn er sich mit Barbara verabredete, schien der echte Dwiggi mitkommen zu wollen. Das war in seiner Küche zum ersten Mal passiert, hatte sich in all der Zeit, während er an sie gedacht hatte, wiederholt und war auch jetzt wieder so.

Außerdem war er sich bei Barbara nicht sicher, sie ins Bett zu bekommen. Das machte sie natürlich von vornherein interessanter. Barbara war ihm anfangs auf die Nerven gegangen, und als sein Blick auf sie sich geändert hatte, als er offener geworden war, hatte sie sich unverhofft in etwas Besonderes verwandelt. Vielleicht projizierte er nur Sehnsüchte auf sie und fütterte die Erinnerung mit Hoffnung. Die Gefahr bestand.

Aber zumindest war er bereit, das herauszufinden, und das allein machte sie besonderer als all die anderen Mädchen der letzten Jahre.

Sie betraten die kleine, helle Buchhandlung, und Dwiggi hielt Barbara sogar die Tür auf – was mehr positionstechnischer Zufall als gentlemännische Zuvorkommenheit war.

Sie wurden von einer kleinen Dame mit überdimensionierten Brillengläsern begrüßt, und weil Dwiggi nie ein großer Leser geworden war, fühlte er sich augenblicklich wie ein Fremdkörper.

Die Buchhandlung war leer, und als Barbara irgendwo in einem hinteren Teil des Raums verschwand, schaffte Dwiggi es aus irgendeinem Grund, das zu übersehen. Plötzlich war er mit der kleinen Frau alleine, und weil ihr Lächeln herzlich, aber anstrengend war, tat er recht bald so, als würde er die Cover von Büchern betrachten, die ihn nicht interessierten.

»Haben Sie den neuen Renner schon gelesen?«, fragte sie schließlich.

Dwiggi reagierte im ersten Moment nicht, weil er nicht damit gerechnet hatte, dass sie ihn ansprechen würde. Und er wusste auch nicht, was der *neue Renner* sein sollte. Klang wie eine Zeitschrift für Hobbyläufer.

Als Dwiggi den Kopf hob, watschelte die kleine Dame mit einem Buch auf ihn zu. Aber bevor sie nah genug war, dass er den Titel erkennen konnte, drehte sie es um. Auf der Rückseite prangte das Bild eines überraschend jungen Mannes, der sich fröhlich durch sein schwarz-weißes Dasein grinste. Dwiggi war trotz seines Desinteresses überrascht. Für ihn waren Autoren immer beleibte alte Männer, die in staubigen Räumen saßen und wichtig dreinsahen. Der Typ – Markus Renner, wie er gerade noch lesen konnte, bevor sie das Buch wieder umdrehte – sah nicht sonderlich wichtig drein.

Sie präsentierte Dwiggi voller Stolz die Vorderseite, und er fragte sich plötzlich, ob sie für den Verkauf des neuen Renner Provision kassierte.

»Ein ganz tolles Buch!«, sagte sie, und Dwiggi nickte höflichkeitshalber.

Sie ließ sich nicht beirren. »Schon das zweite in der Reihe, und ganz anders als das erste. Genau das Richtige für einen entspannten Nachmittag am See.«

Dwiggi war nicht der Typ für entspannte Nachmittage am See. Wenn er baden ging, wollte er schwimmen. Rumliegen und lesen war ihm zu passiv. So wie alles, was ihn nicht ständig in Bewegung hielt, geistig oder körperlich. Außerdem hatte er – wenn schon – immer lieber Sachbücher gelesen. Wozu man seine Zeit damit verbringen sollte, der Fantasie von jemand anderem zuzuhören, war ihm stets schleierhaft geblieben.

Das Buchcover sah – soweit er das beurteilen konnte – wie alle anderen in den Schaufenstern aus. Ein buntes Irgendwas, das auf gute Laune und leichte Literatur schließen ließ. Und schon bevor sie ihm erklärte, dass es sich um einen ganz vortrefflichen Regionalkrimi handelte, begann er das Buch zu verabscheuen. Vielleicht wegen ihrer aufdringlichen Art, vielleicht wegen des dämlich grinsenden Idioten auf der Rückseite.

»Kann ich Sie dafür begeistern?«, fragte sie, und Dwiggi schüttelte ohne Scham oder Zurückhaltung den Kopf. »Nein!«, antwortete er, und dann kam Barbara endlich aus ihrer dunklen Ecke zurück, in der Hand irgendein anderes Buch, das ihn wahrscheinlich auch nicht interessierte, aber wegen dem er wenigstens keine Werbeunterbrechung seines Lebens in Kauf nehmen würde müssen.

Barbara ging zur Kasse, Dwiggi folgte ihr, und als Letztes kam die Buchhändlerin – vielleicht ein wenig enttäuscht, unter Umständen sogar ein bisschen gekränkt, aber weiterhin mit dem fröhlichen Lächeln unter ihren gigantischen Brillengläsern.

Nachdem Barbara bezahlt hatte, verließen sie die Buchhandlung und schlenderten in Richtung des Restaurants, das sie schon vorab ausgesucht hatten.

»Was wollte sie dir verkaufen?«, fragte Barbara.

Dwiggi zuckte die Schultern. »Neuen Penner oder so was.«

Sie lachte – ein unterdrückter, irgendwie falsch klingender Laut. Vielleicht weil er sie nicht als sonderlich fröhlichen Menschen kennengelernt hatte.

»Renner«, sagte sie.

»Auch möglich.«

»Sein erstes war ziemlicher Mist – schon bevor rauskam, dass die ganze angebliche Wahrheit frei erfunden ist. Aber das neue ist gar nicht so schlecht.«

»Ach, diese Krimis sind doch alle gleich beschissen.« Er hatte sich nicht viel bei der Aussage gedacht, vor allem, weil es eine sehr starke Meinung für so wenig Wissen war. Dwiggi hatte keinen einzigen dieser *beschissenen Krimis* je in der Hand gehabt, geschweige denn gelesen.

Als Barbara nichts darauf erwiderte und er zu ihr hinüberblickte erkannte er, dass er ihr mit seiner ruppigen Art auf die Zehen getreten war.

»Tut mir leid«, sagte er. »Manchmal fliegt mir das Arschloch beim Gesicht raus.«

Für einen kurzen Moment schien sie zwischen Lachen und Entsetzen in der Luft zu hängen, dann prustete sie los. Sie versuchte, es zu unterdrücken, als wäre ihr in der Kindheit verboten worden, laut zu lachen, und schaffte es nicht ganz. Aus dem Lachen wurde Husten, und Dwiggi ging zu ihr, klopfte ihr sanft auf den Rücken und ließ seine Hand noch einen Moment dort, als Barbara sich wieder beruhigt hatte.

»Du musst mir sagen, dass schlechte Witze dich so aus dem Häuschen bringen«, sagte er. »Nicht, dass ich dich noch aus Versehen umbringe.«

Auch dieses Fettnäpfchen erkannte er in dem Moment, in dem es draußen war. Es gab besseres Publikum für Todeshumor als Selbstmordpatienten. Dwiggis Gesicht wurde augenblicklich ernst, seine Hand sank von ihrer Schulter, und er fragte sich, wo seine sonstige

Selbstsicherheit hin war. Vielleicht – aber um das zu erkennen, fehlte Dwiggi der nötige Blick von außen – wurde er sich zum ersten Mal der kommunikativen Landminen bewusst, die um ihn herum explodierten, wenn er ein Gespräch führte.

»Entschuldigung«, murmelte er, und diesmal kam kein Witz nach, gut oder schlecht.

Sie räusperte sich noch einmal und zog den Ärmel wieder über ihr Handgelenk, der bei der ganzen Lacherei nach oben gerutscht war. Sie wusste, dass Dwiggi hingesehen hatte. Die Narbe war zu auffällig, um nicht hinzusehen.

Bei ihrem letzten und ersten Gespräch hatte sie ihm offenbart, wie sehr sie den hellen Strich hasste. Weil es eine Sache war, sich umzubringen, aber eine andere, das zu überleben. Denn ab da musste man mit der Narbe leben, und egal wie gut es einem in der Zeit danach auch gehen mochte, auch wenn man wieder völlig glücklich und klar im Kopf wurde – die Narbe blieb. Und sie war kein Brandmal, sie war eine Leuchtreklame, die auf immer und ewig versicherte, dass mit dem Träger etwas nicht in Ordnung war.

Als Barbara zu ihm aufsah, mit Augen, die vom Lachen noch feucht und im hellen Tageslicht genauso dunkel waren wie damals in der Küche, fühlte Dwiggi einen scharfen Schmerz in seinem Herzen, der schon lange nicht mehr dort gewesen war. Er nahm ihre Hand, mit der sie immer noch am Ärmel zupfte, obwohl der nicht mehr weiter hinuntergezogen werden konnte, und behielt sie in seiner, als könnte sie davonfliegen.

»Ich bin ein Trampel«, flüsterte er – so leise, dass er es selbst kaum verstand.

Sie nickte. »Ja.«

Dwiggi erkannte den Moment, er wusste, dass nur ein kleiner Stups in die richtige Richtung sie noch vom Kuss trennte.

Und er ließ ihn verstreichen.

Früher waren diese Augenblicke anders gewesen. Früher hatte er sich gut dabei gefühlt, lässig, sicher, begehrenswert. Diesmal schien er an einer inneren Unsicherheit, die er nicht kannte oder vergessen hatte, zu scheitern.

Barbara musste den Moment ebenfalls erkannt haben, aber auch sie tat nichts, um mehr daraus zu machen als eine Vermutung. »Essen?«, fragte Dwiggi schließlich – so unbeschwert wie möglich, aus Angst, dass diese Spannung nun für den restlichen Tag zwischen und über ihnen hängen würde. Er gab ihre Hand wieder frei, und Barbara ließ sie fast in Zeitlupe sinken, als wäre sie nicht ganz sicher, ob sie in Dwiggis Hände zurückwollte oder nicht.

Sie nickte und wandte ihren Blick ab.

Dwiggi schimpfte sich in Gedanken einen Idioten und hasste diese widerwärtige Unsicherheit, die er nicht mehr empfunden hatte, seit sein erstes Mal in einem Desaster biblischen Ausmaßes geendet und er geschworen hatte, dieses Geheimnis mit ins Grab zu nehmen.

Sie gingen ein paar Minuten stumm nebeneinander her, aber nachdem keiner der beiden eine schlechte Zeit haben wollte und sie keine vierzehn mehr waren, rauften sie sich bald zusammen, und bis sie beim Restaurant eintrafen, hatten sie das kurze Intermezzo zumindest so weit hinter sich gelassen, dass sie wieder normal miteinander reden konnten.

3

Harald hatte die kleinen Arbeiten, die vor ihm lagen, mittags schon beinahe erledigt. Er war zu schnell, die Tage zu lang. Und sie wurden länger, je näher der Sommer kam.

Gerda hatte den Herbst gemocht, er selbst hingegen hatte zu Jahreszeiten keine ausgeprägte Meinung entwickelt. Wenn es draußen kalt war, zog er sich warm an, wenn die Sonne vom Himmel brannte, setzte er eine Kappe auf. War nie anders, würde nie anders sein.

Die Tage waren immer öfter warm genug, um sich an den See zu legen. Leider sah Harald keinen Sinn darin. Er schwamm nicht gern, er lag nicht gern rum und – die elementarste und am besten kaschierte Tatsache – er war nicht gern allein.

Das erste Mal hatte er eine Meinung zum Wechsel der Jahreszeiten, und es war keine positive. Dass der Sommer vor der Tür stand, gefiel ihm nicht. Sommer war nur toll, wenn man ihn teilte. Sommer machte aus einem Griesgram keine Stimmungskanone.

Er saß am Fenster des Restaurants und genoss die Ruhe, mit der es bald vorbei sein würde, wenn die Sommerurlauber hier eintrafen. Es gab ein Mittagsmenü, und weil Harald in erster Linie hier war, um nicht zu Hause zu essen, und erst in zweiter, um Nahrung zu sich zu nehmen, hatte er es bestellt, ohne überhaupt zu fragen, was heute auf der Karte stand.

Die Suppe – Kokos-Zitronengras mit einer Garnele vom Grill – war ihm ein Stückchen zu ausgefallen gewesen, aber nachdem er seine erste Scheu hinter sich gelassen hatte, musste er sich eingestehen, dass sie fantastisch schmeckte. Bei Harald zu Hause war nie scharf gekocht worden – weder von seiner Mutter, noch später von Gerda, so wie bei den meisten eingesessenen Familien der Gegend – und so brachte die an sich moderate Schärfe der Suppe ihn an seine Grenzen. Aber dennoch blieb die Tatsache, dass es ein vorzügliches Gericht war.

Die Kellnerin hatte gerade seinen Teller abgeräumt und ihn gefragt, ob die Suppe in Ordnung gewesen war – was er nicht beantworten konnte, weil er schwitzend dabei war, sich in die ungebrauchte Serviette zu schnäuzen –, als die Tür des Restaurants aufging und der Dirner-Junge hereinkam.

Harald sah das Mädchen, das hinter ihm den Raum betrat. Scheu und irgendwie dunkel, als hätte sie ihre ganz eigene Wolke dabei, die dafür sorgte, dass sie ein Dasein im Schatten fristete. Harald fühlte mit ihr. Ihm war bewusst, dass er selbst eine solche Wolke mit sich herumtrug, und die Momente, in denen er sich daran erinnerte, dass es nicht immer so gewesen war, wurden immer spärlicher, je länger sie blieb.

Er hätte dem Mädchen – der jungen Frau, wie er sich ins Gedächtnis rufen musste – gerne gesagt, dass sie aufpassen musste, dass sie noch zu jung war, um durch diesen Frust zu waten, aber wer war er, dass er über andere urteilen konnte? Er kam ja nicht mal selbst aus dem Sumpf seiner Depression heraus.

Harald glaubte, sie zu kennen. Wenn er sich nicht täuschte, war sie die Tochter eines ehemaligen Gemeinderatsmitglieds – eines opportunistischen Arschlochs, das sich in einer Welt aus Paragrafen und nachlesbaren Regeln besser zurechtfand als in der echten. Gerda hatte immer gesagt, dass man ab vierzig im Gesicht ablesen konnte, was für ein Mensch der- oder diejenige war. Im Fall des Gemeinderatsmitglieds konnte nach dieser Theorie kein Zweifel an dessen Charakter herrschen: Er hatte ausgesehen wie ein Arschloch, und er war definitiv eins gewesen. Harald erinnerte sich, dass der Kerl schließlich verschwunden war und mit ihm eine Menge Geld. Er kannte die genauen Umstände der ganzen Angelegenheit nicht, aber er erinnerte sich daran, dass er eine Tochter gehabt hatte. Angeblich war sie nicht allzu glücklich mit ihrem Leben gewesen. Er glaubte nicht, dass die beruflichen Praktiken ihres Vaters sie in eine so verzweifelte Situation getrieben hatten, aber es gab da ja auch immer noch die anderen Gerüchte.

Er beobachtete, wie die beiden sich an einen freien Tisch setzten, und als Dwiggi ihn bemerkte, hob Harald seine Hand zu einem knappen Gruß, der ebenso kurz, aber dafür mit einem leichtfertigen Lächeln beantwortet wurde.

Harald beobachtete die beiden, bis sein Hauptgang kam. Und als er am Ende des Essens noch einen Kaffee trank, saßen auch sie noch da, obwohl sie weder Vor- noch Nachspeise zu sich genommen hatten. Er betrachtete ihren Umgang miteinander, und obwohl er weder ein geübter Menschenbeobachter noch -kenner war, sah er, was Dwiggi und Barbara von sich selbst immer noch fernhielten: dass sich zwischen ihnen mehr als nur eine flüchtige Bekanntschaft entwickelte.

Harald beneidete sie.

4

Dwiggi und Barbara verließen das Restaurant gemeinsam, gingen danach aber getrennte Wege. Sie lebte in Ebenkreuz und konnte zu Fuß nach Hause gehen, und Dwiggi hatte seinen Wagen, um nach Leichdorf zurückzukommen. Es gab keine Einladung ihrerseits, mit in ihre Wohnung zu kommen, es gab keine vorgeschobene Frage seinerseits, die selbiges bewerkstelligen könnte.

Sie verabschiedeten sich voneinander, und während Dwiggi zu seinem Auto schlenderte, fragte er sich, ob sie sich vielleicht aus Angst bremsten. Aus Angst, das brüchige Fundament ihrer Bekanntschaft zu zerstören, wenn sie zu früh zu weit gingen. Er hatte noch nie Angst davor gehabt, zu weit zu gehen, weder zu früh noch zu spät. Dwiggi hatte keine Ahnung, wie er mit der Situation umgehen sollte.

Im Ortskern von Ebenkreuz, neben dem Café, wo Roland und er das Wiederaufleben ihrer Freundschaft begonnen hatten, sah er ebenjenen an seinem Taxi lehnen, eine Zigarette rauchen und die Leute beobachten, die um ihn herum vor sich hin existierten.

Dwiggi änderte seine Richtung und ging zu ihm.

»Brauchst Auslauf?«, fragte Roland, weil wahre Freundschaft von Humor lebte.

»Lustig«, entgegnete Dwiggi und lehnte sich ebenfalls an den Wagen.

»War mit Barbara essen.«

Roland musste husten, verlor die Zigarette und sah hilflos zu, wie sie unter den Wagen rollte.

»Wie is'n das passiert?«, fragte er, sobald er seine Versuche, sie wieder herauszuholen, aufgegeben hatte.

Dwiggi zuckte die Achseln und versuchte sich darüber klar zu werden, was genau er wollte. Einsamer Wolf oder Rudeltier? Unabhängigkeit oder Sicherheit? Die Frage war zu groß für den Moment und blieb weiterhin unbeantwortet.

»Ist sie bei dir geblieben an diesem Abend? Hat sie bei dir übernachtet?«, fragte Roland.

Dwiggi schüttelte den Kopf. »Nä.«

»Aber ihr seid jetzt ...«

»Keine Ahnung.«

Das Thema versandete, als es nicht aktiv weitergeführt wurde.

»Was steht heute noch auf dem Plan?«, fragte Roland, eine neue Zigarette zwischen den Lippen und im Kampf mit einem Feuerzeug, das nicht mehr wollte.

»Keller.«

»Bin dabei«, entgegnete Roland, als das Feuerzeug sich endlich seinem Willen gebeugt hatte.

Eine ältere Dame marschierte an ihnen vorbei. Roland grüßte, sie grüßte zurück, und Dwiggi stand daneben.

Herkunft änderte sich nicht, aber manchmal offenbarten Kleinigkeiten, wie weit man sich davon entfernt hatte.

5

Sie misteten den Keller auf dieselbe radikale Art und Weise aus, die Dwiggi schon beim Rest des Hauses an den Tag gelegt hatte. Sandra war wieder zu ihnen gestoßen, weil sie froh war, aus der Wohnung rauszukommen und etwas zu tun zu haben. Während Roland und Dwiggi sperriges Zeug aus dem Keller schleppten und zum Großteil auf die sich erneut rasch füllende Ladefläche des Lkws warfen, putzte Sandra die oberirdischen Stockwerke, hörte dazu laute Gute-Laune-Musik und ließ sich von nichts und niemandem stressen, weder von Gedanken an Nachwuchs noch der Sorge um ihre berufliche Zukunft. *Scheiß drauf* war die Devise des Tages, und Sandra schiss im übertragenen Sinn auf die beste aller Arten auf ihre Sorgen – mit Musik und Freude und Ablenkung.

Sie leerten den Keller an diesem einen Nachmittag, hinterließen damit eine Ansammlung staubiger, verwaister Räume voller Spinnweben und saßen am Ende mit verdientem Bier in den letzten Sonnenstrahlen des Tages vorm Haus.

Die Gespräche drehten sich um Secondhandartikel, Hochzeiten und Beziehungen, und Dwiggi vermisste Barbara.

6

August Leng erwachte irgendwann am Nachmittag in seinem Haus. Genau wie Dwiggi litt er sporadisch unter Albträumen, die so greifbar waren, dass sie morgens nicht unbedingt gegangen waren, nur weil man glaubte wach zu sein.

Er war hier aufgewachsen, in diesem Raum. Sein Kinderzimmer war nun sein Schlafzimmer. Genau wie Dwiggi mied er das seines Vaters. Auch dieser war zu Hause gestorben. August dachte kurz an diesen Tag zurück, drängte den Gedanken aber sofort wieder beiseite.

Spielsachen, Poster und der Rest seiner Kindheit waren aus dem Zimmer verschwunden. Das Bett war noch relativ neu, das Kreuz an der Wand gegenüber alt. Vererbter Familienbesitz, genau wie einige der Bücher, die sich auf dem Regal neben der Tür befanden.

Er stand auf, warf einen knappen Blick zum Fenster, hinter dem sich die strahlende Welt eines sonnigen Tages verbarg, und ging in die Küche. Dort, ordentlich zusammengelegt, lag Tschickos Kleidung auf einem Stuhl. Zum ersten Mal sah er den Hundekopf am Rücken der Strickjacke.

August schüttelte abfällig den Kopf. Aber der Gedanke an den zurückliegenden Mord – an die beiden zurückliegenden Morde – war bitter. Sie waren zu kurz hintereinander passiert, in Karls Fall war der Aufbau davor zu kurz gewesen, in Tschickos hatte es gar keinen gegeben. Nach dem Hoch kam das Tief, das war immer so. Aber dieses Mal schien es schlimmer zu sein.

»Ich verliere die Kontrolle«, murmelte er.

Aber der Andere schüttelte den Kopf und beschwichtigte ihn. »Alles gut«, sagte er mit Augusts Lippen. »Alles gut.«

Er lebte mit einem Mann, der hinter seiner Schulter stand und ihm ins Ohr flüsterte – wie einer dieser Cartoon-Teufel, die auf der Schulter saßen, nur dass seinem das Engelspendant fehlte. Kontrolle war in seinem Fall vielleicht so oder so eine Illusion, die schon längst keinen Bestand mehr hatte.

Dem Anderen schien diese Vorstellung zu gefallen.

Er dachte an den Albtraum, aus dem er zu sich gekommen war. Stille, lauernde Dunkelheit, eine erdrückende Nacht, die atmete. Leere, die ihrer eigenen Existenz unterworfen war, die ausfüllte, was sie frei ließ.

Es war paradox, dass er Angst davor hatte. Denn diese ewige Nacht war Kpaih-Ngi, war der verbrannte Gott, Augusts Schutzheiliger in der Gemeinschaft seiner Wahnvorstellungen.

Obwohl er davon predigte, glaubte er nicht an die Vergebung der Sünden. Er glaubte an ihre Bedeutungslosigkeit. Und das ewige Leben? Auferstehung der Toten?

Die Existenz des Anderen bewies Wahrheiten, die ansonsten vielleicht Zweifel geblieben wären.

Einmal hatte August den Anderen darum gebeten, nicht dabei sein zu müssen. Es war bei dem Mord des Kleinkindes gewesen, das sie anschließend im Wald verscharrt hatten.

Keine Diskussion, kein *das geht nicht*. Der Andere hatte ihm seinen Wunsch ohne Widerworte erfüllt. Etwas hatte sich um seinen Hinterkopf geschlungen, wie ein Saugnapf mit Zunge, aber als August verwirrt seine Hand dort hingelegt hatte, war da nichts gewesen. Und dann hatte dieses Etwas ihn gezogen. Hinein in die Dunkelheit.

In seinem Schlafzimmer verbarg die Finsternis den Raum. Aber in der Dunkelheit von Kpaih-Ngi war die Finsternis der Raum selbst gewesen. Zeit hatte dort nicht existiert. Er war Darsteller in einem angehaltenen Film gewesen, das Einzige, was sich weiterbewegte. Ein Patient, bei dem die Vollnarkose vor der Operation zwar den Körper, nicht aber das Bewusstsein erreicht hatte.

August hatte geschrien, und seine Stimme war ihm geblieben. Aber sie war in gleichgültiger Endlosigkeit verklungen. Er hatte geglaubt, ein helles Flimmern in der Ferne zu sehen, das er für die Illusion gehalten hatte, die die Schwärze um ihn herum nicht war.

August hatte nie wieder um ersparte Teilnahme gebeten. Er war für die ewige Nacht nicht bereit. Noch nicht.

Sein Blick ruhte auf den gestohlenen Kleidungsstücken und auf dem lächerlichen Hundekopf. Er würde die Sachen verbrennen müssen. Feuer war die Antwort auf so vieles.

Und nun dachte er doch an jenen Tag zurück, an dem er seinen Vater zum letzten Mal gesehen hatte. Sein Blick glitt durch den Raum, durch das Fenster, hinaus in den sonnigen Tag, der auch damals sonnig gewesen war.

7

Sein Vater war ein netter Mann gewesen, der im Laufe der kurzen Zeit, in der August ihn gekannt hatte, zerbrochen war.

Er dachte daran zurück, wie sein Vater manchmal am Küchentisch gesessen hatte, die Schultern hochgezogen, den Kopf gesenkt. Wie er auf den ersten Blick zusammenhanglose Dinge gemurmelt hatte. *Du kannst ihn nicht abschneiden. Du kannst nicht vor ihm weglaufen.*

August hatte nie gewusst, von wem sein Vater sprach. Aber natürlich war das inzwischen anders.

Wenn er ihn dabei überrascht hatte, hatte sein Vater gelächelt. Aber seine Augen waren traurig geblieben.

»Alles gut, Junior?«

Er hatte ihn oft gefragt, ob alles gut war. Und er hatte ihn immer *Junior* genannt.

Es war ein gewöhnlicher Schultag gewesen, an dem August früher nach Hause gekommen war, weil er Magenschmerzen hatte. Der Geruch von Rauch hatte ihn schon an der Tür empfangen. Die Schreie, die er bei der Erinnerung an diesen Tag hörte, waren erst später hinzugekommen, wie die nachträglich eingefügte Tonspur eines Films. In Wirklichkeit war es damals leise gewesen, bis auf die erdrückende Gewissheit, die die Angst vor Schlimmem mit sich bringen konnte, wenn sie auf plausible Anhaltspunkte stieß.

Sein Vater hatte sich im Hinterhof mit Benzin übergossen und angezündet. Der Junge fand nur noch eine verbrannte Kontur, die jeder hätte sein können und dennoch sein Vater war. Er erinnerte sich an das Klacken in seinem Verstand, an den spürbaren Hebel, der umgelegt zu werden schien, als er die paar Meter vom Haus zur geschwärzten Kontur auf der Wiese ging. Als würde ein Benzinhahn von ›Normal‹ auf ›Reserve‹ gedreht oder ein Notstromaggregat eingeschaltet. Und vielleicht war es auch so gewesen.

Er hatte sich vor die dunkle Imitation eines Menschen gekniet und darauf gehofft, dass alles sich auflösen und als Missverständnis entlarven würde, weil sein Vater gar nicht zu Hause gewesen war.

Aber er war alleine geblieben. Hatte die Hand ausgestreckt, hatte die Wärme unter der Schicht aus Asche gespürt.

Und dann hatte er begonnen, Teile abzuziehen. Denn irgendwo dort drunter musste sein Vater sein, wie die Füllung unter einer Decke aus Blätterteig.

Aber unter der verbrannten Schicht war nur die nächste gekommen. Und die nächste. Sein Vater war nicht mehr da. Und während Tränen unbemerkt über seine Wangen liefen und in der Wiese neben der abkühlenden Asche versickerten, häutete August sich mit jedem Teil, den er von der Leiche seines Vaters abzog, ein wenig selbst.

An diesem Tag hatten seine Lippen begonnen, ihr eigenes Lied zu singen, unbemerkt vom Rest des Jungen.

Er war in ein Waisenhaus gekommen. Hatte psychiatrische Betreuung erhalten. Fragen beantwortet, die zwar helfen sollten, aber nicht ihm, sondern den Ärzten. Fragen, die ihn zu einem Meerschweinchen im Versuchslabor machten.

Ein starker, zerrütteter Verstand kann seine eigene Realität erschaffen.

Das hatte keiner der Ärzte gesagt, das stand im Buch von Augusts Urgroßvater, einem gierigen Mann, dem es an moralisch relativierenden Skrupeln und dem richtigen Umgang gefehlt hatte. August kannte nur die paar Geschichten, die sein Vater erzählt hatte, aber er wusste, dass der Weg zu Einfluss und Macht seinen Urgroßvater nicht nur mit dem damaligen Okkultismuszirkel des Nachbarorts zusammenbrachte, sondern auch mit dem Schneider. Als er Karl gegenüber behauptet hatte, das Schneiderhaus sei Familienbesitz, hatte er nicht gelogen. Dummerweise auch nicht damit, dass ihm das Geld für die Renovierung fehlte. Sein Urgroßvater war ein verschwenderischer Mann gewesen, die nachfolgenden Generationen wirtschaftlich untauglich.

Aber vor dem Erbe war die Beerdigung gewesen. August erinnerte sich an den gekreuzigten Mann über dem Altar – überlebensgroß im Ausmaß seiner erduldeten Schmerzen. August selbst war in diesen Tagen ebenfalls von Schmerz beherrscht worden. Schmerz war die Verbindung zwischen ihm und dem Sohn Gottes gewesen, der gemeinsame Nenner, aus dem Verständnis erwachsen konnte.

Aber es war nicht Jesus gewesen, der an jenem Tag in der kalten Kirche mit dem kleinen Jungen gesprochen hatte, sondern der Mann hinter seiner Schulter. Und er hatte dafür die Worte seines Vaters verwendet.

»Alles gut, Junior?«

Nichts war gut, aber mit dem Mann hinter seiner Schulter war es erträglicher geworden.

Aus einem zurückgezogenen Jungen war ein zurückgezogener Erwachsener geworden und die Selbstgespräche zu einem fixen Bestandteil seines Alltags.

Mit der Hilfe des Anderen hatte August gelernt, das Vertrauen seiner Mitmenschen zu gewinnen. Er war ein guter Zuhörer, wenn man sich erst daran gewöhnt hatte, dass seine Lippen sich ab und zu bewegten, ohne dass ein Laut zu hören war.

Trotz seiner Beliebtheit unter den Kirchgängern wichen dieselben Leute ihm außerhalb der Messen oder Beichten aus. Als würde die Soutane einen Ausschlag verbergen, dem sie sich erst bewusst wurden, wenn er seine Dienstkleidung ablegte.

Anfangs hatte August sich gefragt, ob sie den Mann hinter seiner Schulter sehen konnten. Aber am Ende war er mit dieser Gesellschaft doch alleine geblieben. Ein Sonderling, getrennt von Verbündeten, außer Reichweite des Verständnisses, nach dem er seit seiner Kindheit suchte.

8

Dwiggi räumte den Geschirrspüler ein, nachdem Roland und Sandra gegangen waren, dachte dabei an Barbara, überlegte, ihr zu schreiben, und ließ es bleiben. Schließlich ging er ins Bett, wo der Schlaf ihn bald einholte.

Er wurde, lange bevor es Zeit war aufzustehen, wach. Das Zimmer war dunkel, und im spärlichen Licht des Fensters sah er jemanden reglos vor seinem Bett stehen.

Dwiggis Puls beschleunigte sich, verwirrt und orientierungslos in der unentschiedenen Leere zwischen Schlaf und Wachsein.

Die Gestalt starrte ihn an.

Das wusste er, auch wenn er das Gesicht nicht erkennen konnte. Und dann hörte er etwas, und ganz egal wie erschreckend die Kontur am Fußende seines Bettes war – diese Geräusche waren schlimmer.

Während sein Verstand mit relativer Leichtigkeit und vielleicht aus Erfahrung, in der Lage zu sein, die Gestalt vorm Bett als Albtraum abzutun, verhielt sich das mit den Geräuschen anders. Denn sie blieben, auch als Dwiggi immer wacher wurde, und sie waren weiterhin zu hören, als er seine Beine vorsichtig aus dem Bett schwang und die Silhouette am Fußende sich schon längst in das Nichts aufgelöst hatte, aus dem sie bestand.

Dwiggi saß am Rand des Bettes und suchte nach einer plausiblen Erklärung für das unterdrückte, gepresste Stöhnen, das er hörte. Er hatte es früher gehört – oft und lange. Nie war es ein gutes Geräusch gewesen, aber mit der Zeit hatte Dwiggis Verstand eine Art Akzeptanz zum Selbstschutz zustande gebracht. Diese Akzeptanz war in den letzten Jahren wieder verschwunden, und als Dwiggi nun in seinem alten Zimmer hockte und dem verzweifelten Ächzen eines sterbenden Verstandes in einem sterbenden Körper zuhörte, war er sich mit unverhohlener Brutalität seiner eigenen Verletzlichkeit bewusst.

Das, was er da irgendwo im Haus hörte, war sein Vater.

Er gab den Lauten Gelegenheit, sich als Einbildung zu entlarven, aber das taten sie nicht. Und weil es undenkbar war, einfach so zu tun, als hörte er nichts, und zu versuchen, wieder einzuschlafen, blieb nur eine Möglichkeit: Er musste sein Zimmer verlassen, dem Geräusch folgen und den leeren Raum sehen, im Licht, mit wachen Augen, mit vollem Bewusstsein. Denn dass da nichts sein konnte, wusste er.

Als er aufstand, ächzte der Lattenrost, und in den ansonsten gleichförmigen Rhythmus des Stöhnens trat eine Pause, als hätte Dwiggis Einbildung ihn gehört.

Er ging leise zur Tür, weil er nicht anders konnte, als leise zu gehen, und sein Herz raste vor sich hin – so laut, dass es das Stöhnen manchmal fast überlagerte.

Er erreichte die Tür, zog sie auf, und natürlich quietschte sie leise in ihren Angeln.

Wieder hielten die Geräusche kurz inne.

Dwiggi trat auf den Gang, in die vertraute Dunkelheit des Hauses, in dem er aufgewachsen war. Aber ganz egal welche Regeln tagsüber herrschten, in der Nacht war man ein Fremdkörper, ein Eindringling in eine Welt, die anderen gehörte. Dieses Gefühl hatte er schon als Kind gehabt, und auch wenn er versuchte seinen Verstand mit Rationalität zu beruhigen, blieb diese Angst des Unerwünschtseins vorherrschend.

Das Stöhnen war in seinen gewohnten, gleichmäßigen Rhythmus zurückgefallen. Dwiggi spürte einen tiefen Schmerz in seiner eigenen Brust, einen Schmerz, der ihn verfolgt hatte in der Zeit, nachdem sein Vater gegangen war. Die Erinnerung an jene Hilflosigkeit und die Ungerechtigkeit, die ihn dazu zwang, dem alten Mann beim Sterben zuzusehen, ohne etwas dagegen tun oder ihm helfen zu können.

Dwiggi erinnerte sich an einen Moment unter in seiner Erinnerung verschwimmenden, immer gleichen Tagen. Sein Vater war auf dem Sofa im Wohnzimmer gelegen und hatte mit seinem immer noch wachen Verstand in dem kaputten Körper zurechtzukommen versucht. Das war nach dem Schlaganfall gewesen.

Dwiggi hatte sich Kaffee geholt und setzte sich auf einen der gepolsterten Stühle neben dem Sofa, als sein Vater zu sprechen begann. Das war etwas Besonderes, weil sich in den Wochen davor ihre verbale Kommunikation rein auf Dwiggi beschränkt hatte. Sein Vater hatte gesprochen – mit dem vernuschelten, undeutlichen Wirrwarr aus Lauten, denen sein Sohn nicht den geringsten Sinn entlocken konnte.

Er hatte sein Reisemagazin beiseitegelegt und zugehört, während die glanzlosen Augen aus dem halb gelähmten Gesicht seines Vaters ihn traurig und hilflos ansahen.

Dwiggi hatte kein Wort verstanden, aber was auch immer sein Vater ihm an diesem Tag hatte sagen wollen, es schien ihm wichtig gewesen zu sein.

»Ich versteh dich nicht, Papa!«, hatte Dwiggi gesagt. Er hatte den Frust in den Augen seines Vaters gesehen, den Frust und Ärger darüber, dass er selbst so etwas Alltäglichem wie Sprache beraubt worden war.

»Ich versteh dich nicht.«

Und schließlich hatte sein Vater aufgegeben, hatte seinen Blick zurück an die Decke gleiten lassen und nie wieder versucht zu sprechen.

Dwiggis Schutzmechanismen, die es ihm ermöglichten im Haus zu bleiben, ohne durchzudrehen, hatten dafür gesorgt, dass er sein Magazin wieder aufnahm und so wenig wie möglich über die Tragweite dessen, was eben geschehen war, nachdachte.

Dann musste sein Vater zur Toilette, was zu dem Zeitpunkt bereits zu weit war, als dass er den Weg noch alleine und ungestützt hätte gehen können. Bei der Tür hatte er einen Anfall und brach in Dwiggis Armen zusammen, weil sein Körper bereits mehr tot als lebendig war und sein verrottendes Gehirn nur noch unbrauchbare Signale sandte.

Dwiggi hatte versucht ihn zu halten, aber der leblose, schlaffe Körper war aus irgendeinem Grund zu schwer. Er hatte in der Zeit danach immer wieder den Aufprall gespürt, mit dem die Knie seines Vaters auf den harten Boden geknallt waren, weil er – Dwiggi – nicht die Kraft aufgebracht hatte, ihn zu halten.

Er hatte diesen Aufprall immer und immer wieder gespürt, bis er in seiner Erinnerung zu einer Art Gipfel dieses Tiefpunkts geworden war. Das Sinnbild seines Scheiterns, seiner Hilflosigkeit und – was am schwersten wog – seiner absoluten Nutzlosigkeit in dieser Situation und allen, die danach noch kamen.

Während er nun durch den schwarzen Gang schlich, glaubte er, diesen Aufprall wieder zu spüren, immer wieder, wie ein sich selbst in ihm materialisierendes Metronom aus der Hölle.

Sein Vater hatte nach jenem Tag nie wieder gesprochen, aber er war nicht still geblieben. Nachts, wenn der Schlaf alle Barrieren überwand, die sein Bewusstsein aus Scham und Zorn aufzog, wenn die Medikamente nachließen und die Schmerzen zunahmen, hörte Dwiggi ihn zerbrechen – gedämpfte Laute, wie von einem sterbenden, leidenden Tier.

Und genau das war es, was er auch jetzt hörte.

Dwiggi war nicht überrascht, als er merkte, woher die Geräusche kamen. Natürlich war es das Schlafzimmer seiner Eltern, immerhin mussten sogar Albträume gewissen Regeln folgen.

Aber je näher er der Tür kam und je lauter die Geräusche dahinter wurden, umso schwerer fiel es ihm, das Ganze als Gemeinheit seines Unterbewusstseins abzutun.

Früher war die Tür immer angelehnt gewesen, damit Dwiggi wach wurde, falls die Dinge nachts noch schlimmer wurden, als sie ohnehin schon waren.

Aber in der Zeit zwischen damals und heute hatte Dwiggi sich angewöhnt, mit geschlossener Tür zu schlafen. Seine war zu gewesen. Diese hier war angelehnt.

Er hielt davor und versuchte, den Mut aufzubringen, hineinzugehen.

Die Sterbelaute seines Vaters waren deutlich zu hören.

Dwiggi spürte, wie sich Tränen zu der verzweifelten Angst gesellten, und er wünschte sich, dass er nie zurückgekehrt wäre. Dass er das Haus einfach verkauft hätte und fortgeblieben wäre. Hier gab es nichts außer einer Vergangenheit, die es nicht wert war, sich daran zu erinnern.

Schließlich, weil das leidende Stöhnen nicht aufhörte und die Angst vorm Unbekannten schlimmer als die Angst vor etwas Spezifischem war, legte er seine Hand auf die Tür.

Und obwohl sie ohne nennenswerten Widerstand aufschwang, schien es ihn alle Kraft zu kosten, die er zur Verfügung hatte.

Dwiggi stand an der Schwelle zum Schlafzimmer seiner Eltern, das er kaum eines Blickes gewürdigt hatte, seit er wieder hier war, weil er gewusst hatte, wie viele schlechte Erinnerungen dort abgelegt waren. Er hatte die Tür am ersten Tag geschlossen und nicht mehr aufgemacht. Ihm war klar, dass auch dort drin ausgemistet werden musste, und das würde er tun, aber unbewusst hatte er es immer aufgeschoben.

Gegenüber der Tür war ein Fenster, davor stand ein Bett, und darauf lag die verrenkte, verzerrte Gestalt seines Vaters, ächzte qualvoll vor sich hin und starrte ihn an.

Sein Puls schien für einen Moment – der in seinem subjektiven Empfinden viel zu lange dauerte – verschwunden zu sein. Er starrte zu der Gestalt, und nichts, was sein in Verdrängungen geübter Verstand im Repertoire hatte, konnte den Anblick abmildern.

Dwiggis Hand glitt zum Lichtschalter, ohne dass sein Bewusstsein etwas damit zu tun hatte, und als er ihn drückte, flammte die Deckenleuchte auf – viel zu hell nach all der Dunkelheit.

Einen verwirrenden, surrealen Moment lang schien der Raum noch der gleiche zu sein, aber dann wurde ihm klar, dass er sein

Zimmer nie verlassen hatte. Er starrte auf das zerwühlte Bett, die Hand immer noch am Lichtschalter, und gab seinem Verstand Zeit, um in der Gegenwart anzukommen.

Vor dem Bett stand keine Gestalt, darin lag kein Sterbender, und abgesehen von dem abklingenden Schlagen seines Herzens war das Haus leise.

Dwiggi wandte sich zur Tür um und sah, dass sie geschlossen war. Einen Moment lang überlegte er, auf den Gang hinauszugehen, ließ es dann aber bleiben.

Trotz des zurückgekehrten Bewusstseins für Realität hatte er Angst davor, dass die Tür zum Schlafzimmer seiner Eltern nur angelehnt sein könnte.

Kapitel 5

1

Am nächsten Tag lehnte Roland wieder im Ebenkreuzer Ortszentrum am geparkten Taxi und rauchte eine Zigarette. Er beobachtete die Leute um sich herum, grüßte lächelnd und wartete darauf, dass entweder sein Telefon klingelte oder seine Schicht zu Ende ging – was auch immer zuerst eintreten würde.

Er musste an Dwiggi und Barbara denken, die irgendwie nicht und irgendwie doch zusammenpassten, und fragte sich, wie er und Sandra von außen wirkten.

»Traumpaar mit Startschwierigkeiten«, murmelte er.

Er dachte an das letzte Mal, als sie miteinander geschlafen hatten. Das war am gleichen Tag gewesen, an dem Dwiggi und Barbara sich kennengelernt hatten. Anfängliche Leichtigkeit und Verbundenheit hatten sich schockierend schnell verabschiedet, als Roland sich Richtung Nachtkästchen und dem nie versiegenden Kondomvorrat reckte. Sandra hatte nichts gesagt und er ihr Gesicht in dem halbdunklen Schlafzimmer nicht deutlich gesehen, aber als er sich mit dem kleinen Päckchen wieder zu ihr umdrehte, war die Stimmung spürbar anders. Roland war nie ein Freund von Kondomen gewesen, aber wenn man nicht schwanger werden wollte, musste man eben Kompromisse eingehen, nicht wahr?

Es war nicht nur die technische Unterbrechung der aufgeheizten

Stimmung, die die Atmosphäre zwischen ihnen änderte. Sie hatte nichts gesagt, er hatte nichts gesagt, aber beide hatten es gespürt.

Die Sache war danach noch weitergegangen, und gar nicht mal schlecht. Aber sie hatten diesen Schatten mit sich im Raum gehabt, als wäre das Präservativ ein Brandmal, als würde es mehr trennen als nur die intimsten Teile ihrer Körper. Als wären es ihre Seelen, die in Latex gesteckt wurden, unfähig, Berührung zu empfinden, gefangen in mit Gleitgel überzogenen Gummizellen.

Roland blies Rauch aus und ärgerte sich, dass die Sache nicht einfacher war. *Ich will einfach kein Kind,* dachte er. Und obwohl die andere, die leisere Stimme in seinem Inneren weiterhin darauf beharrte, dass ihre Beziehung in dem Fall vielleicht Zeitverschwendung war, obwohl diese andere Stimme glaubwürdig und sachlich klang, war *ich will nicht* das Einzige, was sich in seinen Ohren ehrlich anhörte.

Sein Handy klingelte. Gabi.

»Jap?«

»Bahnhof.« Seine Chefin war eine Befürworterin weniger Worte, und wie immer ging sie mit leuchtendem Beispiel voran. »Hol dir das große Auto, einer sitzt im Rollstuhl.«

Sie war eine super Chefin, und die beiden kamen fantastisch miteinander aus, aber in puncto Höflichkeitsfloskeln hatte Gabi einiges an Nachholbedarf, dem sie in ihrem Alter wohl nicht mehr nachkommen würde. Morgens gab es in der Firma Kaffee statt Hallo, und am Abend wurde es manchmal finster, während Roland noch etwas erledigte. Sie verließ sich auf ihn, und er rechtfertigte dieses Vertrauen.

Er bestätigte und legte auf. Dann nahm er einen letzten Zug, ließ die gerauchte Zigarette zu Boden fallen und trat sie mit dem Fuß aus. Den Stummel hob er auf und verstaute ihn in einer abgeschabten Aludose, in der früher – vor sehr langer Zeit – irgendwelche Bonbons gewesen waren. Roland hatte die Dose in der Werkstatt seines Onkels entdeckt, in der es immer nach Öl und Werkzeug roch, und sie eingesteckt. Sie war ein zweckdienlicher Behälter mit einem angenehmen Hauch von Nostalgie aus einer Welt, in der Rauchen zum guten Ton gehört hatte.

Er stieg in den Wagen und war wenig später bei der Taxizentrale. Gabi saß in ihrem kleinen Büro, halb begraben unter Bürokratie, die weiß Gott woher kam und nie weniger zu werden schien. Als Roland hereinkam, um sich den Schlüssel vom Brett neben der Tür zu nehmen und den anderen dort hinzuhängen, sah sie nicht mal auf. Gabi war ständig beschäftigt, und sie wirkte durchgehend unter Stress. Roland verstand nicht genau, was so viel Arbeit abwarf, aber jedes Mal, wenn er sie betrachtete, wusste er wieder aufs Neue, dass er lieber Fahrer als Boss war.

Er wollte kein Chef sein, er wollte keine Kinder – wenn Roland sich nicht so wahnsinnig unsicher gewesen wäre, hätte er eine sehr genaue Vorstellung von seinem Leben gehabt.

2

Vor dem Ebenkreuzer Bahnhof war nichts los. Der Parkplatz war von der Sonne aufgeheizt, und damit Rolands Fahrgästen das nicht auch passierte, hielten sie sich im Schatten unter dem Vordach auf.

Sie waren ein freundliches Paar, einfach und unkompliziert. Sie hatten vor, ein paar ruhige Tage in der Gegend zu verbringen. Allerdings waren sie keine Hoteltypen, und deshalb fragten sie Roland, ob er nicht wen kenne, der Privatzimmer vermietete.

»Vielleicht, ja«, antwortete er. »Müsste ich kurz telefonieren.« Und das tat er.

3

Dwiggi hatte eine so miese Nacht hinter sich, dass er während seines vormittäglichen Morgenkaffees wieder einschlief. All die Jahre hatte er geglaubt, immer alleine gewesen und gut damit klargekommen zu sein, aber das stimmte nur zum Teil. Er war alleine unter anderen gewesen.

Hier war er nur allein. Und er vermisste Barbara.

Als das Klingeln seines Handys ihn weckte, quälte er sich mühsam aus dem dämmrigen Wachkoma in die Imitation von alltagstauglicher Bewusstheit, und bis er sein Telefon erreichte, hatte der Anrufer beinahe schon wieder aufgelegt.

»N-ja?« Dwiggi verstand das Wort, das sein Mund da fabrizierte, selbst nicht so richtig.

»Hey, ich bin's.«

Hey ich bin's war wenig Information, vor allem wenn man noch nicht ganz auf den Beinen war und durch die verschwommenen Eindrücke seiner Umwelt taumelte. Dwiggi gähnte und versuchte, wach zu werden.

»Wer ist ich?«

»Ich. Roland.«

Dwiggi sah aufs Display und holte sich die Bestätigung, die er eigentlich gar nicht brauchte.

»Morgen. Was gibt's?«

Eine kurze Pause, die Roland vielleicht damit verbrachte, auf die Uhr zu schauen.

»Ich hätte Untermieter für dich.«

Dwiggi glaubte im ersten Moment, sich verhört zu haben. »Du hast was?«

»Untermieter.«

Dwiggi stand schweigend in der Bibliothek und suchte die Tasse Kaffee, die er irgendwo abgestellt hatte, als er schon wieder nicht mehr ganz wach gewesen war. Der halbe Raum war voll mit alter Kleidung, alten Bildern, alten Staubfängern und allem anderen, für das er sich ein paar zusätzliche Euros erhoffte. Vor ein paar Tagen hatte er massiv bei den Büchern ausgemistet, weil sehr wenig darunter war, das ihn interessierte. Aber danach war er vor fast leeren Regalen gestanden, und das hatte auch dämlich ausgesehen.

»Hallo?«

»Was?«

»Untermieter. Älteres Pärchen, Touristen, bei mir im Taxi. Willst du sie oder nicht?«

»Spinnst du, wie kommst du darauf?«

»Du wolltest vermieten.«

Er dachte darüber nach und erkannte, dass der Gedanke tatsächlich mal seinen Weg gekreuzt hatte. Dann war er allerdings weitergezogen.

»Ja, irgendwann. Vielleicht.«

»Irgendwann? Wo ist Dwiggis berühmte Spontaneität hin?«

»Es wird nicht besser, nur weil du über mich in der dritten Person sprichst.«

Die Kaffeetasse befand sich nicht in der Bibliothek. Das machte die Sache schwieriger.

»Dachte, das ergibt sich grad gut.«

»Ergibt sich überhaupt nicht. Fahr sie zum Schoberwirt.«

Der Schoberwirt war ein nicht sehr einladendes Restaurant mit nicht sehr einladender Küche und nicht sehr einladenden Zimmern. Und ein ehemaliges Bordell.

»Die sehen nicht wie Schoberwirt-Kundschaft aus«, sagte Roland.

»Umso besser.«

Diese verdammte Tasse.

Dwiggi entdeckte sie auf der Treppe ins Obergeschoss. Der Inhalator lag daneben, als wären sie Teile eines Kunstprojekts, das irgendwie vergessen worden war. Er erklomm eine Handvoll Stufen und setzte sich daneben. Die Tasse war noch halb voll und der Kaffee kalt, aber für ihn war das momentan in Ordnung.

»Wenn die Leenitzer Damenkegelmannschaft im Bikini aufgetaucht wäre, hättest du sie aufgenommen«, sagte Roland.

»Wenn's die gäbe, zweifellos.«

4

»Ähem«, begann Roland, als er sich zurück in den Wagen setzte.

»Das ist mir peinlich, aber leider wird das mit der Privatpension nichts.«

Seine Fahrgäste wirkten nicht, als würde ihre Welt deshalb untergehen. Und zumindest fürs Erste war das Hotel dann doch okay. Nicht der Schoberwirt, sondern der touristische Unterkunftsaugenstern im Zentrum von Ebenkreuz.

Dwiggi blieb weiterhin alleine im Haus.

5

Er lief Gefahr, einer jener entscheidungsgelähmten, überreflektierten Idioten zu werden, die er immer verachtet hatte. Das war ihm bewusst, seit er wach genug war, dass ihm irgendetwas bewusst sein konnte. Und wer war schuld daran? Barbara. Auch wenn sie nichts dafür konnte. Was sie in ihm auslöste, war lange nicht mehr da gewesen, und bevor der kleine Bruder eines ausgewachsenen Liebeskummers bei ihm angeklopft hatte, hatte er auch noch geglaubt, dass er wieder mal gerne neben einer Frau aufwachen würde, die mehr als eine attraktive, für sein Herz bedeutungslose Hülle war.

Nun, da Gefühle ihn eingeholt hatten, die er jahrelang unterdrückt und eigentlich ausgemerzt hatte, wurde der Schrei in seinem Inneren stärker – der nach Ferne, Abstand und Einsamkeit.

Es war eine verdammte Zwickmühle.

Während er am Fenster stand und auf den Schotterparkplatz hinuntersah, auf dem sein Wagen verloren und einsam wirkte, dachte er daran, dass eigentlich eine ganze Menge gegen Leichdorf sprach. Emotionale Abhängigkeit, noch in den Startlöchern, aber unausweichlich auf einer Rennstrecke Richtung Schmerz. Die zurückkehrenden Albträume. Die Erinnerung an seinen sterbenden

Vater dümpelte knapp außerhalb seiner Wahrnehmung, aber Dwiggi wandte sich ab und ging in die Küche, bevor sie sich festsetzen konnte. Dort betrachtete er die verwaiste Ecke, in der früher die Glasvitrine mit dem Teeservice gestanden hatte, die Haralds übermotivierter Hausverteidigung zum Opfer gefallen war. Den verbeulten Topf hatte er behalten, aber die Vitrine war samt Kanne, Tassen und Konsorten beim restlichen Gerümpel am Lastwagen gelandet. Die leere Ecke sah falsch aus, aber das war nur Gewohnheit, die sich einschaltete und versuchte, den Ton anzugeben.

»Und so ist es mit Barbara auch«, murmelte er und war sich nicht ganz sicher, ob er wusste, was das bedeuten sollte.

Mit einem Glas Wasser verließ er die Küche, schlenderte zur Bibliothek und blieb im Türrahmen stehen. Wieder keimte die Erinnerung an seinen Vater auf, an damals, als jener seine letzten Worte gebrabbelt hatte. Aber sie war angenehm schal und durchsichtig, wie der halbherzige Versuch einer unterlegenen Mannschaft, das Spiel doch noch zu gewinnen, obwohl sie schon wussten, dass es verloren war.

In der Bibliothek türmte sich allerhand auf, zu dem er sich den Bezug verbot. Er würde alles fotografieren, auf Ebay zum Verkauf anbieten und in den Keller räumen, nachdem er dort unten durchgewischt hatte. Dort unten waren nun genug leere Räume. *Als wäre der Keller dazu verflucht, vollgemüllt zu werden,* dachte er.

Aber ganz so würde es nicht sein. Die Online-Anzeigen verfielen nach ein paar Wochen, sofern man sie nicht verlängerte. Das hatte Dwiggi nicht vor. Alles, was mit Ablauf der Annonce nicht verkauft war, flog raus. Ohne Umweg direkt zur Mülldeponie.

Er mochte Deadlines und Ablaufdaten. Sie waren ein Garant für Veränderung.

Durch die Stille drängte gedämpftes, röchelndes Keuchen, das nur Einbildung war.

Sein Magen verkrampfte sich dennoch.

Er ging nach oben und am Schlafzimmer seiner Eltern vorbei, ohne einen Blick hineinzuwerfen, als sein Handy klingelte. Als er auf dem Display Barbaras Namen las, konnte er das Lächeln nicht unterdrücken, das sich auf seine Lippen stahl. Selbst wenn er gewollt hätte.

»Hey«, sagte er.

Sie erwiderte die Begrüßung, und dann, als hätte der nette Start ihre Kommunikationsakkus vollkommen entladen, herrschte Stille.

Dwiggi merkte, wie das Lächeln mühsam wurde und sich nicht mehr mit der Leichtigkeit auf seinen Lippen hielt, mit der es gekommen war. Er dachte angestrengt darüber nach, was er sagen sollte, was er sagen könnte. Zu angestrengt, um der Möglichkeit auf ein entspanntes Gespräch noch eine Chance zu lassen. Aber war es nicht immer so? Ein nervenaufreibendes Hin und Her zwischen *ich will* und *ich kann nicht*? War es nicht deshalb so viel einfacher, wenn man den Anfang dieser ganzen Gefühlssache betrunken hinter sich brachte? Wenn man den angeschissenen kleinen Idioten in seinem Inneren einfach ins Koma soff, um seine Ruhe und damit Spaß zu haben?

Dwiggi dachte an jenen Nachmittag zurück, an dem sie sich kennengelernt und Barbara das Bier verweigert hatte – wegen der Tabletten. Er dachte an die Dinge, die sie zu den Tabletten und der blutigen Verzierung ihres Handgelenks geführt hatten. Er dachte daran, dass es mit Barbara so oder so nicht einfach geworden wäre. Und dass es vielleicht nicht für jeden hilfreich war, sich ein wenig Lockerheit anzutrinken. Lockerheit war im Suff eigentlich gar keine Garantie. Dwiggi selbst wurde lässiger und interessanter, wenn er ein wenig Alkohol im Blut hatte. Zumindest waren das die Aspekte, die er selbst bemerkte. Er wurde auch arroganter, lauter, hörte noch schlechter zu als nüchtern … und anderen auf die sprichwörtlichen Zehen treten? Darin war er nach ein paar Wodka-Shots Weltmeister.

Dwiggi hatte zu lange niemanden mehr in seine Nähe gelassen – in seine echte, innere Nähe –, um sich all dessen bewusst zu sein. Aber das würde sich ändern, sobald er seine Barrikaden niederließ. Er hasste die Verletzlichkeit, die damit einherging, schon jetzt. Und er hasste es, in Barbara verschossen zu sein.

Aber dennoch wehrte er sich nicht dagegen.

»Ich schulde dir noch ein Essen«, sagte sie. Dwiggi hatte bei ihrem Restaurantbesuch in Ebenkreuz gezahlt.

»Das tust du«, meinte er trocken, aber nicht unfreundlich.

»Also, du kannst dir aussuchen: entweder Restaurant – irgendwas Billiges und Einfaches, das deinem viel gereisten, aber wenig geschulten Gaumen entspricht.« Sie machte eine Pause, die dem Folgenden mehr Gewicht verlieh, als vielleicht beabsichtigt gewesen war. »Oder selbst gekocht, bei mir zu Hause.«

Dwiggi erkannte die Bedeutung der zweiten Option. Und neben der Freude, die mit dieser Erkenntnis aus seinem Unterbewusstsein daherschwamm, trieb der Gedanke, dass es nun ernst wurde. Und die Abneigung dagegen. Dwiggi hatte etwas dagegen, wenn die Dinge ernst wurden. Und wie immer in den letzten Jahren war sein erster Impuls, die ganze Sache augenblicklich abzublasen. Dummerweise musste er sich eingestehen, dass es dafür, trotz der kurzen Zeit, die sie sich erst kannten, schon zu spät war.

»Das kommt darauf an«, entgegnete er.

»Worauf?«

»Ob du kochen kannst!«

Er hatte das so sachlich gesagt, dass die Stille am anderen Ende der Leitung nicht zu deuten war, und auch wenn Dwiggi sich nicht ganz sicher war, wie viel Wahrheit sich hinter seinem kleinen Scherz verbarg, so glaubte er, in der Stille verletzten Stolz zu spüren. Was natürlich absolut verständlich war.

»Zweites«, sagte er deshalb schnell und ohne sich noch weitere Gedanken darüber zu machen. »Zweites. Bei dir.«

»Gut«, antwortete sie, als wäre das ein geschäftliches Gespräch und nur ein mittelmäßig interessanter Punkt auf der Tagesliste.

»Irgendwelche Allergien?«, fragte sie. »Unverträglichkeiten?«

»Willst du mich schützen oder umbringen?«, fragte Dwiggi.

»Überleg ich mir spontan.«

Er lächelte. »Nein. Keine.«

»Schade.«

Freches kleines Luder, dachte er. In dem Gedanken lag Bewunderung.

Durch das gekippte Fenster hörte er Reifen auf dem Schotter des Parkplatzes, und als er nach unten blickte, sah er Rolands Taxi, das vor dem Haus hielt. Roland und Sandra stiegen aus. Dwiggi beobachtete die beiden, als sie ausstiegen und zum Haus gingen, beobachtete, wie Roland seiner Verlobten einen Kuss gab und sie kurz seine Hand nahm, drückte und wieder losließ. All das geschah nebenbei, mit der geminderten Besonderheit von alltäglichen Kleinigkeiten. Aber das schwächte nicht die Verbundenheit, die Vertrautheit zwischen ihnen. Er fragte sich, ob mit Barbara dasselbe möglich war. Oder – präziser – mit ihm.

»Wann wäre es dir denn recht?«, fragte Barbara.

»Na so bald wie möglich!«, antwortete er.

»Na dann.«

Barbara schlug einen Termin vor, und Dwiggi willigte ein. Roland und Sandra verschwanden aus seinem Blickfeld, aber Dwiggi sah sie in Gedanken immer noch dort. Nur sahen sie jetzt eher so aus wie er selbst und Barbara.

»Freu mich«, sagte er.

»Ebenso.«

Auch sie lächelte. Er konnte es in ihrer Stimme hören.

6

Später bildeten Dwiggi, Roland und Sandra mit den Sachen aus der Bibliothek einen merkwürdigen Gänsemarsch, wie drei vereinsamte Ameisen, denen keiner gesagt hatte, dass die Arbeiten am neuen Bau eingestellt worden waren.

All die Kartons, Säcke und einzelnen Stücke, die sie in den letzten Tagen von überallher in die Bibliothek verfrachtet hatten, schleppten sie jetzt nach unten in den Keller. Dwiggi sprach es nicht aus, aber bei den meisten geschlossenen Kartons hatte er schon jetzt keine Ahnung mehr, was überhaupt drin war.

»Lackner will seinen Lkw zurück«, sagte Dwiggi, als er seinen vollen Karton neben die anderen stellte.

»Verständlich.«

»Ich könnt den Ramsch drin lassen, vielleicht fällt's ihm gar nicht auf.«

»Du brauchst Nachhilfe in Benehmen«, meinte Sandra.

»Nur weil ihr jetzt heiratet, seid ihr darin noch lange keine Vorbilder.«

»Im Vergleich zu dir schon.«

Sie brachten Lackners Lkw gemeinsam zurück. Nicht, weil die Spritpreise gerade so günstig waren, dass ein wenig zusätzliche CO_2-Emissionen angebracht erschienen, sondern damit Dwiggi nicht alleine bei der Mülldeponie abladen und später zu Fuß nach Hause trampen musste.

Lackner war nicht zu Hause. Dwiggi ließ den Umschlag mit der Miete für das Fahrzeug auf dem Fahrersitz und den Schlüssel im Postkasten, dann machten sie sich wieder auf den Rückweg.

»Habt ihr noch Zeit für einen Kaffee?«, fragte Dwiggi, als sie im Wagen saßen.

Roland verneinte. »Termin beim Pfarrer.«

»Ui.«

Sie kannten Dwiggis Haltung Religion gegenüber, und wie vieles andere mit ihm war es ihnen keine Diskussion wert. Er hatte ihnen einmal erklärt, wie seiner Meinung nach Gott der Bezug zu seiner eigenen Schöpfung fehlte. In der Kirche wurde eine Menge Spaß schlechtgeredet, auf der Kehrseite des Kreuzes allerdings gern gesehen. Laut Dwiggi verstand der Teufel die Menschen besser als Gott – was Augenhöhe suggerierte. Außerdem hatte er das bessere Marketing. Es war simples Schwarz-Weiß-Denken, dessen frustrierter Kern leicht entlarvt war. Aber es war auch nicht ganz aus dem Nichts zusammengereimt.

Weder Roland noch Sandra waren regelmäßige Kirchgänger,

aber im Gegensatz zu Dwiggi – der mit der ersten Kirchenbeitragsforderung ausgetreten war – bildeten sie immer noch einen Teil der inaktiven Glaubensgemeinde. Wenn Roland an die Hochzeit dachte, sah er in erster Linie Freunde und eine gute Zeit, aber bei Sandra war die Sache etwas komplexer. Sie war kein kleines Mädchen mehr, das davon träumte, eine Prinzessin zu sein, aber sie war einmal ein kleines Mädchen gewesen, das davon geträumt hatte. Hochzeit in Weiß, Hochzeit mit dem ganzen Pipapo – es mochte abgedroschener Kitsch sein, aber Sandra konnte sich des Gefühls nicht ganz erwehren, etwas zu verpassen, wenn sie diesem Klischee nicht zumindest teilweise folgte.

Sie hatten morgens beim Frühstück darüber gesprochen.

»Wollen wir eigentlich in der Kirche heiraten oder nur standesamtlich?«, hatte sie gefragt.

Er hatte die Achseln gezuckt, *Was willst du?* gefragt, dann hatte sie die Achseln gezuckt, *wäre schon schön* geantwortet, und nachdem er wieder gezuckt hatte – allerdings mit einem Nicken, um ein wenig Farbe in ihr Gespräch zu bringen –, hatten sie einen Termin beim Pfarrer vereinbart.

»Ziemlich überschätzte Tradition«, meinte Dwiggi, als sie ihn zu Hause absetzten.

»Heiraten?«, fragte Roland.

»Kirche.«

»Verwundernd, dass ein Romantiker wie du noch Single ist«, entgegnete Sandra.

Als Dwiggi nicht gleich antwortete, fügte sie mit erwartungsvollem Blick hinzu: »Oder bist du nicht mehr Single?«

Dwiggi lächelte nur und stieg aus. Nicht weil er ein künstliches Geheimnis aus seiner Verbindung zu Barbara machen wollte, sondern weil er selbst nicht wusste, was sie im Moment waren.

7

Harald war von Leichdorf unterwegs in die Welt, die auf der anderen Seite der Passstraße lag, um Besorgungen zu machen, die sich im Dorf nicht machen ließen. Hauptsächlich ging es dabei um Werkzeuge und Gartengeräte. Er hätte auch nach Leenitz fahren können, aber Harald war nie ein großer Freund des Ortes gewesen. Er lebte nicht in einem Kaff wie Leichdorf, weil er sich nach charakterlosen Betonklötzen sehnte. Und das traf auf die Gebäude wie auch die Menschen zu. Für Harald war Leenitz eine Großstadt. Größer müsste keine werden, wenn es nach ihm ginge. In seiner Welt waren Orte wie London, Berlin oder New York gesichtslose Löcher auf Landkarten, die der Welt erfolgreich eingeredet hatten, dass es toll war, dort zu leben. Dreckige, stinkende Absturzgaranten, Auffangbecken für gescheiterte Existenzen, Scheißhauskolonien mit Scheißhausinsassen.

Harald war in keiner von diesen Städten jemals gewesen. Er war mal mit Gerda nach Wien gefahren, weil sie den Stephansdom und das Riesenrad hatte sehen wollen. Das hatte Harald gereicht.

Hinter ihm tauchte ein Motorrad auf. Der Tag war sonnig und trocken – perfektes Zweiradwetter. Aber nicht nur Motorradfahrer waren unterwegs. Auf der Gegenspur den Pass hinauf herrschte eine Menge Verkehr. Und weil Harald keinen Stress hatte, setzte er den Blinker und lenkte seinen Wagen auf die kleine unbefestigte Ausbuchtung, die sich zu Tschickos Einfahrt verengte. Der Motorradfahrer schoss an ihm vorbei und streckte zum Dank den Fuß zur Seite. Drei weitere folgten. Harald sah ihnen nach und dachte an seine eigene Maschine. Sie brauchte ein wenig Zuneigung, aber er war sicher, dass sie noch lief, wenn er sich die Zeit nahm, sie wieder aufzupäppeln. Gerda hatte es nie gemocht, wenn er damit unterwegs war.

Aber Gerda war tot, ihre Meinung damit hinfällig.

Er wollte gerade zurück auf die Passstraße fahren, als sein Blick auf Tschickos Haus fiel. Die Vordertür stand offen und schwang demotiviert in ihren Angeln hin und her. Er wartete darauf, Tschicko nach draußen oder hineingehen zu sehen, aber niemand kam.

Harald beobachtete die Tür noch einen Augenblick länger, überlegte, ob er hinfahren und sie schließen sollte, und beschloss dann, dass das nicht seine Sache war.

8

»Danke, dass Sie sich Zeit für uns nehmen«, sagte Sandra, als Leng ihnen die Tür öffnete.

»Gern.«

Der Priester lächelte, Sandra lächelte, und Roland folgte dem Gruppenzwang. Es war wie weitergereichtes Gähnen. Anders als Dwiggi hatte Roland weder ein Problem mit der Kirche noch mit ihren Angestellten. Ja, es gab Missbrauch, und er wog mindestens doppelt so schwer, wenn die Täter sich so gern heilig gaben. Ja, Kirchenbeiträge wurden nicht nur für die Erhaltung der Kirchen, sondern auch für den Bau von Privatpalästen verwendet. Aber das hieß weder, dass jeder Geistliche ein Kinderficker, noch ein amoralischer Egozentriker war. Roland mochte Leng. Ihm fehlte die Weichheit des Klischeepfarrers. Wenn Leng lächelte, war es freundlich, aber nicht milde. Roland traute ihm zu, kleinere Reparaturen im Haus selbst vornehmen zu können. Als Selbermacher respektierte er Selbermacher.

Leng trug helle, schlichte Kleidung, die ihm die Erhabenheit nahm, die die priesterliche Arbeitsmontur ihren Trägern in den meisten Fällen verlieh. Die Zivilkleidung verriet, dass sich unter der Glaubensuniform auch nur Menschen befanden.

Zuvor war Roland nicht aufgefallen, dass ein kleines Stück an einem der oberen Schneidezähne fehlte, jetzt schon. Eitel war Leng wohl nicht.

Sie saßen in einem schmalen, lang gezogenen Raum, der ein wenig wie ein breiter, umfunktionierter Gang aussah, allerdings keiner sein konnte, nachdem er nirgendwo hinführte. Ein architektonisches Äquivalent der Sackgasse, die Kirchengemeinschaften für Dwiggi darstellten.

Sie hatten sich im Pfarrheim neben der Ebenkreuzer Kirche verabredet, weil das der christliche Hotspot der Gegend war, die Homebase sozusagen. Das Hauptbüro, wenn man weniger klugscheißerisch klingen wollte. Leichdorf hatte seine eigene Kirche, ein gedrungener, feuchter, ungemütlicher Bau – außen so trostlos wie innen. Das Wunder war nicht, dass sie schon lange nicht mehr verwendet wurde, sondern dass sie überhaupt noch stand. Vielleicht, weil sie dort am Rand des Leichwalds niemandem im Weg war. Roland war davon überzeugt, dass es nur eine Frage der Zeit war, bevor das Ebenkreuzer Immobilienschicksal sie ereilte und die Kirche Zweitwohnungen oder einem Parkplatz weichen musste.

Während des Gesprächs hatte Roland nicht viel zu tun. Sandra hatte den Grund ihres Besuchs bereits am Telefon geklärt. Und auch jetzt war vor allem sie es, die redete, Fragen stellte und nickte, wenn Leng etwas erklärte.

Roland saß daneben und hielt ihre Hand, damit er nicht grundlos mitgekommen war.

Es wurde vereinbart, was es zu vereinbaren gab, und während damit das ganze Thema an Wirklichkeit gewann, deren Abwesenheit ihnen bis dato nur teilbewusst gewesen war, wünschte Roland sich, in Sachen Kinderwunsch auf Sandras Seite zu stehen. Sorge, die von zu tief unten in seinem Inneren kam, um rational zu sein, packte ihn. Sorge, Sandra nicht geben zu können, was sie wollte. Nicht jetzt, nicht später. Sorge, stur einer Abzweigung zu folgen, obwohl man längst wusste, dass es Zeit war umzukehren. Bewusste Blindheit aus Bequemlichkeit.

Leng und Sandra beendeten ihr Gespräch, und die Verabschiedung war so unaufgeregt und freundlich wie die Begrüßung.

9

Als sie über den Parkplatz zu ihrem Wagen gingen, stand August über ihnen und beobachtete, wie sie lachten, sich küssten, ihre gemeinsame Zeit genossen. Er rieb geistesabwesend seine Schulter, dort, wo Tschickos Kugel ihn getroffen hatte. Auf der Vorderseite der Schulter war eine leichte Vertiefung, das Gewebe verhärtet und hell, wie ein ausgefranstes Loch. Aber das waren in erster Linie Spuren auf der Haut, die Teile darunter wuchsen besser zusammen.

»Sie gefällt dir«, sagte der Andere. »Dir gefällt ihre Haut.«

August wollte das verneinen, aber negieren von geteilter Wahrheit war sinnlos. Seine Mundwinkel zuckten, als das Grinsen des Anderen sich auf seinen Körper übertrug. Als hingen seine Lippen an Fäden, denen sie folgen mussten.

Er sah zu, wie Roland und Sandra in ihren Wagen stiegen und davonfuhren. Da war Gier, da war Eifersucht, an der Grenze zur Wut stehende Enttäuschung. August war vor dem Gefühl nicht gefeit, das Spiel seines Lebens mit einem unfair schlechten Deck Karten begonnen zu haben.

Aber da war auch ein kleiner Teil, unscheinbar zwischen den anderen, der das Glück beschützen wollte, das er dort unten sah, statt es zu zerstören.

»Ich möchte sie in Ruhe lassen«, sagte er.

Aber Lügen wurden nicht entschärft, nur weil man hinter ihre Fassade blickte. Nicht mal die eigenen.

10

Der Tag, an dem Leng von Tschicko erschossen worden war und der schließlich nicht Leng, sondern Tschicko selbst das Leben gekostet hatte, lag schon ein wenig zurück. In Marias Erinnerung war es ein Tag wie jeder andere, aber Erinnerungen waren fließend und trügerisch geworden.

Die Zeit, seit sie in dem fremden Zimmer aufgewacht und aufgrund der Betäubungsmittel nie ganz zu sich gekommen war, folgte inzwischen ihrer eigenen Zeitrechnung. Vieles war eher Nacht als Tag, eher Traum als Realität, aber greifbar blieb nur wenig.

Bis auf den Gestank von gammelndem Fleisch, der vielleicht nur zunahm, weil sie sich ihm bewusst wurde.

Der Mann war wieder zurückgekommen, hatte wieder Essen gebracht, die Bettpfanne entleert, mit ihr gesprochen. Maria war nicht entgangen, dass er ihr den Teller mit derselben Hand reichte, mit der er ihn wieder nahm, dass er sich etwas umständlich dabei anstellte und seinen zweiten Arm nicht verwendete. Sie kam zu dem einzig richtigen Schluss – dass er verletzt war –, aber nicht zu der wahren Herkunft der Verletzung. Wenn das, was Maria gehört hatte, tatsächlich ein Schuss gewesen war, dann hatte der Mann mit den dunklen Augen ihn überlebt. Und jemand anderes nicht.

Maria fiel die Vorstellung nicht schwer, dass dieser Jemand Karl gewesen war. Sie tat weh, aber sie fiel nicht schwer. Dass der Mann eine Waffe besaß, klang plausibel, und dass Karl sich ihm trotz einer solchen in den Weg gestellt hatte – mutig, aber dumm – ebenfalls.

Sie hatte geweint, was überfällig gewesen war. Karl war zu ihr gekommen, hatte gesagt, was ihr Unterbewusstsein ihn sagen lassen wollte, hatte ihm seine Stimme geborgt und ihr Trost gespendet, der zwischen all den Schatten nicht anhalten konnte.

Der säuerliche Gestank ihres eigenen Schweißes wurde ihr mit einem Mal wieder bewusst. Ebenso der modrige Hauch, der von der Matratze zu ihr aufstieg, und der Geruch ihrer eigenen Ausscheidungen in der Bettpfanne. All das war abstoßend, und all das unterstrich die Greifbarkeit ihrer Situation. Es erschwerte die Vorstellung, dass all das nur ein Traum sein könnte.

Die Wände rochen nach feuchter Erde, nach Grab, nach Ende. Maria spürte den Abhang aus Selbstmitleid, vor dem sie kniete, und seit ihre Hoffnung, Karl wiederzusehen, abhandengekommen war, spürte sie, dass sie diesem Abhang gegenüber nicht mehr so abgeneigt war.

Aber ihr Geist war ruhig, eine Ebene friedlicher Eintönigkeit, wie die Oberfläche eines Sees an einem windstillen Tag. Man sah die Dunkelheit darunter von außen nicht, aber sie war da. Maria trug einen Schatten mit sich herum. Sie hatte Dinge getan, die zu schrecklich waren, um vergessen zu werden, auch wenn ihr Verstand sie rückwirkend zensiert hatte, um halbwegs in einem Stück bleiben zu können. Ihr war nicht entgangen, wie sehr diese momentane Lage einer auferzwungenen Buße glich. Sie fragte sich, was ihre Mutter wohl dazu gesagt hätte. Aber ihre Mutter war, wofür sie büßen musste.

»Du hast nichts Schlimmes getan«, sagte Karl.

Er war damals bei ihr geblieben, obwohl jeder andere gegangen wäre. Er hatte ihr geholfen, wieder auf die Beine zu kommen, aber nun war Karl nicht hier. Karl war vermutlich tot.

Und er hatte sie damals nicht dazu gezwungen, das Kissen auf das Gesicht ihrer Mutter zu drücken, nicht loszulassen, auch als der abgemagerte Körper im Todeskampf zum ersten Mal seit Monaten wieder zum Leben erwachte. Karl hatte keine Tränen auf seinen Wangen gespürt, die zu einer Schuld gehörten, die erst noch kommen würde, er hatte nicht schluchzend darum gebeten, dass es endlich vorbei war.

Karl hatte sie danach aufgefangen, aber was Maria verfolgte, war nicht die Landung, es war der Sprung. Der Fall.

»Am Ende hat sie nur noch Schmerz und Angst gekannt«, sagte Karl.

Und das stimmte. Marias Mutter hatte ihr gesagt, wie sehr sie sich fürchtete. Wie weh es tat. Immer wieder, jeden Tag, über Wochen, über Monate hinweg, bis zu jener Entscheidung, die sie verfolgte, sie heimsuchte. Spuk aus einer Gegenwart, die nie zur Vergangenheit geworden war.

Sie griff nach dem Anhänger an der Kette, die sich um ihren Hals immer noch wie ein Fremdkörper anfühlte, obwohl sie sie nun schon seit Jahren trug. Ein Geschenk von ihrer Mutter, als Maria noch ein Kind gewesen war. *Die ist sehr wertvoll,* hatte ihre Mutter gesagt. *Und du musst jetzt beweisen, dass du schon erwachsen genug bist, um so etwas zu besitzen.*

Maria hatte voller Eifer versucht genau das zu tun, aber das Geschenk war aufgrund der Predigt, mit der es überreicht worden war, vergiftet. Anfangs war Maria wahnsinnig stolz gewesen, denn nun war sie eine Frau, kein Mädchen mehr. Sie war damals gerade erst zehn gewesen und so weit weg von einer Frau wie von ihrem Ruhestand, aber dennoch hatte sie sich so gefühlt.

Im Endeffekt war die Kette die meiste Zeit in der Schatulle geblieben, in der sie sie bekommen hatte. Die Schatulle hatte sie auf ihr Bücherregal gelegt, um sie vom Bett aus sehen zu können. Aber sie nahm sie so gut wie nie heraus. Meistens betrachtete sie die Box und stellte sich die Kette darin nur vor, als könnte schon ein direkter Blick den wertvollen Anhänger abnutzen.

Wie sich später herausstellte, war dieser gar nicht so wertvoll. Ja, die Kette und das kleine Kreuz waren aus echtem Gold, aber deshalb noch lange kein Investitionsobjekt, keine Altersvorsorge, kein in Form gegossener Lottogewinn. Was Maria um den Hals trug würde keinen Dieb, der etwas auf sich hielt, zum Raub verführen, und umso dämlicher war es, dass sie jetzt – fast sechs Jahrzehnte später – immer noch nervös war, wenn sie die Kette trug, aus Angst sie zu verlieren. Manche Dinge gingen nicht mehr, wenn sie erst mal den Weg in unseren Kopf gefunden hatten.

Warum trägst du nie die Halskette, die ich dir geschenkt habe?, hatte ihre Mutter gefragt. Am Ende, als ihr Verstand bereits nicht mehr ganz klar gewesen war.

Die Frage hatte Maria traurig gemacht. Traurig genug, keine Antwort darauf zu wissen.

Er kam zurück. Sie hörte die Tür im Nebenzimmer, hörte Schritte, hörte, wie er abschloss. Maria wartete immer noch darauf, dass er mit ihr tat, wozu auch immer er sie gefangen hielt – sie weigerte sich, zu detailliert darüber nachzudenken, auch wenn sich das natürlich nicht vollkommen verhindern ließ. Anstatt sie körperlich zu quälen, blieb er beim geistigen, und statt sie zu schlagen, schien er nur reden zu wollen.

Das war fürs Erste angenehmer, aber nährte auch die Vorstellung von schlimmeren Dingen, die erst noch kommen würden.

11

Moder und Fäulnis schlugen August entgegen, als er das Haus betrat. Sie waren im Laufe der Zeit zu alten Bekannten geworden, an denen er sich nicht mehr störte.

Diesmal war da der Gestank von Verwesung, ein Hauch von Fäkalien. Aber auch diese Gerüche waren im Schneiderhaus keine Neulinge.

Er schloss die Tür und tauchte in das Muster aus Licht und Schatten, das durch die ungleichmäßig verklebten Fenster und Risse in Mauer und Dach zustande kam. Karl hing immer noch von der Decke. Inzwischen nackt – ohne Kleidung, ohne Haut. Der Andere hatte Teile von ihm verzehrt und übrig gelassen, was in diesem Leben keinen Wert mehr hatte.

Fliegen stoben auf, als August vorbeiging, gaben nicht nur den Blick auf Innereien, sondern auch auf Maden frei.

Die Schusswunde in Augusts Schulter verheilte schnell. Während er Tschicko dafür zur Verantwortung gezogen hatte, war es nicht so schlimm gewesen, aber nun schmerzte sie wieder. Der Arm war nicht steif, aber er bewegte sich unwilliger als davor. Und er schmerzte. Wenn er Karl später herunternahm, würde ihm das wahrscheinlich Probleme machen, aber dagegen konnte er momentan nichts tun.

»Hattest Glück!«, murmelte der Andere mit Augusts Lippen. Eine zerschossene Schulter heilte schnell, aber ein zerschossenes Gesicht war ein anderes Kaliber.

Der Fliegenschwarm beruhigte sich wieder und kehrte auf Karls Leichnam zurück. Ein einzelner Tropfen Blut löste sich von den leblosen Zehen und gesellte sich zum restlichen Rot im Waschzuber darunter. August sah zu, wie die Oberfläche sich kräuselte.

Als er zum ersten Mal hierhergekommen war, hatten am Esstisch die Puppen des Schneiders gesessen. Puppen aus Jutesäcken, die weder menschlich noch lebendig aussahen, aber von beidem genug hatten, um Raum für Zweifel zu lassen. August hatte sie weggeräumt, hatte sie durch Licht und Schatten getragen, um sie in Letzterem zu begraben. Aber eigentlich gehörten sie zum Haus. In ihnen steckte die Geschichte des Schneiders, und in der Geschichte des Schneiders steckte das Geheimnis dieses Ortes.

Vielleicht würde er sie wieder hervorholen, wenn er und Maria sich besser kannten. Wenn sie verstand, was er tat, verstand, was er wollte.

August wartete auf einen Einwand des Anderen, aber dieser lauschte nur schweigend seinen Gedanken, erstarrt in einem ewigen Lächeln unter den kalten Augen.

Er öffnete einen der Schränke. Die Fächer waren voll mit Mineralwasser, Konservendosen und Ähnlichem. Alles haltbar, alles auf Vorrat. Im Haus gab es keine Elektrizität, keinen Kühlschrank, kein fließendes Wasser. Nur Kerzen, Campingkocher und Gaslampen.

Er nahm ein sauberes Glas und eine ungeöffnete Wasserflasche und setzte sich damit an den Tisch. Die Fliegen fühlten sich erneut gestört, stoben auf, schwirrten herum und beruhigten sich wieder.

Er füllte das Glas, wurde sich wieder der verletzten Hand bewusst, an der Tschicko ihn mit der Glasflasche erwischt hatte. Sein Körper heilte schnell. Der Andere war schon zu lange bei ihm, als dass dieser Zusammenhang ihm noch bewusst wäre, aber dennoch war er da.

Die Schusswunde machte mehr Probleme. Als August versuchte, die Flasche mit diesem Arm zu heben, glitt sie ihm fast aus den Fingern. Ohne Adrenalinrausch war die Schulter ein beleidigter, wunder Punkt.

Während er trank, dachte er daran, wie es gewesen war, Teile von Karl zu essen. Das waren Gedanken, die vom Bewusstsein des

Anderen in seines herüberschwappten. Das passierte selten. Normalerweise teilten sie nur Augusts Gedanken, die des Anderen blieben ein einseitiges Geheimnis.

Er spürte, wie die weiche Haut unter dem Druck seiner Zähne brach, wie warmes Blut in seinen Mund sickerte, schmeckte Kupfer, schmeckte Gefahr. Wasser aus Schuld, und mit jedem Schluck, den er davon kostete, entglitt ihm die Erlösung weiter, an die er selbst nicht mehr glaubte. Unter die Eindrücke mischte sich bittere, brennende Scham – nur ein Hauch. Aber sie wurden süßer, je öfter man sie zuließ.

Es war schwer, sich zu lösen, selbst in der verschleierten Erinnerung, selbst jetzt, wo die einzige Flüssigkeit in seinem Mund sein eigener Speichel war, der stärker zu fließen begann wie bei einem konditionierten Hund.

Die Erinnerung brachte eine weitere mit sich, eine, die nicht unbedingt in direktem Zusammenhang mit Karl stand. Zumindest nicht auf den ersten Blick.

August dachte an Sandra, dachte daran, wie sie mit ihrem Verlobten bei ihm gewesen war. Er sah das Strahlen in ihren Augen, das ein Teil von ihm beschützen wollte und ein anderer begehrte. Ihre Ausstrahlung, vital, gesund. Da war der Eindruck ihrer jugendlichen Haut, der Geschmack ihres Geruchs. Gier und Verlangen in den dunkelsten Ecken seines Verstandes. Außer Sicht, aber nicht außer Reichweite.

Je länger er die Vorstellung von Sandras Geschmack zwischen seinen Lippen zuließ, umso komplexer wurde sie.

Umso drängender.

Umso schwerer zu ignorieren.

Er trank, spülte Geschmack weg, der gar nicht da war, und sagte sich, dass sie es nicht wert war, dass es bald genug Aufregung im Ort geben würde.

Er betrachtete den Staub, der träge im diffusen Halblicht tanzte. Den Anderen erinnerte der Anblick an die Asche einer verbrannten Welt, in die er sich zurücksehnte, aber für August war es nur Staub.

Sein Wissen dieser anderen Welt setzte sich aus Bruchstücken verschwommener, vager Erinnerungen zusammen, die nicht seine waren, und Hinweisen, die sein Urgroßvater in jenem alten, zerfallenden Notizbuch preisgab, das über Generationen an August weitergegeben worden war – wenn auch nicht freiwillig. Sein Vater hatte es vor ihm versteckt, vielleicht um ihn zu beschützen. Er hätte es mit ins Feuer nehmen sollen, statt in dem alten Koffer auf dem Dachboden zu lassen, wo August – damals noch ein Kind – es schließlich gefunden hatte.

Die Seiten waren voll mit absurden Floskeln, nicht alle in einer verständlichen Sprache, aber alle in derselben sorgfältigen, engen Handschrift – aufgelockert von bizarren Zeichnungen, denen es zwar an Können, aber nicht an Fantasie fehlte. Es zu lesen bescherte einem die zweifelhafte Freude, einem degenerierenden Geist beim Verfall zuzusehen. Die damit einhergehende Faszination war ein Sog, der stärker wurde, je weiter man sich vorwagte. Je mehr August gelesen hatte, umso mehr hatten die Seiten wie Wände mit abblätternden Tapeten gewirkt. Die Worte waren zu lebendigen Dingen geworden, voll hinterlistiger Gefährlichkeit und gelogener Versprechen, die einen in die Dunkelheit locken wollten.

Natürlich hatte der Junge Albträume bekommen. In philosophische Abgründe zu blicken war bekanntlich eine spiegelnde Angelegenheit. Und das Buch hatte er immer noch.

Augusts Urgroßvater hatte einem kleinen, äußerst exklusiven Okkultismuszirkel in Ebenkreuz angehört, den sich ein Grafenehepaar in ihrer Villa am See aufgebaut hatte. Es war eine Vereinigung gelangweilter Bonzen mit zu viel Geld und zu viel Einfluss gewesen, denen das Kribbeln im Leben verloren gegangen war. Dem opulent-verschwenderischen Lebensstil entsprechend blieb von Uropa Leng kaum Geld zum Erben, dafür aber das Haus des Schneiders. Als dessen Schulden zugenommen hatten und schließlich existenzbedrohend geworden waren, hatte Augusts Urgroßvater diese übernommen. Dafür bekam er nach dem Ableben des Schneiders Grund und Gebäude.

Aber das war nicht die interessanteste Verbindung zwischen Augusts Urgroßvater und dem Schneider. Wenn man Teile des Notizbuches mit einer gewissen Freiheit interpretierte, lieferte es Hinweise, dass Augusts Vorfahre einiges mit dem Selbstmord des Schneiders zu tun gehabt hatte, ebenso mit dem Ritual, das diesen Herz, Leben und wohl auch Verstand gekostet hatte. Was auch immer sie aus der Handschrift vorgelesen, vorgesungen oder vorgetanzt hatten, hatte funktioniert. Sie hatten Frau und Töchter des Schneiders zurückgeholt. Allerdings nicht in eigene Körper, sondern in den des Schneiders. Innerfamiliäre Überbevölkerung.

August erschien es plausibel, dass der Andere während eines dieser Rituale die Grenze der Existenzen übertreten und sich an seine Familie geheftet hatte. Dass sein Vater – als er sich mit Benzin tränkte und beschloss, sein Leben schreiend zu beenden – den Mann hinter seiner Schulter damit der Obhut seines Sohnes übergeben hatte. Man musste kein großer Denker sein, um gewisse Zusammenhänge zu erkennen. Ein wenig Glauben reichte schon.

An sich schien Magie nichts Kompliziertes zu sein. An gewissen Plätzen war die Trennung zwischen den Welten dünn. *Orte, an denen viel Tod ist, sind immer Schnittstellen*, behauptete der Andere. Der Leichwald hatte seinen Namen nicht wegen eines morbiden Spaßes, sondern aufgrund inhaltlicher Akkuratesse.

Aber eine dünne Wand war noch lange keine Tür. Und anders als bei japanisch-mittelalterlicher Architektur konnte man da auch nicht einfach mit Anlauf und Kopf voran durchknallen. Was bedeutete, dass August der Blick auf die andere Seite trotz vermeintlicher Fachliteratur weiterhin verwehrt blieb.

Etwas lauerte in jener Realität, aus der der Mann hinter seiner Schulter kam. Etwas, das Träume und Dinge versprach, die zu groß für einen kleinen menschlichen Verstand waren. Der Andere stellte August einen Blick auf Gott in Aussicht, und nicht nur das. August würde das Ende erleben, das letzte Feuer, die große Läuterung. Er würde dabei sein, wenn die Ablagerungen der menschlichen Existenz aus ihrer eigenen Realität gebrannt wurden, und er würde auch nachher dabei sein, wenn die neue Welt sich aus der Asche hob. Er selbst würde aus der Asche neu erstehen.

Versprechungen von einer Wahrheit, die vielleicht nur Einbildung war. August war vernünftig genug, auch eine weitere Theorie zu erkennen. Dass nichts davon stimmte. Dass der Andere nicht real war, sondern nur vererbte Einbildung, August kein Opfer eines Schattens jenseits der Realität, sondern der Abgründe seiner eigenen Psyche.

Nicht besessen, sondern verrückt.

Diese Vorstellung machte ihm Angst. Sie hebelte die Grenzen der Realität und ihres Empfindens noch stärker aus als die Vorstellung, in eine Familie geboren worden zu sein, die vor Generationen mit Dingen gespielt hatte, denen sie nicht gewachsen war.

In der bitteren Dunkelheit seiner Gedanken suchte August nach Antworten, die sich vor ihm verbargen und die der Andere – sofern er sie besaß – nicht preisgab.

Diese Antworten bekam er vielleicht nur, wenn er die Theorie der Welt aus Asche mit jemandem außerhalb seiner selbst teilte. Er warf einen Blick zu der geschlossenen Tür, hinter der Maria auf dem Bett lag und hoffentlich angenehmere Träume als er selbst hatte.

Er trank noch einen weiteren Schluck, dann machte er sich daran, Karl von da oben herunterzunehmen.

12

Als Harald über die Passstraße wieder zurück nach Leichdorf fuhr, war sein Wagen gefüllt mit neuen Werkzeugen und anderen Geräten – adäquate Spielsachen für einen erwachsenen Mann.

Ein paar Stunden waren vergangen, seit er aufgebrochen war, und als er am unteren Ende des Passes im Vorbeifahren wieder zu Tschickos Haus sah, war das mehr zufällige Neugier als Absicht.

Er war zu schnell, um einen ausgiebigen Blick zu erhaschen, aber selbst in der Kürze sah er die Tür, die immer noch offen stand.

Gleich darauf passierte er das Ortsschild von Leichdorf, und als er auf dem geräumigen Parkplatz hielt, der als Umkehrmöglichkeit für Busse und Lkws verwendet wurde, haderte er immer noch mit sich selbst. War es besser umzudrehen oder weiterzufahren? Tschicko und er kannten sich, aber sie waren keine Freunde. Soweit er wusste, hatte Tschicko überhaupt keine Freunde.

Zumindest das hatten sie gemeinsam. Harald wendete und fuhr zurück.

Er bog auf die kleine Ausbuchtung neben der Straße und folgte der Zufahrt bis zum Haus. Auf dem Schotter knirschten die Reifen seines Wagens fast unangenehm laut, und er rechnete damit, dass Tschicko jeden Moment heraus oder um die Ecke kommen würde, um nachzusehen, wer sich da zu ihm verfahren hatte.

Harald erinnerte sich an einen Abend vor ungezählten Jahren, als die beiden sich in einem der ortsansässigen Gasthäuser über den Weg gelaufen waren. Tschicko war kein unangenehmer Geselle, aber Harald war es immer schwergefallen, ihn einzuschätzen. Und er wusste auch von anderen, dass es nicht leicht war, einen Draht zu dem Eigenbrötler zu finden. Den hatte anscheinend nur sein Hund gehabt. Sodomitische Witze waren hinter Tschickos Rücken erwartungsgemäß an der Tagesordnung, aber Harald hatte sich nie daran beteiligt. Er hatte nichts gegen Tschicko. Auch nichts für ihn. Tschicko war ihm egal, und in manchen Fällen war das Gold wert.

Als er vor dem gedrungenen, nicht sehr einladenden Haus hielt und immer noch niemand herausgekommen war, stellte Harald den Motor ab.

Hier gehört renoviert, dachte er, während er seinen Sicherheitsgurt löste und ausstieg.

Hinter ihm rasten vereinzelt Autos und Motorräder die Passstraße hinauf und hinunter, aber sobald ihre Motorengeräusche verklungen waren, blieb da nur noch das Quietschen der Tür in ihren Angeln.

Harald fühlte sich verloren und fehl am Platz.

Er machte ein paar unschlüssige Schritte auf die Tür zu, bevor der Gestank ihm entgegenschlug und ihn innehalten ließ.

Mit verzogenem Gesicht wandte er sich vom Haus ab. Da drin gammelte etwas vor sich hin. Harald wusste, dass Tschicko früher gerne auf die Jagd gegangen war. Auch ohne Erlaubnis. Aber eigentlich hatte er gedacht, dass das aufgehört hatte, nachdem sein Hund gestorben war. So wie bei ihm selbst einiges aufgehört hatte, nachdem Gerda gegangen war.

Aber das, was ihm da aus dem Haus entgegenschlug, war eindeutig verwesendes Fleisch. Vielleicht war Tschicko doch wieder auf der Jagd gewesen. Hatte ein Reh oder sonst was geschossen. Vielleicht war die Kühltruhe defekt, in der er das Fleisch lagerte.

Auf jeden Fall kann er nicht zu Hause sein, dachte Harald.

Er ging zurück zu seinem Wagen, holte ein Stück Stoff, das nicht ganz sauber war, und band es sich vor Mund und Nase.

Als er sich erneut Tschickos Haus näherte, war der Gestank immer noch da und immer noch beißend, aber zumindest ein Stückchen leichter zu ertragen.

Er erreichte die Vordertür, hielt vor dem dunklen Flur kurz inne und trat schließlich ein. Harald war noch nie hier gewesen, und obwohl es quasi sein Beruf war, in die Häuser anderer Leute zu gehen, tat er das normalerweise mit Erlaubnis und Einverständnis der Besitzer.

»Tschicko?«, rief er, obwohl er immer noch überzeugt war, dass niemand sich hier drin aufhalten konnte, ohne etwas gegen den Gestank zu unternehmen. Dennoch musste er nachsehen. Und er wollte Tschicko auch nicht anschwärzen. Wenn er die Polizei rief, bevor er sich umgesehen hatte, bekam Tschicko vielleicht Probleme, die sich verhindern ließen.

Harald folgte dem Gang bis zur Küche, warf einen Blick hinein und stellte fest, dass sie leer war. Er ging weiter. Der Gestank nahm zu.

Weil er beim Eingang vergessen hatte, das Licht einzuschalten, musste er sich nun im Halbdunkel weitertasten. Am Ende des Flurs war ein weiterer Lichtschalter, und als Harald ihn betätigte, stellte er fest, dass es hier am schlimmsten roch. Neben ihm führte eine schmale Treppe nach oben, aber was auch immer hier verweste, tat es im Erdgeschoss.

Harald warf einen Blick in den näheren der beiden verbleibenden Räume. Es war das Badezimmer, und es war leer.

Dann öffnete er die Tür zu Tschickos Schlafzimmer. Sofort war klar, dass er den Ursprung des Gestanks gefunden hatte.

Harald hatte einen starken Magen, aber der Geruch war hier so intensiv, dass er trotz des Tuchs vor seiner Nase würgte.

Die Vorhänge im Zimmer waren geschlossen, und im schwachen Licht sah er nur die ungefähren Konturen der Möbel. Er tastete nach dem Lichtschalter, fand ihn und drückte darauf.

Als die Glühbirne unter der Decke surrend zum Leben erwachte, glaubte Harald zu spüren, wie sein Herz stehen blieb.

Sein Verstand weigerte sich im ersten Moment zu akzeptieren, was er dort am Fuße des Bettes sah, und Harald starrte überraschend lange auf den Schädel, bevor er darin Tschickos Gesicht erkannte.

Im offenen Mund und den leeren Augenhöhlen tummelten sich Fliegen. Die Zunge fehlte. Er sah das Loch in Tschickos Stirn, und dass der Schädel dahinter leer war.

Da war noch vieles mehr. Die restlichen, verschmähten Gedärme, die um den geöffneten Oberkörper herumlagen wie kaputte Luftschlangen. Der aufgerissene Hals. Der Körper an sich, der stellenweise bis auf die Knochen abgenagt war.

Und Blut. Das ganze Blut, auf den Möbeln, an der Wand, am Boden. Als hätte jemand den Rasensprenger aufgedreht und ihn an Tschickos Hauptschlagader angeschlossen.

Harald taumelte nach draußen. Er schaffte es, sich nicht zu übergeben, auch wenn das vielleicht nur daran lag, dass er heute noch nichts gegessen hatte.

Als er versuchte zu seinem Wagen zu gehen, fehlte seinen Beinen die Kraft für mehr als wackelndes Stolpern. Und während er die Nummer der Polizeidienststelle von Ebenkreuz in seinem Telefonbuch auswählte, musste er ebenso darum kämpfen, das Handy nicht fallen zu lassen wie auf den Beinen zu bleiben.

13

Stefan war zur Polizei gegangen, weil es ihm cool erschienen war, eine Pistole zu tragen, auch wenn in seinem Kopf irgendwie nie so ganz angekommen war, dass Pistolen Tötungsinstrumente und keine Modeaccessoires waren.

Er war aus einer Reihe moralischer Gründe geblieben und aus dem jugendlichen Antrieb heraus, Dinge besser machen zu wollen als jene, die derzeit das Sagen hatten.

Tschickos gewalttätiges Ende wäre eigentlich eine Sache für den Chefinspektor gewesen, aber Bachmann war mit seiner Familie im Urlaub.

Es hätte erfahrenere Kollegen als Stefan gegeben, aber er war gerade auf der Passstraße unterwegs, als der Anruf hereinkam. Allerdings würde er nicht der einzige Uniformierte am Tatort bleiben, so wie die Sache klang.

Stefan lenkte seinen Dienstwagen die schmale Straße zu Tschickos Haus entlang und hielt hinter Harald, der ihn durch die Windschutzscheibe argwöhnisch betrachtete.

Spar dir den dämlichen Blick, dachte Stefan, der es gewohnt war, unterschätzt zu werden. Was nicht bedeutete, dass es spurlos an ihm vorüberging. Wenn er zumindest den Ansatz eines nennenswerten Bartwuchses gehabt hätte, der ihm ein wenig von seinem weichen, jungen Äußeren genommen hätte, aber Stefan war unterhalb seines Haaransatzes so kahl wie ein neugeborenes Meerschweinchen.

In der Hoffnung, sich damit zusätzliche Autorität zu verschaffen, setzte er die Kappe auf. Allerdings im Wagen, was dazu führte, dass sie ihm beim Aussteigen wieder herunterfiel, als er im Türrahmen hängen blieb. Das war's mit der Autorität.

Harald erklärte ihm in knappen, gezwungenen Worten, was ihn drinnen erwartete, und als Stefan kurz darauf vor Tschickos Überresten stand, begann er, seine Berufswahl ernsthaft infrage zu stellen.

Das war nicht seine erste durch Gewalt entstellte Leiche. Nummer eins – zwei Jahre her – hatte zwar ebenfalls ein Loch im Schädel, aber wenigstens noch alle Gliedmaßen und eine intakte Bauchdecke gehabt. Das hier war ... das hier war so daneben, dass es auf Stefan eine geringere Wirkung zu haben schien als die Leiche von damals.

Natürlich wurde ihm trotzdem übel. Dafür sorgte allein schon der Geruch. Aber Stefan war erfahrener als früher. Manche Erlebnisse zwangen einen dazu, schneller zu altern, als man das sonst getan hätte.

Er ging nach draußen, um zu telefonieren, und blieb dort, bis die restlichen Einsatzfahrzeuge kamen.

Bachmann wird seinen Urlaub abkürzen, dachte er.

14

Der Fund von Tschickos Leiche überschattete für die nächsten zwei Wochen alles andere, was in Leichdorf ansonsten Tagesgespräch gewesen wäre. Und es blieb noch lange darüber hinaus Thema. Natürlich mit den für Kleinstädte typischen Beimischungen zur Realität. Jeder wusste, dass Tschickos Leiche in irgendeiner besonderen Art und Weise aufgefunden worden war und es gab eine Reihe von blumigen Theorien darüber, was genau passiert war.

Eine davon war, dass Tschicko Batterien und Rasierklingen geschluckt hatte, eine andere, dass er auf seinen Waldspaziergängen eine nicht detonierte Granate aus dem Zweiten Weltkrieg gefunden, sie mit nach Hause genommen und sich am Abend im Suff daraufgesetzt hatte – worauf sie doch noch explodiert war und ihn in seine Einzelteile zerlegt hatte.

Aber am hartnäckigsten hielt sich die Behauptung, dass er aus lauter Trauer über den Verlust seines geliebten Vierbeiners in der Abgeschiedenheit seines Hauses einen Nachfolger für diesen herangezüchtet hatte. Und dass aus dem Welpen schließlich ein blutrünstiges, bösartiges Tier geworden war, das sein Herrchen zerfetzt, zerlegt und verspeist hatte. Dass kein solches Tier gefunden wurde, sorgte nicht zwangsläufig für Erleichterung.

Regionale und überregionale Zeitungen berichteten, und ein Fernsehteam kam nach Leichdorf. Sie filmten Tschickos Haus, allerdings nur von außen, und zogen mit Material, das nicht mehr als einen kurzen Beitrag hergab, der zwischen Natur- und politischen Katastrophen unterging, wieder ab.

Bachmann kehrte ohne seine Familie frühzeitig aus dem Urlaub zurück und nahm Ermittlungen auf, die zu keinem Ergebnis führten. Es schien unmöglich zu sein, Tschickos letzte Stunden zu rekonstruieren.

Wer oder was auch immer das Verbrechen begangen hatte – es wiederholte sich in den darauffolgenden Wochen nicht.

III

EINE LETZTE MITTERNACHT

Kapitel 6

1

Am Tag des vereinbarten Essens bei Barbara verabredeten Dwiggi und sie sich stattdessen zum Baden in Ebenkreuz. Das Wetter war perfekt dafür, und die touristische Hochsaison hatte noch nicht begonnen.

Auf der kleinen Liegewiese am Ufer waren sie so gut wie allein. Intimität in aller Öffentlichkeit. Sie entschieden sich für eine Stelle nahe am Wasser und breiteten ihre Badetücher im weichen Gras aus. Dwiggi hatte Barbara schon anziehend gefunden, bevor er sie im Bikini sah, und auch wenn er sich bis zu diesem Tag immer bemüht hatte, diese Anziehung in die Schranken zu weisen, war es in dem Moment damit vorbei, als sie ihre Sachen bis auf den schlichten, dunklen Zweiteiler auszog. Sie hatte sich vielleicht irgendwann einmal tief genug ins Handgelenk geschnitten, um zu verbluten, aber das bedeutete nicht, dass sie ihren restlichen Körper vernachlässigte. So viel war Dwiggi vorher schon klar gewesen, auch wenn ihre Kleiderwahl eher schlicht und wenig aufreizend war.

Aber trotz aller Attraktivität, die er unter dem Stoff vermutet und erhofft hatte, hatte er nicht mit der Eleganz und Geschmeidigkeit gerechnet, die sich ihm präsentierte. Sie war für seinen Geschmack eine Spur zu dünn, aber was auch immer das Strahlen zurückgebracht hatte, das bei ihrem Kennenlernen gefehlt hatte, es hatte auch die mangelnde Vitalität beseitigt.

Als sie seinen Blick bemerkte, erkannte er, dass sie mit wesentlich weniger Selbstvertrauen vor ihm stand, als ihr zugestanden hätte. Und sein Blick dürfte nicht halb so eindeutig wie seine Gefühle ausgefallen sein.

»Schockiert?«, fragte sie mit einem Lächeln, das die Unsicherheit dahinter verbergen sollte.

»Begeistert!«, antwortete er schlicht, und ihr Lächeln wurde lockerer.

Barbara kristallisierte sich immer mehr zu etwas heraus, das er nicht mehr loslassen wollte.

Und Dwiggi? Nun, sein Bauch war flach, seine Waden zumindest ansatzweise vorhanden und sein Rücken ohne nennenswerte Haare. Eine Karriere als Unterwäschemodel würde es in diesem Leben wohl nicht mehr werden, aber zumindest wusste er, dass er kein Totalverhau war.

Sie unterhielten sich mit einer Leichtigkeit, die beim letzten Treffen, im Restaurant, noch gefehlt hatte. Woran das lag, ließ sich nicht sagen – vielleicht an der Sonne, vielleicht am sanften Plätschern des Sees oder daran, dass Situationen automatisch ein Stückchen intimer wurden, sobald man wenig Kleidung trug.

Auf der anderen Seite des Sees stand eine Handvoll verlassener Häuser, die unbeachtet vor sich hin moderten. Eine ganze Menge Dinge war dort drinnen passiert, vor allem in dem in der Mitte. Dwiggi hatte eigentlich damit gerechnet, dass Barbara einen anderen See vorschlagen würde, aber anscheinend fiel es ihr wesentlich leichter, die Narbe an ihrem Handgelenk und die damit verbundenen Absichten auszublenden als ihm.

Für Dwiggi war Barbaras Narbe nicht die Leuchtreklame, als die sie sie einmal bezeichnet hatte, aber er spürte einen kleinen Stich in seiner Magengrube, wenn er sie betrachtete. Dagegen konnte er nichts tun, und der Stich wurde auch nicht schwächer, je länger die beiden sich kannten und je öfter er die Narbe sah. Das war ein Ausmaß von Empathie, zu dem Dwiggi vor der Zeit mit Barbara nicht tendiert hatte.

Sie hatten nie wieder über ihren Selbstmordversuch gesprochen, und für Dwiggi war das vollkommen in Ordnung. Zu all den schlechten Angewohnheiten, die er sich im Laufe der Jahre angeeignet hatte, gehörte Neugier nicht. Und es war Barbaras Geschichte, nicht seine. Wenn sie erzählen wollte, hörte er zu. Wenn nicht, fragte er nicht nach.

Aber das Haus in der Mitte dort drüben war die Ebenkreuzer Selbstmordvilla. Und auch wenn sich kaum jemand von ihr den Badespaß verderben ließ, so war sie doch ein gewisser Störfaktor in der Landschaft. Dwiggi war überrascht, dass die Häuser immer noch nicht abgerissen worden waren.

»Was ist das für eine Tätowierung?«, fragte Barbara und zeigte auf die Striche auf der Innenseite seines rechten Fußes, die sich unter dem Knöchel aneinanderreihten wie die Skizze eines schlichten Lattenzauns. Viele hielten es auf den ersten Blick für Schmutz, aber Barbara anscheinend nicht.

»Stimmungskiller«, sagte Dwiggi nur. Der Tag war zu schön, um über solche Dinge zu reden.

Aber Barbara hob ihren vernarbten Arm. »Hab ich auch«, erwiderte sie.

Dwiggi zögerte kurz, aber dann klärte er sie auf.

»Wehe, wenn die Stimmung danach im Keller ist«, sagte er.

Sie zuckte nur die Achseln. »Macht dann ja wohl auch keinen Unterschied mehr.«

Sie lächelte nicht, aber er. Und wenn der erste Kuss zwischen den beiden schon gefallen wäre, dann wäre dies ein passender Moment für einen weiteren gewesen. Aber so weit waren sie noch nicht.

Dwiggi betrachtete die tätowierten Striche. Sie waren relativ breit und dafür nicht sehr hoch. Er hatte sie sich nicht in nüchternem Zustand stechen lassen, was vielleicht gar nicht so dumm gewesen war. An der Stelle taten Stiche verdammt weh. Erst ein paar

Tage später, als die Folie unten war und die Kruste sich zu lösen begann, war ihm aufgefallen, wie sehr sie Grabsteinen ähnelten, wenn man welche darin sehen wollte. Aber genau das waren sie schlussendlich auch.

»Jeder Strich steht für einen toten Verwandten«, sagte er. Pathos oder nennenswerte Emotionalität fehlten seiner Stimme. Die Erklärung war stets ein Stimmungskiller, aber Dwiggi erklärte die Bedeutung der Tätowierung nicht zum ersten Mal. Es war ein sachlicher Vortrag, der im Laufe der Jahre immer kürzer und teilnahmsloser geworden war.

»Das sind aber viele«, flüsterte Barbara, genau wie die meisten anderen.

»Für zwei hätte es sich kaum gelohnt«, entgegnete Dwiggi, ebenfalls ein Standard dieses Gesprächs. Als wäre er in einer unregelmäßig wiederkehrenden Zeitschleife gefangen. Und täglich grüßt das Depri-Tier.

Die Tätowierung hatte mit vier Strichen begonnen und mit mehr als doppelt so vielen geendet. Sie war nach jedem neuen Begräbnis erweitert worden, aber nun war sie fertig. Es gab niemanden mehr, der sich einen Platz auf seinem Knöchel ersterben konnte.

Dwiggi fragte sich, ob er Barbara irgendwann würde hinzufügen müssen, und ließ den Gedanken ziehen, als die automatisierten Abwehrmechanismen seines Verstandes ihn aus der Tür hinauswarfen.

»Wer waren sie?«, fragte Barbara, und Dwiggi zählte sie auf, während er mit dem Finger auf einen Strich nach dem anderen tippte. Sie sahen alle gleich aus, abgesehen davon, dass das Schwarz der Tinte bei den neueren noch satter war. Trotzdem erinnerte er sich immer an die richtige Chronologie. Als wäre ihm nicht gestattet, vollends zu vergessen.

Über Barbaras Gesicht lag ein Schatten, als er fertig war, und Dwiggi war tatsächlich ein bisschen sauer, weil die Stimmung wie befürchtet vorher besser gewesen war. *Hätte einfach meine Socken anlassen sollen*, dachte er. *Wäre ästhetisch aber auch nicht ideal gewesen.*

»Siehst du?«, sagte er. »Stimmungskiller.«

Ein Lächeln huschte über ihre Lippen. Sie nickte. Was Dwiggi entweder nicht erkannte oder nur in einem sehr entfernten, kaum bewussten Teil seines Verstandes spürte, war, dass die Strichliste auf seinem Fuß die Verbindung zwischen ihnen verstärkte.

Sie beugte sich vor und küsste ihn. Und nachdem Dwiggi seine Überraschung hinter sich gelassen hatte, erwiderte er den Kuss.

2

Dwiggis emotionale Bindung zu Barbara wurde stärker und stärker, und obwohl er ein geräumiges Haus und sie nur eine vergleichsweise kleine Wohnung hatte, verbrachten sie ihre erste gemeinsame Nacht bei ihr.

Dwiggi tischte ihr Ausreden auf, die nur wenig mit der Wahrheit zu tun hatten. Es war das Schlafzimmer seiner Eltern, die geschlossene Tür zu dem letzten, immer noch nicht ausgemisteten Raum im ganzen Haus, die dafür sorgte, dass er Barbara nicht über Nacht dort haben wollte. Die geschlossene Tür, die in seinen Träumen immer häufiger offen war. Und der Raum dahinter, der nicht still blieb.

Dwiggi hatte Angst, nachts mit klopfendem Herzen durchs Haus zu wandern – verwirrt und mit aufgerissenen Augen, unfähig, Traum und Realität auseinanderzuhalten. Er wollte nicht, dass Barbara dabei war, wenn das wieder geschah. Er hatte immer zum Schlafwandeln tendiert, und auch zu Albträumen. Aber Gewohnheit war nur in der Lage, bewusst wahrgenommene Erlebnisse erträglicher zu machen. Dwiggis Albträume hinterließen jedes Mal wieder den Einschlag einer Premiere, egal wie oft sie sich wiederholten.

»Bleibst du zum Mittagessen?«, fragte Barbara.

Sie lagen nebeneinander in ihrem Bett, ohne sich im Arm zu halten, wie man das nach einer ersten Nacht, der weitere folgen sollten, eigentlich tat.

Dwiggi drehte den Kopf, um sie anzusehen. »Stimmt, du schuldest mir noch eins.«

»Ich schulde dir gar nichts, wir waren am See.«

»Weil du keine Lust auf Kochen hattest.«

Sie grinste. »Als ob's dir nicht auch gefallen hätte.«

Dwiggi blieb.

3

Harald tendierte nicht zu Albträumen, wenn man von den gelegentlichen Besuchen seiner toten Frau absah, die andere sicherlich als einen solchen bezeichnet hätten.

Nachdem er Tschickos Überreste gefunden hatte, blitzten ab und zu Erinnerungsfetzen an die grausige Szenerie durch seine Gedanken, aber sie verschwanden genauso schnell, wie sie kamen.

Er war zur Polizeiwache nach Ebenkreuz mitgefahren und hatte dort Fragen beantwortet, und als Chefinspektor Bachmann wie erwartet seinen Urlaub verfrüht beendete, war er noch mal hingefahren und hatte dieselben und ein paar weitere Fragen noch einmal beantwortet. Harald hatte gewusst, dass er nichts Brauchbares zur Aufklärung des Verbrechens beitragen konnte. Was er nicht wusste, war, dass das auch auf jeden anderen zutraf, der befragt wurde.

Harald beteiligte sich nicht an den Mutmaßungen und dem Geschwätz über die Hintergründe des Mordes an Tschicko, und er beantwortete keine der Fragen, ob es sich denn nun um eine Weltkriegsgranate oder Batteriesäure gehandelt habe. Das Einzige, zu dem er seinen Mitbürgern gegenüber Stellung nahm, war die Sache mit dem angeblichen Hund, der sein Herrchen gefressen haben sollte. Eltern wollten verständlicherweise wissen, ob man das Tier schon gefangen und getötet hatte, immerhin lebten in der Gegend einige Kinder, und der Schulweg, den die meisten in den kleinen Gemeinden zu Fuß oder mit dem Fahrrad zurücklegten, wurde wesentlich gefährlicher, wenn ein Tier mit Appetit auf Menschenfleisch unterwegs war.

Die Ebenkreuzer Polizei hatte in dieser Hinsicht bereits vorsichtige Entwarnung gegeben, und Harald tat dasselbe. Außerhalb der Stammtische und Nachmittagskaffeerunden glaubte niemand daran, dass Tschicko von einem Hund zerfleischt worden war, den er im Geheimen herangezogen hatte.

Aber Stammtische und Kaffeekränzchen waren ein beeindruckender Nährboden für Vermutungen, die man zu Wahrheiten heranzüchten wollte, und es dauerte nicht allzu lange, bis Kinder von ihren Eltern eindrücklich davor gewarnt wurden, Hunden zu nahe zu kommen, ganz egal ob diese gefährlich wirkten oder nicht. Aus Sicht der Kinder war das in den meisten Fällen lächerlich, aus denen der Eltern verständlich. Besser übervorsichtig und Lärm um nichts als ein Kind, das so endete wie Tschicko.

Kein Kind wurde von einer wilden Bestie angegriffen, und die Einzigen, die als Folge der aufgebauschten Hysterie zu Schaden kamen, waren Hundebesitzer. In der Zeit nach dem Fund von Tschickos Leiche nahm das Auftreten von Giftködern in der Gegend extrem zu. Und wem das als Beweis für fehlgeleitete, vorgezogene Selbstjustiz nicht reichte, der konnte sich noch immer die Geschichten derer anhören, die ihre vierbeinigen Freunde mit zerstochener Kehle gefunden hatten – oder einem Schraubenzieher im blutverschmierten Bauch.

Die meisten Kinder wurden in dieser Zeit von ihren Eltern dazu gezwungen, zu Hause zu bleiben. Hundehalter taten es bald freiwillig.

4

»Haben Sie gehört, was da passiert ist?« Frau Giesbauer betonte den Satz mit solcher Inbrunst, dass er schon fast wie der Refrain eines Liedes klang.

Roland brauchte nicht nachzufragen, was sie meinte, ihm war klar gewesen, dass das Thema auftauchen würde, sobald sie an Tschickos Haus vorbeikamen. War auch nachvollziehbar – was gab es schließlich Aufregenderes als einen makabren Todesfall, über den man aus sicherer Entfernung mutmaßen konnte?

Er nickte abwesend und ließ sie erzählen, weil sie das so oder so vorhatte.

»Sie haben ihn ohne Füße gefunden«, sagte Frau Giesbauer.

Das hörte Roland zum ersten Mal. Aber auch wenn Tschickos Leichenrest-Aufreger schon bald drei Wochen zurücklag, hörten die Gerüchte um die genauen Umstände nicht auf, sich zu entwickeln.

»Ach ja?«, entgegnete Roland nur, und Frau Giesbauer ließ es sich nicht nehmen, ihn genauer darüber aufzuklären.

»Ich hab ja eine Vermutung!«, fuhr sie fort.

Das war auch keine Überraschung – die hatten sie alle.

»Man hat ihm die Füße abgeschnitten, damit er nicht weglaufen konnte.«

»Mhm.«

»Und dann haben sie ihn gegessen.«

Er horchte auf. »Sie?«

»Die Tiere.«

Die Tiere. Er wollte sich mit der flachen Hand ans Hirn klatschen, aber das wäre vielleicht zu auffällig gewesen. »Und Tiere haben seine Füße abgeschnitten?«, fragte er. »Womit? Laubsägen?«

Eine Vorstellung absurder als die andere. Frau Giesbauer entging die Belustigung in Rolands Gesicht.

»Na ja, das waren schon Menschen. Also sie sahen wie Menschen aus, aber richtige Menschen tun so etwas nicht.«

Roland war sich nicht hundertprozentig sicher, was richtige Menschen waren, aber wenn er an die Nachrichten dachte, dann schien da schon eine ganze Menge Potenzial für So-was-tut-doch-niemand-Momente zu sein.

»Ich hab ja gehört, dass es bei den Schwarzen immer so zugeht.«

Jetzt warf ihr Roland doch einen überraschten Blick zu. Er hatte eine ganze Menge der abstrusen Gedankenspiele um Tschickos Tod gehört, aber was die alte Giesbauer da gerade von sich gab, sprengte die Grenzen an Absurdität, die andere bis zum Anschlag gedehnt hatten.

»In Leichdorf lebt kein einziger ...«, begann Roland, aber sein Fahrgast ließ ihn nicht ausreden.

»Ach, die kommen von überallher.« Sie blickte mit energisch vorgerecktem Kinn aus dem Fenster, und dahinter verschanzte sie ihre von Angst und Desinformation aufgeblasene Unsicherheit.

Roland – der auch nicht gerade das Material war, aus dem man Gastredner mit Fachwissen schnitzte – beschloss seinen Teil des Gespräches an dieser Stelle einzustellen, bevor es emotional wurde.

Das Einzige, was diese Gegend ausländertechnisch zu bieten hatte, war eine Handvoll komplett integrierter Kroaten, die sich naht- und reibungslos in den Rest der Bevölkerung einfügten, und eine freundliche, wenn auch etwas verschlossene Familie aus Taiwan, die ein asiatisches Restaurant in Ebenkreuz führte. Man musste sich schon sehr anstrengen, um an Tschickos Ende Ausländern die Schuld zu geben. Aber wo ein Wille, da ein Weg, wie es immer hieß.

5

»Wie war dein Tag?«, fragte Sandra, als Roland am Abend nach Hause kam und irgendwie erschöpfter wirkte als sonst.

»Frau Giesbauer glaubt, dass Flüchtlings-Rottweiler Tschicko die Füße abgeschnitten und ihn dann gegessen haben.«

Sie starrte ihn wortlos an und schien nach dem Scherz zu suchen, der sich irgendwo in diesem Satz verbergen musste.

»Ja«, sagte er. »Ich weiß.«

Er setzte sich zu ihr auf die Couch und gab ihr einen Kuss.

»Das glaubt sie nicht wirklich!«, meinte Sandra.

Roland atmete durch und rollte mit den Augen, und damit war alles gesagt.

»Wie war's bei dir?«, fragte er.

Sie hatte nach Arbeit gesucht und keine gefunden und den restlichen Tag mit Gedanken zur Hochzeit verbracht. Sandra begann, sich nutzlos zu fühlen, was ihre Freude auf die zwar noch weit entfernte, aber näher kommende Heirat dämpfte. Aber das sagte sie Roland nicht.

»Gut«, meinte sie nur.

Sie hatte mit niemandem über den Mord an Tschicko gesprochen, aber wenn sie mit dem Rad unterwegs war, spürte sie die Anspannung der Stille – der Ruhe vor einem möglicherweise nur eingebildeten Sturm.

Sandra und Roland hatten sich natürlich ebenfalls Gedanken über das gemacht, was in dem kleinen Haus an der Passstraße geschehen war, aber ihre Theorien waren ohne Ausländer und tollwütige Vierbeiner ausgekommen. Sie hatten auch über die Folgen der ganzen Sache diskutiert – die vielen getöteten Hunde.

»Hast du eigentlich Angst?«, fragte sie.

»Angst?«

»Dass es wieder geschieht.«

»Nein.«

Sie glaubte nicht, dass das völlig der Wahrheit entsprach, aber sie wollte daran glauben, und das ging nur, wenn man nicht zu viel nachbohrte.

»Du?«, fragte er.

Sie schüttelte den Kopf, aber in den Arm wollte sie ihn trotzdem nehmen. Körperliche Nähe half. Körperliche Nähe drängte das Gefühl von Hilflosigkeit zurück, das sich manchmal in ihr Denken stehlen wollte.

Damit ließen sie das Thema sein, und Sandra erzählte stattdessen von den Neuerungen in Bezug auf ihre Hochzeit. Ihre Trauzeugin hatte ihr dabei unter die Arme gegriffen, was unübersehbar war, bei all den Ausdrucken und Magazinen, die sich auf dem Sofa, dem Couchtisch und seiner Verlobten verteilten. Roland war eigentlich recht froh, dass die Mädels ihn von diesen Sachen – zumindest derzeit noch – fernhielten. Seine Meinung zu Blumen und Farben und Servietten war kaum existent und dementsprechend hilfreich. Ihm war wichtig, dass die Frau, die er heiratete, gut aussah, und das würde sie – ganz egal in welchem Kleid. Es klang vielleicht wie ein Klischee, aber Roland war neben seiner Verlobten vor allem wichtig, dass es bei der Hochzeit Bier und etwas Richtiges zu essen gab. Nicht um seiner selbst willen, sondern weil Bier, Essen und Freunde nach einem entspannten Tag klangen, an den man sich gerne erinnerte.

Das Datum war eines der noch größeren, unentschiedenen Themen. Weder Sandra noch Roland brauchten eine bestimmte Zahlenkombination für ihren Hochzeitstag. Auch Freitag der Dreizehnte war okay. Immer noch besser als Donnerstag. Das machte die Sache entspannter, aber die Entscheidung seltsamerweise dennoch nicht einfacher.

»Hast du Dwiggi schon gefragt?«, fragte sie.

Roland sah sie erstaunt an. »Hab ich Dwiggi schon was gefragt?«

»Du hast noch keinen Trauzeugen.«

»Shit, ich hab noch keinen Trauzeugen!«

Vielleicht war Rolands entspannter Bier-und-Würstchen-Nachmittags-Zugang zu der ganzen Hochzeitssache doch eine Spur zu viel des Guten.

6

»Zeit aufzuwachen.«

Sie ließ sich nur schwer wecken. Als die leichten Klapse auf die Wange nichts brachten, schlug er härter zu, bis sie die Augen öffnete. Dass er sie dauerhaft auf Schlaf- und Schmerzmitteln hielt zeigte langsam Spuren. Sie war dünner geworden. Noch nicht abgemagert, aber auf dem Weg dorthin. Ihre Haut war fahl, die Wangen eingefallen, ihre Haare ein chaotisches Knäuel, fettig und ungepflegt. Ihre Augen lagen tief in den Höhlen, umrahmt von dunklen

Ringen und getrübt, aber nicht verschleiert. Da war immer noch die Stärke, die er an ihr bewunderte.

Sie betrachtete ihn aufmerksam, vorsichtig. Er sah das in ihrem Blick. Er wusste aber auch, dass sie gut miteinander auskommen würden, wenn sie sich erst richtig verstanden.

»Das Essen wird besser werden«, versprach er. »Aber noch geht das nicht.«

Sie zwang den kalten Inhalt der Konservendosen hinunter, den er auf einen Teller umgefüllt hatte. »Genau wie der Arzt«, sagte sie. Kein Vorwurf in ihrer Stimme. Nur Akzeptanz.

August nickte. »Auch das geht noch nicht, ja.«

Sie ließ ihn nicht aus den Augen, während sie einen weiteren Bissen nahm. August hielt dem Blick ruhig stand, bis sie ihren abwandte. Er spürte den Anderen in seinem Nacken, der Marias Haut betrachtete und sich fragte, wie es wäre, sie ihr abzuziehen, solange sie noch am Leben war. Das hatten sie nie getan. Man sollte meinen, ein Verstand, der so weit entrückt war, würde die Potenzierung seiner Entgleisung herbeisehnen – vom tierischen Opfer zum menschlichen, vom toten zum lebendigen. Aber August war der Gedanke nie gekommen.

Als sie sah, was er zwischen den Fingern hielt, fuhr ihre Hand zum Hals. Aber dort wurde sie nicht fündig.

»Wie stehen Sie zu Gott, Maria?«, fragte er. »Sie haben mir immer noch nicht gesagt, ob Sie ihn noch suchen oder schon gefunden haben.«

Er drehte den goldenen Anhänger in seiner Hand, rieb ihn zwischen den Fingern, so wie er das bei ihr gesehen hatte.

»Das ist meine Kette«, sagte sie.

Er sah auf. »Ich weiß.«

»Geben Sie sie zurück!«

»Beantworten Sie meine Frage.« Stattdessen fragte sie nach ihrem Mann.

»Reden wir erst über Gott«, meinte August. Aber dazu hatte sie keine Lust.

»Mein Vater hat an ihn geglaubt«, sagte er. »Hat sich umgebracht.«

Sie zuckte die Achseln. »Religion ist nicht jedermanns Sache.«

August hatte kein Mitleid erwartet, aber zumindest Verständnis. Ihr Mangel an emotionaler Beteiligung machte ihn wütend. Er spürte, wie der Andere sich regte und näher trat. August drängte ihn zurück.

»Wollen Sie wissen, an welchen Gott mein Urgroßvater geglaubt hat?«, fragte er.

»Hat er sich auch umgebracht?«

»Ich denke nicht.«

Was aus seinem Urgroßvater geworden war, wusste August nicht. Seine Spur versandete in einer Geschichte, die nur aus Mosaiksteinchen bestand.

»Schade.«

Er spürte Unruhe in seinem Nacken. Zorn. *Reiß ihr die Zunge raus*, flüsterte der Andere.

»Er hat mir ein Buch hinterlassen«, fuhr August fort.

»Ja?«, meinte Maria. *»Glaubensmissbrauch für Anfänger?«*

August sprang auf und beugte sich über sie, bevor Maria oder er selbst es richtig begriffen hatten. Und als er sprach, spürte er das Grollen in seiner Stimme, wie verschluckter Donner.

»Ich könnte dich an die Wand nageln, dir die Haut abziehen und deine blutige Fotze ficken, während du krepierst, Schlampe!«

Speichel tropfte von seinen Mundwinkeln, wie der schaumige Geifer eines tollwütigen Hundes.

Er blieb über ihr, ohne sie zu berühren, sah die zittrige Angst in ihren Augen, spürte die Dunkelheit in seinen eigenen.

Maria blieb reglos liegen, vergaß zu atmen, starrte ihn an wie die Abnormität, die er in sich selbst erkannte, der er nicht entkommen konnte.

Ihr Widerstand war gebrochen, fürs Erste. Er roch Angst zwischen den Nuancen ihres ungewaschenen Körpers. Süße, bittere Angst.

Immer noch reglos beobachtete sie, wie er sich wieder auf den Stuhl setzte.

»Eine Predigt ohne Publikum verfehlt ihren Zweck«, sagte er. »Finden Sie nicht?«

Seine Stimme war wieder normal.

7

Maria wusste nicht, was passiert war. Als er mit dem Religionsschwachsinn angefangen hatte, hatte sie eine neue Ebene der Verunsicherung erreicht, aus der sich die Angst noch schwerer fernhalten ließ. Leute mit Religionsblödsinn im Kopf waren ganz besonders gefährlich.

Dass er mit ihr reden wollte, war das eine, dass sie ihm zuhören sollte, etwas anderes, aber was sie erwischte, war, wie schnell er sich plötzlich bewegt hatte.

Seine Stimme hatte sich verändert. Nicht viel, und doch deutlich. Ein guter Schauspieler, wenn er im Umgang mit seiner Stimme geübt ist, könnte das Gleiche.

Aber die Augen …

Wäre er auf dem Stuhl geblieben oder hätte er sich nur kurz über sie gebeugt, hätte sie es für eine Täuschung gehalten. Aber während sein Gesicht über ihrem schwebte, hatte sie ausreichend Zeit, die schwarzen Löcher auf sich wirken zu lassen, in die sie starrte. Formlose Dunkelheit, als wären seine Pupillen angeschwollen und hätten alles Farbige aus den Augen verdrängt.

Jetzt schienen sie wieder normal zu sein, aber er war auch weiter weg, und Maria wusste nicht mehr, was sie glauben sollte. Die Vulgarität, die er ihr mit der veränderten Stimme plötzlich an den Kopf geworfen hatte, die Heftig- und Plötzlichkeit dieser Drohung verstörte sie.

Sie hatte sich damit abgefunden, in der Hand eines Entführers zu sein, dessen Motive undurchsichtig waren. Dass sie sich nun plötzlich einem Wahnsinnigen gegenübersah, war ein gewaltigerer Sprung, als man annehmen könnte.

»Es gab einen Mann«, begann er. »Lange her. Verlor seine Familie, drohte daran zugrunde zu gehen und wandte sich an Leute, die ihm versprachen, sie zurückzuholen. Etwas ging schief, er drehte durch und nahm sich das Leben.«

Eine Pause, Starren.

»Glauben Sie das?«

Sie nickte vorsichtig, sich bewusst, auf welch gefährlichem Terrain sie sich befand. Wer wusste schon, was ihn wieder auf die Palme bringen konnte, wer wusste, wie weit er diesmal ging? Vielleicht würde er seine Drohung wahr machen und sie wirklich an die Wand nageln.

Er nickte ebenfalls. »Ich auch. Aber die Geschichte geht weiter. Der Mann war Schneider, und in der Vorbereitung für das Ritual, das ihn wieder mit seiner Familie vereinen sollte, kreierte er eine Reihe einfacher Puppen – für jeden eine, lebensgroß und im Prinzip nicht mehr als zusammengenähte Jutesäcke. Die Idee war: eine Puppe für jeden Verstorbenen. Immer noch glaubwürdig?«

Maria schwieg.

»Sie dürfen gerne Ihre Meinung äußern.«

Das glaubte sie nicht, aber schlussendlich schüttelte sie dennoch den Kopf, vorsichtig.

»Dass es klappt oder dass sie es versucht haben?«

Sie zögerte. »Dass es klappt.«

»Weil Sie nicht an Zauberei glauben?«

Maria wollte nicken und wagte es nicht. Gefährliches Terrain.

»Maria?«

»Ja.«

»Das Ritual führte wie erwähnt nicht zu den erwünschten Resultaten. Am Ende blieb eine Leiche mehr und drei seltsame Puppen, die niemand wollte. Der Schneider wurde zum Schreckgespenst der Gegend, zum Albtraum böser Kinder. Er hat nie eins geholt, aber die Puppen sind immer noch hier.«

Er hielt inne, starrte, lächelte, wartete auf ihre Reaktion. Sie wusste allerdings nicht, was er von ihr wollte. Das Einzige, was in ihrem Verstand von dieser Geschichte hängen zu bleiben schien, war, dass sie sich in einem Haus befand, dem Gewalt nicht fremd war. Dass sie nicht die erste Tote hier drin sein würde, falls er sie umbrachte.

Falls sie zuließ, dass er sie umbrachte.

»Verstehen Sie, worauf ich hinauswill?« Sie verstand nicht.

»Nein oder ja?«, fragte er. »Ich kann keine Gedanken lesen.«

Sie schüttelte den Kopf. Damit schien er gerechnet zu haben.

»Sie akzeptieren, dass er seine Familie verlor, dass er darunter litt, dass er Hilfe suchte. Sie akzeptieren nicht, dass diese Hilfe funktioniert hat, weil die ganze Vorstellung außerhalb Ihres Weltbilds liegt.«

Sie nickte.

»Die Puppen sind weder ein Beweis für noch gegen das Gelingen des Rituals, aber sie sind ein Beweis, dass jemand genug daran glaubte, um die ganze Arbeit zu investieren. Das bedeutet, dass die Grenzen seines Weltbildes anders gezogen werden als bei Ihrem.«

Es war ein wenig wirr, aber sie verstand.

»Und das bringt uns zurück zu Gott«, sagte er.

Und da schloss sich der Kreis, von dem sie nicht wusste, was er mit ihr zu tun haben sollte. *Wenn er nicht über Gott reden wollte, wärst du schon tot*, dachte sie und betrachtete ihre Kette, die er immer noch zwischen den Fingern hatte. Sie wollte sie ihm entreißen, ihm ins Gesicht brüllen, dass sie ein Geschenk ihrer Mutter gewesen war, dass er gefälligst die Finger davon lassen sollte. Aber wie hoch waren ihre Chancen, ihn zu erreichen, ganz zu schweigen die Kette? Nicht mit ihren Beinen. Nicht mit all den Drogen in ihrem Blut.

Nicht bei dem Tempo, mit dem er zuvor ans Bett gekommen war.

»Weltanschauungen sind Gewohnheiten unterworfen«, fuhr er fort.

»Sie lassen sich dehnen, verzerren. Und jetzt sagen Sie mir bitte, ob Sie an Gott glauben.«

Sie dachte darüber nach und stellte überrascht fest, dass sie eine ehrliche Antwort auf diese Frage geben wollte.

»Ich weiß es nicht«, sagte sie schließlich.

»Hoffen Sie, dass es ihn gibt?«

Momentan auf jeden Fall, dachte sie und nickte.

»Und schon dehnt sich Ihre Weltanschauung!«

Er nahm ein altes, abgegriffenes Buch, das neben seinem Stuhl auf dem Boden lag und ihr bisher nicht aufgefallen war. Als er es aufschlug, sah sie gewellte Seiten, vergilbt und vielleicht brüchig, wenn man nicht achtgab. Sie sah, dass das Papier handschriftlich beschrieben war.

Er fand die Seite, die er suchte, und hielt das Buch so, dass sie sie sehen konnte.

»Daran glaubte mein Urgroßvater«, sagte er.

Die Zeichnung war nicht sehr detailverliebt und künstlerisch wertlos. Aber man erkannte, was erkannt werden sollte. Sie sah eine zerfließende, hagere Gestalt – nur in ihrer Kontur vorhanden und ohne Gesicht oder andere Merkmale, die ihr Persönlichkeit geschenkt hätten. Der Rest war eine Monstrosität aus schwarzer Tinte, in deren Kopf die menschliche Gestalt sich befand. Maria sah angedeutete Augen und etwas, das vielleicht einen Mund darstellen sollte, aber vor allem sah sie die Grenzen zwischen den beiden Teilen der Zeichnung. Und diese Grenzen verschwammen.

»Wie weit muss eine Weltvorstellung gedehnt sein, um an so etwas zu glauben, was denken Sie?«

Sie sah noch einmal hin und wandte dann den Kopf ab. Die Zeichnung war einfach, aber dennoch widerlich. »Was ist das? Folter?«

»So haben mein Urgroßvater und seine Freunde Gott gesehen.« Er ließ ihr einen Moment Zeit.

»Sein Name steht darunter. Lesen Sie.«

Sie sah wieder hin, entdeckte eine Reihe Buchstaben in schlichter, säuberlicher Handschrift, die keinen Sinn ergaben.

Kpaih-Ngi.

Ein Nonsenswort. Und ein unaussprechbares noch dazu.

»Also«, fuhr er fort. »Wie weit muss die Vorstellung gedehnt sein?«

Sehr weit, dachte sie. Aber die eigentliche Antwort war, dass es überhaupt nicht vorstellbar war.

»Ihr Urgroßvater hat geglaubt, dass Gott *so* aussieht?« Sie wollte nicht wissen, woran er noch geglaubt hatte.

Er blätterte weiter, zeigte ihr eine weitere Zeichnung, diesmal von etwas, dem jegliche menschlichen Attribute fehlten. Ein längliches, verworrenes Etwas mit unzähligen Augen und einem winzigen Mund. *Ehnogiruth* stand in derselben säuberlichen Handschrift darunter. Dann weitere Seiten, mehr seltsame Bilder, mehr seltsame Wörter.

»Und Sie …«, begann sie – sich bewusst, dass der Rest des Satzes möglicherweise gefährlich war. Und wenn nicht er selbst, dann unter Umständen die Antwort. »Und Sie glauben auch daran?«

Er blieb ruhig, sah sie an, schien nachzudenken. Da war das Dunkle in seinen Augen, aber es ließ Platz für Weiß rundherum, so wie es sein sollte.

»Kpaih-Ngi …« Er blätterte zu dem gehäuteten Mann zurück.

»Bildet sich um einen menschlichen Kern wie eine Perle um ein Stück Dreck.«

Er sah sie an, wartete. Maria wusste nicht, was sie sagen sollte.

»Laut diesem Buch glaubten mein Urgroßvater und seine Freunde, dass Götter real sind. Außerhalb unserer direkten Wahrnehmung, außerhalb unserer Regeln. Dass sie in einer Welt des Übergangs leben, zwischen den Welten, einem halb leeren Raum, der genau wie seine Bewohner ohne Nährboden bedeutungslos wird.«

Als Maria auch darauf nichts zu sagen wusste, fuhr er fort.

»Also noch einmal. Wie weit muss ein Weltbild gezerrt sein, um so etwas zu glauben? Die Medikamente machen es schwer, sich zu konzentrieren, ich weiß. Aber versuchen Sie es trotzdem.«

Sie sah vom Buch zu ihm auf, des Gesprächs überdrüssig, der Thematik müde und beinahe zu erschöpft, um noch echte Hoffnung zu empfinden.

»Bitte, lassen Sie mich einfach gehen.«

Einen Moment lang dachte sie, er würde tatsächlich Ja sagen und die Tür aufmachen. Aber das war nur Wunschdenken. Er blieb sitzen.

»Wie weit?«

Sie stöhnte. Die Tabletten wirkten noch. Als ihr die Augen zufielen, klatschte er in die Hände, ließ sie wieder hochschrecken.

»Wie weit?«

»Weit«, sagte sie.

Er nickte. »Jesus. Magerer Kerl mit Bart. Geht übers Wasser, heilt Blinde, redet mit Büschen. Behauptet, Gott ist sein Vater. Provoziert, wird ermordet, klettert aus seinem Grab.«

Er wartete.

»Wie weit?«

Sie rieb ihre Augen, hoffte, dass sie dadurch mit weniger Aufwand offen blieben. »Ich sehe Ihren Punkt«, antwortete sie.

»Das glaube ich nicht«, entgegnete er.

»Lassen Sie mich einfach gehen. Ich verrate Sie nicht. Ich will nur nach Hause.«

»Die Jesusgeschichte. Wie weit?«

Maria wollte wegnicken, er ließ sie nicht.

»Ebenfalls weit«, sagte sie. »Aber die muss man nicht wörtlich nehmen.«

»Genau.«

Er klappte das Buch zu. Endlich schien die Predigt in Dialogform vorbei zu sein – nicht ganz die Manipulation von Sekten, aber auch nicht ganz was anderes.

»Und jetzt lassen Sie den Gedanken zu, was es bedeutet, wenn von der Geschichte, die ich Ihnen erzählt habe, und den Vorstellungen meines Urgroßvaters etwas der Wahrheit entspricht. Nur ein Teil. Was das für Ihr Weltbild und Ihre Vorstellung von Realität bedeutet.«

Er legte die Kette neben ihr auf die Matratze, sah sie dabei an, als wäre er der großzügigste Mensch der Welt, und griff nach ihrem

Teller. Sie hatte nicht vor, darüber nachzudenken. Aber später würden ihre Gedanken dennoch um die Bilder kreisen, die er ihr gezeigt hatte. Um die Vergleiche, die er gezogen hatte. Naiv, vielleicht sogar kindlich. Aber auch fundiert. Zumindest in seinen Denkmustern.

»Warum wollten Sie wissen, ob ich an Gott glaube?«, fragte sie, bevor er das Zimmer verlassen konnte.

Er drehte sich um. Ein Schatten im Türrahmen, der sich noch vor wenigen Tagen viel leichter als Albtraum hatte hinstellen lassen.

»Weil Ihr Weltbild dehnbar sein muss, wenn Sie mit mir kommen«, antwortete er.

Er ließ sie allein. Während sie die geschlossene Tür betrachtete, fragte sie sich, ob sein Besuch eben genauso eine Einbildung gewesen war wie jene von Karl.

Sie blieb mit einem Frösteln zurück, das sie gedanklich lähmte und ihren Körper zu einem getrennten Bereich zu machen schien, um den sie sich momentan nicht zu kümmern brauchte.

Er würde sie nicht gehen lassen. Er würde sie mitnehmen. Wohin genau blieb ein Rätsel, aber es war nicht schwer, sich seinen Frust vorzustellen, wenn er einsehen musste, dass die Wahnvorstellungen seines Urgroßvaters nichts waren, was man bereisen konnte.

Aber dann dachte sie wieder an die Dunkelheit in seinen Augen.

Und wider Willen fragte sie sich, was es bedeutete, wenn auch nur ein Quäntchen der ganzen Geschichte wahr war.

Sie griff nach der Kette und war dankbar für das vertraute Gefühl des Anhängers zwischen ihren Fingern. Und in diesem Moment war eine Ahnung von Gott bei ihr – der ihrer Mutter, nicht der dieses Irren.

Maria kämpfte gegen die Verzweiflung, die sie aufgeben lassen wollte, und schlief schließlich ein.

Karl war wieder bei ihr, nachdem sie aufwachte.

8

Als der Lattenrost auf der anderen Seite des Bettes quietschte, öffnete Harald die Augen und sah auf die roten Ziffern des digitalen Weckers am Nachtkästchen. 00:23 Uhr.

Einen Moment später zwängte sich eine Hand zärtlich zwischen seinem Oberkörper und Arm hindurch und schlang sich um seine Brust. Harald widerstand dem Impuls, danach zu greifen und sie festzuhalten. Er wartete auf das Gefühl von vertrauter Sicherheit, das für gewöhnlich mit ihrem Besuch kam. Diesmal stellte es sich nicht ein.

Ein Lufthauch strich über seinen Nacken, der vom gekippten Fenster kommen konnte. Aber dafür war er zu regelmäßig. Der Arm um seinen Oberkörper war kalt, und in der Brust, die sich von hinten an ihn schmiegte, schlug kein Herz.

»Wo warst du so lange?«, fragte er. Keine Antwort.

Der Raum war dunkel und nur die Ziffern am Nachtkästchen überzeugten ihn davon, dass seine Augen offen waren. Dass er wach war.

»Ich denk drüber nach, zu dir zu kommen«, sagte er.

Wieder erhielt er keine Antwort, aber der Arm um seine Brust verkrampfte sich, schlang sich fester um ihn. Wie eine Schlange.

Die Stille kehrte zurück.

Erneut wollte er nach ihrer Hand greifen, erneut ließ er es bleiben.

Ich sollte mich umdrehen, dachte er. *Ich will sie sehen.*

Aber er hatte Angst davor. In seiner Vorstellung sah er die Frau von den Fotos vor sich, aber was, wenn das nicht der Realität entsprach, so entrückt und unglaubwürdig diese in solchen Nächten auch geworden war?

Was, wenn ihr Gesicht blau war und die geschwollene Zunge zwischen den Lippen hervorragte, wie eine Aubergine, die man ihr gewaltsam in den Rachen gerammt hatte?

Was war, wenn er seine Frau so sah, wie sie am Ende ausgesehen hatte?

Unfähig, die Barrieren aus Angst zu überwinden und sich entweder umzudrehen oder zumindest nach ihrer Hand zu greifen, blieb er einfach liegen. Und das Letzte, was er sagte, bevor der Schlaf endlich kam, war: »Bitte bleib, bis ich aufwache.«

Sie blieb nicht.

9

Dwiggi wurde mit unterdrücktem Stöhnen wach, das irgendwo aus der Dunkelheit zu ihm schwappte. Die Schwärze im Zimmer glich der in seinem Traum, und so war der Übergang vom einen zum anderen nicht klar erkennbar. Die Realität des Unterbewusstseins war die Realität seines Hauses. Die Schrecken seiner Träume blieben bis nach dem Aufwachen.

Unter das Stöhnen, das zu deutlich, zu räumlich lokalisierbar war, um sich wegrationalisieren zu lassen, mischte sich der pochende Gewaltmarsch seines Herzens. Er spürte seinen zittrigen Atem, der nicht ruhig bleiben, sondern dem Rhythmus seines Pulses folgen wollte.

Er spürte die Struktur des Leintuchs unter seinen Fingern. Das Gewicht der Decke auf seinen Beinen.

Er hörte das unartikulierte Gebrabbel seines Vaters, das Lieblingslied dieses verdammten Hauses, wenn es dunkel wurde.

Ich versteh dich nicht, Papa. Er dachte es nur, aber der Satz hallte so laut durch seine Gedanken, dass er ihn genauso gut hätte aussprechen können.

Das Stöhnen schien auf seine Gedanken zu reagieren – zuzunehmen, drängender zu werden. Das hätte ausreichen sollen, um die ganze Sache als Traum zu entlarven, aber dummerweise funktionierte das nicht.

Sein Arm fühlte sich taub und kraftlos an, als er ihn Richtung Nachtschränkchen ausstreckte. Richtung der kleinen Lampe, die dort stand.

Das Stöhnen nahm erneut zu, und irgendetwas schabte über den Boden.

Er drückte den Schalter.

Das Licht flammte auf, hätte die Illusion des Traums vertreiben sollen, tat es aber nicht.

In der Ecke seines Zimmers bäumte sich die Wäschespinne aus dem Garten auf – verworren, verkrüppelt, bizarr in ihrer Größe, bizarr in ihrer Existenz. Zwischen den Streben, die leicht hin und her zuckten, wie die suchenden Vorderbeine einer Spinne, hing sein Vater, eingewickelt in ein schmutzig-weißes Laken, das vielleicht kein Leichentuch war, aber so aussah. Sein Mundwinkel hing schlaff herunter, verzerrte die Lippen zu jenem kraftlosen, letzten Schrei, mit dem er gestorben war. Die Augen fixierten Dwiggi, riefen nach Hilfe, nach Unterstützung, nach Erlösung. Zwischen den Lippen sickerten Speichel und jene toten Buchstaben hervor, die keine Worte mehr bildeten, und als Dwiggis Brust sich so verkrampfte, dass sein Herz stehen zu bleiben schien, als sein Mund sich öffnete, um dem Schrei Platz zu machen, der daraus hervorbrechen wollte, da stieß die Wäschespinne sich mit ihren unzähligen widerlichen Beinen ab und kam auf ihn zu.

Kapitel 7

1

Als Dwiggi aufwachte, hielt sich vom Traum nur noch das Geräusch seines sterbenden Vaters, das mehr nach einem löchrigen Plastikbeutel klang, den man unter Wasser tauchte, als nach einem Menschen.

Aber dennoch schlief er danach wieder ein, sobald klar war, dass das Zimmer bis auf ihn selbst leer war. Der Rest der Nacht war nicht gerade entspannt, und seine Träume blieben bizarr und verstörend, aber sie wurden nicht mehr so lebhaft und waren am Morgen leicht zu vergessen.

Was dieser erneute Albtraum bei Dwiggi auslöste, war allerdings keine Resignation oder dergleichen, sondern ein Hang zum Zähnefletschen, den er sich im Laufe seines Lebens antrainiert hatte.

Als er am Morgen sein Zimmer verließ, war er so wütend darüber, dass ihm erneut beschissene Erinnerungen in diesem beschissenen Haus aus seiner beschissenen Vergangenheit eine beschissene Nacht beschert hatten, dass er die Bettdecke quer durchs Zimmer schleuderte. Dwiggi war an diesem Morgen im Alles-beschissen-Modus, und der war – richtig eingesetzt – ganz brauchbar.

Er stapfte den Gang entlang, stieß im Vorbeigehen die Tür zum Schlafzimmer seiner Eltern auf und war bereit, sich fast allem, was darin war, entgegenzustellen.

Glücklicherweise war es nur das leere Bett, und so musste Dwiggi nicht herausfinden, ob er mit dem Anblick seines Vaters wirklich so heroisch umgegangen wäre.

Er verzichtete auf festes Frühstück und beschränkte sich auf eine Tasse Kaffee, mit der er wieder nach oben ging. Schluss mit Albträumen, Schluss mit Besuchen aus seinem Unterbewusstsein, Schluss mit gehemmter Angst.

Zeit, dieses verdammte Zimmer auszumisten.

2

Roland stand neben der Waschstraße der kleinen Tankstelle in der Nähe der Taxizentrale und rauchte eine Zigarette, während er darauf wartete, dass das Programm beendet und die Windschutzscheibe wieder frei von Insektenkadavern war. Heute Morgen hatten ihn die blutigen Flecken, in denen stellenweise Flügel oder sonstige Insektenkörpereinzelteile klebten, zu sehr an Tschickos Leiche erinnert, als dass er sie den ganzen Tag lang hätte ignorieren können. Er selbst hatte die Überreste des Mannes nicht gesehen, so wie die meisten anderen. Aber die ganze Sache war sehr empfänglich für gedankliche Ausschmückungen, da musste man noch nicht mal ein fantasiebegabter Mensch sein.

Er lauschte dem Lärm, den die Maschine in dem Block machte, in dem das Taxi stand und sich einseifen, wachsen und trocken föhnen ließ. Abgesehen davon war alles ziemlich still, aber daran war er gewöhnt. Leichdorf war kein lauter Ort.

Als sich zwischen seinen Fingern nur mehr ein Filter mit Asche an der Spitze befand, ließ er ihn zu Boden fallen und trat die Glut aus. Er bückte sich, hob den Stummel auf und sah sich nach dem Aschenbecher um, der nirgends besser positioniert war als neben Waschstraßen.

Da war keiner. Noch nicht mal ein Mülleimer.

Der nächste befand sich bei den Zapfsäulen, und die waren im

Moment irgendwie zu weit weg. Weil dieses Vergehen noch keinen völlig hoffnungslosen Fall aus einem machte, ließ Roland seine Faulheit siegen und trat um die Ecke des Gebäudes. Er versicherte sich, dass der Stummel nicht mehr glühte, und schnippte ihn zwischen die Büsche in das hohe, ungepflegte Gras, das den schmalen, ungenutzten Bereich auf der Rückseite beherrschte. Dabei bemerkte er die dunkle Wolke aus Fliegen. Wahrscheinlich war er nicht der Einzige, der seinen Müll dort entsorgte.

Roland wandte sich ab und nahm sein Handy heraus. Das Auto würde in ein paar Minuten fertig sein, die konnte er noch nutzen, um Dwiggi davon in Kenntnis zu setzen, dass er Rolands Trauzeuge war.

3

Dwiggi ging radikal, aber mit mehr Respekt als bei den anderen Räumen zur Sache. Es war nicht so leicht, die Geschichte, die mit der Kleidung seines Vaters verbunden war, zu ignorieren. Der muffige Geruch von Staub, Mottenkugeln und Vergessen schien einen anklagenden Beigeschmack zu haben.

Dwiggi zog Decken und Matratze ab, legte die Bettwäsche flüchtig zusammen und stapelte sie neben der Tür. Er selbst würde kein einziges Stück davon behalten. Dwiggi wollte eigene, frische, neue. Wobei sich das Frisch weniger auf Sauberkeit als auf Ungebrauchtheit bezog. Er wollte Wäsche ohne Erinnerung, weder der von anderen noch eigenen. Es musste eine Art Neuanfang sein, wenn sein zweites Leben in Leichdorf funktionieren sollte.

Und während er das dachte, wollte er schon wieder weg.

Er nahm sämtliche Kleidung aus den Schränken. Die Unterwäsche kam in einen großen Sack und würde schlussendlich im Mülleimer landen, den Rest legte er halbwegs ordentlich zusammen, und bildete weitere Stapel neben den Bettwäschen. Er nahm Schuhe, Krawatten und all das andere Zeug, und während er ein Stück nach dem anderen aus dem Kasten und damit schon halb aus seinem Leben bugsierte, spürte er, wie er immer mehr zu seinem alten Verhaltensmuster zurückkehrte, in dem einfache Dinge einfach waren und die anderen keine Beachtung fanden.

Als die unteren und mittleren Fächer frei geräumt waren und dadurch armselig und fast traurig wirkten, holte er einen der Stühle aus dem Esszimmer im selben Stockwerk und machte sich an die Fächer darüber.

Nachdem er sich mit der zu erwartenden Leichtigkeit von Mottenkugeln, veralteten Pyjamas und langen Unterhosen getrennt hatte, entdeckte er ganz hinten im Eck etwas, das in ein ehemals weißes Tuch eingewickelt war.

Dwiggi betrachtete den Gegenstand verwirrt, dann griff er danach und zog ihn zu sich. Der Stoff war ölig, und der Gegenstand darin schwer. Er schlug das Tuch beiseite. Eine Pistole. Sie glänzte schwarz durch das teils eingetrocknete Öl und erinnerte Dwiggi an eine Schlange, die zubiss, wenn man nicht vorsichtig war.

Während er die Waffe betrachtete, ging sein Verstand verschiedene Szenarien durch, ohne ihn um Erlaubnis zu fragen. Sie hatte seinem Vater gehört, so viel konnte angenommen werden. Das erklärte die Schachtel Patronen, die er auf dem Dachboden entdeckt hatte.

Die Frage war, warum sein Vater sie besessen hatte. Dwiggi hätte sich weniger Gedanken gemacht, wenn es ein Kriegsrelikt gewesen wäre, aber dafür war sie zu modern.

Was hatte sein Vater damit vorgehabt?

Dwiggis Verstand bescherte ihm eine Reihe von Szenarien, aber das eine, das hervorstach wie das einzig farbige Bild in einer Reihe von Schwarz-Weiß-Fotografien, war die Pistole an dessen Schläfe. Hatte der alte Mann sich einen Ausweg offengehalten, falls Schmerzen oder Scham zu viel wurden? Dwiggi erkannte, dass er ihm deswegen nicht böse sein konnte, selbst wenn er es versucht hätte.

Aber die Waffe war zu weit oben im Kasten verstaut gewesen, sein Vater hätte in den Tagen der Krankheit nie ohne Hilfe dort rankommen können.

Vielleicht hatte genau das am Ende den Selbstmord verhindert.

Hättest du ihm die Waffe gebracht, wenn er dich darum gebeten hätte?, fragte Dwiggi sich und musste an den Nachmittag in der Bibliothek denken, als sein Vater versucht hatte mit ihm zu sprechen und nur brabbelndes Kauderwelsch herausgekommen war.

Dwiggi lief ein Schauer über den Rücken.

»Nein«, sagte er leise zu dem Staub, der ihn umgab. »Das hätte er nicht getan.«

Er dachte an den Morgen, an dem er die Leiche seines Vaters entdeckt hatte, an das verzerrte Gesicht und die offenen Augen, die gleichgültig in eine Leere starrten, die den Toten vorbehalten war. Er versuchte seinen Verstand zu stoppen, als dieser ihm genau dieses Gesicht zeigen wollte – mit zerfetzter Schläfe und blutdurchtränktem Polster – aber zu spät.

Dwiggi schloss die Augen, als könnte er damit die Vorstellung ausblenden, und schlug das ölige Tuch wieder um die Waffe. Er stieß sie von sich, ließ sie gegen die Rückwand prallen und wandte sich ab.

Das Klingeln seines Handys holte ihn in die Gegenwart zurück, aber es vertrieb das alternative Endbild seines Vaters nicht, nicht ganz. Dwiggis Hände zitterten, als er vom Stuhl stieg und den Anruf entgegennahm.

4

Etwas an der Art, wie Dwiggi abhob, erschien Roland anders als sonst, aber er entschied sich dennoch dazu, das Gespräch mit seinem vorgeplanten Witz ins Rollen zu bringen.

»Na, traust du dich zu zeugen?« Ausgesprochen klang das Ganze irgendwie nicht so gut wie in Gedanken.

Am anderen Ende der Leitung herrschte Stille.

»Dwiggi?«

»Ja, bin hier, entschuldige.«

Dwiggis Stimme klang seltsam belegt. Nicht, als hätte er geweint, aber auch nicht, als hätte er das nicht getan.

»Alles in Ordnung?«, fragte Roland.

»Sowieso, alles dufte.«

Roland war davon überzeugt, dass auf Dwiggis Seite der Leitung nicht alles dufte war, und einen Moment lang hing er unentschlossen zwischen der Entscheidung, die Sache auf sich beruhen zu lassen oder nachzufragen, bevor er sich für Letzteres entschied.

Dwiggi stieß einen nur halb artikulierten Laut aus, der nach Unwillen und Abscheu klang, als Roland ihn fragte, was in der Casa Dirner den Haussegen umgeworfen hatte. Aber dann erzählte er ihm in den für ihn typischen knappen Worten vom Ausmisten und der Waffe.

»Oh Shit!«, antwortete Roland. Dann, nach einer Pause: »Ist es *oh shit?*«

»Keine Ahnung.«

In Rolands Welt wäre das auf jeden Fall *oh shit* gewesen, aber wer wusste schon, was in Dwiggis Universum diese Auszeichnung verdiente. Oft waren es unscheinbare Dinge, die ihn aus dem Häuschen brachten, und die großen, die ihn kaltließen.

»Wirf sie nur nicht in den Restmüll«, sagte Roland. Er dachte an den Fliegenschwarm hinter der Waschstraße. *Und nicht einfach in die Botanik.*

»Oh verdammt, genau das hatte ich vor«, meinte Dwiggi sarkastisch. Er war eindeutig nicht in der Stimmung für scherzhaftes Geplänkel. Roland hätte nicht gedacht, dass der Fund einer Waffe Dwiggi so aus der Ruhe bringen würde, allerdings hatte er im Gegensatz zu diesem auch noch keine Möglichkeit gehabt, sich Gedanken darüber zu machen, was eine solche Entdeckung möglicherweise implizierte.

Dwiggis Stimme war sachlich und distanziert, als er fortfuhr.

»Also, was willst du? Zeugen? Was soll ich zeugen?«

»Ich hab gesagt ›traust du dich zu zeugen‹«, wiederholte Roland seinen vorhin schon nicht astreinen Scherz, der auch jetzt nicht besser war.

Dwiggi schnaubte. »Du bist der, der sich vor Nachwuchs fürchtet, wieso muss ich mich auf einmal trauen? Ich hab nicht mal ne Freundin!«

Roland atmete durch. Es hätte nur ein lustiger Einstieg und kein eigenes Diskussionsthema sein sollen. *Ich lass nie wieder einen Witz raus, wenn er nicht kugelsicher genial ist.*

»Ach Mensch«, sagte er. »Ich bitte dich nur, mein Trauzeuge zu werden.«

Dwiggi schwieg ein paar Momente – so lange, wie es brauchte, bis der Groschen gefallen war.

Roland ließ seinen Blick derweil von einer Seite auf die andere gleiten. Es gab nichts Interessantes zu sehen. Das Spannendste war immer noch die surrende Wolke aus Fliegen über dem Gras.

»Hatten wir das nicht schon geklärt?«, fragte Dwiggi erstaunt. Roland schüttelte ungläubig den Kopf, während er wieder um die Waschstraße herumging und sich dem verwahrlosten Rasenstück näherte. »Unfassbar, wie schlecht du zuhörst«, erwiderte er. Je näher er kam, umso mehr Fliegen schienen es zu werden. Da muss aber eine große Wurstsemmel liegen, dachte er.

Dwiggi erwiderte irgendwas, das kaum mehr als verwaschenes Murmeln war.

»Was?«, fragte Roland.

Aber als Dwiggi das, was auch immer er gesagt hatte, wiederholte, bekam Roland es wieder nicht mit. Er hatte das Rasenstück und den Fliegenschwarm erreicht, und statt der Essensreste, die er erwartet hatte, fand er dort den leblosen Körper eines Hundes. Der halb abgetrennte Kopf lag in einem unnatürlichen Winkel neben dem Rest des Tieres.

Irgendwo hupte jemand, aber Roland hörte es kaum. Genauso wenig wie Dwiggi, der ein Medley aus seinem Namen und ›hallo‹ zu machen schien.

»Ach du Scheiße«, flüsterte Roland. Fliegen tummelten sich auf dem toten Leib, krochen über die leblosen Augen.

»He!«, rief jemand hinter ihm. »Das is kein Scheißhaus, pissen kannst du zu Hause!«

Roland drehte sich um und sah einen rundlichen Mittsechziger mit Bluthochdruck und Schnurrbart hinter sich. Er fühlte sich immer noch nicht angesprochen, erst, als er einen Blick zur Waschstraße warf und sah, dass die Tore offen standen und sein Taxi auf ihn wartete.

»Heute noch?«, fragte der Mann mit kaum verhohlener Wut.

»Rufen Sie die Polizei!«, sagte Roland und nahm das Handy vom Ohr, ohne sein Gespräch mit Dwiggi zu beenden.

Der Mann starrte ihn verwirrt an, als Roland einfach an ihm vorbei zu seinem Wagen ging und einstieg.

Verdammte Idioten, dachte er. *Als wäre tatsächlich ein Hund an Tschickos Tod schuld.*

Roland selbst hatte nie einen Hund gehabt. Hasen, als er noch ein Kind gewesen war, aber die waren langweilig und bösartig gewesen. Er hatte immer einen Hund gewollt, er mochte die Vierbeiner. Allerdings hatte es sich seit dem Moment, in dem er selbst bestimmen konnte, ob er sich ein Haustier zulegte oder nicht, nie ergeben. Leichdorf war eigentlich immer ein guter Ort für Hundebesitzer gewesen, ein passender. Diese Zeiten waren wohl vorbei.

Während Roland aus der Waschanlage fuhr, versuchte er sich vorzustellen, wie es sich anfühlen würde, wenn das sein Tier gewesen wäre. Trauer und Schmerz ergriffen ihn, wenn auch nicht in einem Ausmaß, das lange vorhalten würde.

Aber sie zwangen ihn, die Sache mit Sandras Kinderwunsch ein wenig anders zu sehen. *Vielleicht ist das Leben doch zu kurz, wie die alten Leute immer behaupten*, dachte er.

Der runde Mann mit dem Bluthochdruck stand nun dort, wo Roland noch vor wenigen Momenten gestanden hatte, und starrte an dieselbe Stelle.

5

Dwiggi hörte den Mann, der Roland beschimpfte, dann waren da nur noch die unmelodischen Geräusche eines Handys, dessen Träger unabsichtlich einen Anruf entgegengenommen hatte, während das Gerät in der Hosentasche steckte. »Hallo? Roland?«, hatte daran auch nichts geändert, und schließlich legte er auf.

Verwirrt, aber nicht so neugierig, wie man hätte annehmen können, blieb er im Schlafzimmer seiner Eltern zurück, wieder allein, abgesehen von der Pistole und den Vermutungen, die daran hingen wie eine klebrige Spur aus Blut.

Er wusste nicht, wie er damit umgehen sollte.

Er konnte sie nicht loswerden.

Er konnte sie nicht behalten.

Als er schließlich einsah, dass rumsitzen und grübeln nicht zum Ziel führen würde, stand er vom Bett auf und verteilte die aussortierten Kleidungsstücke in Müllsäcke. Es wurden eine ganze Menge.

Einen Moment lang überlegte er, die Pistole einfach zwischen Hosen oder Bettwäsche zu stecken. Irgendjemand würde sie finden, keine Frage. Aber dann konnte er immer noch behaupten, dass er nichts davon gewusst hatte. Vielleicht sogar, dass sie nicht ihm beziehungsweise nicht seinem Vater gehörte.

Er verwarf die Idee genauso rasch, wie sie gekommen war. Man musste nicht sehr genau hinsehen, um zu erkennen, dass nichts Gutes dabei herauskommen würde.

Dwiggi schleppte die vollen Säcke in den Keller, und als er sie zwischen gestapelte Bücher, ausrangierte Geräte und allerhand anderem Zeugs abgestellt hatte, sah der Raum mehr nach einer Müllhalde als einem Zwischenlager aus. Freudlos betrachtete er ihn, bevor er tief durchatmete und sein Smartphone aus der Hosentasche zog. Vermutlich würde der Tag nicht kommen, an dem er all das lieber online stellen als gesammelt wegwerfen wollte. Also konnte er auch genauso gut heute damit anfangen.

Aber als er die ersten Fotos geschossen hatte, kehrten seine Gedanken wieder zu der Pistole zurück. Und statt fertig zu machen, was er begonnen hatte, verließ er den Keller und stieg in seinen Wagen.

6

Bachmann saß an seinem Schreibtisch in dem chaotisch wirkenden Raum, der nicht unaufgeräumt war, sondern nur seiner eigenen Logik folgte. Das Licht der Deckenleuchte war zu hell, zu penetrant. Bachmann ließ es aus und schaltete stattdessen die kleine Lampe am Schreibtisch ein.

In dem akzentuierten Licht wirkte Bachmanns Gesicht härter, als es war, seine Augen dunkler. Brütend saß er vor den Unterlagen und versuchte ein Gesamtbild zu sehen, das sich erst zusammensetzen würde, wenn er den Einzelteilen genügend Aufmerksamkeit geschenkt hatte. Und selbst dann blieb ein ungewisser Rest, der mit Pech von Glück bestimmt war.

Bachmann widerstrebte das Konzept von Glück. Glück und Pech waren passive Einflüsse, und passive Einflüsse ließen sich nicht durch Willen erzwingen.

Es klopfte. Stefan kam herein, eine Akte in der Hand, die beinhaltete, was Bachmann mehr Kopfschmerzen als Tschickos Mord bereitete, weil es ihn von diesem abhielt.

»Noch einer«, sagte Stefan nur und legte die Akte auf dessen Schreibtisch, als sein Vorgesetzter dorthin wies.

Bachmann atmete Luft aus, die sich immer öfter unbemerkt anstaute. »Idioten!«, fluchte Bachmann. In seiner Stimme schwang Erschöpfung und Zorn mit, aber nichts davon würde jemals nach außen treten. Zumindest nicht in vollem Ausmaß.

Er nickte Stefan zu, und dieser verließ das Büro, während Bachmann sich wieder dem Autopsiebericht zuwandte, den er nicht das erste Mal las. Nichts von alldem sah er sich zum ersten Mal an, aber seine Erfahrung nährte die Hoffnung, dass er dennoch etwas übersehen hatte.

Da waren Bilder von Tschickos verstümmelter Leiche: offene Bauchdecke, Loch im Schädel und Blut. Immer so verdammt viel Blut. Bachmann hatte einiges gesehen. So was nicht.

Dass der Mörder Tschickos Leiche zum Teil verzehrt hatte, bereitete Bachmann Sorgen, aber weniger Kopfzerbrechen als das Loch in dessen Schädel. Laut Pathologie konnte die Struktur der Wundränder auf einen Biss hindeuten. Es war nicht die einzige Bisswunde. Wie bei allen anderen war das grundlegende Problem für Bachmanns Verständnis der Eindruck, dass sie wie Bisswunden von einem Tier aussahen, die Zahnabdrücke allerdings menschlich waren. Das ließ sich mit genügend Vertrauen in geistige Abnormität noch herleiten. Bei der Wunde im Kopf machte ihm allerdings das Ausmaß zu schaffen: Das Loch war zu groß für menschliche Kiefer.

Sie hätten auseinanderklaffen müssen wie bei einer Schlange. Und dann war da noch der Schädel an sich. Wie zerbiss man einen so massiven Knochen?

Die Theorie, jemand habe Tschicko umgebracht und ein Tier – Tollwut nicht ausgeschlossen, auch wenn Speichelproben keinen Hinweis darauf gaben – den Rest erledigt, hielt sich hartnäckig. Das machte es schwierig, die Hundetheorie vollkommen vom Tisch zu fegen, auch innerhalb des Reviers.

Er warf einen kurzen Blick in die neu hinzugekommene Akte des Hundeschlächter-Stapels. Jemand hatte einen Shi-Tzu ermordet. Bachmann hatte keine Ahnung, welche Rasse das war, aber es lag ein Foto bei: Kaum größer als eine Katze. Die Vorstellung, dass dieser Winzling irgendetwas mit Tschickos Tod oder seiner Leichenschändung zu tun hatte, war absurd.

Bachmann klappte die Akte zu, schob sie beiseite und wandte sich wieder der menschlichen Leiche zu.

Es gab kaum Zahnabdrücke an Stellen, an denen nichts herausgebissen wurde. Nur Fragmente. Keins davon tierisch.

Bachmann hatte einmal in seinem Leben mit einem Kannibalen

zu tun gehabt, aber bei dem jungen Kerl war die Fantasie vorherrschend gewesen, und als er schließlich die Chance bekam, diese auszuleben, drehte er auf halbem Weg um. Die Sache damals war wenig gefährlich gewesen und nur bedingt verstörend. Er hatte eine junge Frau zu sich eingeladen, betäubt, entkleidet, gewaschen und sein Werkzeug vorbereitet. Allerdings war er nicht geübt im Umgang mit Betäubungsmitteln gewesen, ein Anfänger auf ganzer Linie – zum Glück für beide. Beim ersten Schnitt war die Dame aufgewacht und hatte ihm ordentlich den Marsch geblasen. Schock und Zorn überlagerten jegliches Bewusstsein für Gefahr. Und auch wenn der Möchtegern-Kannibale den Reiz an der ganzen Sache ohnehin schon verloren hatte, rettete ihr das vielleicht das Leben.

Bachmann versuchte das Gesicht des Jungen von damals mit den Fotografien auf dem Schreibtisch in Einklang zu bringen, nur um eine Vorstellung davon zu bekommen, wie ein Mensch das angerichtet haben könnte.

Es gelang ihm nicht.

Er schob die Leichenbilder beiseite und kümmerte sich stattdessen um Detailaufnahmen der Wunden. An manchen sah man die Abdrücke eines Gebisses. Zumindest eines Teils. Es war nicht auffällig genug, um auf Anhieb Wiedererkennungswert zu besitzen, aber einer der oberen Schneidezähne war unregelmäßiger in die Haut eingedrungen als sein Nachbar. Nicht weniger tief, sondern weniger gerade. Ein winziges Detail, das leicht zu übersehen gewesen wäre. Und laut Pathologin eine klare Sache: Einer der Schneidezähne des- oder derjenigen war schräg. Vermutlich abgebrochen. Vielleicht frisch, vielleicht alt, auf jeden Fall ein Hinweis. Bachmann hatte mit den Zahnärzten der Umgebung gesprochen. Kein Patient in letzter Zeit, der etwas in der Richtung korrigieren lassen hatte. Aber nun waren sie darauf vorbereitet. Nun würden sie sich melden, wenn jemand mit einem unscheinbar abgesplitterten Schneidezahn in der Arztpraxis auftauchte.

Wie immer bei Gewaltverbrechen kümmerten sie sich um das nähere Umfeld des Opfers, entweder um es auszuschließen oder die ersten Verdächtigen zu finden. In Tschickos Fall beschränkte es sich auf einen toten Hund und einen jähzornigen Onkel im Altersheim. Der Onkel nahm die Nachricht vom Tod seines Neffen mit einem stoischen, fast desinteressierten Grunzen zur Kenntnis und konnte nichts zu einer möglichen Aufklärung beitragen, der tote Hund blieb eine Randnotiz in den Ermittlungsunterlagen – und das auch nur, weil auf Tschickos Tod die *Hundeschlächterserie von Leichdorf* folgte, wie die *Kreuzpost* schrieb. Bachmann hatte die letzte Ausgabe der monatlich erscheinenden Regionalzeitung auf seinem Schreibtisch liegen. Die Schlagzeile hatte mit beunruhigender Geschwindigkeit für Verunsicherung in der Bevölkerung gesorgt. Aus märchenhaften Halbwahrheiten konnten leicht Überzeugungen werden, wenn man sie nicht hinterfragte. Und Überzeugungen verbreiteten sich nicht nur so schnell wie ein Lauffeuer, sie hatten oft auch ähnliche destruktive Tendenzen.

Bachmann betrachtete die Titelseite. Verglichen mit der Schlagzeile war das Foto überraschend wenig reißerisch. Nur eine verwaiste Hundeleine, alleine auf einem ebenso verwaisten Parkplatz. Auch emotionalisierend, aber weniger brüllend.

Er legte die Zeitung beiseite und suchte wieder nach einem Motiv, das sich nicht finden lassen wollte.

7

Dwiggi ging den schmalen Schotterstreifen entlang, der sich mittig durch den Friedhof zog. Zu allen Seiten reihte sich Grabstein an Grabstein, jeder anders, manche ähnlich, alle wie stumme Beobachter, die dem Eindringling mit Augen folgten, die man nicht sehen, sondern nur spüren konnte. Weiter hinten sah er die Friedhofsmauer. Dort gab es Mausoleen und noch mehr Gräber.

Aber das, weswegen er gekommen war, lag nicht an der Mauer. Er bog vom Schotterweg ab, ging direkt zwischen den Gräbern weiter und stellte bald fest, dass er sich verlaufen hatte. Er hätte einen der vereinzelten anderen Besucher gefragt, ob sie wussten, wo das Grab seines Vaters war, wenn einer dagewesen wäre.

Er fand es schließlich von alleine, aber nur weil es so verwahrlost war, dass es ihm ins Auge stach. Eine ausgebrannte Grabkerze, abgestorbene Blüten von Blumen, die schon lange nicht mehr da waren.

»Ich bin schon ein Arschloch«, murmelte er ohne nennenswerte emotionale Ausprägung, kniete sich hin und schob die Blüten beiseite, so gut es mit bloßen Händen ging. Er stopfte sie in den leeren Kunststoffzylinder der Grabkerze und drückte die frische an deren Platz in den Kies. Wieder betrachtete er den Namen auf dem Grabstein. Er wirkte unwirklich, als wäre der Zusammenhang zwischen ihm und seinem Leben ein schlechter Traum, der immer noch die Möglichkeit beinhaltete, daraus aufzuwachen.

Dwiggi stand wieder auf. Das war keine Begegnung auf Augenhöhe.

Schweigend stand er auf dem verlassenen Friedhof, allein mit sich, seinen Gedanken und all den Toten – nicht mehr als Asche in verzieren Gefäßen, physisch nicht bedeutungsvoller als verbranntes Altpapier.

»Hab die Pistole gefunden«, sagte er und ließ Platz für eine Reaktion, die nicht kommen konnte.

»Wenn's deine war …« Er hielt inne, sich der Andeutungen bewusst, die er nicht aussprechen wollte.

»Ich geh davon aus, dass es deine war. An dem Tag im Wohnzimmer, als ich dich nicht verstanden hab …«

Ein leichter Windstoß strich über die Gräber, ließ die Blüten wippen, die er nicht entfernt hatte, und strich über sein Gesicht. Er spürte, dass seine Augen tränten. *Nur der Wind,* dachte er und wusste, dass es nur die halbe Wahrheit war.

»Ich hätte es verstanden«, fuhr er fort. »Vermutlich hätte ich versucht, es dir auszureden, aber ich hätte es verstanden. Mir ist wichtig, dass du das weißt. Kein Grund, sich zu schämen.«

Und weil Unterhaltungen mit Toten gezwungenermaßen Selbstgespräche waren, bei denen es keinen Unterschied machte, ob Worte laut oder in Gedanken gesprochen wurden, fügte er hinzu: *Vielleicht hätte ich dir sogar geholfen.*

Am Rande seiner Wahrnehmung hörte er Schritte, rechnete aber nicht damit, angesprochen zu werden, bis es passierte. »Schön, wieder mal jemanden hier zu sehen.«

Dwiggi drehte sich um.

»Lange her«, sagte Leng und streckte ihm die Hand entgegen.

Dwiggi schüttelte sie. Ein seltsam fixer Bestandteil am Wieder-nach-Hause-Kommen waren die Hinweise von anderen, dass man weg gewesen war. Als wüsste man das nicht selbst.

Leng wirkte älter, aber immer noch gleich. Schon vor fünf Jahren waren seine Augen dunkel gewesen. Mit der Sonne im Rücken wirkten sie fast schwarz.

»Wie ist es dir ergangen?«, fragte er.

Eine Frage für Freunde, gestellt von einem Fremden, dessen rein berufliche Verbindung zu Dwiggi mit dem letzten Begräbnis geendet hatte.

»Ganz gut«, antwortete Dwiggi, bereit, ein Gespräch abzuwürgen, das er nicht führen wollte.

Leng betrachtete ihn neugierig, sah vielleicht das Glänzen in Dwiggis Augen, das auch, aber nicht nur vom Wind kam, und nickte Richtung Grab. »Ich weiß, wie schlimm es sein kann. Bleibt manchmal länger hängen, als man denkt. Wenn du reden willst ...« Er machte eine Pause, suchte nach neuen Worten. »Falls du niemanden hast, meine ich.«

»Hab mich.«

»Manchmal ist man selbst nicht genug«, entgegnete Leng.

Dwiggi schmunzelte. »Kommt jetzt Gott ins Spiel?«

Leng ließ sich nicht beirren. »Gott ist ein fantastischer Zuhörer. Redet weder dazwischen noch dagegen.«

»Gott ist ein Konzept, das seinen Zweck überdauert hat«, sagte Dwiggi, und ließ den Pfarrer damit stehen.

8

Leng sah ihm nach, wie er auf den Schotterweg zurückkehrte und schließlich durch den Ausgang hinter der Friedhofsmauer und außer Sicht verschwand.

In den Augen des Jungen hatte August eine Dunkelheit zu sehen geglaubt, die er sonst nur von seinem eigenen Spiegelbild kannte. Es war auch der Zorn, aber nicht nur. Dwiggi konnte von Gott halten, was er wollte, aber Gott war ihm nah.

»Kannst nicht vor ihm weglaufen«, murmelte er, ohne es zu merken. »Kannst ihn nicht abschneiden.« Worte seines Vaters, in Augusts Stimme.

Er entdeckte die unangezündete Kerze auf dem Grab, holte eine Schachtel Streichhölzer aus seiner Hosentasche und zündete sie an.

9

Die Dinge, die er aus seiner verstörenden Familienbibel zitiert hatte, kreisten weiter in Marias Gedanken. Aber nach einer Weile hatte sie Logik über die Angst gestülpt, die so einfach zu bekommen und so schwer loszuwerden war.

Karl war da. Sorgte dafür, dass sie nicht vergaß, worum es in erster Linie ging: dass sie hier rauskam. Dass sie ihr Leben behielt.

»Ich will mein Leben nicht«, hatte sie ihm gesagt. »Ich will unseres.«

Karl hatte geschwiegen.

Sie sah sich um, aufmerksamer, bewusster als zuvor. Der Raum war klein, kein Fenster, eine Tür. Also war die Fluchtrichtung klar.

Sicher abgesperrt, dachte sie, genau wie bei ihren anderen Fluchtversuchen, die über die Planungsphase nie hinausgegangen waren.

»Du hast sie nie probiert«, meinte Karl. »Vielleicht ist abgesperrt. Vielleicht nicht.«

Sie lauschte, hörte nichts. Das hieß nicht, dass sie alleine war.

Aber normalerweise, wenn er im Nebenzimmer und sie wach war, hörte sie ihn mit jemandem reden, der nie zu antworten schien, oder auf und ab gehen oder andere Dinge tun, die sich nicht einordnen ließen.

Der schwierige Teil war, aus dem Bett zu kommen, aber das würde sie schaffen. Zur Tür kriechen. Anstrengend, schmerzhaft, aber machbar. Am wichtigsten war jedoch etwas, mit dem sie sich verteidigen konnte.

Nur schien es hier nichts zu geben.

Maria wollte ihre Motivation ziehen lassen, als sie schwand, aber dann wurde sie sich ihrer Beine bewusst. Der provisorischen Schienen.

Sie setzte sich auf und schlug die Decke beiseite. Das linke Bein war in schlimmerem Zustand als das rechte, zumindest was den Schmerz betraf. Stöcke und Verband, fest und wirkungsvoll. Und weil biegsames Holz für Schienen wenig brachte, war dieses robust, schwer und vielleicht lang genug, um ausreichend Hebel für genug Schaden anzurichten.

»Das wird wehtun«, sagte sie.

»Das wird es auch, wenn du bleibst.« Karl lächelte nicht mehr. Er sah so angestrengt drein, wie sie sich fühlte.

Sie betrachtete sein Gesicht, die Augen, mit denen sie alt werden hatte wollen. Immer noch wollte. Er strahlte, aber das wirkte falsch. Schöner als die Realität.

»Ich glaube nicht, dass du noch hier bist«, flüsterte sie und akzeptierte den Schmerz, der mit dieser Aussage kam. »Aber ich hoffe es.«

Karl antwortete nicht. Er sah zu, wie sie ein Bein vorsichtig aus dem Bett hob, die Zähne zusammengebissen und die Augen zu Schlitzen verengt. Dann das zweite, dann den Rest.

Maria versuchte, sich nicht auf ihre Beine zu stützen, tat es schließlich doch und kippte unbeholfen aus dem Bett. Der Aufschrei, den sie um jeden Preis verhindern hatte wollen, kam doch, als ihre gebrochenen Knochen sich verschoben. Die Schienen hielten, betrieben Schadensbegrenzung.

Während sie stöhnend am Boden lag und der Schmerz langsam und widerwillig verklang, wartete sie darauf, dass die Tür geöffnet wurde. Sie versuchte, sich eine Ausrede zurechtzulegen, die sein Misstrauen nicht wecken oder vermehren würde, aber das Haus blieb still.

»Ich bin allein«, murmelte sie, und Karl versicherte ihr, dass er der gleichen Ansicht war.

Maria schleppte sich zur Tür. Sie setzte sich umständlich auf und zog an der Klinke.

Abgesperrt.

So weit keine Überraschung. Blieb nur noch eins zu tun.

Karl war immer noch da, Karl sah immer noch zu.

Mit zitternden, schwachen Fingern schaffte sie es, die Bandagen des rechten Beins zu lösen. Sie nahm die beiden Stöcke, wog sie gegeneinander ab und versuchte herauszufinden, welcher der massivere war.

Doch dann fiel ihr Blick auf den losen Verband, und statt sich für einen zu entscheiden, umwickelte sie die beiden Stöcke. Prüfend wog sie das Ergebnis in der Hand.

»Das könnte funktionieren«, sagte sie.

Karl lächelte vorsichtig. »Lass ihn tanzen.«

Maria drängte sich neben der Tür an die Wand. Der Gestank nach faulem Fleisch war hier noch stärker. Sie ignorierte die Schmerzen in ihren Beinen, so gut es ging, und wartete, während Schlaf- und Schmerzmittel wieder an ihrem Verstand zogen, sie mit dem Versprechen von Entspannung in den Schlaf zu locken versuchten.

»Bitte lass mich wach bleiben«, murmelte sie, nicht wissend, ob sie mit Karl oder sich selbst sprach.

10

Als Barbara den vollgestopften Raum im Keller sah, klappte ihre Kinnlade herunter. Nicht sehr weit, aber deutlich.

»Ich weiß, was du denkst«, sagte Dwiggi und bot ihr an, einen Rückzieher zu machen. Sie ignorierte ihn.

»Wie willst du das alles denn sinnvoll fotografieren?«, fragte sie.

Dwiggi zuckte die Achseln, schüttelte den Kopf und stieß gegrunzte Ratlosigkeit aus, damit wirklich klar war, dass er keine Ahnung hatte.

Aber der Raum, in dem sich all das Zeug befand, war nicht der einzige unter dem Haus. Da gab es auch noch die unzähligen anderen, fast alle leer und sauber, was nicht Dwiggi, sondern Sandra zu verdanken war. Das band er Barbara aber nicht auf die Nase.

Ein Raum hatte seiner Mutter früher als Winterlager für eine schier endlose Zahl an Blumentöpfen in allen Größen und Formen und sonstigen Garten-Staubfängern gedient. Im Herbst waren sie nach drinnen gekarrt worden, im Frühjahr wieder hinaus.

Dwiggi hatte das meiste davon weggeworfen, und nun war da nur noch ein geräumiger, leerer Raum mit Wänden voller Regalen.

»Wieso stellen wir die Sachen nicht da drauf?«, fragte Barbara. »Leichter zu fotografieren. Leichter, was rauszusuchen.«

Er nickte – anerkennend, weil er selbst nicht darauf gekommen wäre, obwohl es eigentlich naheliegend war. »Was machst du noch mal beruflich?«

»Denken.«

Dann war die Arbeit losgegangen.

Nun, mehr als drei Stunden später, standen sie vor vollen Regalen und einer systematischen Anordnung, die alles Weitere, was mit den Dingen darauf passieren würde, wesentlich vereinfachte.

Barbara schlang einen Arm um seine Schulter – was sich seltsam anfühlte. Vielleicht weil es zu kumpelhaft wirkte, vielleicht wegen des kaum bemerkbaren Zitterns, das er in ihr zu spüren glaubte, vielleicht weil es so unvermittelt passiert war. Vielleicht – aber das gestand er sich nicht ein – weil sie damit eine Nähe einging, die eine andere als Sex oder Küssen war. Sie hatten inzwischen mehrere Nächte miteinander verbracht, aber sosehr sie beide diese auch genossen hatten, Dwiggi schaffte es immer noch, sie mehr oder minder erfolgreich als einmalige Sachen abzustempeln. Als eine Reihe einmaliger Sachen. Als Serien-One-Night-Stands.

Als Wahrheit in falscher Verpackung.

Er sah überrascht zu ihr, betrachtete die schlanke Frau mit den dunklen Haaren neben sich, die weiter geradeaus blickte, als wären die Regale für sie interessanter als er. Ihre schmalen Lippen, die ernsten Augen. *Ihr Gesicht ist nicht zum Lächeln gemacht*, dachte er. Vielleicht war es deshalb so wirkungsvoll, wenn sie es doch tat.

Dwiggi legte seinen Arm um ihre Hüfte, und die Situation wurde weniger seltsam. Sie wandte ihm ihr Gesicht zu, und obwohl ihre Lippen ernst blieben, lächelten ihre Augen. Dwiggi küsste sie, und die Situation wurde gut.

11

Maria schlief ein. Als die Tür im Nebenzimmer geöffnet und wieder geschlossen wurde, schreckte sie hoch, im ersten Moment verwirrt darüber, wo sie sich befand. Schmerz von den kaputten Beinen zuckte durch ihren Körper und wollte durch ihren Mund nach draußen, aber sie presste die Lippen aufeinander.

Schritte im Nebenzimmer. Und er sprach wieder mit sich selbst. Kurz fürchtete Maria, es könnte tatsächlich noch jemand anderes im Haus sein. Gegen zwei oder mehr hätte sie keine Chance.

Aber darauf musste sie es jetzt ankommen lassen.

Die Schritte kamen näher, die Tür wurde geöffnet, Maria schwang die zusammengebundenen Stöcke mit aller Kraft gegen sein Schienbein. Darüber hatte sie in der Zeit, die sie gehabt hatte, lange nachgedacht. Stehen ging nicht, also wäre jeder Versuch, von hier unten sein Gesicht zu treffen, zum Scheitern verurteilt gewesen. Aber Karl hatte sie auf die Idee gebracht. Karl mit seinem *lass ihn tanzen*.

Holz prallte hart und befriedigend gegen das Schienbein, ihr Entführer stieß etwas aus, das nach gepresster Überraschung klang, aber auch nach echtem Schmerz.

Er taumelte, sie holte erneut aus, traf ihn zwischen den Beinen. Diesmal wollte er schreien, aber dafür fehlte ihm die Luft.

Der Teller, den er bis jetzt gehalten hatte, entglitt seinem Griff, prallte zu Boden und zersplitterte.

Er sackte zusammen. Sie drosch ihm die Stöcke ins Gesicht, brüllte selbst, während ihre Beine mit Schmerzen protestierten. Da war ein Knacken. Sie hoffte, dass es von seinem Gesicht kam, fürchtete, dass das Holz brach, und hoffte, dass es nicht ihre eigenen Beine waren.

Er stürzte, landete zwischen den Scherben des Tellers, in der kalten Bohnensuppe, die für sie gedacht gewesen war. Scherben drangen in seine Haut, steckten in den Handflächen, als er sie zum Schutz hob und sie ein weiteres Mal zuschlug.

Sie landete noch einen Treffer in seinem Gesicht, aber dann brach einer der Stöcke. Sie ließ die improvisierte Waffe fallen, kroch über den benommen im Türrahmen liegenden Mistkerl, schob sich auf Armen, die von der Anstrengung taub waren, in das Nebenzimmer und ignorierte das schmerzhafte Pochen in ihren Beinen.

Sie sah die Tür, kannte ihre Richtung, wollte weiter und konnte es plötzlich nicht mehr.

Karl war weg, aber Karl war auch da.

Der Gestank von verdorbenem Fleisch war hier fast unerträglich, vermischt mit der Erinnerung an Fäkalien. Fliegen schwirrten durch den Raum, unruhige Flecken im spärlichen Licht.

Sie sah die Jutepuppen am Tisch, dachte an die Frage, was es bedeuten würde, wenn ein Teil der Geschichte wahr wäre.

Sie sah die tropfende Obszönität, die von der Decke hing.

Es hätte nicht möglich sein sollen, Karl darin zu erkennen, aber sie tat es trotzdem.

Marias Atem stockte in Unglauben, aber dann brach er in Verzweiflung, drängte schmerzhaft und brutal durch ihren Rachen, aus ihrem Mund, zwängte sich in eine Freiheit, die für Maria nicht mehr relevant war. Während sie in der Hoffnungslosigkeit ihrer eigenen Erkenntnis zu ertrinken drohte, kam ihr Entführer wieder auf die Beine.

Er packte sie an den Haaren und zerrte sie zurück in den Raum, in dem Karl nicht mehr bei ihr war.

12

Als Roland und Sandra an diesem Abend miteinander schliefen, pausierte er die Stimmung nicht, um sich quer übers Bett zu wälzen und nach der Packung Kondome im Nachtkästchen zu fischen. Die Präservative blieben damit zwar weg, die Pause trat aber trotzdem ein, als sie ihn verwundert ansah.

»Hinterfrag es nicht«, sagte er. »Sonst zieh ich vielleicht doch noch den Schwanz ein.«

»Nicht einziehen, wir brauchen ihn draußen.«

Das machte die Stimmung zwar fürs Erste kaputt, aber sie rissen das Ruder dann doch noch herum, als beide den Mund hielten.

Roland hatte Sandras Kinderwunsch nicht wirklich nachgegeben. Aber den ganzen Tag über hatte ihn der Anblick des toten Hundes hinter der Waschanlage verfolgt. Es war morbide, dass ausgerechnet dieses Bild ihn dazu bewog, mit seiner Verlobten ins Bett zu steigen und ungeschützt dort mit ihr zu bleiben. Aber so war es eben.

Roland hatte nicht zu ihr gesagt, dass er nun bereit war, Nachwuchs zu zeugen. Aber ihr Dilemma brauchte einen Ausweg, wenn sie zusammenbleiben wollten. Und nachdem sie vorhatten zu heiraten, durfte man das annehmen. Während er sein Tagespensum an Taxifahrten hinter sich gebracht hatte, war Roland klar geworden, dass der beste Ausweg der war, sich einfach nicht zu entscheiden. Denn auch wenn keine Kinder/viele Kinder immer als präferenzlose Kreuzung im Raum gestanden hatte, so war sie in Wahrheit doch entschieden gewesen, nur eben gegensätzlich. Roland hatte erkannt, dass die Sache simpler wurde, wenn sie die Verhütung weg- und der Natur ihren Lauf ließen. Sollte Gott bestimmen, was am besten für sie war.

Er hoffte zwar, dass Gott Wichtigeres zu tun hatte, als die Kontrolle über seine Vermehrungsfeigheit zu übernehmen, aber als der Sex an diesem Abend hinter ihnen lag, schlief er mit einem tiefen Gefühl der Zufriedenheit ein, das weder vom Orgasmus noch der Nähe seiner Verlobten kam, sondern von einer gedanklichen Entspannung, von der er gar nicht gewusst hatte, dass er sie brauchte.

13

Tschickos Tod verschwand aus den Medien und war bald nur noch im kleinen Kreis und dem Ebenkreuzer Polizeirevier ein Thema. Die kleinen Kreise entwarfen weiterhin abstruse Theorien, die unter zwei Promille selbst in ihren Ohren unplausibel klangen, die Beamten tappten im Dunkeln.

Zwei Männer und eine Frau wurden befragt, was nicht viel war und mehr einer Verzweiflungstat glich, nachdem ein beachtlicher Teil der Bevölkerung ihre Aussagen schon getätigt hatte.

Einer der Männer litt unter einer ernsthaften psychischen Erkrankung, die ihn aber nicht gewalttätig, sondern eher einschläfernd machte. Das Verhör gestaltete sich schwierig und führte zu wenig mehr als nichts. Unterm Strich gab es nur einen Verdächtigen weniger.

Der zweite Mann stellte sich als der ehemalige Besitzer eines Friseursalons heraus, der seine Midlife-Crisis mit einer ausgedehnten Wanderung in den Griff bekommen wollte. Nachdem er trotz allen angestrebten Asketismus seine Hotelrechnungen mit Kreditkarte beglich, konnte er beweisen, dass er zur vermuteten Tatzeit nicht mal ansatzweise in der Gegend gewesen war. Man ließ ihn gehen, und er nahm sich ein Taxi zum Bahnhof. Vielleicht war ihm der Fußmarsch durch kleine Ortschaften nach diesem Erlebnis zu unsicher geworden.

Ulrike Hauser behauptete zu wissen, wer Tschicko getötet hatte. Sie lebte zusammen mit ihrer Mutter in einem kleinen Haus. »Wenn ich abends zu schwer esse, kann ich nicht schlafen«, sagte sie. Dann hockte sie am Fenster und starrte nach draußen. Sie konnte sich nicht mehr an das genaue Datum erinnern, aber als Bachmann mit ihr zusammen den Zeitraum eingegrenzt hatte, passte er in einem realistischen Rahmen zum vermuteten Todeszeitpunkt.

Es war weit nach Mitternacht gewesen, als sie nach einem Abend mit zu üppigem Mahl einen Mann die Straße entlanggehen gesehen hatte. Straßenlaternen gab es dort keine, aber der Mann war der Einfahrt eines ihrer Nachbarhäuser zu nahe gekommen und hatte den Bewegungsmelder ausgelöst.

»Ich habe sein Gesicht nicht gesehen«, erzählte sie. »Aber die Strickjacke habe ich erkannt.«

Bachmann betrachtete sie mit dem kühlen, etwas müde wirkenden Blick, der zu seinem normalen Gesichtsausdruck geworden war.

»Die Strickjacke?«

»Meine Mutter war Schneiderin«, antwortete sie. Bachmann wusste das. Er kannte ihre Mutter – eine untersetzte Frau, die in ihrem Leben so viele schlechte Entscheidungen getroffen hatte, dass sie ihren Frust schließlich nach außen projizierte. Keine umgängliche Person, aber eine, die ab und zu ein wenig Aufmerksamkeit brauchte, die sie sich mit aufgeblasenen Beschwerden über Nachbarn und dergleichen besorgte.

Bachmann war seinen Gedanken gefolgt, während Ulli weitergesprochen hatte. »Entschuldigung«, entgegnete er. »Können Sie das bitte wiederholen?«

»Ich sagte, meine Mutter war Schneiderin.«

»Ich weiß. Das danach, bitte.«

»Sie hat diese Strickjacke gemacht.«

Bachmann sah sie überrascht an, während ihr Blick suggerierte, dass er nur noch zwei und zwei zusammenzählen musste. Es funktionierte nicht.

»Ihre Mutter hat die Jacke des Mannes genäht, der …«

»Gestrickt.«

Er hielt inne, fragte sich, wie wichtig ihm der Unterschied zwischen nähen und stricken war, und fuhr fort. »Ihre Mutter hat die Jacke des Mannes gestrickt, der in dieser Nacht die Straße entlangging.«

»Und den Bewegungsmelder auslöste.«

»Und deshalb glauben Sie, dass er den Mord begangen hat.«

»Sie verstehen nicht!«

Da musste Bachmann ihr zustimmen.

»Die Jacke hat sie für den Rudi gemacht«, fuhr die Frau fort. »Extra für ihn.«

Nicht viele verwendeten Tschickos echten Namen. Aber natürlich stand in all den Unterlagen, die Bachmanns Schreibtisch erdrückten, nicht Tschicko, sondern Rudolf.

»Vielleicht hat er sie verschenkt«, meinte Bachmann.

Die Frau schüttelte den Kopf. »Das war eine Sonderanfertigung. Rudi hat sie für sich selbst machen lassen, als Andenken an seinen Hund.«

Bachmann sah vor seinem inneren Auge einen kleinen Jungen in zu großer Jacke mit dem überdimensionierten Bild eines Hundekopfes auf dem Rücken.

»Als Andenken?«, fragte er.

Ulli nickte nur und ging nicht weiter darauf ein.

»Und die Jacke ist so einzigartig, dass Sie glauben, sie eindeutig erkannt zu haben.«

»Nicht glauben, ich habe sie erkannt. Und den Gang des Mannes.«

Bachmann sah von seinen Notizen auf. »Den Gang?«

Sie nickte. »Ich bin gut in so etwas. Menschen am Gang erkennen. In der Arbeit weiß ich manchmal schon, wer zur Kasse kommt, bevor ich hinschaue.«

Sie arbeitete im Supermarkt in Leichdorf, war eine scheue, farblose Frau mit einem versoffenen, gewalttätigen Arschloch von Ehemann und hatte wieder ihren Mädchennamen angenommen, seit die beiden getrennt waren, aber – soweit Bachmann wusste – ohne Scheidung. Als sie auf dem Revier aufgetaucht war, hatte er eigentlich erwartet, dass sie ihrem Gatten den Mord an Tschicko anhängen würde. Er hatte ihn mehr als einmal wegen Vandalismus und Körperverletzung verhaftet.

»Und wer war dieser Mann?«

»August Leng.«

Bachmann hielt inne. »Der Pfarrer?«

Ulrike nickte. »Er zieht beim Gehen ein Bein etwas nach. Nur leicht, den meisten fällt so was nicht auf.«

Bachmann betrachtete sie aufmerksam und suchte nach Verwirrtheit, Lüge oder zumindest Spuren von Alkoholkonsum. Er fand nichts davon.

»Sie glauben mir nicht«, sagte sie.

»Es fällt mir schwer«, gab er zu. Aber seit Beginn der Ermittlungen war das die erste handfeste Spur.

»Ich wollte nur helfen.«

Er nickte. »Und das haben Sie vielleicht.«

Mit einem herzerwärmenden, wenn auch etwas übertrieben dankbaren Lächeln stand sie auf. »Sie können mich jederzeit anrufen, falls Sie noch was wissen wollen.«

Er rang sich ebenfalls ein Lächeln ab. »Das werde ich, danke.«

»Meine Nummer haben Sie?« Er nickte.

Sie verließ sein Büro – ein trauriger Mensch, den das Gefühl, gebraucht zu werden, kurzzeitig glücklich gemacht hatte. Es tat ihm leid, dass sie nicht stärker war, nicht fordernder. Die Vorstellung, dass sie durch den gemeinsamen Haushalt mit der Mutter genauso gebückt schlich wie durch ihre Ehe, war keineswegs schwierig.

Bachmann glaubte nicht, dass der Pfarrer Tschicko ermordet hatte. Die Sache mit der Jacke überzeugte ihn nicht so recht, aber das mit dem Gang? Da könnte was dran sein.

Er würde sich die Sache ansehen, allein um des Lächelns willen, mit dem sie gegangen war.

Kapitel 8

1

Karl vom Deckenbalken herunterzunehmen war trotz des einfachen Flaschenzugs, mit dem er ihn hinaufgebracht hatte, der anstrengendere Teil, aber nicht der schwierigere.

Seine Schulter schmerzte, seine Hand ebenso, und August war erschöpft, aber er fühlte sich gut. Aufräumen hatte etwas Befreiendes.

Am Tisch lagen bereits Stoffstücke und sein Nähzeug. Damit konnte er nicht so gut umgehen wie der Schneider, aber inzwischen gut genug.

Karls Körper war wegen seiner Fülle eine Herausforderung, aber August hatte genug Jute da.

Er war guter Laune, als er begann, die Stoffstücke um die gehäutete Leiche zu schlagen und sie in ihre neue Haut einzunähen.

2

Seit dem Fluchtversuch war alles anders. Maria bekam weiterhin Essen, allerdings weniger regelmäßig, soweit sie das beurteilen konnte. Sie bekam weiterhin Medikamente – in einem Ausmaß, das bald gefährlich werden musste, wenn es das noch nicht war. Maria trieb durch eine nicht enden wollende Abfolge verschleierter Eindrücke. Manchmal flackerte ein Rest ihres Kampfwillens auf, aber er flackerte nicht sehr hell.

Oft war er nicht da. Wenn er da war, hörte sie ihn im Nebenzimmer reden. Manchmal mit der tiefen Stimme, manchmal mit der freundlichen.

Karl war nicht zurückgekommen. Vielleicht hatte der Anblick dessen, was aus ihm geworden war, die Möglichkeit der Illusion zerstört, vielleicht hielten die Medikamente ihn von ihr fern.

Maria war es gleich. Hoffnung hatte kaum noch Bedeutung.

Sie hatte das Gesicht ihres Entführers gesehen – violett, geschwollen, die Lippen geplatzt. Trotz des Schleiers ihrer Wahrnehmung hatte sie gelacht. Die Dunkelheit war in seine Augen zurückgekehrt, und er hatte sie geschlagen. Fest. Erst mit der flachen Hand, dann härter, vielleicht mit seiner Faust, vielleicht mit etwas anderem. Danach hatte sie Blut in ihrem Mund geschmeckt, und ein Zahn war ein wenig gelockert. Vermutlich hätte das wehgetan, wenn ihr Körper noch dazu in der Lage gewesen wäre, Schmerzsignale zu senden.

Er stieß die Tür auf. Kurz glaubte sie, Karl hinter ihm zu sehen, aber sobald er sich über sie beugte, füllte er ihr Gesichtsfeld aus.

»Du hast das angerichtet!«, sagte er, die Stimme Donner. »Du wirst es richten.«

Er zeigte mit einem großen Messer auf sein geschwollenes Gesicht, und sie hatte keine Ahnung, wovon er sprach.

»Setz dich auf«, sagte er.

Er ließ sie allein mit dem Versuch, seiner Aufforderung nachzukommen, und kehrte mit einem einfachen Stoffbeutel zurück, dessen Inhalt er vor ihr ausschüttete. Verwirrt betrachtete sie die unterschiedlichen Make-up-Artikel und versuchte hinter die Illusion auf die Realität zu blicken. Aber es gab keine Illusion.

Er sah sie auffordernd an. »Ich kann so nicht rausgehen. Das heißt, du wirst das überschminken.« Dabei wies er wieder auf sein Gesicht.

Dann hielt er das Messer so, dass sie es sehen konnte.

»Mach es richtig und sei brav. Dann endest du nicht wie dein Mann.«

Sie machte es richtig und war brav. Aber wie sie endete, schien zu diesem Zeitpunkt nicht mehr allzu wichtig zu sein.

3

Das Haus in der Nähe der Leichdorfer Kirche unterschied sich kaum von den anderen. Es war ein unauffälliges Gebäude mit unauffälligem Anstrich in einer unauffälligen Gegend. Bachmann fand es dennoch auf Anhieb.

Er parkte in der gepflasterten Einfahrt, ging zur Vordertür und klingelte. Vögel zwitscherten, und von irgendwo hörte er das Geräusch einer Betonmischmaschine. Ansonsten war es ruhig.

Als er die Klingel ein zweites Mal betätigen wollte, ertönten Schritte im Inneren des Hauses – schwer und unwillig, soweit ein simpler Gehrhythmus solche Eindrücke vermitteln konnte.

Aber wenig später wurde die Tür geöffnet, und Bachmann stand vor Ulrike Hausers Mutter, deren Tochter behauptet hatte, Tschickos Jacke und den Pfarrer in der Nacht erkannt zu haben. Sie war ein gutes Stück kleiner als Bachmann, dafür breiter. Das verwaschene Rotbraun einer schlecht aufgetragenen Tönung ging in einen schmutzig-grauen Haaransatz über. Die leicht gewellten Haare wirkten nicht fettig, aber ungepflegt. Kleine Augen im verquollenen Gesicht blickten ihn herausfordernd an, die Lippen waren zwei schmale Striche – in langer Angewohnheit routinemäßig aufeinandergepresst.

»Frau Hauser«, sagte er. »Hat Ihre Tochter mich angekündigt?«

»Wir haben früher mit Ihnen gerechnet.« Ihre Stimme war rau und vorwurfsvoll – der nach außen projizierte Frust, der ein Leben mit ihr schwer bis unerträglich machen musste. Bachmann wurde sich bewusst, dass sie ihn nicht hineinbitten würde, was er bevorzugt hätte. Ihm war unwohl bei dem Gedanken, dass jemand ihr Gespräch zufällig oder absichtlich belauschen könnte.

»Früher …« ... konnte ich es nicht einrichten, hätte der Satz weitergehen sollen, aber Bachmann wurde unterbrochen.

»Sie glauben meiner Tochter nicht.«

»Sie hat mir von der Strickjacke erzählt, die sie zu erkennen geglaubt hat.«

»Nicht geglaubt.«

Bachmann nickte. »In Ordnung.« Er nahm seinen Block aus der Brusttasche und blätterte zu den Notizen des Gesprächs mit Ulrike Hauser zurück.

»Ihre Tochter war davon überzeugt, dass das Kleidungsstück einzigartig ist.«

»Alles, was ich gemacht habe, war einzigartig. Alles Einzelstücke.«

»Und Sie sind sicher, dass Sie auch nichts Vergleichbares für jemand anderen gestrickt haben? Vielleicht mit einer Katze auf dem Rücken oder einem anderen Tier?«

Ihre kleinen Augen verengten sich. »Wenn Sie sich über mich lustig machen, ist das Gespräch auf der Stelle beendet.«

Bachmann schüttelte den Kopf. »Die Frage ist vollkommen ernst gemeint.«

Sie löcherte ihn mit einem Blick, dem er standhielt, bis sie beschloss, ihm zu glauben.

»Die Jacke vom Rudi war die einzige, auf die ich je ein Tier gestickt hab«, sagte sie. »Kein anderer Hund, kein Schwein, kein Reh, kein Ochse.«

Der letzte Punkt ihrer Aufzählung war vielleicht eine Beleidigung – Bachmann sah das feine Glitzern in ihren Augen, die Vorfreude auf Streit. Er ignorierte sie.

»Haben Sie ein Foto der Jacke?«

»Nein.«

»Musterzeichnungen? Entwürfe?«

Sie schüttelte den Kopf. »Nein.«

Er notierte es in seinem Block und sah aus dem Augenwinkel, wie sie sich reckte, um zu sehen, was er da schrieb. Dummerweise war sie dafür zu klein.

»Haben Sie jemals etwas für August Leng gefertigt?«

Das Glitzern in ihren Augen schien stärker zu werden, und Bachmann erkannte, dass es Schadenfreude war, keine Lust auf Streit per se.

»Es war der Pfarrer, nicht wahr?«, fragte sie. »Er hat dem Rudi den Schädel eingeschlagen.« Sie leckte sich mit der Zunge über die Lippen, als stünde ein leckeres Gericht vor ihrer Nase.

»Dafür gibt es keine Beweise«, entgegnete er.

»Aber Sie verhaften ihn?« Gier in ihren Augen. Gier nach Disharmonie. Bachmann war angewidert von ihr, aber er machte diesen Beruf lange genug, um sein Gesicht und seine Emotionen im Zaum halten zu können.

»Ist Ihnen sonst etwas Merkwürdiges aufgefallen?«, fragte er.

»Merkwürdiger als ein Pfarrer, der nachts mit der Jacke eines Toten rumrennt?«

»Waren Sie dabei? In der Nacht, als Ihre Tochter nicht schlafen konnte?« Er glaubte nicht, dass Ulrike Hauser gelogen hatte, aber eine zweite Zeugin schadete nicht. Sofern man dieser trauen konnte.

Ulrikes Mutter sah ihn aus ihren verkniffenen Augen an. »Nein«, antwortete sie. »Aber ich glaube meiner Tochter. Und Sie sollten nicht den Fehler machen, uns für Lügnerinnen zu halten.«

Eine kaum versteckte Drohung. Auch wenn Bachmann nicht wusste, was er von den beiden Frauen zu befürchten haben sollte.

»Das tue ich nicht«, erwiderte er. »Aber mit übereilten Anschuldigungen sollte man vorsichtig sein.«

»Sie haben die Hinweise, Herr Inspektor«, sagte sie. »Ich erinnere mich an eine Zeit, als noch Männer das Sagen hatten, die zwei und zwei zusammenzählen konnten.«

Und damit schloss sie die Tür vor seiner Nase.

Er bog aus der Einfahrt und fuhr zurück nach Ebenkreuz. Auf

dem Weg kam er an der kleinen Leichdorfer Kirche vorbei, die am Waldrand kauerte, als wollte sie sich verstecken.

Er glaubte immer noch nicht, dass Leng der Täter war. Aber wenn er von vornherein nicht bereit war, zwei und zwei zusammenzuzählen – um bei der Metapher der Mutter zu bleiben –, könnte das gefährlich sein und zu späterer Reue führen.

4

Als Dwiggi wach wurde, erschien ihm die Welt wie eine Lüge, die er nur zur Hälfte durchschaut hatte. Das Licht, das durch den Spalt zwischen den Vorhängen hereinfiel, zwang ihn dazu, seine Augen zusammenzukneifen, aber wenigstens sorgte der Schmerz dafür, ihn ein wenig schneller aus der Illusion seiner Träume hervorzuholen.

Er gähnte und sah zur anderen Seite des Bettes hinüber, die leer war – was keine Überraschung hätte sein sollen und trotzdem eine war.

Er betrachtete das unberührte Kissen und war für ein paar surreal in die Länge gezogene Momente nicht in der Lage festzustellen, ob die Erinnerung an Barbara Realität war oder Traum.

Als Kind hatte er mal einen ausgesprochen intensiven Traum gehabt, in dem er sein Skateboard beherrschte wie ein Vollprofi. Als er morgens allerdings aufs Brett stieg, stellte er sehr schnell fest, dass es trotz aller Lebendigkeit nur ein Traum gewesen war. Dwiggi war so sehr davon überzeugt gewesen, über jene Fertigkeiten zu verfügen, dass er sein Board zum Supermarkt mitgenommen hatte und dort auf das Metallgeländer springen wollte, um lässig daran hinunterzurutschen. Stattdessen war er dagegengeprallt, hatte sich Knie, Ellbogen und das Gesicht aufgeschürft und nur durch ein Wunder nicht wirklich verletzt, als er seinem Skateboard die Stufen hinunter gefolgt war. Den Rest des Vormittags war er mürrisch neben dem rollenden Brett gesessen und hatte überlegt, es in den nächstbesten Müllcontainer zu werfen.

Skateboarden lag schon lange hinter ihm, Barbara nicht. Er betrachtete die leere Seite und spürte das kaum vorhandene Ziehen, mit dem Sehnsucht und Abhängigkeit sich ankündigten. Ein schales Gefühl. Unerwünscht. Und in den letzten Jahren eigentlich immer erfolgreich unterdrückt oder betäubt.

»Ach verdammte Scheiße!«, sagte er mit einem Lächeln, das an Galgenhumor erinnerte und nicht zum Inhalt seiner Worte passte.

»Ich vermisse dich, du ...« An der Stelle wollte er fluchen, brachte es aber nicht über seine Lippen. Stattdessen schüttelte er den Kopf. Das war eine neue Dimension der ganzen Sache. Nach all den Jahren der erzwungenen Unabhängigkeit war es ein kleiner Schock, aufzuwachen und festzustellen, dass er sich selbst als Gesellschaft nicht mehr ausreichte.

Er schlug die Decke zurück und stand auf. Er brauchte eine Dusche, er brauchte einen Kaffee, er brauchte irgendeine Art von Ablenkung. Aber während der Dusche, dem Kaffee und dem Reisemagazin, das er als Ablenkung auserkoren hatte, war er im Kopf ständig bei Barbara. Und statt ein Reisewunschziel für sich selbst zu suchen, ertappte er sich dabei, wie er die Länder nach Tauglichkeit für einen gemeinsamen Besuch sortierte.

Dwiggi atmete resigniert aus, legte das Magazin beiseite und wählte Barbaras Nummer. Scheiß drauf.

Er lächelte, als sie abhob – sich bewusst, dass er auf einer Straße unterwegs war, die er nicht mehr einschlagen hatte wollen.

5

Barbara hatte aufgehört, ihre Tabletten zu nehmen. Dwiggi war besser als Tabletten. Sie hatte ihr Leben dabei beobachtet, wie es in die Kloake gerutscht war, und sie hatte es in den letzten Wochen dabei beobachtet, wie es wieder daraus auftauchte.

Dass Dwiggi einen solchen Eindruck hinterlassen würde, hätte sie nicht gedacht. Vor allem nicht nach dem katastrophalen ersten

Treffen bei der Grillparty. Barbara hatte gewusst, dass es ein schlechter Tag für neue soziale Kontakte war, und sie hatte Sandra das auch gesagt. Sie war zu diesem Zeitpunkt schon wochenlang auf Medikamenten gewesen und hatte die Nächte mehr in einer notdürftigen Imitation als echtem Schlaf verbracht. Aber Sandras fröhliche Motivation konnte ansteckend sein, und Barbara tendierte zwar zu Verstimmungen, aber sie wusste, dass das so war. Und sie war niemand, der Hände, die sich hilfeversprechend nach ihr ausstreckten, abwies.

Dass Dwiggi nun derjenige war, der immer öfter neben ihr im Bett lag, war auch für sie eine Überraschung, mit der sie nicht gerechnet hätte. Sie hatte ihm eine gewisse Attraktivität nicht absprechen können, aber die war kaum aufgefallen neben all der Prahlerei und Arroganz, die ihn umgab wie eine nach Mist stinkende Wolke. Sie hatte das herablassende Lächeln keine Sekunde lang falsch interpretiert, als sie sich vorgestellt worden waren. Und wären ihre Verteidigungsanlagen nicht automatisch hochgefahren, hätte sie sie bewusst angekurbelt. Barbaras Wahrnehmung war durch die Medikamente zwar etwas gedämpft gewesen, aber sie hatte dennoch klargesehen. Vor allem ab dem Moment, als Dwiggis Maskerade nach dem zweiten oder dritten Bier zu bröckeln begann und der gebeutelte Mensch dahinter zum Vorschein kam.

Sie war ihm mit dem Geschirr in die Küche gefolgt, weil sie das Gefühl gehabt hatte, dass gar nicht sie sich kennengelernt hatten, sondern Projektionen – vorgeschoben wie Raumteiler, hinter denen man sich in aller Ruhe entspannt verstecken konnte. Barbara hatte selbst nicht verstanden, warum, aber aus irgendeinem Grund wollte sie Dwiggi kennenlernen, nicht nur seinen Paravent.

Als sie dann in der Küche gestanden und er sie mit einer offensichtlichen Abneigung behandelt hatte, die schon absurd unverborgen war, hatte sie ihre Entscheidung infrage gestellt. Aber schlussendlich war mehr von ihr und mehr von ihm zum Vorschein gekommen, und Barbara hatte festgestellt, dass ihr Gefühl sie nicht betrogen hatte.

Sie vermisste Dwiggi, wenn er nicht da war. Aber verglichen mit ihm machte ihr das weniger Grübelprobleme in Eigenkreation. Dwiggi hatte Angst vor Endstationen, Angst davor, innezuhalten. Vielleicht, weil Innehalten einen zwang, Dinge genauer und mit mehr Aufmerksamkeit zu betrachten. Vielleicht hatte er Angst davor, weil ein Teil in seinem Inneren wusste, dass die Welt um ihn herum sich bei Weitem nicht so sehr seinem Willen beugte, wie er wollte. Dass er nicht die Kontrolle hatte, die er zu brauchen glaubte und die er sich leichter einreden konnte, wenn er an allem und jedem vorbeiraste.

Barbara war an einer Endstation gewesen, und vielleicht war diese Situation für sie deshalb einfacher. Weil alles, was nach dieser Endstation kam, Bonus war.

Dwiggi rief an, und sie unterbrach die Gedanken, von denen sie gerade erfüllt gewesen war. Egal wie kompliziert ihre gegenseitige Zuneigung wirken mochte, wenn sie jeder für sich waren – zusammen war alles beneidenswert einfach und klar.

»Essen, Kino, Sex?«, fragte Dwiggi, nachdem er sich nach ihrer Abendplanung erkundigt hatte.

Barbara lachte auf – ein Gefühl, das sich so fremd und gut in ihrer Kehle anfühlte. So erleichternd.

Es ist viel angenehmer, gut drauf zu sein, dachte sie und drängte die kleine, verbitterte Stimme zurück, die sie auf die gefährliche Fallhöhe hinweisen wollte, in die sie sich mit zu viel Glück begab.

»Bei dem Programm müssen wir aber früh anfangen«, entgegnete sie.

Dwiggi schnaubte. »Ich bin ein schneller Esser und, wie du weißt, im Bett eher Sprinter als Marathonläufer. Außerdem brauchen wir die Werbung im Kino nicht mitzuerleben und können abhauen, sobald der Abspann beginnt.«

Sie hatte während seines bescheuerten Monologs gelächelt und tat es immer noch, als sie antwortete. »Romantisch.«

»Dafür kurz.«

»Du weißt, was Frauen wollen.«

»Gibt ne App dafür.«

Inzwischen hatte sie Tränen in den Augen, und wenn da noch irgendwo ein nerviger Zweifel an der Sache mit Dwiggi herumgekrochen wäre, dann hätten diese Tränen ihn ertränkt. Es tat gut, feuchte Augen zu haben und sich dabei nicht in einer Welt aus Trümmern zu sehen.

»Also was meinst du?«, fragte Dwiggi. »Passt dir das in den Tagesablauf?«

»Die fünf Minuten werd ich schon irgendwo reinzwängen können«, erwiderte sie.

Die fünf Minuten begannen am Nachmittag und dauerten bis zum Abend.

6

Sie trafen sich bei Barbara in Ebenkreuz, und weil der Tag wie die meisten in letzter Zeit nicht zum Drinnenbleiben gemacht war, setzten sie sich in den kleinen, zentralen Park auf eine Bank. Trotz des Wetters waren sie praktisch allein, abgesehen von den vereinzelten Leuten, die den Park als Abkürzung von A nach B nutzten.

Dwiggi hatte seinen Inhalator aus der Hosentasche genommen, weil der beim Sitzen manchmal unangenehm gegen seinen Oberschenkel drückte. Er erinnerte sich an die Nachmittage, die er während seiner Schulzeit mit Roland und anderen Freunden, zu denen der Kontakt abgebrochen und nicht wieder aufgenommen worden war, hier verbracht hatte. Die Bänke waren damals anders verteilt gewesen, und der Park wirkte inzwischen sauberer und gepflegter. Offener Alkoholkonsum war inzwischen verboten, außer bei den Dorffesten, aber Dwiggis Generation hatte hier noch ausufernde Abende verbracht.

Er betrachtete eine zerdrückte Coladose, die knapp neben einem Mülleimer lag. Andere hätten vielleicht überlegt aufzustehen und sie hineinzuwerfen, Dwiggi fragte sich nur, ob er den Mülleimer von seiner Position aus treffen würde.

»Wir sind uns früher nie über den Weg gelaufen«, sagte er. Barbara überlegte kurz und schüttelte dann den Kopf.

»Wieso eigentlich nicht?«

Sie zuckte die Achseln. »Andere Freunde.«

Er sah sie aufmerksam an, und sie musste schmunzeln, als sie die Anstrengung in seinem Blick sah. »Versuchst du mich zu hypnotisieren?«, fragte sie.

»Ich kann mich nicht an dich erinnern«, entgegnete er. Erbarmungslos direkt und ohne Spur von Feingefühl.

»Oh, ich kann mich an dich erinnern«, sagte sie.

Darüber war er erstaunt. »Echt?«

Sie nickte. »Klar. Du hattest nicht gerade den besten Ruf.«

»Inwiefern?«

»Egoist, schlechter Umgang, Aufschneider.«

»Aufschneider?« Dwiggi war ehrlich entrüstet, und Barbara musste wieder lachen.

»Das stört dich am meisten?«, fragte sie.

Dwiggi ging nicht darauf ein. »Und ich dachte, ich wär immer ganz beliebt gewesen.«

»Das warst du seltsamerweise ja auch.« Nachdem sie den Wechsel in seinem Gesichtsausdruck beobachtet hatte, schüttelte sie ungläubig den Kopf. »Dass ausgerechnet dir so wichtig ist, was andere denken.«

»Ist es nicht.«

»Ich denke schon.«

Natürlich hatte sie recht. Natürlich war er ertappt. Natürlich hasste er es, ertappt zu werden.

»Das ist nicht schlimm«, fuhr sie fort. Und auch wenn er da anderer Meinung war, verzog er die Mundwinkel zum kleinsten Lächeln der Welt und küsste sie.

Dwiggi war in Bezug auf Nähe wie ein scheues Reh. Man durfte keine zu raschen Bewegungen machen, wenn man wollte, dass er herankam. Er grenzte sich geistig ein Stück weit ab, gab dem Einzelgänger in sich den Vortritt vor dem Rudeltier. Aber Barbara sah es.

»Ich kann es auch nicht leiden, wenn mir andere sagen, wie ich mich fühle«, sagte sie. »Vor allem wenn sie falschliegen.«

»Du liegst nicht falsch.«

Sie betrachtete ihn einen Moment, und Dwiggi sah in ihrem Blick etwas, das er in den letzten Tagen beinahe vergessen hatte: dass Barbara keine Frau ohne Narben war, und dass man die tiefsten nicht auf ihrer Haut sehen konnte.

»Ich kann es auch nicht leiden, wenn sie richtigliegen«, entgegnete sie.

Er betrachtete ihre Augen. Sie hatte viel gelacht in letzter Zeit, aber das hatte die Dunkelheit nicht vertrieben, die dahinter lag. Auch wenn ihr Mund lächelte, hatten Barbaras Augen immer noch den harten, schwarzen Ausdruck, den er bei ihrem Kennenlernen als passiv-aggressive Weltverbesserer-Scheiße fehlgedeutet hatte. Barbara wollte die Welt genauso wenig retten wie er. Sie waren beide von ihr enttäuscht. Das war es, was sie mehr verband als alles andere.

»Nieder mit den Klugscheißern!«, sagte Dwiggi – sich vage bewusst, dass das auch ihn selbst mit einschloss.

»Nieder mit den Klugscheißern«, bestätigte sie.

Er legte seinen Arm um ihre Schultern, und sie schmiegte sich an ihn. Ihr Gespräch verlagerte sich auf Belanglosigkeiten, die besonders wirkten, weil sie zusammen waren.

7

Tschickos Beerdigung fand an einem warmen, wenn auch wolkenverhangenen Tag statt. Der Friedhof war nur wenig besucht. Bachmann sah vertraute Gesichter, was wenig bedeutete, nachdem ihm in Ebenkreuz und seinen Nachbarorten die meisten Gesichter vertraut waren. Er beobachtete die Anwesenden, suchte nach Hinweisen, nach Kleinigkeiten, an denen er sich festhaken konnte. Er wäre nicht überrascht, wenn Tschickos Mörder beim Begräbnis erscheinen würde.

Lengs Predigt war eloquent, auf den Punkt und klar, aber ihm fehlte es an Warmherzigkeit. Wangenknochen und Lippe waren auf einer Seite geschwollen. Für Bachmann sah das verdächtig nach Schlägerei aus, selbst aus der Ferne. Es fehlte das dunkle Violett eines Blutergusses, aber so etwas ließ sich überschminken.

Die Beisetzung näherte sich dem Ende.

Bachmann trug einen schlichten Anzug, weil die Uniform zu auffällig, zu offiziell, zu einschüchternd gewesen wäre. Er wollte nicht, dass Leng sich während seiner Predigt beobachtet fühlte. Allerdings war die Masse an Personen nicht groß genug, um darin zu verschwinden.

Die Beerdigung war keine Turnstunde, und dementsprechend wenig bewegte der Pfarrer sich. Bachmann achtete dennoch auf jeden Schritt, und zumindest von der Weite sah er nicht die geringste Unstimmigkeit in Lengs Bewegung. Kein Anzeichen eines Hinkens, kein Nachziehen des Fußes.

Während der Priester sein Programm abspielte, fragte Bachmann sich, ob es überhaupt Sinn machte, mit ihm zu sprechen.

Aber als die Kirchgänger sich auflösten, blieb Bachmann.

»Herr Pfarrer?« Er hatte gewartet, bis Leng alleine war und sich ein wenig von den verbliebenen Trauernden entfernt hatte. »Hätten Sie kurz Zeit für mich?«

Leng wirkte einen Moment lang verwirrt, aber dann lächelte er – eine schiefe Grimasse, disharmonisch und befremdlich. Bachmann sah Schminke über den Schwellungen in seinem Gesicht. Aber selbst aus der Nähe sah das noch gut aus. Er fragte sich, wer das wohl getan hatte, und glaubte nicht, dass Leng selbst dazu in der Lage war. Das sah nach Profihand aus. Vermutlich weiblich.

»Ich denke, das ist kein passender Moment, Herr Inspektor«, entgegnete Leng.

Bachmann ignorierte die Aussage. Der Priester hatte keinen Angriff auf sich selbst oder jemand anderen gemeldet. Und auch sonst niemand. Das war nicht seine Pflicht, aber sonderbar.

Tschicko hätte sich wohl gewehrt, wenn er die Chance dazu gehabt hatte. Aber Tschickos Tod lag zu lange zurück. Die Prellungen wären abgeschwollen.

»Sieht nicht schön aus, ich weiß«, sagte Leng, dem der Blick nicht entgangen war.

»Unfall?«, fragte Bachmann. Die zweite Frage schwang deutlich darin mit: *Oder haben Sie etwas angestellt?* Bachmann schlief im übertragenen Sinn stets mit einem offenen Auge, und ein Teil seines Verstandes behielt ständig alternative Möglichkeiten im Blick. Er hatte zu viel gesehen, um das ändern zu können. Dinge wären einfacher, wenn er dieses Verhalten mit seiner Uniform ablegen könnte, aber *hätte, würde, sollte* waren Worte, die er sich abgewöhnt hatte. Künstliche Kreuzungen auf den ansonsten geraden Wegen seiner Denkmuster, die zu oft in Sackgassen führten.

»Ja«, antwortete Leng. Aber da war eine Pause davor gewesen. Nicht lange, nicht gefüllt, außer mit einem Hauch von angehaltenem Atem, der für Bachmanns scharfen Blick nach Anspannung aussah. Es war wie mit der Kassiererin und Lengs Hinken: Den meisten wäre es nicht aufgefallen.

Bachmann wartete, ob Leng sich weiter zu dem Unfall äußern wollte, der sein Gesicht gezeichnet hatte, aber das wollte dieser offensichtlich nicht.

»Wir werden nicht lange brauchen«, sagte Bachmann, sich sicher, dass der Priester die Zwischentöne erkannte und verstand, dass der Wunsch nach einem Gespräch keine Bitte war. »Wir können uns in meinen Wagen setzen, wenn Ihnen das lieber wäre.«

Leng schüttelte den Kopf. Er blickte sich um und sah, dass ihr Gespräch den letzten Trauergästen nicht entgangen war. Neugierige, verstohlene Blicke ruhten auf ihnen, und das Gemurmel musste man nicht verstehen, um den Inhalt zu erraten.

»Entfernen wir uns nur ein wenig, wenn es geht«, sagte Leng. Bachmann nickte und ließ ihm den Vortritt. Nicht aus Höflichkeit.

Als Leng ein paar Schritte vor ihm ging, sah Bachmann die Bestätigung für das, was Ulrike Hauser behauptet hatte: Der Priester zog beim Gehen einen Fuß leicht nach.

Sie führten ihr Gespräch am Parkplatz, in einem Winkel, der weit genug vom Durchgang in der Friedhofsmauer entfernt war, um ihnen ein gewisses Maß an Privatsphäre zu geben.

»Wie kann ich helfen?«, fragte der Pfarrer. Bachmann nickte in Richtung Friedhof.

Leng wirkte überrascht. Seine Augen waren dunkel, und das lag nicht am bewölkten Himmel. Bachmann hatte nie viel mit ihm zu tun gehabt, aber die dunklen Augen waren ein starkes Wiedererkennungsmerkmal. »Bin ich in der Sache verdächtig?«, fragte er.

»Nein«, meinte Bachmann. »Reine Routine. Wo waren Sie in der Zeit um den achtzehnten Mai?«

»Das klingt, als wäre ich doch ein Verdächtiger.«

Bachmann schwieg und wartete. Lengs Gesicht blieb ruhig, aber Bachmann hatte das Gefühl, dass seine Lippen sich ein wenig bewegten, als führe er nonverbale Selbstgespräche. Das konnte eine Täuschung sein. Der Pfarrer war bekannt für seinen Hang zu Selbstgesprächen, eine Angewohnheit mit zum Teil verunsichernden Ausmaßen. Aber das machte ihn nicht zum Täter.

Während Leng über Bachmanns Frage nachdachte, ruhte dessen Blick ohne Nachdruck auf dem Gesicht des Pfarrers. Wenn sich darin etwas anderes als Nachdenken regte, entging es ihm.

»Achtzehnter war das Wochenende nach Muttertag, oder?«, fragte Leng.

»Es war Wochenende«, bestätigte Bachmann. »Samstag.«

Leng nickte. »Nun, Samstag nehme ich mir in der Regel frei«, sagte er. »Bereite mich auf Sonntag vor. Gehe spazieren, wenn das Wetter passt.«

»Und passte das Wetter?« Bachmann war zu der Zeit noch im Urlaub gewesen, und dort hatte das Wetter für alles von Wandern bis Nacktbaden getaugt. Auch große Bilder setzten sich aus Kleinigkeiten zusammen, und Bachmann fühlte sich wohler, je mehr er davon kannte. Ihn interessierte nicht, ob der Pfarrer ein Wettertagebuch führte, sondern ob jenes Wochenende sich aus irgendeinem Grund so stark in sein Gedächtnis gebrannt hatte, dass er sich an Details wie das Wetter erinnern konnte.

Leng schüttelte den Kopf. »Tut mir leid«, entgegnete er. »Ich weiß es nicht.«

Wie das meiste, wenn man in der Dunkelheit rumstocherte, konnte das vieles bedeuten, oder gar nichts.

»Ich fürchte, ich habe kein Alibi, Herr Inspektor.«

Lengs schiefes Lächeln – das Unschuld suggerieren wollte und mit Karacho daran scheiterte – entblößte seine Schneidezähne. Einer der oberen war schräg abgeflacht und damit spitzer als sein Nachbar. Als wäre er irgendwann abgesplittert und das fehlende Stück nie ersetzt worden. Es fiel nur auf, wenn man direkt vor ihm stand.

Bachmanns Blick blieb zu lange daran hängen. Leng bemerkte es.

»Brauchen Sie ein Alibi?«, fragte Bachmann.

»Sie geben mir das Gefühl, ja.«

Bachmann ging nicht weiter darauf ein. »Eine Sache noch«, sagte er. »Dann lasse ich Sie in Ruhe.«

»Bitte.« Leng bemühte sich, den beiläufigen Tonfall beizubehalten, aber Bachmann hörte den Unterschied in seiner Stimme, als hätte er Untertitel zu seiner Gemütslage.

»Anscheinend fehlt aus Rudolf Neudorfers Schrank ein Kleidungsstück.« Die Formulierung war riskant, direkter, als Bachmann in der Regel angenehm war. Er ließ Leng nicht aus den Augen. »Eine Strickjacke. Einzelstück. Hundekopf auf dem Rücken.«

Lengs Gesicht war steif. Der Eindruck kam natürlich vom geschwollenen Gesicht und lud zu Spekulationen ein, aber Bachmann glaubte trotzdem, einen Nerv getroffen zu haben.

»Wenn Ihnen eine solche irgendwo auffällt«, fuhr er fort. »Melden Sie sich bitte.«

»Natürlich«, sagte Leng nach einer Pause.

Bachmann nickte zum Abschied. »Danke für Ihre Zeit.«

Er war mit der Erwartung gekommen, Leng von seiner Liste Verdächtiger zu streichen, aber stattdessen schob er ihn nun ganz weit nach oben.

8

Als Bachmanns Wagen weg war, blieb August alleine mit sich selbst und dem Tumor in seinem Verstand zurück.

Er lauschte dem Geräusch des verklingenden Motors und wartete, bis nur noch der Wind und seine eigenen Gedanken zu hören waren.

»Ruhig«, sagte der Andere. »Er stochert nur rum.«

»Gäb genug zu finden«, entgegnete August.

»Fahr zu ihm nach Hause. Stocher in ihm herum.« Aber das würde August nicht tun.

Er nickte freundlich, als sich die letzten Trauergäste verabschiedeten. Aber das Lächeln hielt nicht.

9

Dwiggi verbrachte die Nacht erneut mit Barbara. Dem ausgedehnten Aufenthalt im Park folgte ein entspanntes Essen, bei dem sich eine vertraute Atmosphäre einstellte, die wirkte, als wären sie schon länger ein Fixstern im Leben des jeweils anderen, als sie eigentlich waren. Sie lachten viel, was vor allem auf Barbaras Seite der Gleichung ein klarer Hinweis dafür war, dass hier etwas Außergewöhnliches passierte.

Und Dwiggi hörte aufmerksam zu, wenn sie erzählte, selbst wenn Barbara das mehr als fünf Minuten am Stück tat und das Thema ihn eigentlich nicht interessierte. Das kam bei ihm einem Weltwunder gleich.

Nach dem Essen gingen sie ins Kino, wo der Film nur atmosphärisches Beiwerk zum fast unschuldigen Händchenhalten war. Nach dem Kino kam zu Hause, und Bett, und Sex, und noch mehr Nähe.

Sie lagen in der Dunkelheit, die sie wie eine zweite Decke umhüllte, als Barbara ihn fragte, ob er irgendwann Kinder haben wolle. Ihr Arm war um seinen Oberkörper geschlungen, und während sie die Frage stellte, hatte sie schon versucht, sich auf das Zucken vorzubereiten, mit dem sein Körper signalisierte, dass die Frage ihn verschreckte.

Aber da war kein Zucken. Einen Moment lang wirkte es, als hätte Dwiggi sie gar nicht gehört.

»Ich weiß nicht«, antwortete er nur. In seiner Stimme hörte sie keine Abneigung, keine Bewertung der Frage. Nur Nachdenklichkeit.

Aber die Wahrheit war, dass er es sehr wohl wusste. War er nicht deshalb wieder zurückgekommen? Zumindest zu einem gewissen Teil? Weil er sein wertloses Dasein im Alleingang satthatte, von dem nichts bleiben würde, wenn er ging? Das orientierungslose Dahintreiben zwischen Erfahrungs-Highlights, die wie die Spitzen von Eisbergen aus dem Meer seiner Selbsttäuschung hervorragten?

Er erinnerte sich daran, wie er das Haus seiner Eltern nach all den Jahren zum ersten Mal wieder gesehen hatte. Wie er sich vorgestellt hatte, dass Nachwuchs und eine Frau mit ihm ankommen würden. Wie allein er sich gefühlt hatte. Wie bedeutungslos.

Zu Roland hatte er gesagt, dass er – Dwiggi – vielleicht auch bald so weit sein würde, sesshaft zu werden, und Roland hatte gelacht. Dwiggi konnte ihm das nicht übel nehmen. Er erkannte selbst, wie absurd die Vorstellung war.

Aber nur von außen betrachtet.

»Willst du welche?«, fragte er Barbara.

»Ich wollte dir keinen Druck machen oder so«, entgegnete sie nach einer Pause.

In der Dunkelheit, die sie visuell voneinander trennte und ihren Augen das Gefühl gab, in einer schwarzen Leere alleine zu sein, schüttelte er den Kopf. »Ich lass mir keinen Druck machen.«

Aber das tat er. Er machte ihn sich sogar selbst. Dwiggi unterdrückte es, aber unter der Oberfläche – dort, wo der größte Teil der Eisberge sich befand – waren all der Druck, all die Zweifel, all die Ängste. Dort war es kalt und dunkel, aber trotzdem musste er sich diesem Teil seiner selbst irgendwann stellen.

Auch das war ein Grund, warum er wieder zurückgekommen war.

»Ich wollte immer welche«, sagte sie. »Bevor … vor der …«

»Vor der Leuchtreklame.«

Sie lächelte, was er nicht sehen konnte.

»Vor der ganzen Scheiße wollte ich sagen, aber von mir aus. Vor der Leuchtreklame.«

»Und jetzt?«

»Hm.« Die Frage war simpel. Die Erkenntnis dahinter ziemlich gigantisch. »Jetzt wird's immer mehr wie vorher.«

»Vor der Scheiße.«

Barbara stieß ein kurzes Lachen aus und biss ihn in die Seite.

Dwiggi schrie erstaunt auf und stieß sie von sich, bevor er sich auf sie wälzte und sie küsste. Barbara widerstand dem Drang, ihm in die Zunge zu beißen, aber nur knapp.

»Und was soll das jetzt heißen?«, fragte er, seine Stimme in der Dunkelheit nicht mehr als ein kaum hörbares Flüstern. »Heiraten, Kinder, Altersheim?«

»Du kannst von mir aus ins Altersheim«, antwortete sie. »Ich will dein Haus haben.«

Dwiggi lachte und musste gleichzeitig an seinen Vater und all die anderen Geister denken, die sich als Erinnerungen in die Wände gefressen hatten. *Das willst du nicht*, dachte er.

»Das wär doch groß genug für uns beide«, sagte er stattdessen.

»Nicht wenn wir Kinder haben.«

»Ich glaube, ich würde es dir sogar geben«, entgegnete er nach einer Pause. Wenn Barbara nicht geantwortet hätte, wäre es für ihn ein Gedanke geblieben. Ein schockierender, wie ihm nachträglich bewusst wurde.

»Und ich würde es nicht annehmen«, sagte sie. Damit ließen sie das Thema auf sich beruhen.

10

Haralds letzte Tage waren von jener Eintönigkeit erfüllt gewesen, die unbemerkt zum Alltag geworden war. Die Kassiererin im Supermarkt hatte ihm wieder ungeschickte Avancen gemacht, und Harald hatte sie genauso kaltherzig abgeblockt wie all die Male zuvor. Wie immer hatte er auf verabschiedende Worte verzichtet, wie immer würde das nicht den erhofften Effekt erzielen.

Gerda hatte sich wieder rargemacht, und in den schlechten Nächten, wenn das Einschlafen nicht so leichtfiel wie in den guten, war der Wunsch, seinem Leben ein Ende zu setzen, drängender als je zuvor. Immerhin waren Gerdas Besuche der Beweis für ein Leben nach dem Tod, oder nicht?

Der Beweis sagt noch nichts darüber aus, ob es lebenswert ist, hatte er sich gesagt und damit zweifellos recht. Aber war nicht alles, was ihn wieder mit seiner Frau vereinte, besser als alles, was er im Moment hatte? War es nicht besser, jenen Albtraum gemeinsam zu leben, selbst wenn er ewig dauern sollte, als diesen hier allein?

Du könntest der Kassiererin eine Chance geben, sagte eine andere Stimme in seinem Inneren, und auch sie hatte zweifellos recht. Es musste nicht gleich etwas Festes daraus werden, allein ein gemeinsames Essen oder ein Ausflug könnten schon helfen. Irgendeine Art von Gesellschaft.

Aber Harald war seinen Pfad verbissener Sturheit schon zu lange und zu weit gegangen, um noch umzudrehen.

Zu Hause warteten wie immer Bilder und Erinnerungen seiner toten Frau auf ihn und Mikrowellenessen, das wässrig und herzlos schmeckte.

Der Fernseher bestrahlte das Haus mit Bildern und Geräuschen aus einer Welt, von der er immer weniger ein Teil zu sein schien.

Harald aß mit derselben automatisierten Mechanik, mit der er es immer tat – wie ein Zombie, der auf Fertiggerichte statt Gehirne abfuhr.

Dann ging er ins Bad, putzte sich die Zähne, warf die Kleidung des Tages in den Wäschekorb und suchte nach den Lichtpunkten seines Daseins.

Er fand sie nicht.

Der fast leere Wäschekorb schien ein Sinnbild für die schale Bedeutungslosigkeit seiner Tage zu sein, und Harald spürte, wie er von einer Antriebslosigkeit eingeholt wurde, die gefährlich werden konnte, wenn man sich ihr nicht rechtzeitig entgegenstellte.

Aber heute war nicht der Tag dafür.

In seinem Schlafzimmer herrschte dieselbe Dunkelheit wie in Barbaras. Nur dass Haralds Dunkelheit eine Welt vor ihm verbarg, in der er auch bei Licht allein war.

Seine Gedanken blieben düster und trostlos und waren unruhig genug, um ihn wach zu halten. Es war noch nicht einmal zweiundzwanzig Uhr, als Harald sich geschlagen gab und das Licht neben dem Wecker am Nachtkästchen einschaltete.

Er dachte darüber nach, sich ins Wohnzimmer vor den Fernseher zu setzen, aber das hatte ihn noch nie eingeschläfert, egal wie langweilig er die Programme fand. Direkt nach Gerdas Tod hatte er es mit einem Fernseher im Schlafzimmer versucht, einem kleinen Flachbildschirm, den ihm einer seiner Kunden zum Spottpreis verkauft hatte und der nur wenig mehr wert gewesen war.

Aber das Gerät hatte ihn länger wach gehalten als vor dessen Abwesenheit, und als Harald erkannt hatte, dass er kein Vor-der-Flimmerkiste-Einschlafer war, hatte er es in den Keller verbannt, wo es unter einem alten Handtuch vor sich hin vegetierte.

Er könnte die heutige Zeitung lesen – mit der war er noch nicht ganz fertig. Aber Harald wusste, dass auch die ihn nur unnötig wach halten würde. Zeitungen waren zu aktuell.

Missmutig quälte er sich aus dem Bett und ging zu dem schmalen Bücherregal, das vor allem von seiner Frau gefüllt und in der

Zeit nach ihrem Tod nicht mehr angerührt worden war. Er ließ seinen Blick über die Titel auf den Buchrücken gleiten und stellte sich dabei unweigerlich vor, was sie bei den einzelnen Bänden empfunden hatte. Ob sie ihr gefallen, sie verärgert und warum sie sie gekauft hatte.

Sachbücher reihten sich an Romane, historische Erzählungen an moderne. Harald selbst war nie zu einem großen Leser geworden, vielleicht weil er es immer mit den Titeln verband, zu denen er als Schüler gezwungen worden war. Gerda hatte versucht, ihm klarzumachen, dass es da draußen auch noch anderes gab, war aber nie erfolgreich gewesen. Harald war stur, vor allem bei Dingen, die er für unnütz hielt.

Die Bücher waren auf dem Regal scheinbar willkürlich aneinandergereiht, ohne System, ohne Hintergedanken. Das überraschte Harald. Gerda war eine ordentliche, strukturierte Frau gewesen. Ihm entging die Ästhetik, mit der die Bände angeordnet waren. Gerda hatte sie nicht nach Inhalt, sondern nach Aussehen sortiert. Nach Farbe, Größe, Struktur. Sie hätte jedes einzelne Buch darin auf Anhieb gefunden, Harald nicht.

Etwa auf Brusthöhe, am Rand einer Reihe, lag eine Handvoll Bücher übereinander, statt wie die anderen zu stehen. Harald betrachtete sie verwirrt und griff schließlich nach dem obersten. Es war nach all der Zeit mit Staub bedeckt und behandelte den Zusammenhang zwischen den erschwerten Lebensumständen altertümlicher Maler und ihren Kunstwerken. Nichts, was Harald zum Umblättern bewegen würde.

Darunter lag eine Kurzgeschichtensammlung mit einem Cover, das wie die Abbildung eines Tapetenmusters aus den Siebzigern aussah. Dann ein Thriller mit einem blutigen Fleischspieß, der nicht gefährlich aussah, und einem Titel, der nicht mal für Harald grammatikalisch astrein klang. Darunter etwas, das ›Mein Leben danach‹ hieß und sich genauso uninteressant anhörte, wie es aussah, und schließlich ein Buch, das sich mit dem Umgang von schweren Krankheiten befasste.

Harald betrachtete es und spürte die Wut, die immer hinter einer Ecke seines Verstandes wartete und manchmal – in den richtigen Momenten – hervorlugte. Dies war so ein Moment.

Er drehte das Buch um und versuchte die Rückseite zu lesen, ließ das aber schnell wieder bleiben. *Sie hat gewusst, dass sie sterben wird,* dachte er. Aber der Gedanke war nichts Neues, und fühlte sich auch nicht so an.

Gerda hatte immer eine Menge Bücher parallel gelesen. Harald hatte nie verstanden, wie oder warum sie das machte, aber er hatte es auch nie hinterfragt.

Unter dem Buch über Krankheiten und ihre Auswirkungen auf Freunde und Angehörige verbarg sich noch ein letztes – ein romantischer Roman. Nicht sehr dick, nicht sehr schwer.

Harald betrachtete den Einband, der eine grüne, gewellte Landschaft zeigte, auf der irgendwo im Hintergrund ein einzelnes, weißes Haus zu sehen war. Er wusste nicht, was er davon halten sollte. Er hätte nicht mal gewusst, was es für eine Art von Buch war, wenn unter dem Titel nicht ›Romantischer Roman‹ gestanden hätte. Aber das Cover gefiel ihm. Wäre es ein halb nackter Pirat mit glatt rasierter Brust gewesen, der kurz vor der sanftmütigen Vergewaltigung einer vollbusigen Maid mit perfekt sitzendem Haar und debilem Gesichtsausdruck stand, dann hätte Harald das Buch gleich wieder weggelegt. So aber betrachtete er es lange genug, um das glänzende Lesezeichen zu bemerken, das etwa in der Hälfte zwischen den Seiten hervorragte. Er schlug das Buch an der Stelle auf und betrachtete es. Das unaufdringliche Muster passte zu der Gerda, die er gekannt hatte. Zu kennen geglaubt hatte.

Der Text war in einer angenehmen Größe gedruckt, mit weiten Zeilenabständen, die einen schnell durch die Seiten gleiten ließen. Harald las einen Absatz und stellte fest, dass zumindest dieser genauso frei von Kitsch war wie der Umschlag.

Er nahm das Buch mit ins Bett und begann an der Stelle zu lesen, an der seine Frau aufgehört hatte.

Für einen Moment war es fast, als würden sie das gemeinsam tun.

11

Eine – zumindest für ihn – ungewisse Zeit später schreckte er aus Träumen hoch, die nicht mehr da waren, sobald er sich ihrer bewusst wurde. Im Zimmer war es stickig, weil der Tag heiß gewesen war und er vorm Schlafengehen nicht gelüftet hatte.

Das Licht auf dem Nachttisch brannte noch, und das Buch – dessen Inhalt sich zu wenig eingeprägt hatte um jetzt noch präsent zu sein – lag aufgeschlagen neben ihm.

Und um seinen Brustkorb war ein Arm geschlungen.

Harald sah ihn nur aus dem Augenwinkel, spürte ihn aber deutlich. Gerda war wieder zu Besuch. Arm und Buch waren so positioniert, dass es fast so aussah, als wäre sie damit eingeschlafen, nicht er.

Er lauschte auf das Geräusch ihres Atems. Es war nicht da.

Harald drehte seinen Kopf – nicht zu ihr, sondern von ihr weg – und blickte zum Nachttisch. Es war nach Mitternacht. Natürlich. Dort stand die Lampe, die das Zimmer in schwaches, warmes Licht tauchte. Wie eine kleine Sonne in der Dunkelheit. Ihr Schein war nicht stark genug, um das Bücherregal auf der anderen Seite des Raums zu erhellen, aber es reichte definitiv fürs Bett. Auch für die zweite Seite.

Harald hatte sich während Gerdas Besuchen noch nie umgedreht. Und es hatte noch nie Licht im Zimmer gebrannt, wenn sie da war.

Kurz überlegte er, den Arm nach der Lampe auszustrecken und sie auszuschalten, aber er verwarf den Gedanken, bevor sein Arm sich auch nur einen Millimeter weit bewegt hatte.

Der Roman war kein Meisterwerk, und Harald würde ihn wohl kaum fertig lesen. Aber hatte er Gerda nicht doppelt so stark vermisst wie zuvor, während er die Seiten überflogen hatte – zweifellos wesentlich langsamer als sie, aber mit einer vergleichbaren Intensität? Harald war während des Lesens in seine Erinnerungen an Gerda eingetaucht, und nun lag sie neben ihm.

Es war nicht das erste Mal, und doch war es diesmal ganz anders.

Heute würde er nach ihrer Hand greifen, sie festhalten. Er würde sich umdrehen, endlich ihr Gesicht wieder neben sich sehen und aus dem Schlund erwachen, in dem er sich seit ihrem Tod befunden hatte. *Nur ein schlechter Traum*, dachte er. *Nur ein schlechter Traum.*

Gerdas Nähe war noch nie so real gewesen wie in diesem Moment. Da war deutlich der Geruch ihres Parfüms, und natürlich konnte es wieder nur der Hauch von Erinnerungen sein, aber Harald glaubte es nicht. Heute nicht, heute weigerte er sich mehr als sonst, es für eine Einbildung zu halten.

Sein Herz war leicht, als er nach ihrer Hand griff. Voller schmerzhafter Dankbarkeit, wie man sie am Ende eines langen Weges empfand, wenn trotz aller Unwahrscheinlichkeit alles gut ausgegangen war.

Er legte seine Finger um ihre, spürte die Kälte und drehte seinen Kopf zur anderen Seite des Bettes.

Dann begann er zu schreien. Er sprang aus dem Bett und presste sich mit dem Rücken gegen die Wand, während auf der Seite seiner Frau ein Ding lag, dessen Realität sein Verstand nicht akzeptieren wollte.

Es hatte lange Haare, Arme, Beine und auch sonst die äußerliche Erscheinung eines Menschen, aber es konnte kein Mensch sein. Die Haut war fahl und wirkte wächsern – zumindest unter dem Hals. Darüber war sie dunkelblau bis schwarz, die Augen waren zu groß, als würden sie von einem unnatürlichen Druck nach außen gepresst werden, und zwischen den Lippen quoll ein violettes, aufgedunsenes Ding heraus, das Harald erst verspätet als Zunge erkannte.

Sein Schrei verebbte krächzend, als in seinen Lungen keine Luft mehr war. Sie verkrampften sich und wollten keine neue hineinlassen. Sein Herz raste, sein Körper zitterte, und sein Blick war verschleiert, als wollte sein Verstand die Erfahrung zensieren.

Haralds Knie gaben nach, und er sank zu Boden. Das Ding auf dem Bett ließ er nicht aus den Augen.

Es blieb nicht auf dem Bett.

Es zog sich zurück, hielt die Decke, die es um sich geschlungen hatte, fest umklammert und rutschte von ihm weg. Und Harald erkannte mit einer Klarheit, die so brennend, so deutlich und so endgültig war, dass sie wie eine Wunde schmerzte, dass das dort kein Monster war.

Das war seine Frau.

Und unter all der makabren Verkleidung, die ihr Selbstmord ihr aufgezwungen hatte, war es immer noch jenes Gesicht, das er fast sein ganzes Leben lang geliebt hatte. Immer noch dieselben Augen, immer noch derselbe Mund, immer noch dieselben Lippen.

Aber nun, da sein Schrei verklungen war und damit im Schlafzimmer und seinem Inneren wieder einigermaßen Ruhe herrschte, nun wurde ihm erst Gerdas Blick bewusst. Das Entsetzen darin. Der Schmerz. Und eine Erkenntnis, die viel schwerer für sie wog als ihn.

Ihre Existenz war zweifellos unnatürlich und genauso viel Albtraum wie Wunder, aber was dort auf der anderen Seite vom Bett rutschte, war keine gefühllose Leiche.

Harald erkannte, dass er Gerda mit seiner Reaktion auf ihren Anblick das tote Herz gebrochen hatte.

Sie ließ ihn nicht aus den Augen, während sie weiter zurückwich – wie ein geprügelter Hund, der nicht verstand, woher die Wut seines Herrchens kam. Harald spürte Tränen in seinen Augen, als er die Verletzung in ihren sah. Er streckte seine Hand nach ihr aus, als er erkannte, was sie vorhatte.

»Nein«, flüsterte er, schal und kraftlos. »Nein, Schatz, bitte bleib.«

Aber sie starrte ihn nur weiter an, als hätten sie sich nie gekannt, als hätten sie sich nicht ein Leben lang geliebt. Als wäre er jemand anderes.

Harald versuchte aufzustehen, aber seinen Beinen fehlte es an Kraft. Er blieb auf den Knien, robbte zum Bett und streckte erneut die Hand nach seiner Frau aus.

»Es tut mir leid«, sagte er.

Er wollte zu ihr, sie weg von ihm. Sie betrachtete ihn mit ihren starrenden, zu großen Augen und stieß Laute aus, die durch die geschwollene Zunge gedämpft wurden.

»Geh nicht«, flehte er. Plötzlich war es leicht, hinter der schrecklichen Maske seine Frau zu sehen. »Bleib. Bitte, bleib. Es tut mir leid.«

Er bettelte und bettelte. Das Bett und eine ganze Welt waren zwischen ihnen.

Schließlich sah er, dass ihre Wangen feucht waren, schließlich erkannte er, dass die seltsamen, erstickten Laute, die sie ausstieß, den gleichen Ursprung hatten wie seine.

Gerda weinte.

Er spürte das filigrane Konstrukt, das ihre unnatürliche Wiedervereinigung möglich gemacht hatte, zerbrechen. Er bat Gerda, wieder zu ihm ins Bett zu kommen, aber sie presste sich weiter gegen die Wand, bis sie schließlich darin versank, als wäre sie ein Stein, der Richtung Meeresboden glitt. Was immer sie zu ihm gelassen hatte, holte sie zurück.

Er wollte ihre Hand greifen, war aber zu langsam. Als er sie ausstreckte, war da nur noch die Wand – kahl, schmuck- und herzlos. Sie war gegangen, und er blieb allein, mit seinen Tränen, mit seinem Schmerz.

Harald hörte in dieser Nacht auf zu schlafen, während er in jeder, die folgte, auf seine Frau wartete.

Kapitel 9

1

»Ihr habt über Kinder gesprochen?!« Wenn es jemals einen Satz gegeben hatte, der mit Frage- und einer ganzen Menge Ausrufezeichen visualisiert werden sollte, dann war es dieser.

»Ist kein Riesending«, antwortete Dwiggi und nahm einen Schluck von dem selbst gemachten Eistee.

»Kein Riesending?!« Noch mal eine Menge Ausrufezeichen. »Wie kann das kein Riesending sein? Das ist immer ein Riesending!«

Dwiggi zuckte die Achseln. »Bei euch wird das Thema kleingeredet, bei uns anscheinend groß.«

Sandra hob die Augenbrauen – als Queen wäre sie in diesem Moment *not amused* gewesen. »Was heißt bei uns wird das Thema kleingeredet?«

»Na ja, du willst, er will nicht – Riesenthema, aber ihr tut, als wär's nicht da.«

»Geht außer uns niemanden was an«, entgegnete sie.

Dwiggi nickte. »Genau.«

Sandra brauchte einen Moment, bis ihr klar wurde, auf was er damit hinauswollte. »Oh«, sagte sie. »Touché.« Aber Sandra war die Tochter ihrer Mutter, und so ganz konnte sie das Thema noch nicht auf sich beruhen lassen. »Du verstehst, wie unerwartet das kommt, oder?«

»Jap.«

»Wenn ihr vor mir Nachwuchs bekommt, werde ich sauer.«

Das Thema war für sie unangenehm, weil es die alte Torschlusspanik wieder zurückholte, die in letzter Zeit Ruhe gegeben hatte. Tatsächlich hatte sie Angst davor, dass Barbara vor ihr schwanger werden könnte. Das war lächerlich und dämlich, aber lächerlich und dämlich hebelten trotz allem nicht die Effektivität von tief verwurzelten Emotionen aus. Sandra war eifersüchtig. Niederträchtige, bescheuerte Emotion.

Sie standen bei Dwiggi im Keller, weil Sandra seine ausgemusterte Schallplattensammlung durchforsten wollte. Nicht für sich, sondern für ihren Vater. Papa Constantini war ein großer Verfechter der Vinyl-Ära.

Platten, die sie für interessant erachtete, legte sie beiseite – hauptsächlich Jazz und klassischen Rock'n'Roll, aber auch ein paar Gute-Laune-Schlager. Dwiggis Eltern hatten eine ungeheure Auswahl an Musik angesammelt.

Sandra hielt inne, als sie eine Box mit Kassetten fand. Sie zog eine heraus und betrachtete erstaunt das Cover.

»Schatz gefunden?«, fragte Dwiggi.

Sandra zeigte ihm die Kassette. Gelb, grell und mit fröhlicher nackter Frau vorne drauf. *Lederhosen-Report* stand darüber, und wem das freizügige Cover zu subtil war, dem vermittelten die einschlägigen Titel das Konzept der Liedersammlung: »Am liabstn bin i drinn', bei der Sennerin«, las Dwiggi. »Klingt nach nem Klassiker.«

»Nehm ich dem Roland mit«, sagte sie.

»Auf so was steht er?«

»Mir wurst, ob er drauf steht.«

»Für was willst du dich denn rächen?«

»Mal meinen Verlobungsring gesehen?«

»Den aus Silber mit dem Dings drin?«

»Weißgold, nicht Silber. Und es ist ein Diamant. Aber ich meine den andern, den aus Alufolie.«

Da herrschte kurz Stille. »Alufolie?«

»Jap.«

Sie holte ihr Handy heraus und zeigte ihm ein Foto davon. Dwiggi nickte anerkennend. »Lässig.«

»Nur für Essensreste.«

»Meine Mama hat immer gesagt, über die selbst gebastelten Sachen freut sie sich am meisten.«

»Deine Mama hat gelogen.«

Da hatte sie wohl recht.

»Schau, das wär doch was für dich«, sagte er und streckte ihr ein Buch entgegen.

Sandra nahm es, las den Titel und runzelte die Stirn. »Erotische Selbstmassage?«

»Passt zu deinem Fachgebiet.«

»Ich massier andere, nicht mich selbst!«

»Kann man sicher adaptieren.«

»Wenn man will, mit Sicherheit.«

Sie hielt ihm das Buch entgegen, und er stellte es ins Regal zurück, damit sie sich wieder den Schallplatten widmen konnte.

»Also, Hochzeitstermin steht?«, fragte er.

»Wieso, ist dein Kalender so voll, dass wir uns nach dir richten sollten?«

Da schwang ein kleiner Vorwurf mit, aber er war nicht groß genug, um von Dwiggis Sensoren erkannt zu werden. Er verneinte, einsilbig und verwirrt, weil er eigentlich nur Small Talk machen wollte.

»Du weißt, dass man nicht irgendwen zum Trauzeugen fragt, oder?«, meinte Sandra.

»Irgendjemanden muss man fragen, sonst kommt keiner.«

»Ich will nur, dass du weißt, dass es für Roland etwas Besonderes ist.« Sie machte eine kurze Pause. »Sein wird.«

Bis jetzt hatte er ihr zwar den Antrag gemacht und die ganze Sache damit ins Rollen gebracht, aber danach waren sie eigentlich überraschend schnell wieder in den Alltagsmodus zurückgekehrt.

Sandra wusste zwar nicht, was genau sie erwartet hatte, aber nachdem die Hochzeit noch so unbesonders wirkte, verlor sie dadurch ein wenig an Realität. Als gäbe es immer noch die Möglichkeit, in einem Traum zu sein, aus dem sie irgendwann aufwachte. Unverheiratet und weiterhin Unterstützer der Kondomindustrie.

»Ich weiß«, sagte er. Und Sandra glaubte ihm, obwohl sie das nicht erwartet hätte.

2

Die Ebay-Verkauferei nahm nicht nur mit Sandras Einkauf – für den er keine Bezahlung verlangte – allmählich Fahrt auf. Barbaras Ordnungssystem erwies sich wie erwartet als zeitsparendes Nonplusultra, und weil Dwiggi den Gefühlen und Bedürfnissen anderer gegenüber offener wurde, sagte er ihr das auch.

Sie verbrachten drei Nächte in Folge miteinander, was dazu führte, dass sich Zusammensein schon beinahe nach Zusammenleben anfühlte. Es war merkwürdig, aber nur im Nachhinein betrachtet. Währenddessen war die Zunahme der gemeinsam verbrachten Zeit so unbemerkt und organisch vonstattengegangen, dass keiner der beiden auf die Idee gekommen wäre, eine Notbremse zu ziehen, die vermutlich ohnehin nichts mehr genützt hätte.

Sie lagen eng aneinandergeschmiegt auf der Couch in Barbaras Wohnung und sahen fern, als sie fragte, wie es Sandra und Roland eigentlich ging.

Dwiggi war von der Frage überrascht. Roland und vor allem Sandra waren der Grund dafür, dass Barbara und er ein Paar waren. Ohne die beiden hätten sie sich nie kennengelernt. Aber obwohl sie unterm Strich ihre einzige Gemeinsamkeit waren, zumindest bevor sie sich gut genug kannten, um eigene zu bilden, waren Roland und Sandra eigentlich nie Gesprächsthema. Seit dem Moment, als die Sache zwischen ihnen ernst und unumkehrbar geworden war, hatten sie sich eine Art Blase aufgebaut, in der sie miteinander lebten.

Alle anderen waren außerhalb. Und nachdem weder Dwiggi noch Barbara zu übermäßig tief gehenden sozialen Kontakten tendierten, störte sie das nicht. Aber es war ihnen bis zu diesem Moment nicht bewusst gewesen.

»Gut«, antwortete er. Dwiggi hielt mit nichts hinter dem Berg – er war ein Quell der Information, ein offenes Buch. Nur leider stand nicht viel drin.

»Ich würde sie gern mal wiedersehen«, sagte sie.

»Instagram.«

Sie boxte ihm den Ellbogen in die Rippen. Dwiggi stöhnte auf und packte sie fester, bevor sie noch mal ausholen konnte. Sie wehrte sich anfangs, aber nur spielerisch. Schließlich ließ sie sich halten, und er lockerte seinen Griff.

3

»Dwiggi und Barbara haben über Kinder gesprochen!« Sandra kochte ein verspätetes Mittagessen, während Roland danebensaß und online Zeitungsartikel las, die ihn nicht interessierten. Er hätte ihr Hilfe angeboten, nur war er bei so etwas keine, und sie beide wussten das.

»Läuft«, meinte Roland.

Sie hob die Augenbrauen. »Läuft?«

»Mit Barbara.« Er sah vom Handy auf. »Dwiggi und Barbara, geht's nicht darum?«

»Nein, es geht darum, dass die jetzt schon über Kinder reden!«

»Zusammen. Wolltest du das nicht?«

»Dass er sie gleich schwängert?«

»Dass die beiden zusammenkommen.«

»Doch, das wollte ich schon, aber darum geht's nicht.«

Roland hatte versucht seine Aufmerksamkeit zwischen Handy und Verlobter aufzuteilen und sah nun ein, dass er dabei gescheitert war.

»Ich komm nicht mehr mit.«

»Mensch …« Sie wollte gerade zu einer neuen Erklärung ansetzen, als hinter ihr das Nudelwasser überkochte und zischend auf die heiße Herdplatte floss.

Sandra schob den Topf von der Platte, nahm den Deckel ab und drehte die Hitze zurück. Roland beobachtete sie dabei.

»Ich finde es nur … früh«, sagte Sandra, während sie den Topf wieder zurückschob.

»Warum ist dir das denn so wichtig?«, fragte Roland. Aber natürlich wusste er, warum es ihr so wichtig war.

Sandra drehte sich wieder zu ihm um. »Es ist mir gar nicht wichtig, ich wollte es nur erwähnen!«

Er betrachtete sie, wie sie überdreht am Herd stand – gestikulierend und mit erhobener Stimme, aber ohne Wut im hübschen Gesicht. Als hinter ihr das Nudelwasser erneut überkochte, begann er zu lachen. Er konnte nicht anders.

Sandra drehte sich wieder um, zog den Topf wieder vom Herd, und als sie nach dem Geschirrtuch greifen wollte, war Roland schon da und wischte das übergelaufene Wasser weg. Immer noch schmunzelnd drückte er sie an sich, und Sandra stand einfach nur da und ließ sich umarmen.

»Ich kann das fertig machen«, sagte er.

Sandra schüttelte den Kopf. »Ich habe keine Lust auf zerkochte Nudeln.«

Er küsste sie auf die Schläfe. »Ich auch nicht.«

»Hab mit Dwiggi über die Hochzeit gesprochen«, meinte Sandra, während sie sich der Soße zuwandte.

»Solltest du nicht mit mir über die Hochzeit sprechen?«

Sie legte ihm lasziv einen Arm um die Schulter. »Ach Schatz, wie soll ich es dir nur sagen?«

Er grinste. »Du gehörst übers Knie gelegt, weißt du das?«

»Ich sag's Dwiggi.«

»Aber wer soll Trauzeuge sein, wenn jetzt ihr beide heiratet?«

»Na du.«

»Ich ruf jetzt deine Mutter an und sag ihr, was für ein freches Luder sie großgezogen hat.«

»Weiß sie schon.«

»Lass mich doch auch mal das letzte Wort haben.«

»Nö.«

Roland gab sich geschlagen, aber mit einem Lächeln.

»Worüber habt ihr geredet?«, fragte er.

»Darüber, dass der Trauzeuge nicht irgendjemand ist.«

»Und wieder hab ich das Gefühl, dass du das Gespräch eigentlich mit mir hättest führen sollen«, entgegnete er.

»Nerv nicht.«

»Hat er verstanden, was du von ihm wolltest?« Sie nickte.

»Wär's nicht passender gewesen, wenn ich ihm sag, dass es mir wichtig ist, anstatt dass du ihm, also, verstehst du?«

»Ja, aber dann wär's bis jetzt nicht passiert. Außerdem hättet ihr euch nur gegenseitig angegrunzt und das als Gespräch bezeichnet.«

Roland sah sie verwirrt an. »Was hast du denn für eine Vorstellung von uns?«

»Eine mit Hintergrundwissen.«

»Und zwischen dem Grunzen trommeln wir uns auf die Brust und bewerfen den anderen mit Fäkalien, oder was?«

Sandra drehte sich zu ihm um. »Ich würde gern Nein sagen.«

»Was? Wo reimst du dir das denn zusammen?«

»Ach komm, als ob ihr immer so zivilisiert wärt, wenn wir Mädels nicht dabei sind.«

»Du findest Dwiggi zivilisiert?«

»Findest du dich zivilisiert?«

Ihm wollte keine schlagfertige Antwort einfallen, also gab er sich geschlagen und begann, den Tisch zu decken.

»So zuvorkommend heute?«

»Sonst glaubst du anscheinend, ich lauf da draußen mit meiner Keule rum.«

Sandras Handy klingelte im Wohnzimmer. Sie war gedanklich

halb beim Kochen und halb bei der Hochzeit, als er ihr sagte, wer anrief.

»Meine Nutte?«, wiederholte sie.

»Deine Mutter!«

Sandra nahm grinsend das Telefon entgegen.

»Hast du ihr schon gesagt …«, fragte Roland.

Sie hatte keine Ahnung, was er meinte. Das Handy schrie klingelnd nach Aufmerksamkeit, die es nicht bekam.

»Dass wir nicht mehr …« Roland gestikulierte.

»Verhüten?«

»Ja.«

Sie schmunzelte. »Nein, aber ich hab's in meinen Blog geschrieben. Nächste Woche kommt das Fernsehen vorbei.«

Bevor Roland etwas darauf erwidern konnte, nahm sie den Anruf entgegen.

»Hallo, Mama.«

Er ging zurück in die Küche und sah der Kaffeemaschine dabei zu, wie sie tat, wozu sie geschaffen worden war, während Sandra sich im Nebenzimmer vorwerfen ließ, warum sie nicht früher abgehoben hatte.

4

Sie grillten. Es war absurd, wie oft sie in den letzten Wochen in Dwiggis Garten neben brutzelndem Fleisch und verbrannten Zwiebeln gesessen waren – genauso absurd wie es war, dass Dwiggi Letztere immer noch in Kohlen verwandelte, statt sie weich und lecker auf die Teller zu bringen.

Obwohl man erwarten könnte, dass diese Zusammenkünfte mit der hohen Zahl an Wiederholungen ein gewisses Maß an Eintönigkeit entwickelten, taten sie das nicht. Wie schon zu den Zeiten von Dwiggis Eltern war es immer wieder schön, vorm Dirner-Haus in der Sonne zu sitzen und mehr zu essen, als einem guttat.

Kulinarische Abwechslung war kein Hauptbestandteil, wenn Dwiggi alleine für die Versorgung zuständig war. Obwohl er ein pragmatischer und ganz passabler Koch war und gerne aß, war er kein Gourmet. Er hatte auf seinen Reisen kein Problem damit gehabt, tagelang das Gleiche zu essen, und er hatte es auch in seinem alten Heimatdorf nicht. Dass es diesmal mehr als nur einen Salat zur Auswahl gab, war Sandra zu verdanken, und dass statt mariniertem Fleisch und Würstchen auch Spieße auf den Rost kamen, Barbara.

Dwiggi hatte unter den Sachen, die er in den Keller verbannt hatte, ein halbes Dutzend Spieße gefunden. Sie waren in ein unscheinbares Tuch eingeschlagen, das in Dwiggis gnadenloser Effektivität eigentlich ungeöffnet unter all den anderen Dingen verschwunden wäre, wenn ihm das Päckchen nicht aus der Hand gerutscht und sein Inhalt sich scheppernd über die Kellertreppe ergossen hätte.

Er hatte die Spieße wieder eingesammelt und war dabei lauthals in Lachen ausgebrochen. Er kannte sie – was natürlich weit weniger Überraschung war, als seine Reaktion vermuten ließ –, aber er hatte gedacht, dass sie längst auf der Müllhalde begraben waren.

Die Spieße waren vollständig aus Metall – dick und widerstandsfähig, das Gegenteil ihrer Wegwerfgenossen aus Holz. Ihr spitzes Ende war einfach ein spitzes Ende – scharf, zweckdienlich, gewöhnlich. Aber das andere war verziert, und zwar mit dem Abbild einer Fruchtbarkeitsgöttin – einer klobigen Frau ohne Gesicht, dafür aber mit monströsem Busen. Als Kind hatten diese Frauen für Dwiggi wie Schneemänner ausgesehen, die aus irgendeinem Grund während des Zusammenschmelzens nachgebildet worden waren. Aber er hatte auch keinen sehr langen Blick darauf erhaschen können.

Dafür bist du zu jung, hatte seine Mutter gesagt und sein Vater die Spieße ohne Widerworte, aber mit verkniffenem Grinsen weggepackt. Sie waren sich nicht immer einig gewesen, aber in der Gegenwart von anderen hatten Dwiggis Eltern für gewöhnlich ein vortrefflich harmonisches Paar abgegeben.

Später, als er alt genug dafür war, war ihm klar geworden, dass sie ihn als Vorwand benutzt hatte, um sich der Dinger zu entledigen, die sie als infantil und peinlich empfunden hatte.

Sie waren ein Geschenk von Freunden zum fünfzigsten Geburtstag seines Vaters gewesen, was passte, immerhin veranstalteten die Dirners so oft Grill- und Gartenfeste, als wäre es ihre Einnahmequelle.

Dwiggi betrachtete eine der vollschlanken Damen am Ende des Spießes. Sie sahen immer noch aus wie halb geschmolzene Schneemänner. Die Dinger waren nie verwendet worden, soweit Dwiggi sich erinnern konnte, und er war davon überzeugt, dass er sich daran erinnern würde.

Als er sie so viele Jahre später wieder entdeckte, fühlte er einen Hauch von angenehmer Nostalgie, der nur von einer minimalen Spur aus Schmerz begleitet wurde. Hätte er sie nicht vergessen, wären Roland und Sandra schon viel früher in den Genuss der Fruchtbarkeitsspieße gekommen, so aber war das an diesem Nachmittag eine Überraschung, die niemanden beschämte. Eine neue Generation grillte jetzt im Dirner-Garten.

5

»Wirst mir fehlen heute Nacht«, sagte Barbara.

Sie standen neben der Wäschespinne, die wie ein abstraktes Gerüst neben ihnen in den Nachthimmel ragte. Sie hatten die Arme umeinander gelegt, weil es irgendwann im Laufe dieses Abends schwierig geworden war, sie voneinander zu lassen.

»Dann bleib hier«, murmelte er. Aber das hatten sie schon besprochen. Barbara musste morgen frühzeitig los. *Viel zu früh für dich*, hatte sie ihm versichert, und nachdem ihr Wecker um halb sechs klingeln würde, stimmte das auch.

»Drei Tage«, antwortete sie. »Dann bin ich wieder da. Vergehen wie im Flug, wirst schon sehn.«

Er glaubte ihr, aber der Kuss war lang und innig und fühlte sich mehr nach Abschied an, als er hätte sollen.

»Ich helfe dir noch beim Wegräumen.«

»Nein, das wirst du nicht.«

»Hat letztes Mal auch zu was Gutem geführt.«

»Ja, aber ich lass dich dann vielleicht nicht mehr gehen. Und dann versäumst du deinen Zug. Und dann musst du deine Wohnung aufgeben und hier bei mir einziehen …«

»Und das überfordert dein hartes Einzelgängerherz«, unterbrach sie ihn und klopfte ihm spielerisch gegen die Brust, bevor sie sich noch mal küssten. »Bis bald.«

»Freu mich.«

»Ich mich auch.«

Bin wieder fünfzehn, dachte er und erinnerte sich daran, wie er zum ersten Mal so verliebt gewesen war, dass es wehgetan hatte. Damals hatte er sich gefragt, warum man das wollen sollte, aber Pubertät war ohnehin eine verwirrende und frustrierende Zeit gewesen.

Er versuchte, sich an den Namen des Mädchens zu erinnern, während er die leeren Teller aufeinanderstapelte, aber er wollte ihm nicht einfallen. Sie war in seine Parallelklasse gegangen, und auch wenn seine Erinnerung an ihr Aussehen wahrscheinlich nicht mehr sehr akkurat war, war sie doch klar. Seltsamerweise erinnerte er sich an sie in roten, engen Hosen, wobei er sich nicht sicher war, ob tatsächlich sie es gewesen war, die diese getragen hatte.

Einen Stapel Teller und Schüsseln auf dem Arm, ging er nach drinnen und überlegte, ob er es sich nicht doch noch anders überlegen und zu Barbara fahren sollte. Hier würde er schließlich nichts verpassen. Er konnte das schmutzige Geschirr im Geschirrspüler verstauen und abhauen.

Will nicht alleine schlafen, dachte er mit einer Spur von Verwunderung neben dem Widerwillen, den diese emotionale Abhängigkeit mit sich brachte. Genau das hatte er verhindern wollen, und nun steckte er mittendrin in der Misere, war blauäugig hineingewatschelt und hatte den Rückweg nicht markiert.

Aber die Misere fühlte sich gut an. Liebeskummer war gar nicht so schlimm, wenn er sich auf jemanden bezog, den man anrufen, besuchen, berühren konnte.

Dwiggi ließ die Vorstellung zu, dass dieses Haus von ihnen gemeinsam bewohnt wurde, und der Gedanke war schön, beruhigend und tröstlich. Barbara war das, was dem Haus fehlte. Hatte er das nicht schon gewusst, als er wieder hierher zurückgekommen war? Schon bevor er sie kennengelernt hatte?

Er dachte an jenen Tag zurück, als er vor dem Haus gestanden war und sich die Familie vorgestellt hatte, die ihn begrüßte.

Ja, er hatte es schon gewusst.

Er stellte Teller und Schüsseln auf der Arbeitsfläche in der Küche ab. Den Inhalator nahm er aus der Hosentasche, weil er nicht mehr allzu weit rumlaufen würde, und legte ihn auf das unterste Fach des offenen Regals, das sich am Rand über der Küchenzeile befand.

Der Tisch war bald geleert, die Überbleibsel im Kühlschrank verstaut und das, was im Geschirrspüler Platz fand, in ebenjenem untergebracht.

6

Nachdem Dwiggi sich die Zähne geputzt und geduscht hatte, um wieder einigermaßen klar im Kopf zu werden, legte er sich ins Bett und versuchte seine Gedanken in eine Richtung zu drängen, die ihn einschlafen lassen würde. Er war hundemüde, aber sein Kopf unruhig genug, um ihn wach zu halten.

Nach einer Weile nahm er sein Handy, tippte eine SMS an Barbara und schickte sie dann doch nicht ab.

Morgen reicht, dachte er.

Eine Stunde später war er immer noch wach und gab die Einschlafversuche auf. Das Bett zu verlassen war überraschend schwer, und am Gang bildete er sich wieder Geräusche ein, die nicht da waren. Die Stille im Haus war nachts eine andere. Nachts fanden Erinnerungen ihn, vor denen er sich tagsüber versteckte.

In der Küche betrachtete er die Grillreste im Kühlschrank und entschied sich dann doch für Bier. Er hatte noch Thailändisches Singha – eine nicht zu erstehende Rarität in Leichdorf, aber online easy-cheesy zu bestellen. Rolands Gaumen als Regionalbierverfechter hatte es nicht gemundet, aber Dwiggi bevorzugte das süffigere asiatische Zeugs dem einheimischen gegenüber.

Er trank die halbe Flasche in der Küche und die andere Hälfte draußen vor dem Haus, aber nirgends schienen seine Gedanken zur Ruhe kommen zu wollen. Sie drehten sich im Kreis, ohne an etwas haften zu bleiben, ohne ihm die Chance zu geben, sich damit zu befassen, den gedanklichen Knoten aufzulösen, der im Weg war.

Schließlich tat er, was er auch sonst immer getan hatte, und setzte sich in Bewegung. Er warf die leere Flasche vor dem Haus ins Gras und setzte sich in seinen Wagen. Als der Motor unter ihm vibrierte und die nächtliche Landschaft an ihm vorbeizog, spürte er, wie leichter wurde, was auch immer leichter zu werden hatte.

7

Leng war ins Schneiderhaus zurückgekehrt, hatte etwas gegessen und Maria mit Schlafmitteln zugedröhnt, als sie keine Ruhe geben wollte. Er hätte sie vorher bitten sollen, die Blutergüsse in seinem Gesicht noch einmal zu überschminken, aber als er es tat, war sie kaum noch wach zu bekommen.

Der Andere hasste sie. Er drängte darauf, ihr die Haut abzuziehen und sie zu zerteilen, aber August hielt ihn zurück. Die Vorstellung wurde leichter, je länger der Andere ihm damit in den Ohren lag, aber noch blieb die Möglichkeit, dass sie mit ihm kam, sobald es so weit war.

Inzwischen saß er in der Leichdorfer Kirche, starrte auf den verlassenen Altar, hinter dem noch das Kreuz hing, lauschte dem Flackern der Kerzen, die er angezündet hatte, damit er nicht in völliger Dunkelheit saß. Seit Jahren hatte hier drin keine Messe mehr stattgefunden. Zumindest keine, zu der die Öffentlichkeit Zutritt gehabt hätte. August kam öfter hierher. Es war sein bevorzugter Ort der Meditation. Hier tat er Dinge, die er aus seinem Wohnhaus fernhalten wollte. Hier fand er Ruhe, die das Schneiderhaus nicht gewährte.

Vor Jahren war während eines Gewitters einer der nebenstehenden Bäume vom Blitz getroffen worden und auf dem Kirchendach gelandet. Nachdem das andauernde Gewitter den Innenbereich unter Wasser gesetzt hatte, wurde beschlossen, auch einige der anderen Bäume zu fällen.

August erinnerte sich, dass Lackner dabei gewesen war. Hätte er gewusst, was August mit seiner Frau unter diesem Dach getan hatte, hätte er ihn vermutlich vom Dach gestoßen.

August hatte die kleine Welt immer gemocht, in der die Kirche damals gestanden hatte. Als wäre sie ein exklusives Geheimnis, verborgen vor Augen, die nur vorbeiglitten. Natürlich war es nie wirklich so gewesen, natürlich stand die Kirche immer noch am Rand des Leichwaldes und war auf drei Seiten immer noch von Bäumen umringt, aber er fühlte sich nicht mehr ganz so abgeschottet im Inneren wie vor dem Fällen der Bäume.

Auf dem Kreuz hinter dem Altar hing kein leidender Gottessohn, aber August sah ihn dennoch. Er dachte an die Jenseitsvorstellungen seines Urgroßvaters, die nur mit Gewalt und Schmerz zu erreichen waren, er dachte an die Behauptung des Anderen, dass Gottes Wege immer mit Blut gestrichen wurden, und er dachte an all die Dinge, die er getan hatte. Die Erinnerung schmeckte bitter und so, so gut.

Gottes Worte waren Gedanken, und seine Art, mit uns zu sprechen, setzte Stille voraus. August faltete seine Hände zu einem Gebet, das er nicht führen würde, und lauschte. Er spürte den Atem des Anderen in seinem Nacken, aber auch der blieb still.

Es war wie damals, bei der Beerdigung seines Vaters. Es war sogar dieselbe Kirche gewesen.

August spürte ein Knistern in der Luft, das klang wie jenes in der Nähe von Hochspannungsleitungen. Ein Schatten schien sich im Raum auszubreiten, aber kein Gott kam.

Bachmann war ihm auf der Spur, und August brauchte einen Ausweg. Gott musste einen solchen kennen, aber Gott schwieg.

Nur der Andere sprach. »Gott ist gierig«, sagte er.

August spürte, wie der Andere sich bewegte, um ihn herumging. Er erwartete jeden Moment, ihn im Augenwinkel auftauchen zu sehen, aber dort blieb nur Dunkelheit, kaum bekämpft vom Schein der Kerzen.

»Nichts ist einfacher zu befriedigen als Gier. Nichts ist verlässlicher.«

Der Andere schien neben ihm zu stehen und war doch nicht da.

»Ertränk ihn in Blut und Schmerz und er wird dich zu dir holen.«

Blut und Schmerz. Immer dasselbe. Das Buch seines Urgroßvaters war voll mit solchen Slogans.

Er hätte Tschicko nicht zurücklassen sollen. Damit hatte alles angefangen. Wenn er den Eigenbrötler ermordet, mitgenommen, und stattdessen Karls Leiche dort deponiert hätte, wäre der Verdacht auf Tschicko gefallen und der Fall mit ein bisschen Glück unlösbar geworden.

Seine Gedanken wurden von Scheinwerfern unterbrochen, deren Licht die Kirchenfenster erhellte, und von dem Geräusch von Reifen auf dem Kies davor.

August stand auf, um die Kerzen zu löschen, aber dann sah er ein, dass es dafür ein wenig spät war.

8

Dwiggi war nicht bewusst zur kleinen Kirche beim Waldrand gefahren, und er hatte auch nicht bewusst davor angehalten. Die Totenmesse für seinen Vater war darin gehalten worden. Psychologisch konnte man vielleicht annehmen, dass der Zusammenhang mit seiner temporären Schlaflosigkeit damit seine stärkstmögliche Ausprägung gefunden hatte, aber soweit es nach Dwiggi ging, war er einfach rumgefahren und zufällig hier gelandet.

Er hielt auf dem unkrautüberwucherten Schotterparkplatz, der höchstens fünf Autos Platz bot, ließ den Motor laufen und betrachtete das alte Gebäude durch die Windschutzscheibe.

Es war ein trauriger Bau, dessen deprimierender Ausstrahlung auch ein strahlender Sommertag nichts entgegensetzen konnte. Welche Farbe die Mauern in vergangenen Zeiten auch gehabt haben mochten, inzwischen war es der Grauton von verdorbenem Rindfleisch und das Einzige, das für ein wenig Abwechslung sorgte, waren die ausgedehnten Flecken Moos – dunkelgrün, feucht und ungemütlich.

Dwiggi hatte auf seinen Reisen schlimmere Kirchen gesehen, aber nicht viele. Und keine davon war weniger einladend gewesen. Bei anderen hatte man gemerkt, dass finanzielle Mittel, aber nicht die Zuneigung der Glaubensgemeinde fehlten. Aber diese schien mit all der eingeschränkten Ausstrahlung, die ein Gebäude zur Verfügung hatte, Abweisung zu spucken.

Er saß eine Weile unschlüssig im Wagen, bevor er den Motor abstellte und ausstieg. Wieder umfing ihn eine Stille, die sich in der Nähe des Waldes sehr stark nach der im Inneren seines Elternhauses anfühlte.

Den Blick immer noch auf die Kirche gerichtet, lehnte er sich gegen die Motorhaube seines Wagens und dachte kurz daran, wie sein Vater ihm das immer verboten hatte, aus Angst, er könnte den Lack zerkratzen.

Mein Wagen, meine Regeln, meine Kratzer, dachte er, nicht ohne einer Spur Trauer. Materielles war oft ein Trostpflaster und selten ein ausreichender Ersatz für Dinge mit tief reichenden Wurzeln.

Dwiggi hatte seinen Bezug zu Gott vor langer Zeit verloren und nie wiedergefunden. Aber in dieser schlaflosen Nacht, in der Einsamkeit präsenter war, überkam ihn eine Neugier, der es an Meinung fehlte.

Knirschender Kies war laut, wenn ihm kein anderes Geräusch Konkurrenz machte, und Dwiggi brauchte ein wenig Selbstüberzeugung, um sich nicht von seinem Weg abbringen zu lassen.

Er hatte keine Ahnung, ob Kirchen nachts offen blieben, glaubte aber nicht. Nur war diese Filiale des institutionalisierten Katholizismus stillgelegt, also kümmerte es vielleicht niemanden mehr, ob darin ein wenig Unfug getrieben wurde. Die Glanzzeit des Leichdorfer Jugendsatanismus hatte schon vor Dwiggis Zeit sein Ende gefunden, und der moderne befasste sich vermutlich mit anderen Dingen.

Er hatte mal einen Satanisten in San Francisco kennengelernt. Netter Kerl. Bisschen daneben, wenn man genauer hinhörte, aber das waren die Bibeljodler auch. Und der Typ mit den schwarzen Nägeln hatte wenigstens nicht so getan, als würde er einem friedlichen Gott huldigen.

Die Tür war aus dunklem Holz und trug deutliche Spuren der Witterungsverhältnisse, denen sie im Laufe der Jahrzehnte ausgesetzt gewesen war. Trotz der brüchigen Erscheinung war sie schwer, und als Dwiggi die Klinke nach unten und die Tür nach innen drückte, quietschten die Angeln mit einer seltsamen Melodie, die ihn an Schmerzen erinnerte.

Die brennenden Kerzen ließen ihn innehalten, der Mann am Altar verwirrte ihn. Einen Moment lang war Dwiggi sich sicher, in den subtilsten Albtraum des Jahrhunderts gewandert zu sein.

Aber als Leng sprach, war es nur die Stimme des Pfarrers und der Pfarrer selbst nur ein Mensch, vermutlich mit vergleichbar hartnäckigen Schlafstörungen wie Dwiggi selbst.

Kein verstörendes Stöhnen, keine lauernde, deformierte Wäschespinne. Dwiggi warf zur Sicherheit dennoch einen Blick nach oben. Aber da war nur die bemalte Decke, mit abblätternder Farbe, die nach dem Gewitter und der damit einhergehenden Überschwemmung begonnen und nie mehr restauriert worden war.

»Sieh an«, sagte Leng. Seine Stimme hallte von den Wänden wider, als wäre der Raum weitläufiger als das Besenkammer-Pendant des Wiener Stephansdoms.

»Will nicht stören«, entgegnete Dwiggi.

»Tust du nicht.«

Leng wies auf eine der beiden Bänke in der ersten Reihe, Dwiggi setzte sich wesentlich weiter hinten hin.

»Hätte nicht erwartet, dich hier zu treffen«, sagte Leng.

»Mit wem haben Sie denn gerechnet?«

Leng lächelte und ging nicht darauf ein. »Ist Gott am Ende doch kein überflüssiges Konzept?«, fragte er.

Dwiggi wusste im ersten Moment nicht, wovon der Priester sprach, bis er sich an ihr Zusammentreffen am Grab seines Vaters erinnerte.

»Ich habe kein Problem mit Religion«, antwortete er. »Ich habe ein Problem mit Missionierung.«

Leng sah ihn interessiert an. »Ja?«, fragte er. »Inwiefern?«

Dwiggi wog ab, ob das Gespräch ihm genug bedeutete, um es weiterzuführen, entschied sich dagegen und redete doch. »Wenn ich zum Beispiel an … keine Ahnung … an einen unsichtbaren Gugelhupf glaube und deswegen jeden Abend die Bundeshymne rülpse, dann ist das in Ordnung, solang ich es zu Hause mach. Wenn ich aber mit nem Nudelholz rumrenne und Leute erschlag, weil sie nicht an meinen Gugelhupf glauben, ist es das nicht mehr.«

Leng lachte – ein verhaltenes, dunkles Brummen, das auch ohne das Flackern der Kerzen seltsam gewirkt hätte, welches sich in den dunklen Augen spiegelte und ein Eigenleben suggerierte, das nicht zum Rest des Mannes zu passen schien. Dwiggi bemerkte auch, dass sein Gesicht geschwollen wirkte, und vielleicht war es nur das Zwielicht hier drin, aber Leng sah aus, als hätte er ein blaues Auge.

Dwiggi glaubte nicht an Gott, aber er ließ Raum für die Möglichkeit, dass da irgendwas sein konnte. Aber wenn dieses ›irgendwas‹ die Verantwortung innehatte, für die es angebetet wurde, dann musste es in seinen Augen ein gewaltiges Arschloch sein. Jemand, dem man ins Gesicht spucken sollte, statt davor niederzuknien. Aber vielleicht war genau das der Kern der ganzen Sache: kein unerreichbares Ideal, kein höheres Wesen, dem ein dysfunktionales Vergebungskonzept angedichtet worden war, damit man so richtig schön Mist bauen konnte und trotzdem noch eine Chance auf den großen Preis hatte. Stattdessen ein vermenschlichtes, personifiziertes Philosophiekonstrukt, dem man die Schuld geben konnte. Der allmächtige Sündenbock. Ein emotionaler Spucknapf, der nie voll wurde.

»Interessanter Vergleich«, sagte Leng. »Gugelhupf. Von mir aus.« Wieder ruhten seine dunklen Augen interessiert auf Dwiggi. »Besser als der Teufel.«

Dwiggi blickte von Leng zu dem übergroßen Kreuz hinter dem Priester und wieder zurück. »Unter welchem Namen werden mehr Kriege angezettelt?«, fragte er. »Und gerechtfertigt? Gott oder Teufel?«

Leng verzichtete auf eine Antwort. In seinen Augen flackerte das Feuer der Kerzen. Vervielfachte kleine Lichter. Ein Funkeln, das nur in absoluter Dunkelheit seinen Wert entfachte.

»Objektiv betrachtet fürchten wir uns vielleicht vor dem falschen Kerl«, fuhr Dwiggi fort.

Lengs Blick blieb starr, fast als würde er jemandem zuhören, den Dwiggi weder sehen noch hören konnte. »Mein Vater starb, als ich zwölf war«, sagte Leng.

»Mein Beileid.«

Leng nickte leicht, auch wenn Dwiggis Beileid ihm nichts zu bedeuten schien. »Er glaubte an Gott«, fuhr er fort. »Allerdings hatte ich nie das Gefühl, dass er ihn auch gefunden hat.«

Dwiggi schwieg, sah zu, wie der Priester sich vom Altar löste, ein paar Schritte in seine Richtung machte und sich zu dem Kreuz umdrehte, das wie alle guten Logos simpel und in allen Größen erkennbar war.

»Vielleicht hat er an der falschen Stelle gesucht«, meinte Dwiggi.

Leng drehte sich wieder zu ihm um. »Deine Aussagen sind nicht so dumm, wie du vielleicht denkst.«

»Ich habe nie gesagt, dass ich dumm bin.«

»Nein«, entgegnete Leng. »Aber du hältst dich für provokant. Eigentlich entlarven deine Argumente und deine Meinung aber nur, dass du dich mit dem Thema befasst.« Er lächelte. »Du hältst dich für unabhängig, und vielleicht ist Gott nicht hier drin.« Er tippte auf seinen Brustkorb. »Aber hier sehr wohl.« Seine Hand löste sich, wanderte nach oben, zur Schläfe.

Dwiggi schwieg, fühlte sich ertappt und dennoch missverstanden. »Gott ist Ihr Handwerk«, sagte er. »Nicht meins.«

Er stand auf und wollte gehen, aber Leng schien das Gespräch noch nicht beenden zu wollen.

»Weißt du, warum man Theologie studiert?«, fragte er.

Dwiggi wusste es nicht, und es war ihm auch egal. Aber er drehte sich noch einmal um.

Leng kam den Mittelgang entlang. Das Flackern der Kerzen schien ihm zu folgen, als wäre es nur für ihn da. Dwiggi wurde sich zum ersten Mal der stickigen Luft in der Kirche bewusst. Er roch Schimmel. Zweifellos ein Resultat des Gewitters, das erst geschehen war, als er Leichdorf schon verlassen hatte. Er räusperte sich, weil das Atmen plötzlich nicht mehr ganz so leicht war wie zuvor.

»Nicht um Gott zu finden«, sagte Leng. »Sondern um anderen dabei zu helfen.«

Leng blieb auf halbem Weg zu ihm stehen, eine dunkle Gestalt in einer dunklen Kirche. Leblos, abgesehen vom Widerschein in seinen Augen.

»M-hm«, meinte Dwiggi.

»Man sucht nach Wahrheit in den Erfahrungen, die andere gemacht haben«, fuhr Leng fort.

Dwiggi hatte Lengs Blabla satt und konterte mit seinem eigenen.

»Übereifriges Traditionsbewusstsein kaschiert manchmal …«

Er hielt inne. Stand hinter Leng noch jemand anderes? Ein seltsam wabernder Schemen, nicht deutlich genug für einen Beweis, nicht vage genug für Einbildung?

Leng sah ihn neugierig an. »Was kaschiert es?«

Der Schatten hinter dem Priester verschwand. Aber er löste sich nicht auf, vielmehr schien er sich hinter Leng zu schieben, sich hinter ihm zu verstecken.

»Ludwig. Was kaschiert es?«

Dwiggi sah ihn verwirrt an. »Angst«, antwortete er. »Angst vor

Fortschritt.« Der Zusammenhang seiner Worte ging ihm selbst verloren. Trockener Hustenreiz zwang ihn dazu, sich zu räuspern. Auf einmal bereute er, nicht einfach zu Hause geblieben zu sein. Er ging nie zur Kirche, und ausgerechnet, wenn der Pfarrer seine Mitternachtsmesse hielt, kam er auch hierher.

»Und wieder eine starke Meinung«, sagte Leng. »Ich wette, dein Vater wäre stolz auf dich.«

»Ihrer mit Sicherheit auch«, gab er zurück und räusperte sich erneut. Es war weniger ein Kratzen im Hals als Enge in der Brust. Er musste an die frische Luft.

Als Dwiggi sich umdrehte und zur Tür ging, schienen seine Schritte schwerfälliger als sonst zu sein.

Leng folgte ihm. »Glaubte dein Vater an Gott?«, fragte er.

Dwiggi dachte an den stummen Schrei in dem vom letzten Atemzug verzerrten Gesicht. »Nein.« Das war reine Vermutung, aber sein Vater war nicht mehr da, um sie richtigzustellen.

»Und du?« Lengs Stimme war mit einem Mal leiser, tiefer. Fast nur noch ein Grollen. »Als du deinem Vater beim Sterben zugehört hast, glaubst du, dass da Gott bei dir war?«

Dwiggi sah wieder zu dem Priester, zu dem dunklen Schemen im flackernden Schein der Kerzen. Und wieder schien dahinter noch jemand zu stehen. Jemand, der sich versteckte, aber nicht gut genug.

»Glaubst du, dass dein Vater alleine war, als er starb?« Lengs Lippen verzogen sich zu einem Lächeln, unpassend, verabscheuungswürdig. Dwiggi fand in Lengs Verhalten neue Argumente gegen Vorsteher von Glaubensgemeinschaften.

Er hatte Flüche auf den Lippen, die Leng unkaschiert seine Meinung entgegenschleudern sollten, aber Dwiggis Brust verengte sich weiter, und alles Unheilige, das er unter diesem heiligen Dach hervorgestoßen hätte, wurde in gepresstem Husten erstickt.

Er drehte sich um, streckte die Hand nach der Türklinke aus. Aber die Klinke flimmerte vor seinen Augen, verschwand, sprang an eine andere Stelle. Seine Hand griff ins Leere, der Druck um seine Brust nahm zu.

Er hörte Lengs Schritte hinter sich. Hörte noch ein zweites Paar Schuhe.

Dwiggi streckte die Hand ein weiteres Mal nach der Klinke aus, erreichte sie, aber als er sie drücken wollte, tanzten helle Punkte im Dunkeln der Kirche, und als er diesmal Luft einsog – pfeifend, quälend und viel zu wenig –, schien das alle Kraft zu brauchen, über die er noch verfügte.

Dwiggis Hand rutschte von der Klinke. Er streckte sie ein weiteres Mal aus, aber Atmen war so schwer, der Arm war so schwer, nicht umzufallen war so schwer. Er hustete, in der Hoffnung, dass es leichter wurde, aber nichts wurde leichter, das Husten brauchte nur noch mehr Kraft.

Leng trat hinter ihn, flüsterte ihm ins Ohr, seine Stimme dunkel und gedoppelt, als würden zwei Münder sprechen. Ein Alter. Ein Jüngerer. »Dein Vater erstickte an seiner eigenen Kotze.«

Dwiggi kämpfte immer noch mit dem gepressten Pfeifen, das seine Kehle hergab, spürte den Puls in seiner Schläfe, der viel zu laut, viel zu angestrengt war. Seine Beine wollten nachgeben, aber Dwiggi ließ sie nicht. In seinen Ohren schien Watte zu stecken, die alle Geräusche außer seinem funktionsgestörten Atem dämpfte.

Leng legte von hinten seine Hand auf Dwiggis Brust. »Spürst du's?«, fragte er. »Die Gewissheit, dass es zu Ende geht? Ihm war klar gewesen, dass er sterben würde. Allein.«

Dwiggi suchte wieder nach der Türklinke, nach der rettenden, frischen Nachtluft, aber die Kirche schwankte, die Klinke entglitt ihm, vor seine Augen trat ein wässriger Schleier. Er hörte unrhythmisches Keuchen, untermischt mit Pfeiftönen, die nicht gut klangen. *Überhaupt nicht gut*, dachte er, stellte aber keine Verbindung zu sich selbst her. Irgendetwas verengte seine Brust, aber er musste nur hinaus, dann wäre alles wieder gut.

Etwas zog ihn zurück, vielleicht Leng, vielleicht der schwankende Boden.

Dwiggi taumelte, Leng stützte ihn. Starke Hände in seinem Rücken, aber sie hielten ihn nicht aufrecht. Als Dwiggi den kalten

Kirchenboden spürte, war es schon zu spät. Er versuchte wieder auf die Beine zu kommen. Die Welt schwankte, flimmerte, seine keuchenden Atemversuche unregelmäßig, sein Puls rasend.

Leng trat neben ihn. Dwiggi sah schwarze Löcher, wo seine Augen sein sollten. Dwiggi sah einen zweiten Mann hinter Leng.

Er streckte seine Hand aus, aber der Priester wischte sie beiläufig beiseite.

»Man kann nicht nur töten«, sagte er. »Man kann auch sterben lassen.«

Dwiggi spürte das, was auch immer seine Kehle verstopfte, nah, so nah. Aber als er seine Finger in den Rachen schob, damit endlich wieder Luft in seine Lungen kam, war da nichts. Nur der Brechreiz, den er selbst auslöste, nur das Erbrochene, das seine Speiseröhre nach oben schoss und feucht zwischen seinen zittrigen Fingern hervorquoll und alles noch schlimmer machte.

Leng holte ein Jagdmesser aus seiner Tasche. »Ich werde dir die Haut abziehen. Und vielleicht warte ich, bis du es nicht mehr spürst. Vielleicht aber auch nicht.«

Dwiggi drehte sich auf den Bauch, robbte nach vorn, weg von Leng, weg von allem.

»Ich glaube nicht, dass er dir helfen wird«, hörte er den Priester sagen, aber er sah den Altar gar nicht, auf den er zukroch.

Das war nicht fair. Aber wäre subjektiv empfundene Fairness beim Ableben von Bedeutung, würde jeder Tod als kampfloses Dahingleiten empfunden werden. Wenn Sterben so einfach wäre, brauchten Selbstmörder keine Überzeugung auf den letzten Metern.

Er spuckte Erbrochenes und zähen Schleim auf den Kirchenboden, verlor zunehmend das Gefühl in seinen Armen und war keine zwei Meter weit gekommen, bis ihm klar wurde, was längst offensichtlich war.

Dwiggi drehte sich wieder auf den Rücken, sah, wie Leng ihm einen seiner Schuhe auszog, machte einen halbherzigen Versuch, den Priester abzuwehren, und ließ es bleiben. Es gab Wichtigeres.

Seine Finger waren unkoordiniert, die verengte Brust und sein panisches Luftschnappen dominierten immer noch seine Wahrnehmung, aber Dwiggi zwang sich neben diesen Dingen dazu, die Finger in seine Hosentasche zu schieben.

Er stieß nur auf die Wagenschlüssel.

Dwiggi spürte eine neue Welle aus Panik, die sich zu der bereits vorherrschenden gesellte.

Leng legte den Schuh beiseite, streifte Dwiggis Socke ab.

Dwiggi riss seine Hand heraus, hörte etwas auf den Boden klimpern und durchsuchte die andere Tasche. Die Welt um ihn pulsierte schwarz, als würde ein Ozean aus Nacht ihn verschlucken wollen.

Er brauchte den verdammten Inhalator, den er immer dabeihatte, weil die Lungenfachärztin meinte, dass das eine gute Idee war. Der immer in seiner Hosentasche steckte, sie ausbeulte, mehr störte als beruhigte und mittlerweile so vertraut war, dass er es merken würde, wenn …

Dwiggi erinnerte sich, wie er den Inhalator auf die Ablage über dem Spülbecken in der Küche gelegt hatte.

Er robbte weiter Richtung Altar, nicht zwangsläufig, um dort anzukommen, sondern nur, um in Bewegung zu bleiben.

Leng hielt ihn an den Beinen fest. Leng schwafelte und Leng grinste, als er Dwiggis Haut am Unterschenkel zerschnitt.

Der Schmerz flammte auf, brannte sich seinen Weg in Dwiggis Bewusstsein, schaffte es aber nicht, dort zu bleiben. Er war beinahe nichtig im Vergleich zu der Angst – und der Erkenntnis –, dass er ersticken würde.

Man starb nicht einfach so, nicht in einer zivilisierten, modernen Welt, nicht mitten in Leichdorf, nicht an *so* etwas.

Aber Dwiggi wusste, dass es dennoch passieren würde.

Leng schnitt und zog, und als der Schmerz zunahm, brachte Dwiggi noch einen letzten Laut zustande, der im gurgelnden Chaos, das aus seinem Rachen quoll, ertrank.

Er dachte an Barbara, dachte daran, wie alles so plötzlich so gut und so schnell so schlimm geworden war.

Hinter Leng hockte ein zweiter Mann, Lengs Augen waren lichtlose Abgründe, und als Dwiggis sterbender Blick zur Decke glitt, weil seine Kraft nicht mehr reichte, um den Kopf zu halten, sah er ein Ding dort oben hocken – in Form gepresste Finsternis, ausgefranst zu abgewinkelten, dürren Beinen, wie ein chaotisches Spinnennetz, in dem Netz und Spinne ineinander übergingen. In der Mitte eine Sammlung greller Flecken in der Farbe von Schmerz – Augen, denen Glanz, aber nicht Leben fehlte.

Dwiggi erinnerte sich an die undefinierte Angst seiner Kindheit, an die Wäschespinne, deren Name beängstigender als die Realität gewesen war, weil er Macht über seine Fantasie ausgeübt hatte.

Er hörte das Keuchen seines Vaters und erkannte darin nicht sein eigenes und er spürte, wie sein Körper den Kampf verlor – unabhängig von Lengs Verstümmelung.

Die Dunkelheit senkte sich herab, und mit ihr kam die Akzeptanz überraschender Endgültigkeit. Dwiggi spürte den letzten rasselnden Atemzug, aber er hörte ihn nicht mehr. Da war ein Reißen an seinem Bein, die Ahnung von Schmerz, der längst keine Beachtung mehr brauchte.

Und dann ertrank er in dem Ozean aus Nacht.

IV

DER POLKAMANN

Kapitel 10

1

Dunkelheit quoll aus den Augen des Dirner-Jungen, formte dicke, pechschwarze Tränen, verbarg den Blick auf die bleiche Haut darunter. Sie drang aus seinem Mund – erstarrt im letzten, gescheiterten Atemversuch – einer Logik folgend, die eigenständigen Willen suggerierte. Ein Kokon aus Schatten, der das Licht der Kerzen verschluckte, statt sie zu reflektieren.

Leng sah zu. Leng spürte die Gegenwart des Gottes, nach dem er suchte. Kpaih-Ngi blutete Nacht, zumindest laut dem Buch seines Urgroßvaters. Leng dachte an Messwein, fragte sich, ob noch ein Kelch in der Kirche zu finden wäre.

»Seine Dunkelheit«, sagte der Andere. »Nicht deine.«

Wenn es eine Warnung war, dann war sie nicht sehr vehement.

August betrachtete die Stelle am Bein, dort, wo Haut fehlte, die er in der Hand hielt. Das verletzliche, feucht glänzende Fleisch, den entblößten Knöchel. Wasser lief ihm im Mund zusammen, ausgelöst von Appetit, der nicht sein eigener war.

Dann breitete der Kokon sich darüber aus. Leng sah, wie er flimmerte, verschwand, zurückkehrte. Als würde die Realität blinzeln. Und er fragte sich, ob er wirklich einem greifbaren Beweis für göttliche Präsenz gegenüberstand.

Oder einem Trick seines Verstandes.

August wollte den Anderen um Auskunft bitten, aber diese wäre kaum brauchbar gewesen. In der unentschiedenen Mitte zwischen Magie und Einbildung gab es keine objektive Wahrheit.

Er warf einen Blick auf den Streifen Haut in seiner Hand. Dunkle Stellen, ein Teil von Dwiggis Tätowierung. Zerrissen wie der Junge selbst.

Er steckte das abgetrennte Stück in seine Tasche, löschte die Kerzen und ging.

Dwiggi blieb in einer Nacht zurück, die zu dunkel für die Hoffnung auf Morgen war.

2

Leng verließ die Kirche und blieb auf den abgetretenen Stufen stehen, bevor die Tür ins Schloss fallen konnte. Sein Blick ruhte auf dem Wagen, der dem Dirner-Jungen gehören musste.

August sah sich um. Kurz bereute er, Dwiggi das Stückchen Haut abgezogen zu haben, aber als er in der Dunkelheit alleine blieb, entspannte er sich wieder.

Sein Blick kehrte zu dem Wagen zurück. Wann würde Dwiggi vermisst werden? *Morgen, spätestens.* Er hatte Freunde. Blieb der Wagen hier, würden sie ihn in der Kirche finden.

»Aber wohin sonst?«, murmelte er. Und störte es ihn überhaupt, wenn sie ihn fanden?

Viel interessanter wäre, ob sie den schwarzen Kokon sehen würden.

Fast hätte August Inspektor Bachmann angerufen. Aber da war immer noch die Sache mit der abgetrennten Haut.

»Hab sie daneben gefunden.«

Es klang nicht überzeugend genug.

Leng holte ein Feuerzeug aus seiner Tasche, kehrte in die Kirche zurück und suchte im Schein der kleinen Flamme seinen Weg zu Dwiggis reglosem Körper – ein Schatten zwischen anderen Schatten. Wieder betrachtete er die flimmernde Dunkelheit, den seltsamen Eindruck, dass sie das Licht der Flamme zu schlucken schien.

Wieder fragte er sich, ob das nichts weiter als Einbildung war.

Er ging in die Hocke und streckte die Hand aus. Da war ein Kribbeln, wie von aufgeladener Statik.

»Was ist das?«, fragte August. Der Andere schwieg.

Er ließ seine Hand ein wenig tiefer sinken, wie ein Kind, das sich vorsichtig einer Kerzenflamme näherte, auf der Suche nach dem Punkt, an dem es zu heiß wurde.

Das Kribbeln nahm zu. Aber nicht nur das. Die Präsenz des Anderen, eine dauerhafte Ahnung hinter seiner Schulter, drückte auf einmal gegen ihn. In ihn. August glaubte zu spüren, wie der Andere unter seine Haut glitt, sich dort wand, als bestünde er aus zähen, ungebundenen Maden.

Er hob die Hand, und das Gefühl verschwand. Ratlos hockte er neben dem reglosen Körper.

Dann stieß er die Hand wieder nach unten, tauchte sie in die lichtlose Schwärze, sah, wie die Dunkelheit sich darum schlängelte und die Finger in einer Pfütze aus Existenzlosigkeit verschwanden.

Sein Magen verkrampfte sich. Atmen war nicht mehr möglich. August spürte, wie etwas in seiner Kehle blockierte, spürte, wie seine Augen nach außen gedrückt wurden. Er riss den Mund auf und brachte ein würgendes Krächzen zustande, das keine Abhilfe schuf.

Und der Andere versank in ihm. August spürte eine Zunge, die am Inneren seiner Schädeldecke entlangleckte, spürte Brennen in seinen Augen, sah Licht, das zu grell war, um ausgeschlossen zu werden, erahnte eine Krankheit darin, die sich in den Verstand zu ätzen schien.

Er sackte zusammen, fiel rückwärts, prallte auf den Boden. Das Feuerzeug entglitt ihm, die Flamme erlosch. Er fühlte die Kälte in seinem Rücken und ein seltsames Kribbeln unter seiner Haut. Er glaubte die Dunkelheit darunter zu spüren.

Als er sich aufrichtete, war es anstrengend, aber seine Kehle ließ wieder Luft durch. Auf allen vieren kroch er über den Kirchenboden, gefangen in vollkommener Dunkelheit. Er hatte Angst, Dwiggi noch einmal zu berühren, aber statt auf den Körper stießen seine tastenden Finger auf das Feuerzeug und dann, gleich daneben, auf Dwiggis Schlüsselbund, der ihm aus der Tasche gefallen war, als er nach dem Inhalator gekramt hatte.

Er kam auf die Beine und erst vor der Kirche wieder richtig zu Atem. Auch hier war es dunkel, aber was auch immer dort in der Kirche lag, war ihm nicht gefolgt.

August warf einen Blick zurück und beeilte sich dann, Dwiggis Wagen zu verstecken. Hinter der Kirche befand sich ein kleiner Schuppen, in dem früher alles Mögliche gelagert worden war. Mittlerweile war er weitestgehend leer, abgesehen von dem Gerümpel, das darin vor sich hin moderte. Ein Auto müsste Platz haben, wenn einem Kratzer im Lack egal waren. August waren sie egal. Er lenkte den Wagen hinein, zog die Schlüssel ab, stieg aus und steckte sie ein. Das Kribbeln unter seiner Haut blockierte die meisten Gedanken. August versuchte, sich zu kratzen, aber es schuf nur kurz Abhilfe.

Er schloss das verzogene Holztor des Schuppens und machte sich auf den Weg. Es gab einen kleinen Pfad, der zum Schneiderhaus führte. Man musste ihn kennen, um ihn zu finden, aber August kannte ihn sehr gut.

3

Was Leng unter dem Mantel aus Schwärze nicht gesehen hatte, war, dass Dwiggis verkrampfte Brust sich wieder löste. Atem glitt zurück in seine Lungen, und sein Herz begann erneut zu schlagen. Zaghaft, widerwillig und langsam.

Aber das war näher an seiner normalen Funktionsweise als der vorhergegangene Stillstand.

4

Barbaras Wecker klingelte, und ihr Arm glitt zur anderen Seite des Bettes. Erst als sie dort nichts fand, öffnete sie die Augen. Dwiggi war nicht mitgekommen. Einen Moment lang war die Leere dort surreal.

Zwischen ihnen hatte sich alles rasend schnell entwickelt. Ihre Mutter hatte immer gesagt, dass Beziehungen, die sich schnell entwickelten, auch schnell wieder vorbei waren. Aber ihre Mutter hatte in dieser Hinsicht nicht gerade die besten Entscheidungen getroffen, also was wusste sie schon.

Barbara drehte den Wecker ab, knipste das Licht an und betrachtete den Spiegel neben der Tür.

Siehst gut aus.

Nicht ihre Stimme. Seine. Irgendwann in den letzten Wochen, als er hier übernachtet hatte. Es war ein gutes Gefühl, sich selbst zu mögen. Die Fähigkeit dazu schien ihr abhandengekommen zu sein, aber Dwiggi hatte sie wieder zurückgeholt.

Sie stand auf, drehte sich noch mal zum Bett um und hoffte, wider besseres Wissen, dass er dort liegen und sie anlächeln würde. Dwiggi lächelte nicht oft, die meiste Zeit grinste er. Barbara hatte schnell herausgefunden, dass hinter der ganzen Einzelgängerei ein unsicherer und verletzter Junge steckte, aber das hatte ihn nur liebenswerter gemacht. Dwiggi sprach nicht gern über sich. Er erzählte gerne Geschichten, sah darin aber weniger von sich selbst als drinsteckte. Er wählte aus, welche Erlebnisse er preisgab und wem. Sie hatte ihn ein-, zweimal so weit gebracht, ihr Dinge zu erzählen, die ihn tiefer und schmerzhafter geprägt hatten als ein Lady-Boy-Missverständnis in Bangkok und ähnliche Reisegeschichten. Er hatte seine Alpträume mit ihr geteilt – nicht nur die mit dem Schneider, auch die späteren, mit seinem Vater. Wenn Dwiggi von solchen Dingen erzählte, dann ohne die Begeisterung und Energie, die seine eigentlich durchschnittlichen Geschichten sonst besonders machte.

Sie brauchte keine weiteren Indizien dafür, dass das zwischen ihnen mehr als bloßer Zeitvertreib geworden war, auch wenn das nie so beabsichtigt gewesen war. Nicht nur Dwiggi hatte sich emotional ausgezogen, auch sie hatte sich geöffnet. Sie waren zwei Stimmungskiller, die einander die Stimmung retteten.

Barbara nahm ihr Handy, sah die Nahaufnahme von einem Fallschirmspringer, der zu spät erkannt hatte, dass seine Höhenangst größer war als angenommen und musste schmunzeln. Bis vor Kurzem war dort noch eine Vase mit verwelkten Blumen zu sehen gewesen. *Erzähl keinem Depressiven, dass du nicht depressiv bist,* hatte Dwiggi gesagt, als sie argumentiert hatte, es sei nur ein stimmiges Bild. Der Fallschirmspringer war seine Alternative. Kein stimmiges Bild, aber ein fröhlicheres. Eine Weile würde sie es noch dabei belassen, bevor sie sich etwas Neutraleres zulegte.

Er hatte nicht nur die Vase von ihrem Handy entfernt, sondern auch den Standardklingelton, der ohne nennenswerte Persönlichkeit, aber dafür wunderbar ignorierbar war. Wenn jetzt jemand anrief, erschallte *Barbara Ann* von den Beach Boys. Barbara war weder von der Band noch dem Lied ein großer Fan, aber es war nicht das Lied an sich, sondern die gemeinsame Geschichte dahinter, die von Bedeutung war. Und die gemeinsame Geschichte mochte sie.

5

August folgte dem schmalen Pfad von der Kirche durch den Wald. In der Dunkelheit dauerte es länger, aber er hatte momentan kein Problem damit. Seine Gedanken beanspruchten Zeit und Raum.

Das Haus war ein schwarzes Loch, leichter zu spüren, als zu sehen. Er erreichte die Tür, sperrte auf und griff nach der kleinen Gaslaterne, die daneben hing.

Nachdem er sie angezündet hatte, strahlte das Licht hart in den Raum, aber nicht weit. Die Jutepuppen saßen am Tisch, als hätten sie auf ihn gewartet. Unheimlich im Licht, die Unebenheiten ihrer

Oberfläche durch Schatten hervorgehoben, die aussahen, als wären sie fixer Teil der Körper.

Das Jucken unter seiner Haut klang ab, verschwand aber nicht. Er warf einen Blick ins Zimmer zu Maria. Sie lag am Bett, Rücken zur Tür und keine Regung, als der alte Holzboden unter seinen Füßen knarrte. Die Schlafmittel hielten immer noch gut an. Aber das war kein Wunder bei der Menge, die er ihr gespritzt hatte, bevor er zur Kirche aufgebrochen war.

Er wollte mit ihr sprechen, wollte teilen, was er erlebt, was er gesehen hatte. Aber das Jucken untergrub seine Motivation, sie zu wecken, und schließlich schloss er die Tür einfach wieder und legte sich auf die Couch.

Irgendwann schlief er ein.

Und irgendwann danach wurde es Morgen.

6

Barbara hatte zwar einen Führerschein, aber kein eigenes Auto. Es hatte mal eins gegeben, eine gebrauchte Rostschüssel, bei der die Reparaturkosten irgendwann den Nutzen überstiegen hatten. Barbara hatte fünfhundert Euro dafür bekommen, als sie es verkauft hatte. Davon hatte sie einen Monat lang Miete und Nebenkosten bezahlt, und dann waren von dem Auto nur noch Erinnerungen übrig, die keinen sehr großen Platz zwischen den anderen einnahmen.

Sie fuhr nicht ungern Zug. Anfangs hatte sie sich den Waggon mit Pendlern geteilt, aber die hatten sich bald gelichtet, und nun hatte sie beinahe das Gefühl, der einzige Fahrgast zu sein, auch wenn sie wusste, dass dem nicht so war.

Sie warf einen weiteren jener kurzen, beiläufigen Blicke auf ihr Handy, die vor allem aus Langeweile zustande kamen, und vermisste nicht nur Dwiggi, sondern auch das Buch, das eigentlich mitkommen hätte sollen und stattdessen zu Hause auf dem Esstisch lag.

Guten Morgen, tippte sie. Oldschool Zwinkersmiley aus Satzzeichen dazu, und schon war die Nachricht an Dwiggi unterwegs.

Sie sah aus dem Fenster, dachte an die Verabschiedung vom letzten Abend und daran, wohin ihr gemeinsamer Weg noch führen konnte, falls er ein gemeinsamer blieb.

Und sie freute sich, wenn die paar Tage vorbei waren und sie wieder zurück nach Hause kam.

7

August erwachte mit Schmerzen und einem Mund, der so trocken war, dass er sich wund anfühlte. Er rieb beiläufig seine Augen und sah sich um. Im Schneiderhaus zu schlafen war nichts Alltägliches, und wenn, dann im Bett und nicht auf dem nach Moder stinkenden Sofa. Aber im Bett lag Maria, und Moder war hier drin nicht der drängendste Gestank.

Er stand auf, betrachtete kurz die Jutepuppen, und gerade als er die Vorgänge in der Kirche für einen seltsamen Traum halten wollte, kehrte das Kribbeln zurück. Er kratzte, aber auch an diesem Tag nützte es nichts.

Ein Blick ins Zimmer zu Maria zeigte ihm, dass sie immer noch genauso dalag wie in der Nacht zuvor. Statt sie zu wecken, verließ er den Raum und bereitete ein einfaches, kaltes Frühstück zu. Die Hälfte davon brachte er mit einem Glas Wasser zu Maria und stellte es neben das Bett. Die andere Hälfte aß er an dem runden Tisch im Wohnzimmer, neben den Puppen, seinen stummen Mitbewohnern. Er betrachtete sie, die gleichgültige Struktur ihrer nichtexistierenden Gesichter. Tore, die ihren Zweck nicht erfüllt hatten. Wahnvorstellungen eines gebrochenen Mannes.

»Was war das gestern?«, fragte er und kratzte seinen Arm, der bereits rot wurde.

»Was denkst du, was es war?«

Die Stimme des Anderen schien näher zu sein als sonst. Nicht näher an seinem Ohr, sondern tiefer in seinem Kopf. Zum ersten Mal schien sie beinahe mehr von innen als von außen zu kommen. August dachte wieder über göttliche Erscheinungen und Wahnvorstellungen nach.

Vor seinem ersten Mord – lange her – hatte es eine Phase der Unsicherheit gegeben. Das Kribbeln der Macht, der Gewalt, war nie wieder so stark gewesen wie damals. Vielleicht, weil die Angst nie wieder so groß gewesen war. Vielleicht, weil selbst etwas so geradliniges wie Gier und Trieb zweiseitige Medaillen waren, die ihren Konterpart verlangten.

Aber nach dem ersten Mal war er ein Süchtiger geworden.

Der Junge hatte auf einer der Bänke im Leichwald gesessen, allein, Kopfhörer im Ohr, taub seiner Umwelt gegenüber. Hinter ihm der Weg, auf dem August spazieren ging, vor ihm eine weite Lichtung, wie ein Meer aus wogendem Gras in der Mitte des Waldes.

Jenem Tag waren Wochen und Monate der Fantasie vorausgegangen. Vorstellungen, die nicht gepflanzt worden waren, nicht von ihm, nicht bewusst. Vorstellungen, die zu Bildern geworden waren, grauenhaft und abstoßend.

Aber auch interessant.

Und mit jedem Schritt, den er ihnen gefolgt war, mit jedem Moment, den er sie länger betrachtet hatte, waren sie interessanter geworden. Deutlicher, komplexer, drängender. Leicht wegzuwischen, als sie noch in seinem Bewusstsein verankert gewesen waren, dort, wo sie begonnen hatten. Kaum noch loszuwerden, als sie in sein Unterbewusstsein sanken, in seine Träume, in die verzweigten Gänge unter seinen Gedanken.

Weder Gier noch Zorn hatten ihn zu seinem ersten Mord geführt, sondern Interesse, Neugier. Und die grauenhafte Kompromisslosigkeit des Zufalls. Zufall war Gottes Form von Humor.

Er hätte nicht daran gedacht, jemandem etwas zuleide zu tun, wenn die Bank leer gewesen wäre. Er hätte daran gedacht, aber nichts getan, wenn der Junge nicht alleine gewesen wäre. Aber die Zuspitzung seiner Fantasien kam so schnell und unbewusst wie der erste Atemzug nach einem Tauchgang. Er betrachtete den Hinterkopf, gab der lange gärenden Vorstellung die Chance, *Hallo* zu sagen, und bückte sich nach einem faustgroßen Stein neben dem Weg.

Da hatte es immer noch die Chance gegeben, dass alles anders werden konnte.

Er erinnerte sich an das heftige, drängende Pochen seines Herzens, an das hektische Zittern in seinem Atem und wie feucht der Stein vom Schweiß in seiner Hand geworden war.

Bevor er zugeschlagen hatte.

Bevor der Stein feucht vom Blut wurde.

Danach kam Schock. Die Fantasien waren lebhaft gewesen, aber nie hätte er gedacht, dass sie real werden konnten. Und als sie es schließlich taten, gingen sie nicht mehr weg.

August war ein Spätzünder, was Serienmord betraf. Ein alter Mann in einem Club mit einem Durchschnittsalter von Anfang bis Mitte zwanzig. Aber er war kein Einzelfall. Er hatte sich mit Serientätern befasst und sich nie als einen solchen betrachtet, obwohl er einer war. Nie hatte er einen Typ entwickelt, den er jagte. Nie hatte Sex eine große Rolle in der ganzen Sache gespielt, nicht zwangsläufig.

Als die Realität seine Fantasien verstärkt hatte, als zu all den Vorstellungen der Reiz der Erfahrung gekommen war, hatte das die Bilder in seinem Kopf verformt. Immer bizarrer waren sie geworden, immer grauenhafter, immer beschämender. Nach dem schlichten Mord waren Verstümmelungen gekommen, nach den Verstümmelungen Nekrophilie, nach der Nekrophilie Kannibalismus. Und bei all dem war Häuten immer ein fixer Bestandteil geblieben, von dem er nicht wegkam.

Der Andere hatte getanzt, hatte Lust empfunden, die auf August nur als gewohnheitsmäßige Ahnung überschwappte, hatte angestachelt, angespornt und Beifall geklatscht. In den Phasen zwischen den Morden war August sich bewusst, dass es die Welt des Anderen war. Aber im Rausch gab es weder die Zeit davor noch jene danach. Im Rausch bestand die Gegenwart aus Unendlichkeit.

Und wer sagte, dass es wirklich die Welt des Anderen war? Wer sagte, dass er nicht versuchte, Schuld abzuschieben, die zu groß war, um von ihm selbst getragen zu werden?

Er hatte den Jungen von damals ins Schneiderhaus gebracht. Auf dem Weg war er noch mal zu sich gekommen, weil es nicht so leicht war, den Tod festzustellen, wenn man Anfänger war. August hatte beim Schneiderhaus den Rest erledigt. Hatte den Jungen begraben. Hatte sich geschämt. Hatte gebetet und geschworen, es nie wieder zu tun.

Wenige Tage später waren seine Gedanken zu dem Thema zurückgekehrt. Hatten glorifiziert, was nicht zu glorifizieren war.

Hatten die negativen Aspekte zensiert und die positiven hervorgehoben.

Und von dort hatte es nicht lange gedauert, bis sie seine Träume wieder erreichten, bis aus der vorsichtigen Idee ein Bedürfnis wurde und daraus Gier, Trieb und Zwang.

Wie mit jeder anderen Sucht drehte man sich mit dieser im Kreis. Ein endloser Tanz, an dessen Anfang und Ende Verderben standen. Man konnte sich als Opfer seiner selbst oder als Täter sehen. Unterm Strich lief es aufs Gleiche hinaus – beides schob Schuld ab, beides verwies auf erdrückende Einflüsse, die einen entmündigten. Seine Natur zu akzeptieren war nichts anderes, als Kontrolle abzugeben.

Er beendete sein Frühstück, bevor der Teller leer war. Beim Kauen juckte sein Gaumen, und weder Wasser noch Fingernägel konnten etwas dagegen ausrichten.

August warf noch mal einen Blick zu Maria, die weiterhin schlief, und verließ das Haus durch die Vordertür. Er musste weg. Er brauchte Abstand. Er würde über die Passstraße fahren und vielleicht nicht mehr zurückkommen.

Aber mit diesem Gedanken erinnerte er sich auch wieder an die Worte seines Vaters. *Du kannst nicht vor ihm weglaufen. Du kannst ihn nicht abschneiden.*

›Er‹ war der Andere. Aber ›er‹ war auch man selbst.

Sein Wagen stand auf einem kleinen Umkehrplatz am Ende der Privatstraße, die fast bis zum Schneiderhaus führte. Und im Unterschied zur Zufahrt zum Dirner-Haus gab es dort am Anfang zwei Pfosten, zwischen denen eine Kette gespannt war, für deren Schloss nur August den Schlüssel hatte.

8

Nach dem Mittagessen rief Barbara Dwiggi an.

»Hey …«

Tja, hey was? Sie unterhielt sich mit seiner Mailbox, und die trug nicht sehr viel zu dem Gespräch bei.

»Ich bin gut angekommen und wollt mich nur kurz melden.« Sie lächelte, weil Lächeln sich auf die Stimme übertrug.

»Hoffe, du hast gut geschlafen …« Sie dachte darüber nach, einen anzüglichen Witz einzufügen, der irgendetwas damit zu tun hatte, dass er die Nacht ohne sie verbracht hatte, aber es wollte ihr keiner einfallen.

»Tja … ähm. Das war's von mir. Meld dich kurz, damit ich weiß, ob du noch lebst. Ciao, Ciao.«

Sie legte auf und kehrte zum Messegelände zurück, um Vorträgen zu lauschen, die in der Regel lang und trocken waren. Job war Job, aber genau auf den konnte sie sich irgendwie nicht so richtig konzentrieren.

Als der Arbeitstag am späten Nachmittag zu Ende ging, hatte sie immer noch nichts von Dwiggi gehört.

9

»Hallo, Sandra.«

»Hey, gut angekommen?«

Barbara bejahte. Sie saß in ihrem Hotelzimmer und versuchte, nicht beunruhigt zu sein von etwas, das vor der Ära der Mobiltelefone nicht beunruhigend gewesen wäre.

Dummerweise lebten sie nicht mehr in dieser Ära.

»Hör mal, ich will nicht wie eine hysterische Idiotin klingen, aber …« Aber ein wenig tat sie das. Zumindest in ihren eigenen Ohren. Sie war von der Messe ins Hotel gefahren, hatte geduscht, hatte zu Abend gegessen, hatte ein Glas Wein getrunken und war wieder auf ihr Zimmer zurückgekehrt.

Und eine Nachricht von Dwiggi blieb weiterhin aus.

Als sie nach dem Abendessen ins Zimmer zurückgekehrt war, hatte sie sogar fast damit gerechnet, dass er dort war. Dass er sie überraschen wollte, dass doch mehr Romantiker in ihm steckte als angenommen, dass er nur ganz tief vergraben und schwer zu bergen war.

Die Enttäuschung darüber, das Zimmer leer vorzufinden, hatte sich durch diese Gedanken nur verstärkt.

»Er hat sich nicht gemeldet, und ich … ich weiß auch nicht.«

»Dwiggi ist …« Da war eine Pause am anderen Ende der Leitung, die Barbara nicht hören wollte. »Dwiggi ist Dwiggi«, sagte Sandra schließlich.

Es sprach nicht gerade für ihn, dass solche Sätze schwer zu tolerierendes Verhalten entschuldigten und rechtfertigten. Und sie halfen Barbara nicht dabei, sich zu entspannen.

»Würd mir nicht zu viele Gedanken machen«, fuhr Sandra fort.

»Genau das versuch ich«, antwortete Barbara.

»Klappt nicht?«

»Nein.«

»Hm.« Kurz herrschte bei Sandra Stille. »Wenn du dir Sorgen machst, dass er eine andere haben könnte …«

»Tu ich nicht.«

»Okay. Dwiggi vergisst manchmal, dass wir anderen nicht nur Statisten in seinem Leben sind, aber er hat dich wirklich gern.«

Barbara lächelte. Es fühlte sich gut an. Damit war es einfacher, sich eine Erklärung auszudenken, warum er sich nicht meldete.

»Mistet er heute mit Roland aus?«, fragte Barbara. Erklärungen ausdenken war nicht halb so gut, wie sie bestätigt zu bekommen.

»Soweit ich weiß nicht, nein.«

Wieder schwieg Sandra, wieder suchte Barbara nach einem Anhaltspunkt, einer Kleinigkeit, etwas, das sie vergessen hatte. Etwas, das dieses unangenehme, nagende Gefühl in ihrer Magengrube vertrieb.

»Ich hab kein Auto da«, sagte Sandra. »Aber Roland soll mal hinfahren.«

»Da würde ich mir schön blöd vorkommen.« Barbara lachte. Es ging angenehm leicht. »Als würde ich ihm nachspionieren.«

»Ach, Roland soll behaupten, er kommt nur auf ein Bier vorbei.«

Das klang gut. Der Rest könnte nachher geklärt werden, aber fürs Erste reichte das.

»Ich fühl mich dämlich.«

»Blödsinn.«

Barbara wollte keine Mücke zu einem Elefanten aufblasen, aber es war seltsam, und seltsam lud negative Gedanken ein.

10

»Du verscheißerst mich«, sagte Roland. Er lehnte rauchend an seinem Taxi und ließ sich den Sonnenuntergang ins Gesicht scheinen. »Ich soll hinfahren und nachsehen, ob er zu Hause ist? Ruf ihn doch an.«

»Hat sie schon. Er hebt nicht ab.«

Roland zuckte die Achseln und wiederholte unwissentlich, was seine Verlobte zu Barbara gesagt hatte: »Dwiggi ist Dwiggi.«

»Ich weiß. Aber Barbara …« Sie suchte nach besseren Worten und fand keine. »Ich weiß.«

Roland sagte nichts.

»Fahr doch einfach hin und sieh nach. Verbuch es als Taxifahrt.«

»Und du bezahlst?«

Sandra lachte. »Nö, ist dein Freund. Du zahlst.« Roland stöhnte.

»Ich liebe dich auch«, sagte Sandra. »Melde dich, wenn du dort warst.« Damit legte sie auf.

Roland düste nicht gleich los. Er wählte Dwiggis Nummer, lauschte der Sprachbox, die er besser kannte als Barbara, rauchte fertig und machte sich erst dann auf den Weg.

11

Roland folgte der langen, geschwungenen Zufahrt zu Dwiggis Haus und rechnete die ganze Zeit über, dass dieser ihm entgegenkommen würde. Aber er rechnete auch damit, seinen Wagen auf dem Parkplatz vor dem Haus stehen zu sehen, und keine dieser beiden Erwartungen wurde erfüllt.

Roland parkte, stieg aus und betrachtete das Gebäude. Die Fenster waren dunkel, und um ihn herum herrschte Stille. Natürlich war es nicht vollkommen geräuschlos. Der Wald lebte, und immer wieder konnte man in der Ferne die Autos auf der Passstraße hören, aber sie schienen so weit entfernt zu sein, dass sie das Gefühl der Abgeschiedenheit eher verstärkten als entschärften.

Er fragte sich, ob diese Ruhe, die so idyllisch wirkte, diese erstrebenswerte Illusion immer noch beibehielt, wenn man allein hier war.

Sein Blick fiel auf den Wald, der neben dem Haus recht frei und locker war und auf dieser Seite erst nach einer Weile wieder dichter und damit dunkler wurde. Und als er den schmalen Wanderweg betrachtete, der vom Parkplatz wegführte und sich bald zwischen den Bäumen verlor, kam ihm zum ersten Mal in den Sinn, dass Dwiggi vielleicht deshalb begann, sozialer zu werden, weil er nicht alleine sein wollte. Nicht hier.

Er sah wieder zum Haus. Roland wusste, was innerhalb dieser Mauern geschehen war, wusste, wie viele Leben darin geendet hatten. Und auch wenn keine Gewalt von außen und kein Verbrechen etwas damit zu tun hatte, machte es das Haus doch zu einem Ort, der viel Tod gesehen hatte.

Roland hatte Dwiggis Erbarmungslosigkeit beim Ausmisten nie von dieser Seite betrachtet, weil er Dwiggi kannte und nichts anderes von ihm erwartet hätte. Aber nun sah er das Verhalten seines Freundes plötzlich in einem anderen Licht. Und seltsamerweise schien damit Barbara plötzlich ein wenig besser in das Gesamtbild zu passen. In *Into the Wild* wurde behauptet, dass Glück nur real sei, wenn man es teilte. Der Film hatte Dwiggi aus naheliegenden Gründen begeistert, weil er sich mit der Hauptfigur identifizieren konnte und wollte. Für Roland war der Streifen zu lang und humorlos gewesen, aber dieser eine Satz war ihm im Kopf geblieben. Und er glaubte, dass er stimmte.

Obwohl er nicht damit rechnete, seinen alten Freund dort zu finden, marschierte er zur Vordertür und drückte die Klinke nach unten. Abgesperrt.

Er klingelte, hörte, wie das Gebimmel sich im Inneren verteilte, und wartete.

Als niemand zur Tür kam, drückte er die Klingel ein weiteres Mal, lauschte wieder, wartete und ließ sich schlussendlich davon überzeugen, dass niemand zu Hause war.

Als er sich abwandte, fiel sein Blick auf eine Glasflasche, die neben dem Eingang auf dem Rasen lag. Das Gras war knöchelhoch – mähen längst überfällig, aber Dwiggi hatte ja beschlossen, sich selbst um solche Arbeiten zu kümmern, statt Harald weiterhin zu bezahlen. Seine Eltern würden sich vermutlich im Grab umdrehen, wenn sie das sehen könnten.

Roland ging zu der Flasche und hob sie auf. Es war eines von Dwiggis asiatischen Importbieren. Er wusste nicht recht, ob Dwiggi die wirklich lieber mochte als das einheimische Zeug oder ob es nur ein Versuch war, den weitgereisten Supertypen raushängen zu lassen. Für Roland schmeckte es nach wässrigem Bier-Imitat.

Dwiggi glänzte zwar nicht bei der Rasenpflege, aber Bierflaschen hatte er bisher nie herumliegen lassen.

Roland sah nach oben. Vielleicht hatte er es abends am offenen Fenster getrunken, und es war runtergefallen. Das schien genauso plausibel und glaubwürdig wie alles andere.

Roland stellte die Flasche neben die Eingangstür und ging zurück zu seinem Wagen. Davor klingelte er noch ein letztes Mal, denn aller guten Dinge waren drei, und Weisheiten des Volksmundes waren die einprägsamsten.

Auch beim dritten Mal meldete sich niemand.

12

»Er ist nicht zu Hause.«

»Okay«, antwortete Sandra. »Und wo ist er?«

»Keine Ahnung.«

»Hast du geklingelt?«

»Nein, ich bin vorm Haus auf und ab gehüpft und hab telepathische Nachrichten nach drinnen gesandt.«

»Dass das nicht funktioniert, hätte ich dir auch gleich sagen können.«

Roland hatte das Handy zwischen Ohr und Schulter eingeklemmt, was beim Fahren nie eine gute Idee war, und verlor es, als er sich zwischen Lenken und Zuhören für Ersteres entschied.

»Alles gut?«, fragte sie, nachdem das Gerumpel in ihrem Lautsprecher wieder aufgehört hatte.

»Jap, alles in Ordnung. Du, ich muss jetzt entweder auf Freisprechen umschalten oder auflegen, sonst lande ich im Straßengraben.«

»Wehe. Erst wird geheiratet!«

»Schön, dass ich dir als Person so viel bedeute.«

»Mir bedeutet deine Lebensversicherung viel. Falls das mit dem Nachwuchs was wird, soll der ja ein gescheites Leben haben.«

Er nahm den Fuß vom Gas und bemerkte kaum, wie der Wagen langsamer wurde.

»Hallo?«

»Bist du …?«

Seine Stimme war leise und unentschieden. Freute er sich? Hatte das Roulette sich so entschieden, wie er es gehofft hatte? Wagte er, es sich selbst einzugestehen, wenn dem nicht so war?

»Bin ich was?«, fragte Sandra.

»Schwanger.«

»Schwanger? Nein, ich meinte falls … also … war nur ein Scherz. Bisschen undurchdacht vielleicht.«

Die Zeitblase, durch die er geschlichen war, hob sich wieder auf.

»Hm.«

Sie schwiegen, und als Roland den Waldrand und damit den Anfang von Dwiggis Einfahrt erreichte, hielt er den Wagen komplett an.

»Also, du bist nicht …«

»Nein.«

»Hm.«

Nach einer kurzen Pause wiederholte Sandra sein kommunikatives Summen als Frage. »Hm?«

»Ich … ja. Nein … kurz war ich …« Tja, was war er kurz? Froh? Entsetzt? Gehirntot?

»Soll ich dir Baldriantropfen vorbeibringen?«, fragte sie. »Wegen der Aufregung?«

Roland lächelte, und ein Teil der verwirrten Anspannung verabschiedete sich damit.

»Hättest du dich gefreut?«, fragte sie. Roland zögerte.

»Ja«, sagte er schließlich.

Vielleicht war das eine Lüge.

Vielleicht hörte Sandra das in seiner Stimme.

13

Statt den Mittagsschlaf zu halten, den er brauchte, lag Harald mit Gerdas romantischem Roman im Bett und versuchte zu lesen. Aber eigentlich ging es gar nicht darum. Eigentlich war es eher der Versuch moderner Amateurmagie: Er hoffte, dass er Gerda mit dem Buch irgendwie zu sich zurücklocken konnte.

»Ich dreh mich nicht um!«, versprach er dem leeren Zimmer.

Nachdem sein Schlaf mittlerweile daraus bestand, wach im Bett zu liegen, hatte er viel Zeit zu lesen. Aber obwohl er das jeden Abend tat, schien er sich nichts davon zu merken. Manchmal las er einzelne Seiten mehrmals hintereinander, ohne umzublättern, ohne sich dessen bewusst zu sein.

Gerda kam nicht.

Der Schlafmangel schwächte ihn und machte einfache Denkaufgaben zu Herausforderungen. Vor Kurzem hatte er beim Einkaufen behauptet, es wäre ihm zu viel verrechnet worden, dabei hatte sein müdes Gehirn nur das Komma falsch gesetzt. An den Tagen, an denen er abends fernsah, vergaß er manchmal, das Gerät auszuschalten, wenn er ins Bett ging, um dort wach herumzuliegen. Mehr als einmal hatte er geglaubt, dass Leute in seinem Haus wären, bis er den Fernseher als Urheber der Stimmen ausfindig machen konnte.

Das Lesezeichen war ihm einmal aus dem Buch gefallen, und er hatte die richtige Seite nicht mehr finden können. Es fiel ihm schwer, die Figuren im Roman auseinanderzuhalten, obwohl es nur eine Handvoll waren und nicht mehr als zwei die Geschichte dominierten.

Noch vernachlässigte er seine Arbeit nicht, aber das würde bald kommen. Geräte, die früher zwar unter Anstrengung, aber ohne Probleme zu heben gewesen waren, wurden in letzter Zeit immer mehr zur Herausforderung. Die Heckenschere über Kopf zu halten, schaffte er nicht mehr so lange wie zuvor, und wenn er mit der Kettensäge arbeiten musste, ermüdete ihn das ungewöhnlich schnell. Und natürlich waren es nicht die Werkzeuge, die sich änderten.

Harald verfiel.

Seine Wangen waren eingefallen, seine Augen wirkten, als wären sie in ihren Höhlen weiter nach hinten gerutscht, und darunter befand sich ein Feld aus blauer, ungesunder Schwärze.

Harald sah nichts davon.

Im Haus gab es keine Spiegel mehr. Er hatte sie von den Wänden heruntergenommen, mit Laken und anderen Stoffstücken verdeckt oder im Falle des Spiegelschranks im oberen Bad die Türen demontiert.

Alles hatte im Bad im Erdgeschoss begonnen. Er hatte sich nach der Arbeit im Garten die Hände gewaschen, als Gerda hinter ihm aufgetaucht war. Nicht ganz so schlimm wie in der Nacht, als er sich zu ihr umgedreht hatte. Die geschwollene Zunge hatte gefehlt, und das Gesicht war fahl und wächsern, aber nicht blau gewesen.

Haralds Herz hatte schneller geschlagen, weil er wollte, dass sie zurückkam. Weil er das Gefühl ihres Arms um seine Brust vermisste, selbst wenn er kalt und leblos gewesen war.

Aber als er sich umgedreht hatte, war da niemand gewesen. Nur der leere Türrahmen. Nur Enttäuschung, wo eben noch seine Hoffnung gestanden hatte.

Harald hatte geschrien – diesmal vor Zorn statt Angst – und den Seifenspender gegen das Spiegelglas geschleudert, das ihn getäuscht hatte. Gerda hatte ihn auf einem Flohmarkt gekauft, ein rundes, schweres Ding. Nach ihrem Tod hatte er ihn vom oberen Badezimmer ins untere verlagert, damit er ihn nicht jeden Morgen und jeden Abend ansehen musste.

Im Endeffekt waren nur Scherben übrig geblieben, und zwischen all dem scharfkantigen Chaos, in das sich Blut aus den Schnittwunden in seinen Fußsohlen mischte, hatte Harald gestanden – selbst kaum mehr als aufgehäufte Scherben, die die Illusion von Einheit aufrechterhielten.

Sein Leben hatte ohne Gerda keine Bedeutung mehr. Das war nichts Neues. Aber seit jener Nacht, in der er sich zu ihr umgedreht hatte, war es anders. Konkreter.

Es hatte Hoffnung auf Aufschwung gegeben – Harald hatte sie mit seinem sachlichen Verstand aufrechterhalten. *Andere Mütter haben auch schöne Töchter* und so. Die bröckelnde Glaubwürdigkeit dieser Beteuerungen war in sich zusammengefallen.

Natürlich hatte er sich den Weg für einen Neuanfang mit einer anderen Frau selbst verbaut. Er hatte Gerda nicht gehen lassen. Obwohl es selbst für die beste Beziehung belastend sein musste, wenn da alle paar Nächte eine Tote mit im Bett lag.

Aber nun, da dieses Ziel einer glücklicheren Zukunft für ihn nicht mehr existierte, wusste er nicht mehr, warum er noch weitermachen sollte.

So hat sich Gerda gefühlt, dachte er. Das musste nicht stimmen, klang aber glaubwürdig.

Seit er nicht mehr schlief, bildete er sich Gerda manchmal in einem der Gebäude ein, die er betreute, aber wenn er nachschauen ging, war sie nie da.

Es war, als würde man mit sich selbst Verstecken spielen. Vielleicht war es bei alldem keine Überraschung, dass er die Anordnung der Scherben im unteren Badezimmer für Einbildung hielt.

Erst glaubte er, vergessen zu haben sie wegzuräumen, aber das war nur die halbe Wahrheit. Er hatte sie zur Seite gekehrt, zu einem spitzen, scharfkantigen Haufen in der Ecke aufgetürmt, damit man das Badezimmer gefahrlos benutzen konnte. Er hatte vergessen, sie in den Mülleimer zu werfen, aber er hatte sie definitiv nicht über den Boden verteilt liegen lassen.

Auf manchen klebten die eingetrockneten Reste seines Blutes. Braun und unbeeindruckend. Diese Farbtupfer waren es, die den Scherben den Anschein von Realität gaben.

Die Anordnung war es, die sie ihnen wieder nahm.

Harald stand in der Tür vorm Badezimmer und starrte auf den Boden. Er erkannte die Buchstaben, aber nicht das Wort, nicht gleich.

LENG.

Simpel und klar, wenn man es als den Namen las, der es war. Ein unbefriedigendes Mysterium, wenn man darin ein Wort zu sehen versuchte, dessen Sinn man nicht begriff, weil er nicht existierte.

Harald dachte nicht sofort an den Priester. Er dachte an Gerda, daran, dass sie zurückgekommen war, um das zu machen.

Sofern er im Halbschlaf seines Lebens nicht selbst hier herumgewandert war und das getan hatte.

Aber warum? Lengs Bezug zu Haralds Leben hatte mit Gerdas Beerdigung geendet. Harald hatte ihn nie nach dem Tod seiner Frau gefragt, hatte sich nie nach Beichtgeheimnissen erkundigt, die nach ihrem Ableben nicht länger geheim gehalten werden mussten.

Wusste Leng etwas, das sie ihm sagen wollte? Das sie ihm nicht sagen konnte, weil die geschwollene Zunge im Weg war?

Sie hätte es auch einfach schreiben können. Gewissermaßen hatte sie jetzt genau das getan.

Harald spürte Tränen, die es nicht bis ganz nach außen schafften.

»Ich hätte längst mit dem Pfarrer reden sollen«, sagte er zu der Stille, in der Gerda vielleicht zuhörte.

Er blieb noch ein wenig stehen, betrachtete die Scherben, suchte nach einer Bedeutung und fand keine. Er sah sich auch nach Gerda um, nach weiteren Hinweisen, die sie möglicherweise hinterlassen hatte.

Dann holte er einen Besen und die kleine Kehrschaufel, die immer hinter der Eingangstür hing.

Aber als er mit den beiden Dingen wieder vor dem Badezimmer stand, kehrte er die Scherben doch nicht weg. Er misstraute sich selbst.

Statt Besen und Schaufel zu verwenden, stellte er sie beiseite, kniete sich hin und berührte eine der Scherben. Sie war real.

Unschlüssig stand er wieder auf.

»Wenn das wirklich von dir kommt«, sagte er und griff nach dem Besen. »Dann mach das noch mal!«

Dann fegte er die Scherben beiseite. Nicht ordentlich, nur so viel, dass sie mehr Haufen als Wort ergaben.

Harald verließ Leichdorf und fuhr über den Pass zur anderen Seite seiner kleinen Welt, als abseits der Straße etwas im Sonnenlicht reflektierte und ihn lange genug ablenkte, um einen genaueren Blick dorthin zu werfen.

Er sah nicht das Wrack von Marias und Karls Auto, aber er sah die Stelle, an der der Grünstreifen neben dem Asphalt aufgerissen war.

Der Rest waren Gefühl, Vermutung und die Bereitschaft, am Straßenrand zu halten und nachzusehen, ob es etwas zu sehen gab.

14

Bachmann war nicht am Ende seiner Ermittlungen, aber auch wenn er sich nur in kleinen Schritten vorwärtsbewegte, bewegte er sich zumindest. Schritttempo war besser als völliger Stillstand.

Er brütete nicht länger direkt über den Fallakten, sondern suchte nach vergleichbaren Verbrechen in der Umgebung. Es gab wenig Anhaltspunkte, aber in ihrer Gegend verschwanden immer wieder Leute. Nicht mehr im Bergwerk, das hatte sich geändert. Aber außerhalb. Alleinstehende, wie Tschicko. Menschen, die erst mit Verzögerung vermisst wurden. Sie konnten einfach frewillig verschwunden sein, aber Bachmann fragte sich, ob sich da ein größeres Bild vor ihm auftat, als er angenommen hatte.

Oder ob er es herbeizauberte, indem er Hinweise nach seinem Willen interpretierte.

Als es klopfte und Bachmann eine kaum artikulierte Einladung grunzte, kam Stefan herein.

»Der Lackner hat angerufen«, sagte er. »Beim Pass liegt ein Auto im Straßengraben. Soll ich allein hinfahren?«

Bachmann wollte ›Ja‹ sagen, aber er brauchte frische Luft. »Nein, ich komm mit.«

15

August war in Richtung Pass unterwegs, als er die Blaulichter sah. Er wusste da bereits, dass es besser wäre umzudrehen, aber hinter ihm war noch ein weiterer Wagen, und die letzte Umkehrmöglichkeit wäre Tschickos Zufahrt gewesen, und an der war er bereits vorbei.

Er hatte gewusst, dass dieser Tag kommen würde, und hätte ihn früher erwartet.

Da war Angst, die sich zu dem Kribbeln unter seiner Haut mischte, ein sanftes Vibrieren wie von Hunderten kleinen Flügeln, die in seinem Inneren flatterten.

Es war ein gutes Gefühl. Das Spiel seiner Sucht und ihrer Konsequenzen wurde erst komplett, wenn Gegenspieler auf den Plan traten. Im Laufe der Jahre hatten einige in seine Richtung geblickt, aber niemand war ihm so nahegekommen wie Bachmann.

Er merkte gar nicht mehr, dass er sich kratzte, obwohl das dem Jucken unter der Haut keinen Abbruch tat. Seine Unterarme waren gerötet, aber dennoch schabte er weiter. Es war längst zu einer unbewussten Angelegenheit geworden.

Als er bei der Straßensperre hielt, kam ein junger Polizist zu seinem Fenster, den er von einer Taufe letzten Sommer kannte.

Stefan, dachte er. August war gut mit Namen.

»Grüß Sie, Herr Pfarrer. Dauert ein bissel.«

August lächelte freundlich und nickte in Richtung Kranwagen.

»Unfall?«

»Sieht so aus.«

August blickte zu zwei Sanitätern, die entspannt neben ihrem Krankenwagen standen. »Alle unverletzt?«, fragte er.

»Das Reh nicht. Im Auto war keiner drin.«

So weit nichts Neues. »Gutes Zeichen, oder?«

Stefan zuckte die Achseln. »Besser als ne Leiche.«

August sah Lackner bei den Feuerwehrleuten. Er dachte an die Beisetzung seiner Frau – ein bedrückendes Ereignis mit wenig Blumen und vielen Tränen. Lackners Frau war krank gewesen, aber das hatte sie nicht umgebracht.

Hast sie in den Selbstmord gefickt, dachte August und konnte das Lächeln nicht ganz verhindern, als es seine Lippen verzog.

Kurz trafen sich ihre Blicke durch die Windschutzscheibe. August nickte zum Gruß, aber Lackner erwiderte die Freundlichkeit nicht. Vermutlich erkannte er ihn auf die Entfernung gar nicht.

Von seiner Position aus konnte August den verunglückten Wagen nicht sehen, nur Bachmann, der dort unten vor den Bäumen stand und die Vorgänge mit Augen beobachtete, die immer misstrauisch zu wirken schienen, als wäre es die einzige Emotion, zu der er in der Lage war.

Stefan sagte noch etwas, aber August hörte ihn nicht. Er sah einige Männer, die ein paar Schritte entfernt von Bachmann beim Waldrand standen. Er sah, wie einer von ihnen dirigierte und die anderen zuhörten, und erkannte, was sie vorhatten.

»Ist das ein Suchtrupp?«, fragte er.

Stefan blickte von August zum Waldrand und nickte. »Falls sie in den Wald gegangen sind.«

August spürte, wie die Schlinge um seinen Hals sich enger zog. Es war angenehm. Es war der psychische Anteil autoerotischer Asphyxie. Aber man musste aussteigen, bevor es zu spät war, sonst hing man mit runtergelassenen Hosen im Schrank, wenn sie einen fanden.

»Warum sollten sie da hinein? Nach dem Unfall?«, fragte August. Seine Stimme klang nicht mehr so locker wie bisher. Zumindest nicht in seinen eigenen Ohren.

Stefan zuckte wieder die Achseln, als wäre es der kompakte Kern seiner Kommunikationsschulung. »Schock. Durcheinander.«

»Die Straße ist näher.«

»Wahrscheinlich hat sie eh jemand mitgenommen, aber wir wollen sichergehen, dass sie sich nicht im Wald verlaufen haben.« Er lächelte verschwörerisch und unpassend. »Keine Einheimischen.«

August wusste, dass es keine Einheimischen waren. Er betrachtete die Männer, versuchte den Weg vorherzusagen, den sie gehen würden, den Punkt zu finden, ab dem die Suche als erfolglos eingestuft werden würde.

Sie würden dem Pfad folgen, keine Frage. Verunfallte Touristen hätten das Gleiche getan. Der würde sie zum Bach bringen, in die Nähe des Schneiderhauses und schließlich zum Haus selbst. Wie lange würde das dauern?

August spürte das Pochen seines Pulses im Ohr, und auch das beschwichtigende Raunen des Anderen konnte daran nichts ändern.

Das Haus war unbewohnt. Vielleicht würden sie nur von außen einen Blick darauf werfen, aber vielleicht würden sie es auch aufbrechen. Was, wenn Maria wach war? Was, wenn sie schrie?

Was, wenn sie sie fanden?

Wie lange brauchten sie dorthin? Der Leichwald war groß, aber sie befanden sich in Mitteleuropa, nicht in Nordkanada. Man konnte in diesen Wäldern verloren gehen, aber man wurde wesentlich leichter wiedergefunden als dort.

»Oh«, sagte Stefan. »Los geht's.«

Der Wagen wurde aus dem Graben gehoben – ein verbeultes, kaputtes Wrack. August sah die geborstene Windschutzscheibe. Sah das Blut.

»Gleich können Sie weiterfahren, Pfarrer«, sagte Stefan. Aber August wollte nicht mehr weiterfahren.

Er sah, wie die Männer im Wald verschwanden. Bachmann sah ihnen nach, bevor er sich wieder dem Wagen zuwandte.

Lackner stand immer noch bei den Feuerwehrleuten. Aber als August wieder in seine Richtung blickte, sah Lackner zu ihm statt dem Fahrzeug, das über ihnen schwebte.

»Mach ich mich strafbar, wenn ich hier umdrehe?«, fragte August scherzhaft.

Stefan runzelte erstaunt die Stirn. »Sie wollen umdrehen?«

August tat, als wären der Entscheidung keine schwerwiegenden Gedanken vorausgegangen. »Wollte zum neuen Griechen auf der anderen Seite vom Pass«, sagte er. »Haben ein hervorragendes Mittagsmenü.«

Stefan sagte, er kenne das Lokal und das Menü sei wirklich klasse.

»Mir ist der Appetit vergangen.«

Stefan warf einen unschlüssigen Blick die Straße hinauf, dann einen gleich unschlüssigen hinunter. »Na besser jetzt, als wenn wieder offen ist«, sagte er und ging zur Seite, damit August wenden konnte.

Er hob die Hand zum Gruß, und Stefan erwiderte die Geste.

Als August an den Wagen der Schlange, die sich derweil hinter ihm gebildet hatte, vorbeifuhr, hielt er sich penibel an die Geschwindigkeitsbegrenzung.

Aber sobald er außer Hör- und Sichtweite der Einsatzkräfte war, gab er Gas.

16

»Wer war das?«

»Der Pfarrer.«

Bachmann hatte den Abhang neben der Straße erklommen und stand nun neben Stefan. Er blickte in die Richtung, in die Leng davongefahren war, obwohl er längst nicht mehr zu sehen war. Leichdorf war nicht nur dem Namen nach ein Dorf, aber der Priester kreuzte in letzter Zeit auffallend oft seinen Weg. Vielleicht war es wie bei Schwangeren und Neugeborenen. Vielleicht tauchte Leng ständig auf, weil Bachmanns Aufmerksamkeit für ihn geschärft war.

»Zu ungeduldig für die paar Minuten?«

»Wollte zum Griechen fahren, hat sich's aber anders überlegt.«

»M-hm.«

Noch war der Unfall nur ein Unfall. Interessanter als die Ursache war der Verbleib der Insassen. Auf die Straße getaumelt und von jemandem mitgenommen? Möglich. Bei all dem Blut im Inneren und bei dem Zustand des Wracks müsste es Einlieferungen in Krankenhäuser gegeben haben. Vielleicht auf der anderen Seite des Passes, auch wenn Ebenkreuz näher lag.

Falls der oder die Insassen auf die Straße statt in den Wald gegangen waren, wo waren sie nun? Hatte sie jemand mitgenommen? Leng? Warum, wenn nicht aus Nächstenliebe?

Und wenn aus Nächstenliebe, warum war der Unfall dann nicht gemeldet worden?

Nichts deutete darauf hin, dass diese Sache etwas mit dem Ableben von Tschicko zu tun hatte. Nichts außer der Nähe zu dessen Haus.

»Schau zum Haus vom Rudi, wenn wir hier fertig sind«, sagte er. »Vielleicht waren's ein paar angesoffene Jugendliche, vielleicht haben sie nichts gemeldet aus Angst vor einer Anzeige.«

Stefan nickte. Aber es dauerte nicht lange, bis die Kennzeichen ausgewertet waren, bis Bachmann auf die Namen von Karl und Maria Reitbauer blickte, beide im Ruhestand und definitiv keine alkoholisierten Jungspunde.

Stefan machte dennoch einen Abstecher zu Tschickos Haus.

Und Bachmann ging davon aus, dass sie im Wald auf die Leichen des älteren Ehepaars stoßen würden.

Er hoffte nur, dass sie nicht so zugerichtet waren wie Tschicko.

17

August folgte der Passstraße, kam an Tschickos Haus vorbei, näherte sich dem Ortskern, bog ab und fuhr in Richtung Leichdorfer Kirche. Die ganze Zeit über fuhr er mit leicht überhöhter Geschwindigkeit, die ganze Zeit über fühlte es sich nach Schritttempo an.

Wie lange brauchten sie von der Unfallstelle zum Haus? Sie liefen nicht, sie suchten. Eine halbe Stunde? Realistisch. Vielleicht auch eher optimistisch.

Er fuhr an der Einfahrt zum Dirner-Haus vorbei und folgte der Straße bis zu jener schmalen Einbuchtung, an der die Kette die Weiterfahrt versperrte.

August stieg aus, öffnete das Schloss und ließ es offen. Die Kette lag quer über der unbefestigten Straße wie die verrottenden Reste einer toten Schlange.

Wohin mit Maria? Wohin mit den Leichenteilen? Wohin mit all den verdammten Beweisen?

Das Kribbeln unter seiner Haut breitete sich aus, wurde stärker. Als tummelten sich dort Insekten. Als wäre er eine Jutepuppe voller Käfer.

Wohin mit den Jutepuppen?

Aber die konnte er dort lassen, die Puppen hatten ihn nicht gesehen.

Maria schon.

Er stieg zurück in den Wagen, fuhr die schmale Straße entlang und erreichte die Ausbuchtung, gerade breit genug, um dort zu wenden. Umständlich, aber machbar.

Er stieg aus, lief zum Haus, lauschte. Hörte er Stimmen? Waren sie bereits so nahe?

Sie konnten nicht so schnell sein, nicht wenn sie wirklich suchten. Die undeutlichen Stimmfetzen, die wie verirrte Rauchschwaden zu ihm hertrieben, mussten Einbildung sein. Aber das hieß nicht, dass er sich Zeit lassen konnte.

August schloss auf und rannte zur Tür, hinter der Maria vielleicht immer noch schlief.

»Es tut mir leid«, sagte er beim Betreten des Raums.

Maria lag im Bett, immer noch mit dem Rücken zur Tür, immer noch vollkommen unbeeindruckt von seiner Anwesenheit.

»Wir müssen verschwinden.« Er packte sie an der Schulter, fest.

Erst dann sah er, dass das Frühstück immer noch unberührt neben dem Bett stand. Erst als er sie umdrehte, ihre Körperhaltung verkrampft, unverändert, erst als er spürte, wie kalt sie war, wusste er, warum sie nicht auf ihn reagiert hatte. Auf dem Rücken, die angewinkelten Knie nach oben gestreckt wie die Karikatur eines erfrorenen Käfers, der stumme Mund ein letzter Seufzer, den niemand gehört hatte, sah sie nicht lebendiger aus als die Jutepuppen draußen am Tisch.

Und das war sie auch nicht.

August wich nicht zurück. Erstaunt starrte er sie an, fragte sich, wann es geschehen war. Er dachte an die Spritze, die er ihr an jenem Abend gesetzt hatte, an dem er Dwiggi in der Kirche begegnet war.

Vielleicht da, vielleicht später. Draußen kläffte ein Hund.

August fuhr herum. Zu spät, sie waren da.

Er verließ den Raum, eilte durchs Wohnzimmer und zog die Vordertür zu. Leise, aber schnell. Er sperrte ab, sah sich um. Kein Licht brannte hier drin. Nichts würde verraten, dass sich jemand im Haus befand.

Solange sie die Tür nicht aufbrachen, würde alles in Ordnung sein.

»Sie dürfen mein Auto nicht finden«, flüsterte er, aber von draußen kam wieder der Lärm der Hunde – ein ganzes Rudel –, und August verstummte.

Das Kribbeln unter seiner Haut wurde unerträglich, aber August wagte nicht, sich zu kratzen. Er konnte ihre Schritte hören. Vielleicht konnten sie seine Fingernägel hören.

Reglos in einer Ecke hockend wartete er darauf, dass sie ihn fanden.

18

Sie kamen nicht. August hörte Hunde, hörte Schritte, hörte Stimmen. Aber irgendwann, als selbst das seichte Wogen seines eigenen Atems nicht mehr klar vom Geräusch seiner Gedanken zu unterscheiden war, gestand er sich ein, dass er alleine bleiben würde. Der ohnehin schon schwindende Tag hatte sein Ende erreicht – hinausgezögert durch den nahenden Sommer, aber dennoch unabwendbar. Im Dunkel der Nacht glaubte August die Lichtkegel von Taschenlampen zu sehen, die von außen durch die schmutzigen Fenster des Schneiderhauses fielen und dennoch nichts hier drin wahrnehmen konnten.

Er glaubte, die Zungen aus Helligkeit über die raue Jute der Puppen streichen zu sehen, und er glaubte mehr als einmal zu hören, wie Maria sich in dem dunklen Zimmer vom Bett erhob.

Ihre Schritte näherten sich, erreichten ihn aber nie.

Und da waren immer noch die Hunde. August glaubte zu hören, wie sie sich miteinander unterhielten. Wie sie über ihn sprachen. Er hatte Angst vor Hunden. Schon immer gehabt, schon als Kind. Als die Vierbeinermorde in Leichdorf anfingen, hatte er nichts damit zu tun, aber hatte er sie begrüßt? Oh ja.

Die Hunde dort draußen wollten nicht gehen, und es dauerte, bis August sich mit der Tatsache abfand, dass sie gar nicht da waren.

»Ich verlier den Verstand«, murmelte er, sich unentwegt kratzend, obwohl er an einigen Stellen an den Unterarmen bereits blutete.

Sie waren nicht gekommen, sie hatten die Tür nicht aufgebrochen, sie hatten nicht entdeckt, womit er sich hier drin versteckte.

Aber bedeutete das, sie würden noch kommen? Warteten sie dort draußen?

Er warf einen vorsichtigen Blick durch eines der Fenster, aber sie waren nach außen genauso undurchsichtig wie nach innen.

Auf einmal war die Stärke, die er sonst gefühlt hatte, fort. Zurück blieb ein verängstigter kleiner Junge, der vor Jahren in einem verbrannten Stück Körper begonnen hatte nach seinem Leben zu suchen und es nie gefunden hatte.

»Wo ist dein Gott?«, fragte er. »Warum zeigt er sich nicht?«

Der Andere schien hinter seinem Rücken zu lächeln. »Hat er das nicht getan?«

August schwieg, starrte in den Albtraum, der ihn umgab, das Bild aus Verfall und Tod, unter dem sich Gewalt und Leid verbargen. Er roch den Gestank seiner Welt, schmeckte die Dinge, für die er stand. Bisher süß, heute bitter.

»Haben sie dich erwischt?«, fragte der Andere. Hatten sie nicht. Noch nicht.

»Glück«, entgegnete August.

Der Andere schwieg einen Moment, bevor er antwortete. »Dein Glauben, deine Wahl.«

August ging nicht näher darauf ein, wandte sich zu Marias Zimmer um und sah sie einen Moment im Türrahmen stehen, verrenkt und steif.

»Ich muss weg!« August sah zu, wie die Einbildung der toten Frau sich auflöste.

»Für jeden treuen Diener gibt es ein passendes Königreich«, erwiderte der Andere.

August wandte seinen Kopf, starrte zu den Fenstern, zu der Nacht, die dort draußen lauerte und unbekannte Dinge verbarg. Die Fenster glommen im schwächlichen Licht des abnehmenden Mondes.

»Ist das hier meins?«, fragte er.

»Nein«, sagte der Andere. »Nicht, wenn du nicht willst.«

Gedankenverloren kratzte August seine Unterarme. Das Kribbeln breitete sich aus, hörte nicht auf. Wie Gedanken, die sich unter der Haut wanden, taub den Befehlen seines Bewusstseins gegenüber.

Er spürte Feuchtigkeit unter seinen Nägeln.

»Ist es die Dunkelheit?«, fragte er. Die endlose Schwärze, in die der Andere ihn gedrängt hatte, als er beim Mord des Kindes nicht hatte dabei sein wollen. »Ist es die ewige Nacht?«

Ein Begriff aus dem Buch seines Urgroßvaters. August wusste nicht, ob dieser damit das Gleiche meinte wie er, aber unter den Umständen war es egal.

Der Andere schwieg. August kratzte weiter. Ein dünnes Rinnsal aus Blut löste sich von der Wunde, glitt über seinen Arm und tropfte auf den Boden des alten Hauses, wo es in den Spalten zwischen den Brettern verschwand. Als würde das Haus trinken. Als wäre es lebendig.

Ein Königreich. Seine letzte Zuflucht. Kpaih-Ngis Realität, in der vielleicht Platz für ihn war. Er hatte kein Problem, Lakai zu sein, wenn das Umfeld passte.

Er sah zu den Puppen, den stummen Beobachtern seines bitteren Lebens. Er dachte an den Schneider, und die Geschichte zu der Entstehung der Puppen. Ob er glaubte, was er wusste. Ob Gott ein gedankliches Konstrukt oder greifbare Realität war.

Ob seine Halluzinationen an irgendeinem Punkt fair genug waren, sich als solche zu entlarven, falls er ihnen unterlag.

»Ich kann dir die Tür zeigen«, sagte der Andere. »Aber sie ist verschlossen.«

»Und der Schlüssel?«

Der Andere schien um ihn herum zu gleiten, näher zu kommen, tiefer in seinen Kopf zu sinken. Als er weitersprach vibrierte seine Stimme hinter Augusts Augen.

»Dein Wille. Deine freie Entscheidung. Dein Opfer.«

August dachte darüber nach. Wollte er sie treffen? Was gab es hier noch, außer Trümmern? Wieder sah er zur Schlafzimmertür, wieder schien dort Maria zu stehen, ein vager Schemen, der sich kaum von seinem Umfeld abhob.

»Wo ist die Tür?«

Der Andere zog sich ein wenig zurück. »Nicht wo. Wann!«

August wartete, suchte nach dem Sinn in den Worten des Anderen.

»Also gut. Wann?«

»Neumond«, antwortete der Andere. »Wenn die Nacht am dunkelsten ist.«

19

Als Harald später nach Hause kam war er müde genug um daran zu glauben, endlich wieder eine normale Menge Schlaf von dieser Nacht erwarten zu können. Er hatte bei der Bergung des Wagens geholfen, wo er helfen konnte, war mit Bachmann im Wald dem Suchttrupp gefolgt und als am Ende ihrer fruchtlosen Bemühungen ein gemeinsames Feierabendbier in den Raum gestellt worden war, hatte er nicht abgelehnt.

Er war müde und ausgelaugt, und als er nach all dem Zweck, den sein Leben für die paar Stunden wieder gehabt hatte, sein Haus betrat, wirkte es trostlos und leer.

Harald zog seine Schuhe vor der Tür aus – sie waren schmutzig vom Wald, das tiefe Profil der Sohlen eine Ebene aus Dreck. Er warf einen kurzen, gewohnheitsmäßigen Blick auf die Uhr neben der Garderobe – ein verschnörkeltes, verspieltes Ding, bei dem man eine Weile brauchte, bis man die Zeit auf den ersten Blick ablesen konnte. Halb eins. Spät, aber wenn er sich einbildete, dass er um diese Zeit nicht ohnehin wach im Bett gelegen wäre, belog er sich selbst.

Er wollte nach oben gehen, als sein Blick auf den Besen fiel, der immer noch neben der Tür zum Badezimmer lehnte. Harald war nervös, während er ihn betrachtete, und wurde noch unruhiger, als er sich ihm näherte.

Er fragte sich, was er zu sehen erwartete, wenn er ins Bad blickte. Und was er sehen wollte.

Harald erreichte die offene Tür, sah das Glitzern am Boden und machte das Licht an.

LENG stand in Buchstaben aus Scherben am Boden.

Harald suchte nach Unglauben in sich und fand keinen. Warum auch immer, Gerda wollte, dass er mit dem Priester sprach, also würde er es tun.

20

Barbara blieb weiterhin ohne Nachricht von Dwiggi. Sie gab der Möglichkeit, einen anderen Menschen gekannt zu haben, als er tatsächlich war, keinen Raum. Aber es war ein Gedanke, der sie ins Bett begleitete, als sie die Kommunikationsversuche schließlich aufgab.

Sie hatte noch ein zweites Mal mit Sandra telefoniert. Dwiggi war nicht zu Hause. Sein Auto war ebenfalls weg.

Der größte Teil von ihr glaubte immer noch an eine ganz simple Erklärung, und ein Großteil davon drehte sich um die Möglichkeit, dass er sie besuchen kam und in einem Anflug übers Ziel hinausschießender Romantik nicht abhob, damit sie so richtig, richtig überrascht war, wenn er plötzlich vor ihr stand.

Aber mit dem Auto war sie nur drei Stunden weg, nicht drei Tage. Wenn er ihr nachgefahren wäre, müsste er schon da sein.

Mit dieser Überlegung war die Möglichkeit eines Autounfalls gekommen. Vielleicht lag er irgendwo zwischen hier und dort im Krankenhaus, und niemand wusste, wo. Barbara hatte das Internet nach entsprechenden Meldungen durchforstet, aber abgesehen von einer Massenkarambolage auf der A2 hatte sie nichts gefunden. Und dort war niemand zu Schaden gekommen.

Vielleicht war er bei dem Unfall dabei, vielleicht war sein Handy kaputt, vielleicht, vielleicht, vielleicht.

Aber sein Handy klingelte.

Er könnte es im Wagen vergessen haben.

Der Wagen kaputt, auf dem Weg zum Schrottplatz.

Sie spielte seit Stunden Gedanken-Pingpong mit sich selbst. Es war ermüdend und brachte nicht einmal eine Ahnung der Erleichterung, nach der sie sich sehnte.

Weil selbst ein grübelnder und besorgter Verstand irgendwann müde wurde, schlief sie ein.

Der Morgen kam ohne Nachricht von Dwiggi.

Kapitel 11

1

Barbara kehrte früher zurück als geplant, und die ganze Zugfahrt über versuchte sie eine Antwort auf die Frage zu finden, ob sie überreagierte, ob sie einen Fehler machte, der sich vielleicht auf ihr Berufsleben und ihr privates negativ auswirken könnte.

Aber das Angenehme bei akuter Entscheidungsineffizienz war, dass Zugfahrten einem diese abnahmen. Es ging den Schienen entlang, da konnte man grübeln, was man wollte.

Sie hatte Dwiggi wieder angerufen, wieder geschrieben und sich wieder bemüht, dabei unverbindlich zu klingen. Aber weniger, als noch am Tag ihrer Abfahrt. Bedeutend weniger.

Barbara kam gegen Mittag in Ebenkreuz an. Zusammen mit ein paar Tagesausflüglern verließ sie den Zug und ging durch die kleine Ankunftshalle zum Ausgang. Früher hatte es dort einen Kiosk gegeben – jeder Winkel voll mit Zeitschriften, Taschenbüchern und Zigaretten ohne Warnhinweis. Barbara erinnerte sich an die Verkäuferin, eine stoische Frau mit freundlichen Augen, die einem durch die offene Scheibe reichte, was auch immer man begehrte. Sie hatte im Laufe der Jahre einige Bücher dort gekauft. Last-Minute-Begleiter für die Zugfahrten.

Inzwischen gab es keinen Kiosk mehr, dafür aber einen Fahrkartenautomaten, vor dem sich eine kleine Traube ratloser älterer

Herren gebildet hatte, die nur ein paar Stationen fahren wollten und dafür knappe zweihundert Euro zahlen sollten. Barbara nahm sich Zeit, ihnen unter die Arme zu greifen und die doppelt und dreifach gebuchten Tickets auf die notwendige Zahl zu reduzieren. Sie dachte, dass ein wenig gutes Karma im Moment nicht schaden konnte.

Vor dem Eingang war der Taxistand, und als sie Roland dort sah, ging sie direkt zu ihm.

Er war überrascht, sie zu sehen.

»Hab mich nicht konzentrieren können«, sagte sie mit einem leichten Lächeln, zu dem sie sich zwingen musste. »Da konnte ich es auch gleich sein lassen.«

Er nickte. »Nach Hause?«

»Zu Dwiggi.«

2

Der drückende Schatten, der normalerweise nur zwischen den eng stehenden Bäumen der Zufahrt zu Dwiggis Haus herrschte, schien sich auch über das Gebäude selbst zu legen. Vielleicht war es nur die furchtsame Haltung in Barbaras Innerem, die sie nach außen projizierte, vielleicht lag es an den schweren Wolken, die den Himmel in ein erschöpfendes Grau tauchten.

Sie wehrte sich gegen den unfundierten Eindruck, dass das Haus wie ein überdimensionierter Grabstein vor ihr aufragte.

»Danke«, sagte sie. »Was bin ich dir schuldig?«

»Nichts natürlich.«

Sie stiegen aus. Er hatte ihr erzählt, dass er beim letzten Mal nichts vorgefunden hatte. Der Eindruck, den das Haus machte, deckte sich mit seinem damaligen Besuch. Kein Auto, dunkle Fenster, leeres Haus.

»Bist du reingegangen?«, fragte Barbara.

»Hab keinen Schlüssel.«

Sie ging zum Haus, er folgte.

Bei der Eingangstür stand immer noch die leere Bierflasche, die er im Gras gefunden hatte. Sie sah ihn fragend an.

»Nicht meins. Lag dort vorn.« Er zeigte auf die Stelle.

Barbara bückte sich bei einem der Blumentöpfe, die an der Fassade standen und Pflanzen beherbergten, die noch nicht vertrocknet, aber auf dem Weg dorthin waren. Sie steckte eine Hand in die Erde eines der größeren Töpfe und wühlte mit den Fingern darin herum. Roland beobachtete sie neugierig, bis sie die Hand mit einem schmutzigen Schlüssel wieder hervorzog.

»Darauf wär ich nie gekommen!«, sagte er.

»Ist der Sinn der Sache.«

Barbara wischte die Erde vom Schlüssel, steckte ihn ins Schloss und sperrte auf.

Das stille Haus hinter der offenen Tür war wie eine andere Welt. Barbara ging nicht weiter.

»Ich habe Angst«, flüsterte sie und lächelte, damit die Spannung sich löste.

»Wovor?«

»Dass ich was finde, was ich nicht finden will.«

»Und was sollte das sein?«

Wusste sie selber nicht. Das machte es nicht leichter, das Haus zu betreten, aber nahm der Unruhe in ihrem Inneren ein wenig den Biss. Sie war froh, nicht alleine hier zu sein.

Nach einem gründlichen Rundgang stand fest, dass Dwiggi nicht hier war. Sein Bett war unordentlich, die Küche nicht aufgeräumt, und auf dem Dachboden hing gewaschene Wäsche, die längst trocken, aber nicht abgenommen worden war.

So sahen Wohnräume für gewöhnlich nicht aus, wenn jemand vorgehabt hatte, ein Weilchen wegzubleiben.

Die Stimmung im Haus war unangenehm. Das lag natürlich an Dwiggis Abwesenheit, aber auch daran, dass die falschen Leute hier drin waren. Barbara und Roland waren keine alten Freunde, sie waren Fremde, die sich kennenlernten, weil die Menschen in ihrem

Umfeld sie zusammenbrachten. Ihnen fehlte die zwischenmenschliche Vertrautheit, die all das entspannter gemacht hätte.

Barbara lehnte sich an den Türrahmen zur Bibliothek im Erdgeschoss und schüttelte den Kopf. »Ich verstehe es nicht«, sagte sie.

Roland stimmte ihr zu.

»Zumindest ist ihm nichts passiert«, meinte er.

»Nicht hier.«

Statt zu antworten, warf er einen Blick auf seine Armbanduhr.

»Wie wär's wenn du mit zu uns kommst? Mittagessen. Sandra hat gekocht.«

»Das ist nicht nötig, danke.«

Sein Blick ersetzte Worte, und auch wenn Barbaras erster Impuls gewesen war, die Einladung abzulehnen, nahm sie schließlich an. Sie war nicht früher zurückgekommen, um erst recht wieder alleine rumzusitzen.

»Ich hol mir noch schnell was zu trinken«, sagte sie.

Dwiggi war nicht hier, sein Wagen war nicht hier, und einen Hinweis, wo er hingegangen war, hatten sie auch nicht gefunden. Dwiggi lebte mit seinem eigenen Quäntchen Chaos, aber er war kein Chaot. Ganz im Gegenteil. Barbara war davon überzeugt, dass sein Bett ordentlich wäre, wenn er vorgehabt hätte wegzubleiben. Es sah aus, als wäre er spontan aufgestanden und nicht mehr zurückgekommen. Und dann war da noch die Bierflasche vorm Haus. Wie sie dort hingekommen war, war nicht die Frage, die ihr Sorgen bereitete. Sondern warum sie dort geblieben war.

Sie nahm ein Glas aus dem Schrank, drehte den Wasserhahn auf und hielt plötzlich inne.

»Siehst du das?«, fragte sie, als Roland in die Küche kam. Er sah es.

Auf der Ablage über der Spüle lag Dwiggis Inhalator.

Als das Glas unter dem Wasserhahn voll war und nur noch Barbaras Hand gebadet wurde, lehnte Roland sich vor und drehte den Hahn ab.

Barbara registrierte es nur am Rande. »Hast du beim letzten Mal versucht ihn anzurufen?«

Roland war verwirrt. »Bevor ich hier war, ja.«

»Nicht von außen, von … ach du warst ja nicht drinnen.«

Sie stellte das volle Glas unbeachtet zur Seite und zückte ihr Handy.

Nachdem sie Dwiggis Nummer gewählt hatte, lauschten sie.

»Es klingelt«, sagte Barbara und meinte damit das Freizeichen. Aber als sie sich konzentrierten, hörten sie das Handy auch im Haus.

Sie folgten dem Geräusch. Die Treppe hoch und in Dwiggis Schlafzimmer, wo sie es angesteckt in dem schmalen Bereich zwischen Bett und Fenster entdeckten. Barbara nahm es, zog das Netzkabel ab und sah aufs Display. Mehrere entgangene Anrufe, mehrere ungelesene Nachrichten. Die meisten von ihr, ein paar von Roland und Sandra.

Beide betrachteten das Telefon, und keiner sprach.

3

Nach dem Essen saßen sie beisammen, tranken Kaffee und versuchten die Stimmung nicht in den Keller sinken zu lassen, auch wenn sie zumindest in Barbaras Fall nachdrücklich dort hinwollte.

»Ich treff mich heute Abend mit ein paar Mädels«, sagte Sandra. »Willst du mitkommen?«

Barbara wollte nicht und lehnte dankend ab. Es dauerte nicht lange, bis sie thematisch wieder auf Dwiggi zu sprechen kamen.

»Der Inhalator«, sagte Barbara. »Hab nie gesehen, dass er ihn verwendet, aber ich habe ihn auch nie ohne gesehen.«

Niemand widersprach ihr.

Barbara schüttelte den Kopf, als würde sie eine Frage verneinen, die nur in Gedanken gestellt worden war. »Ich weiß nicht, ob ich aus der Haut fahren oder ruhig bleiben soll.« Sie zupfte am Ärmel ihres Tops, dort, wo die Narbe ihr Handgelenk entlangglitt. Eine Geste, die Dwiggi erkannt und unterbunden hätte. Aber Dwiggi war nicht hier.

»Ich weiß nicht, wie ich damit umgehen soll. Das mit dem Inhalator beunruhigt mich.«

Aber das stimmte nur zum Teil. Alles beunruhigte sie inzwischen. Die Erinnerung an Tschickos Mord hatte sich längst in ihre Gedanken gekrallt. Sie sprach diese Möglichkeit nicht aus, weil die Vorstellung, dass Dwiggi ermordet worden war, zu erschreckend war. Und zu absurd. In Leichdorf wurde man nicht einfach so ermordet. Aber das hatte Tschicko vermutlich auch geglaubt.

»Ich denk immer noch, dass er mir nachgefahren ist und jetzt in dem Hotel darauf wartet, dass ich von der Messe zurückkomme.« Barbara lächelte bei dem Satz, aber wirklich daran glauben konnte sie nicht. Genauso wenig wie die beiden anderen.

»Vielleicht sollten wir mal Bachmann anrufen«, schlug Roland vor. Und genau das taten sie.

4

Bachmann wollte die Nachforschungen zu dem am Vortag entdeckten Autounfall jemand anderem zuteilen, aber so ganz ließ ihn die Sache nicht los. Die Suche im Wald hatte keine Spuren ergeben. Keine Leichen, keine verwirrten Überlebenden, keine verwaisten Kleidungsstücke. Da war das Schneiderhaus, aber nachdem es unbewohnt, verfallen und baufällig war, hatten sie nicht erwartet, dort etwas Interessantes zu entdecken. Bachmann hatte den Suchtrupp angewiesen, das Haus von außen auf Einbruchspuren hin zu untersuchen, aber die Tür war verschlossen, die Fenster schmutzig und verklebt, aber heil, und auch sonst hatte es keinen Hinweis gegeben, dass sich jemand Zutritt verschafft hatte.

Das Ehepaar Reitbauer war kinderlos, aber sie hatten eine Cousine ausmachen können, die behauptet hatte, die beiden würden jedes Frühjahr mit dem Auto verreisen.

Sie hatte auf die Nachricht vom Unfall erwartungsgemäß reagiert und war inzwischen auf dem Weg nach Leichdorf. Sie hatte gehört, was hier vorgefallen war. Und als Bachmann ihr mitteilte, dass sie nicht wussten, wo Herr und Frau Reitbauer sich befanden, hatte sie sofort von dem brutalen Mord gesprochen, bei dem ein Jäger von seinem Hund zerstückelt worden war. Nachrichten verbreiteten sich schnell, aber es war ein wenig wie mit stiller Post – was an einem Ende losgeschickt wurde, kam nicht unbedingt genauso am anderen an.

Bachmann war auf den Mord und seine möglichen Bedeutungen für die beiden Verunfallten nicht eingegangen.

Stefans Besuch in Tschickos Haus war ebenfalls erfolglos geblieben. Keine Spuren, dass jemand dort gewesen war.

Menschen in Ausnahmesituationen verhielten sich manchmal seltsam, und Bachmann hatte die Möglichkeit in Betracht gezogen, dass die Reitbauers unversehrt aus dem Wrack gekrochen, zum Bahnhof gewandert, in den Zug gestiegen und irgendwo anders hingefahren waren.

Aber zu Hause in Imstett waren sie nicht angekommen und sie hatten ihr ganzes Gepäck zurückgelassen. Bachmann musste an das Taschenbuch auf dem Beifahrersitz denken. An die Handtasche samt Inhalt. Sogar die Brieftasche von Maria Reitbauer war gefunden worden, wenn auch erst, nachdem die Kennzeichen ausgewertet gewesen waren.

Es sah nicht danach aus, als hätten sie beschlossen, zu Fuß Hilfe zu holen, und wären dabei verloren gegangen.

Aber das Fahrzeug sah auch nicht aus, als hätten sie sich von alleine daraus befreien können.

Bachmanns Telefon läutete.

»Johann, wir haben einen Abgängigen in Leichdorf.«

Es war Karin, die die eingehenden Telefonanrufe entgegennahm.

»Seit?«

»Erst einem Tag. Seine Freundin klingt ganz vernünftig, aber sie sagt, das passt nicht zu ihm.«

»Bitte sie her, ich rede mit ihr.«

Karin legte auf, und Bachmann blieb mit seinem verschwundenen Autofahrerpärchen zurück. Und seinem unbekannten Psychokiller. Und Hundemorden. Und nun einem Vermissten, der vielleicht genauso wenig zum Gesamtbild gehörte wie alles andere.

Aber die Chance dafür erschien ihm gering.

Ebenkreuz und Leichdorf waren ruhige Flecken, die auf einmal zum Teufel gingen.

5

August ging durch die Gänge des heimischen Baumarkts, ertappte sich immer wieder dabei, wie er seine Unterarme oder den Hals kratzte, und zwang sich, es sein zu lassen. Bis er sich wieder ertappte. Er stand vor einem Abschleppseil und betrachtete es nachdenklich. Sein Einkaufswagen war weitestgehend leer. Zwei Benzinkanister, Streichhölzer, Kerzen.

»Wozu die Kerzen?«, fragte er.

»Für die Stimmung«, antwortete der Andere.

Eine Antwort, die leicht als Scherz verstanden werden konnte, aber August wusste, dass Stimmung die unterschätzte Geheimzutat bei Ritualen war. Stimmung emotionalisierte. Emotion formte Überzeugung. Und Überzeugung war die halbe Miete.

Ein Mitarbeiter kreuzte seinen Weg, und August hielt ihn auf.

»Sind das die einzigen Seile, die ihr habt?«, fragte er.

Der Mitarbeiter beschrieb ihm den Weg in die richtige Abteilung. August fand neben Kunststoffseilen auch welche aus Hanf. Er mochte den Geruch nicht, aber die raue Struktur erinnerte ihn an die Puppen. Das fand er passend. Er ließ sich ein paar Meter davon abtrennen und warf es zum Rest in seinen Einkaufswagen.

An der Kasse starrte die Angestellte ungeniert auf seinen Hals.

»Ach um Gottes willen«, sagte sie.

August griff sich an die Stelle, an der er vom ständigen Kratzen gerötet und vielleicht schon wund war.

Sie scannte seine Einkäufe. Die Lebenstipps gab es gratis dazu.

»Ich hab da eine Salbe, hat mir meine Schwägerin empfohlen, die hat's mit der Neurodermitis, hilft besser als die anderen. Gibt's in der Apotheke, müssen's aber bestellen, kostet ein wenig mehr, ist es aber wert.«

Sie sah auf und er lächelte.

»Ich schreib's Ihnen auf.«

Und das tat sie, auf der Rückseite seines Kassenbelegs. Und als August den Zettel nahm sah sie ihn erwartungsvoll an. Fast herausfordernd. Als erwarte sie für diese Gefälligkeit, nach der er nicht gefragt hatte, ein Ständchen.

»Danke«, erwiderte er.

»Ich hab's in den Achseln gehabt, aber damit in den Griff gekriegt.«

Die Worte waren nett, der Tonfall seltsam aggressiv. Als wäre Augusts gerötete Haut für ihren Ausschlag verantwortlich. Er verabschiedete sich und fuhr zur Tankstelle, um die Kanister zu füllen.

6

»Dwiggi?« Bachmann runzelte die Stirn.

»Dirner. Ludwig.« Beinahe wäre Roland Dwiggis echter Name entfallen. Schattenseite von herausragenden Spitznamen, die sich zu weit von ihren Wurzeln entfernt hatten.

»Ich mach mir Sorgen«, sagte Barbara. Roland hatte sie zum Polizeiposten in Ebenkreuz gefahren, und nun saßen die beiden in Bachmanns Büro.

»Hoffen wir, dass das unbegründet bleibt«, antwortete Bachmann. Auf seinem Schreibtisch stand ein Computer, aber Notizen zu ihrem Gespräch machte er dennoch in einem kleinen Block, der die ideale Größe für Brusttaschen hatte.

Er sah von dem Block auf und zu Barbara. »Ich muss das fragen, auch wenn es unangenehm ist, aber meistens ist bei so was noch wer im Spiel.«

Barbara schüttelte den Kopf. »Ich glaub nicht, dass er eine andere hat.«

»Aber sicher ist es nicht.«

Das musste sie leider zugeben. »Nein.«

Bachmann notierte es, und Barbara hatte das Gefühl, dass mit dieser einen Information die Ernsthaftigkeit von Dwiggis Verschwinden erheblich gesunken war.

»Ich glaub das auch nicht«, sagte Roland. Bachmann blickte auf. »Dass er zweigleisig fährt.«

Bachmann nickte. »Sein Handy?«, fragte er. »Aus?«

Barbara griff in ihre Tasche, holte es hervor und legte es auf den Schreibtisch. Bachmann wirkte überrascht. Und die Ernsthaftigkeit, die nach ihrem Empfinden zuvor verschwunden war, kehrte zurück.

»Irgendwelche Nachrichten, entgangene Anrufe?« Barbara schüttelte den Kopf. »Nur unsere.«

Bachmann betrachtete das Handy, dann schob er es zu ihnen zurück. »Behaltet es, falls er sich meldet. Und gebt mir eine Nummer, unter der ich euch erreichen kann.«

Barbara diktierte ihre.

Bachmann notierte und nickte. Dann schrieb er eine zweite auf einen Zettel und gab ihr diesen. »Meine. Wenn was ist. Und ansonsten melden wir uns, falls sich was ergibt.«

Falls, nicht wenn. Barbara war nie aufgefallen, wie weit diese beiden Worte inhaltlich auseinanderliegen konnten.

»Was sollen wir jetzt tun?«, fragte sie.

»Nach Hause gehen. Und anrufen, wenn euch noch was einfällt.«

Das war unbefriedigend. Aber auch wenn Bachmann unterkühlt wirkte, machte er nicht den Eindruck, als wäre Dwiggis Fortbleiben in seiner Welt eine unbedeutende Kleinigkeit, und das schenkte ihnen Zuversicht.

»Habt ihr einen Schlüssel?«, fragte er, als sie schon standen. »Zu seinem Haus?«

Roland nickte.

»Ich schick einen Kollegen mit euch.«

Gemeinsam mit Stefan fuhren sie noch einmal zu Dwiggis Haus. Aber auch der Polizeibeamte konnte nichts Interessanteres als Dwiggis Abwesenheit finden.

Roland brachte Barbara nach Hause und fuhr zu seinem eigenen zurück.

7

»Ist schon merkwürdig«, meinte Sandra. »Oder geht's nur mir so?« Sie saßen im Wohnzimmer, tranken Eiskaffee und dachten über Barbara und Dwiggi und alles drum herum nach.

»Nein, es ist merkwürdig.«

Roland wusste nicht, wie er sich verhalten sollte. Wie Barbara pendelte er zwischen Sorge und deren Beschwichtigung hin und her. Sorge schien angebracht, aber sie war in dem Fall vor allem emotional begründet. Das machte sie anfällig für Unverhältnismäßigkeit. Großen Rambazamba veranstalten, wenn Dwiggi nur nach Salzburg ins Kino gefahren und dort geblieben war, machte keinen Sinn. Die Angelegenheit künstlich kleinreden, wenn er zerstückelt im Wald lag, aber auch nicht.

Roland sah ein, dass die Wahrheit vermutlich irgendwo dazwischen lag, aber selbst dazwischen musste sie in eine der beiden Richtungen tendieren. Und Roland wusste nicht, für welche er sich entscheiden sollte.

»Ich wollt neben der Babsi nicht zu pessimistisch sein«, sagte Sandra.

»Sie hält sich gut«, meinte er.

»Hab an den Mord denken müssen.«

»Das haben wir wahrscheinlich alle.«

»Und?«, fragte sie. »Glaubst du, dass …«

Roland schüttelte den Kopf, aber es war keine Antwort auf ihre

Frage. »Ich glaube, dass er bald wieder dasteht und sich wundert, wo sein Handy ist. Aber vielleicht hoff ich das auch nur.«

Das war der Knackpunkt an der ganzen Sache – wie schlimm war sie, wie schlimm machte man sie in seinem Kopf.

»Sein Haus steht gleich beim Wald«, sagte Sandra. »Genau wie das vom Tschicko.«

»Aber nach dem ersten Mal war Ruhe. Und Bachmann hat nicht sonderlich alarmiert gewirkt.«

»Wird so was öfter hören.«

»Wahrscheinlich.«

Aber das war gelogen, und beide wussten es. Es war ein weiteres Ereignis in einem Frühling, der mit mehr Ereignissen begonnen hatte als all die anderen zusammen, die sie hier erlebt hatten.

Sandra trank ihr Glas leer und strich ihm gedankenverloren über die Schulter. »Hoffentlich klärt sich das bald auf.«

»Wird es. Ich denk, wir sollten fürs Erste ruhig bleiben.« Er nahm ihre Hand. »Nicht verrückt machen, wenn's noch nichts zum Verrücktmachen gibt.«

Das half. Es setzte die ganze Sache in eine andere Relation, und vielleicht war diese falsch, aber für den Moment erschien sie richtig.

»Ich muss wieder los. Soll ich dich noch hinbringen?«

»Nein, ist noch zu früh. Ich fahr mit dem Rad.«

Sie stand auf, streckte ihre Hand nach Rolands Glas aus und ging damit in die Küche.

»Wenn's später wird, ruf an!«, sagte er. »Im Finstern brauchst du nicht allein nach Hause fahren.«

»Ich dachte, wir bleiben ruhig?«

»Ruhig und dumm sind zwei Paar Schuhe.«

Roland machte sich größere Sorgen, als die automatischen Beschwichtigungen seines Verstandes zuließen. Es war wie mit Nachrichten von Flugzeugabstürzen, Naturkatastrophen und Krebsdiagnosen. Das erwischte andere, nicht einen selbst.

Er küsste sie zum Abschied und stieg wieder ins Taxi.

8

Als August nach Hause kam, stand ein Wagen davor. Erst dachte er an Bachmann, aber als er in die Einfahrt bog, stieg Lackner aus dem Auto.

August war verwirrt. Und er hatte im Augenblick kein Interesse an Gesellschaft. Das Kribbeln unter seiner Haut war auch so schwer genug zu ignorieren.

Lackner hob die Hand zu einem knappen Gruß, als August ausstieg. »Hätten Sie kurz Zeit, Herr Pfarrer?«

9

In Orten wie Leichdorf hielt sich vor allem in den älteren Generationen immer noch der buckelnde Umgang mit Titel- und Würdenträgern. Man konnte dort ein Arschloch sein und die Schafe des Nachbarn ficken, wenn auf dem Briefumschlag ein ›Dr.‹ stand, war man eine unumstößliche Respektsperson.

Harald gehörte nicht zu dieser Gruppe, und er wollte nicht hier sein.

Aber da waren die Scherben in seinem Badezimmer. Da war der wiederkehrende Name des Priesters. Da waren Gerdas Besuche, die aufgehört hatten seit jener Nacht, in der ihre Verbindung vielleicht für immer zerbrochen war.

»Wie kann ich helfen?«, fragte Leng.

Harald sah die rote Stelle am Hals, als der Priester näher kam, aber er kommentierte sie nicht.

»Ich hab nie mit Ihnen über meine Frau gesprochen«, antwortete Harald. Die Augen des Priesters waren dunkel, seine eigenen hart. Hier waren sie nicht unter Freunden. Dass Leng ihn nicht hineinbat, störte Harald nicht. In seiner Vorstellung war das Haus wie eine Kirche eingerichtet. Er war lieber an der frischen Luft als zwischen Heiligenbildern und Kreuzen.

»Worüber genau wollen Sie reden?«, fragte Leng.

Harald merkte, dass die Worte schwierig waren. Selbst nach zwei Jahren waren sie immer noch schwierig. Vielleicht, weil er zu Leng kein nahes Verhältnis hatte. Es war kein Misstrauen, aber es war, wie wenn ein fanatischer Anhänger der Schulmedizin sich Rat bei einem Homöopathen holte. Man konnte Willen zeigen und Respekt. Aber eine letzte unüberbrückbare Distanz blieb bestehen.

»Gerda ist oft zu Ihnen gekommen.«

»Gerda war der Glaube sehr wichtig«, sagte Leng.

»Sie war öfters beichten, hat sie da vielleicht mal erwähnt, dass sie …«

Er suchte nach den richtigen Worten, aber Leng wartete nicht, bis er sie gefunden hatte. »Sich umbringen wollte?«, fragte er.

Als Harald aufblickte, schienen Lengs Augen zu leuchten. Als hätte er Spaß. Sein kleiner Mund mit den schmalen Lippen blieb unverändert, aber die Augen … Harald verstand nicht, warum Gerda zu diesem Mann gegangen war, um ihm Dinge zu erzählen, die sie mit sonst niemandem teilen wollte.

»Ob sie unglücklich war«, entgegnete Harald.

Das Glitzern verschwand aus Lengs Augen, sofern es jemals da gewesen war. »Gerda war eine traurige Frau, Harald«, antwortete Leng. »Wir können helfen, indem wir zuhören, und manchmal reicht das. Aber jeder geht seinen Weg allein. Geben Sie sich nicht die Schuld an dem, was Ihre Frau getan hat.«

»Ich habe nicht gesagt, dass ich mir die Schuld gebe«, sagte er.

Leng lächelte. Eine kleine Veränderung seiner Mimik, auffallend wirkungsvoll in dem schlanken Gesicht. »Gut so.«

Der Priester wandte sich zu seinem Haus um, aber für Harald war das Gespräch noch nicht beendet.

»Worüber haben Sie gesprochen? Wenn sie bei Ihnen war. Was hat sie Ihnen erzählt?«

»Was Ihre Frau mir erzählt hat, war für Gott bestimmt. Gönnen Sie ihr den Frieden, den er ihr gewährt.«

Er erreichte das Haus beinahe, bevor Haralds Worte ihn erneut zurückhielten.

»Ich dachte, Selbstmörder kommen in die Hölle?«

Leng drehte sich wieder um.

»Selbstmord ist eine Sünde, oder nicht? Die Kirche hat da nicht viel Nachsicht, soweit ich weiß.«

Leng betrachtete ihn, die Augen ruhig, aber lauernd, und Harald konnte sich vorstellen, wie dieser Blick auf andere einschüchternd wirken konnte. Nur ließ Harald sich nicht einschüchtern. Nicht, wenn es um seine Frau ging.

»Glauben Sie denn an die Hölle?«, fragte Leng.

»Nein.«

»Dann brauchen Sie sich doch auch keine Sorgen zu machen.« Er schloss die Tür auf und wollte hineingehen.

»Was meine Frau Ihnen erzählt hat, geht mich mehr an als Ihren Gott«, entgegnete Harald. »Wenn Sie was wissen und mir verheimlichen, Leng, oder wenn Sie sogar was damit zu tun haben, dann …« Harald ließ den Rest unausgesprochen. Seine Intention war auch so klar.

Der Priester warf einen kurzen Blick zu den Nachbarhäusern, bevor er zu dem anderen Mann ging. Harald roch Moder und Fäulnis.

»Wenn du so unbedingt wissen willst, was sie mir erzählt hat, dann frag sie doch selbst«, raunte Leng. »Häng dich an den nächsten Baum und geh sie besuchen. Kannst dich nicht verlaufen, alle Selbstmorde enden an der gleichen Haltestelle.«

Diesmal war sein Grinsen bösartig und das fröhliche Glitzern in seinen Augen nicht nur Einbildung.

»Richte ihr liebe Grüße von mir aus.«

Leng blickte zu etwas hinter Harald, und als er sich umdrehte, stand dort eine Nachbarin im Garten und tat so, als gieße sie ihre Blumen, während sie sie beobachtete.

Leng wünschte ihr einen schönen Tag, und sie erwiderte die Freundlichkeit. Als er wieder zu Harald sah, war von der Freundlichkeit nichts mehr zu spüren. Als wäre es ein Schalter, den er nach Willen umlegen konnte.

Er ließ ihn stehen und ging ins Haus.

10

August hörte, wie Haralds Wagen davonfuhr. Der Andere war bei ihm.

Sie warteten, und dann ging er nach oben. Im Stauraum unter seinem Bett fand er eine alte Reisetasche aus robustem Material, das länger gehalten hatte als der Markenaufdruck. Nachdem er entschieden hatte, dass sie reichen würde, duschte er, wechselte seine Kleidung und aß eine Kleinigkeit in der Küche.

Es wäre besser gewesen, Lackner nicht zu verärgern. Es wäre besser gewesen, ihm Lügen von einer reuigen, aber gutherzigen Gerda aufzutischen. Dann wäre er beruhigt von dannen gezogen, und August müsste sich gedanklich nicht mehr mit ihm befassen.

»Wenigstens hast du ihm nicht gesagt, was ihr bei den Beichten gemacht habt«, sagte der Andere.

»Lackner weiß vom Haus«, entgegnete August.

Vor Jahren war er zu ihm gekommen und hatte gefragt, ob er das Schneiderhaus verkaufen wolle. August machte kein Geheimnis daraus, dass es ihm gehörte, aber er hatte nicht gedacht, dass es jemanden interessierte.

Er betrachtete die Stellen, an denen er sich wund gekratzt hatte. Das Kribbeln hörte nicht auf. Er sah rohes, verletzliches Fleisch und wollte trotzdem weiterkratzen.

Hier konnte er nicht mehr bleiben, und nachdem er Lackner auf die Zehen getreten war, auch nicht mehr im Schneiderhaus. Er glaubte nicht, dass Lackner versuchen würde, ihm Bachmann auf den Hals zu hetzen. Mit welcher Begründung? *Der Pfarrer sagt mir nicht, was meine Frau ihm anvertraut hat?* Aber die Sache sah anders aus, wenn Lackner sich aus irgendeinem Grund in den Kopf setzte, einen Blick ins Schneiderhaus zu werfen, wenn er fand, was es darin zu finden gab. Einen Einbruch hier würde er kaum riskieren, aber in dem verlassenen Haus im Wald? Wen störte dort ein eingeschlagenes Fenster?

Nur noch dieser Tag, dachte er. Aber passierten nicht auch die meisten Unfälle am Arbeitsplatz kurz vor Feierabend? Er war zu nah an seinem Ziel für Risiko.

August musste sich verstecken. Nicht lange, aber gut. Und er wusste einen passenden Ort.

11

In dem Moment, als sie alleine zu Hause saß und das Grübeln wieder überhandnahm, bereute Barbara fast, Sandras Einladung zum Mädelsabend nicht angenommen zu haben.

Als sie es in der Wohnung nicht mehr aushielt, ging sie zum See. Es war nicht unbedingt kalt, aber der bewölkte Himmel lud nicht zum Baden ein. Sie setzte sich auf eine der Bänke und ließ ihren Blick über die Wiese schweifen, auf der sie beim letzten Mal mit Dwiggi gewesen war. Dort vorn hatten sie sich zum ersten Mal geküsst. Barbara hatte das Gefühl, dass es schon ewig her war, aber das stimmte nicht. Ihre Beziehung entwickelte sich nur im Schnelldurchlauf.

Sie fragte sich ernsthaft, ob das mit ihm schon wieder vorbei war. Bei dem Gedanken blieb eine seltsame Ruhe in ihr, die ein wenig mit Traurigkeit geschwängert war. Das wäre wahrscheinlich anders, wenn sie wüsste, wo er war. Wenn sie wüsste, dass er seine Zeit nur mit einer anderen Frau verbrachte. Es würde wehtun, aber wenigstens hätte sie dann die Möglichkeit, traurig und wütend zu sein.

So blieb ihr vorerst nur Ungewissheit. Und die tat genug weh.

Die Wolken verzogen sich irgendwann, aber Barbara ging dennoch nicht ins Wasser.

Sie verließ die Bank und wanderte am Ufer entlang, bis sie zum Seewirt kam, einem Restaurant direkt am See. Sie wollte nur einen Kaffee trinken, aber blieb dann doch für ein verfrühtes Abendessen und ein Glas Rotwein, das an diesem Tag nicht schmecken wollte.

12

August trug Marias Leiche aus dem Schneiderhaus zu seinem Wagen und setzte sie auf den Beifahrersitz. Der Blick ihrer gebrochenen Augen hatte begonnen, ihm zu folgen. Das war Einbildung.

Die Fliegen und der Gestank von verrottendem Fleisch nicht.

Auf der Rückbank saßen bereits die Jutepuppen. Sie hatten dem Schneider Gesellschaft geleistet, und nun waren sie seine, wenn es zu Ende ging.

Der Wald war still, friedlich. Ein ruhiger, teilnahmsloser Beobachter, der nicht verraten konnte, was er sah. Es gab seinem Abschied eine harmonische Note, mit der er nicht gerechnet hatte. Sogar das Kribbeln unter seiner Haut schien erträglicher zu werden.

Als seine kleine Familie aus Jute im Wagen saß, holte er die Reisetasche aus dem Kofferraum und ging zurück zum Haus.

Von der Ausbuchtung am Ende der Privatstraße führte kein richtiger Weg zum Schneiderhaus, nur die Schneise aus niedergetretener Flora, die August mit seinem Hin und Her selbst gezogen hatte.

Er dachte über das nach, was kommen könnte. Vielleicht würde er eine Tür entdecken, vielleicht würde Gott aus der Dunkelheit hervortreten, in der er sich verbarg, und vielleicht waren all das nur Hirngespinste.

Er suchte nach der freudigen Erwartung des überzeugten Gläubigen und fand stattdessen die unschuldige Neugier eines Kindes.

Zurück im Haus, begrüßte ihn der Gestank seines eigenen Verfalls, der Gestank, den er in all den Jahren so gewohnt worden war, dass er ihn nun zum ersten Mal wieder bewusst registrierte. Wie der

Geruch von Frittierfett, den man nicht mehr bemerkte, wenn man damit aufstand und damit schlafen ging.

Das Haus war zu lange kein Zuhause mehr gewesen. Es war ein toter Ort voller toter Erinnerungen. August fiel es nicht schwer, sich davon zu verabschieden.

Er stellte die Reisetasche auf den Tisch. In der Tasche waren das Seil aus dem Baumarkt, Kerzen, Streichhölzer und ein paar Kleinigkeiten, die er bei sich haben wollte – Andenken an ein Leben, das ihm weitestgehend wie ein Traum erschien, der plötzlich zu Ende ging.

Auf dem Tisch lag das Buch seines Urgroßvaters. Das Ritual zum Öffnen der Tür war nicht darin zu finden. Der Andere kannte es. Eine weitere jener Behauptungen, die bald auf die Probe gestellt werden würde.

August blätterte durch die Seiten, ließ Zeichnungen, Phrasen und fremdartige Worte vorbeiziehen und packte es schließlich in die Tasche.

Er nahm das Jagdmesser, mit dem er Maria bedroht und Dwiggis Knöchel gehäutet hatte, und das Betäubungsmittel, das Maria umgebracht hatte – ein unscheinbares, kleines Fläschchen, eingewickelt in ein Stück Stoff –, und verstaute beides in seiner Jackentasche.

Sein Nähzeug, mit dem er nie so gut wie der Schneider, aber gut genug geworden war, und ein paar Vorräte aus dem Schrank kamen ebenfalls in die Reisetasche, und damit war er so gut wie fertig.

In einer Schublade fand er noch eine Rolle Gewebeband und eine Handvoll Kabelbinder, entschied sich für die platzsparende zweite Alternative und warf sie zum Rest in die Tasche. Er glaubte nicht, dass er irgendwas davon noch brauchen würde. Vielleicht das Betäubungsmittel. Wenn es wirklich schlimm wurde. Wenn der Mut für die Schlinge ihm doch fehlte und er selbst ins Feuer gehen würde.

Er dachte an seinen Vater und drängte die Erinnerung beiseite.

August warf einen letzten Blick zurück und betrachtete den Staub, der gleichgültig durch die spärlichen Lichtstrahlen trieb.

Dann sperrte er ab und ging zu seinem Wagen.

13

Sandra holte ihr Fahrrad aus der Garage und fuhr los. Sie war immer noch zu früh dran für ihre Verabredung, aber die frische Luft tat gut, und sie genoss die Bewegung.

Barbara tat ihr leid. Sie hatte versucht ihre Gedanken einzubremsen, bevor sie sich zu lebhaft ausmalte, wie es wäre, wenn Roland plötzlich nicht mehr da war, aber Gedanken waren schnell. Die Vorstellung tat weh. Noch schlimmer wurde es durch das Bewusstsein der Machtlosigkeit – warten zu müssen, was sich ergab. Es war seltsam. Mobiltelefone hatten Verbindungen schneller, einfacher und dauerpräsenter gemacht, aber sobald sie aus der Gleichung gestrichen wurden, blieb ungewohnte Hilflosigkeit.

Sandra hatte noch über eine Stunde Zeit, als sie die Straße am Leichwald erreichte. Genug Zeit, um noch einen kurzen Abstecher zu Dwiggis Haus zu machen, wenn sie wollte. Vielleicht stand sein Wagen diesmal dort, vielleicht kam er gerade zurück, von wo auch immer er gewesen war.

Sie bog in die Einfahrt, fuhr über den unebenen Schotter und erreichte bald das Haus. Sein Wagen war nicht da.

Aber ein anderer.

14

Als er das Dirner-Haus verließ, stand sie da, zwischen ihrem Rad und seinem Wagen, in den sie sicherlich hineingeblickt hatte.

»Herr Pfarrer?«, sagte sie, die Begrüßung als Frage betont.

Ihr Blick glitt an ihm vorbei zur offenen Eingangstür. Er steckte seine Hand in die Jackentasche, spürte das Messer, fand das kleine Fläschchen mit dem Stofffetzen und drehte den Verschluss geschickt auf. Er dachte daran, dass sie den Taxifahrer heiraten wollte.

Daraus würde nun wohl nichts mehr werden.

»Mein Gott, hast du ein Pech«, sagte er, ehrlich erstaunt über ihr ungünstiges Timing.

Als sie zu rennen begann, war es bereits zu spät.

15

Nach Schmerz und Angst war Dunkelheit geblieben. Dwiggi hockte in einem der seltsamen Gänge, in denen er nach dem Zusammentreffen mit Leng erwacht war. Sie waren rund, wie überdimensionierte Abflussrohre. Er konnte sich nicht erinnern, was genau geschehen war. Da war die Kirche, in der er erstickte, während der Priester ihm zusah.

Und dann die Tunnel.

Was auch immer dazwischen gewesen war, hatte er nicht mitbekommen.

Um ihn herum gruben sich Öffnungen in die Wände, als säße er im Zentrum einer gigantischen Wabe. Er war manchen davon gefolgt. Sie verzweigten sich, führten nie lange in dieselbe Richtung und ließen ihn desorientierter zurück als bei seinem Aufbruch. Ob dieser Raum derselbe Knotenpunkt wie jener davor war, wusste er nicht. Das eine erschien in dieser unplausiblen Umgebung genauso plausibel wie das andere.

Ab und zu war da eine Stimme – ein sanftes Wispern, geschlechtslos, kaum zu hören, nicht zu verstehen. Er hatte eine Weile versucht, ihren Ursprung zu finden, aber der Hall machte es praktisch unmöglich.

Es gab Licht, irgendwo. Aber damit war es wie mit der Stimme.

Wenn das Empfinden von Zeit subjektiv war, dann schien es hier der Subjektivität des Ortes zu unterliegen, nicht seiner eigenen. Er wusste nicht, wie lange er bereits hier war. Er spürte keine Schmerzen und wurde nicht müde, egal wie lange er umherirrte oder wie viel Zeit zu vergehen schien. Als wäre sein Dasein eine halb pausierte Endlosschleife.

Die Struktur der Tunnelwände war seltsam. Sie sahen aus wie Stein, fühlten sich aber nicht so an. Dwiggi wusste nicht, ob er sich die Wärme unter der Oberfläche einbildete, aber kalt waren sie nicht. Sie waren fest, aber nicht hart. Eher ledrig.

Er wusste nicht, ob er manchmal schlief, ohne es zu bemerken, ob er wegdriftete und wieder wach wurde, während die Umgebung sich veränderte. Aber die feinen Fäden waren bis vor Kurzem noch nicht da gewesen. Sie waren nicht in jedem Tunnel, aber sobald er sich ihrer bewusst geworden war, schienen sie sich zu vermehren. Als würde seine Aufmerksamkeit ihr Wachstum anstacheln.

Aber sie wuchsen nicht. Die Netze, zu denen sie gesponnen waren, hatten keinen pflanzlichen Ursprung. Es waren Spinnennetze.

Weder die Größe der Netze noch die der Tunnel musste auf die der Erbauer schließen lassen, aber der Gedanke war hartnäckig. Und auch die Vorstellung, dass irgendwo, außerhalb seines Sichtfeldes, ständig neue Netze gesponnen wurden und dass es nur eine Frage der Zeit war, bis die Fliege und die Spinne einander begegneten.

Anfangs hatte er versucht, seine Situation mit Logik zu erklären. Aber die Tunnelwände waren dick und vollkommen resistent gegen Logik. Es gab keinen rationalen Grund für all das. Zumindest keinen, der Dwiggi zugänglich schien.

Grübeln hatte genauso wenig Sinn wie Hinsetzen und Warten. Beides hatte er getan, beides hatte er wieder aufgegeben.

Der Tunnel vor ihm führte bergab. Zum ersten Mal fiel Dwiggi auf, dass das Licht zu pulsieren schien. Aber vielleicht war das auch nur wieder eines dieser Details, die kamen und gingen, ohne dass er es mitbekam.

Das Licht schien dort unten stärker zu sein.

Aber die Netze an den Wänden waren dichter, sponnen sich teilweise über den halben Querschnitt des Gangs. Er würde hindurchpassen.

Die Frage war nur, ob er das wollte.

Kapitel 12

1

Die Bar im Schoberwirt war nicht gut besucht, aber das war Bachmann nur recht. Er sah Lackner an der Theke, hob grüßend die Hand, setzte sich ein paar Hocker weiter und bestellte ein kleines Bier. Sie waren weitestgehend unter sich.

Er war hergekommen, um sein Gehirn ein wenig auszulüften und an etwas anderes zu denken als an die gehäuften Seltsamkeiten, die derzeit seinen Alltag beherrschten.

»Feierabend?«, fragte Harald.

Bachmann nickte. Der Schoberwirt hielt sich gerade so über Wasser, aber das schon seit Jahren. Man aß hier nicht, außer der Magen vertrug es, und man mietete kein Zimmer, außer alles andere war voll. Aber um in Ruhe etwas zu trinken, war es genau der richtige Ort.

Hier interessierte sich niemand für die Gedanken und Meinungen der anderen. Die Tische waren eine Art Mikrokosmos, getrennt von ihren Nachbarn. Aber die meisten, die hier herkamen, taten das ohnehin allein.

Bachmann war gern hier.

Er bekam sein Bier, prostete Lackner zu und kehrte in Gedanken doch wieder zu den Vorkommnissen in Leichdorf zurück.

Es verging genug Zeit, um das erste Bier auszutrinken und ein zweites zu bestellen, bevor Lackner von seinem Barhocker aufstand und zu ihm herüberkam.

»Danke für die Hilfe letztens«, sagte Bachmann und meinte die Suchaktion nach der Bergung des verunglückten Wagens.

Lackner nickte nur. »Darf ich dich was fragen, Johann? Was, das unter uns bleibt?«

Bachmann blickte zu Lackner, antwortete aber nicht gleich. Wenn er jedes Mal auf solche Anliegen eingehen würde, wäre er ein wandelndes Buch voller Geheimnisse. Für manche mochte das reizvoll sein, aber Bachmann war sich bewusst, dass irgendwann ein Unter-vier-Augen-Gespräch dabei sein würde, bei dem er das entgegengebrachte Vertrauen zugunsten seines Berufs missbrauchen würde müssen. Er war Teil der Exekutive, aber er war auch Teil der Dorfgemeinschaft. Das eine hatte die Funktion, das andere zu beschützen, und Bachmann war davon überzeugt, dass sich das am nachhaltigsten mit Aufrichtigkeit erreichen ließ.

»Für Beichten ist der Pfarrer zuständig«, entgegnete er schließlich.

»Wäre meine erste Wahl«, antwortete Harald. »Aber um den geht's.«

Bachmann horchte auf. »Ich lass mich in nichts reinziehen, Harald!«, sagte er, aber er wollte auch wissen, was Lackner zu sagen hatte. Immer wieder Leng. Seit Tschickos Leiche gefunden worden war, immer wieder derselbe Name.

Lackner wartete auf eine Entscheidung, bevor er weitersprach, und so, wie Bachmann ihn kannte, würde er sich mit halben Versprechen nicht locken lassen. War er bereit, die Grenzen seiner selbst auferlegten Dienstethik zu dehnen oder sogar zu übertreten? Wegen einer Spur, die nur aus vagen Hinweisen und nichts Handfestem bestand? Für Bachmann war es längst schwieriger geworden, Lengs mögliche Involvierung in die Vorgänge objektiv zu betrachten, als in ihm den schlimmen Kerl zu sehen, den andere ihm zeigen wollten.

Aber Bachmann wusste auch, dass die Fallakten auf seinem Schreibtisch allesamt in Sackgassen führten.

»Wie wäre es, wenn ich mit dir privat rede?«, sagte Harald. »Nicht dienstlich.«

Bachmann sah ihn ruhig an. »Wir können's probieren. Aber ich verspreche nichts.«

Lackner setzte sich.

2

Roland kam nach Hause, kochte sich eine Packung Fertignudeln – wenig Geschirr, wenig Aufwand, einfaches Essen – und pflanzte sich vor den Fernseher. Draußen war es bereits dunkel, und die Zeit, bis Sandra sich melden würde, war am besten mit Unterhaltung genutzt, der sie nichts abgewinnen konnte und die dadurch für gemeinsame Abende ausschied. Für Roland war *MA 2412* immer noch ein Klassiker der österreichischen TV-Komödiantik, für Sandra immer noch substanzloser Schwachsinn. Objektiv betrachtet hatten beide recht.

Über dem Fernseher hing ein Bild, auf dem eine felsige Küste und Meer zu sehen waren. Schön, aber austauschbar, ohne Persönlichkeit. Es war mit dem Rahmen gekommen, in dem es hing.

Sandra hatte es schon vor langer Zeit gegen ein eigenes austauschen wollen, weil Fotos von Landschaften ohne Menschen irgendwie traurig wirkten, wie sie fand. Es hatte ein Urlaubsfoto gegeben, das sie beide an einem anderen Strand, in einem anderen Winkel der Welt, aber an demselben Meer gezeigt hatte. Roland hatte die Speicherkarte dummerweise in die randvolle Spüle fallen lassen, als Sandra gerade mit dem Abwasch beschäftigt gewesen war. Und das war's dann auch mit dem Foto gewesen. Ein klares Plus für Handyfotos und Clouds, ein klares Minus für Digitalkameras und Rolands Dämlichkeit.

Während er nun das Bild betrachtete, erkannte er zum ersten Mal, dass Sandra recht hatte. Landschaftsbilder ohne Menschen waren traurig.

Auf dem Regal neben der Couch lag der Alufolienring in seiner eigenen kleinen Schatulle – meistens offen, weil es bei dem Material nicht schlimm war, wenn es verstaubte. Mit dem zeitlichen Abstand wirkte er auf ihn noch dämlicher, als er damals auf Sandra gewirkt haben musste, aber er mochte ihn. Roland nahm ihn und drehte ihn hin und her. Der Ring hatte seine eigene kleine Geschichte. Und auch wenn er nicht so schön glitzerte, war er einzigartig. War das nicht eines der beliebtesten Attribute für Liebegeschenke?

Der Morgen des Antrags schien plötzlich verdammt lang her zu sein. Als hätte sich dazwischen die Jahreszahl geändert. Aber sie hatten damit tatsächlich eine neue Zeitrechnung betreten.

Er stellte sich vor, wie es wäre, wenn er momentan nicht alleine wäre. Wenn ein Kind bei ihm wäre, *sein* Kind.

Roland bemühte sich wirklich, an der Vorstellung Gefallen zu finden, aber es gelang ihm nicht.

3

»Deswegen die Bedenken?«, fragte Bachmann.

»Will niemanden anschwärzen.«

»Anschwärzen ist nicht strafbar.«

Lackner hatte ihm von seinem Besuch beim Pfarrer erzählt, von der scheinbaren Vertrautheit, die Leng mit Haralds Frau gehabt hatte und deren Geheimnisse er mit ihrem verwitweten Ehemann nicht teilen wollte.

»Beichtgeheimnis«, hatte Bachmann gesagt.

»Und rechtlich?«

Bachmann hatte die Achseln gezuckt und Lackner empfohlen, sich an einen Anwalt zu wenden. Er akzeptierte Haralds Trauer. Was er erlebt hatte, war ein Albtraum, den Bachmann nicht teilen wollte. Aber seine Frau hatte sich selbst umgebracht. Und es war zwei Jahre her.

»Will nicht, dass du zu mir kommst, wenn ihm was passiert«, sagte Harald.

Bachmann sah ihn an. »Wird ihm was passieren?«

Lackner schwieg, trank von seinem Bier, antwortete: »Falls, kommst du jetzt wahrscheinlich erst recht.«

»Mit Sicherheit!«

Seltsamerweise wirkte Harald zufrieden. »Gut so.« Und auf Bachmanns fragenden Blick: »Überleg ich's mir zweimal, ob ich ihm die Nase breche.«

Er lächelte, Bachmann nicht.

Sie tranken eine Weile schweigend, bis Harald das Gespräch wieder aufnahm.

»Hab mir bei der Suchaktion im Wald nichts dabei gedacht«, sagte er. »Aber weißt du, wem das Schneiderhaus gehört?«

Bachmann wusste es nicht.

»Leng.«

Bachmann war erstaunt, aber nicht überzeugt. »Ist das jetzt anschwärzen?«

Lackner nickte nachdenklich. »Wahrscheinlich. Aber trotzdem wahr.«

»Hör ich zum ersten Mal.«

»Wissen die wenigsten.«

Bachmann betrachtete ihn, Lackner las seinen Blick. »Prüf es nach.«

»Und dann?«

Lackner zuckte die Achseln, wandte sich wieder seinem Bier zu.

Er betrachtete Harald von der Seite, versuchte herauszufinden, was er dachte und wollte. »Du glaubst aber nicht, dass der Leng deine Frau umgebracht hat«, fragte er. »Oder?«

Lackner beantwortete die Frage nicht. »Sie war oft bei ihm«, fuhr er fort. »Beichten. Da geht man hin, um Sachen zu erzählen, die man loswerden, aber keinem sagen will. Zumindest laut meiner Mutter.«

Bachmann wartete, weil Lackner wirkte, als wollte er noch mehr sagen.

Als das nicht passierte, fragte er: »Suchst du einen Schuldigen?«

»Ich suche Gründe.«

»Jetzt erst?«

Lackner zuckte die Achseln.

»Was ist mit dem Abschiedsbrief?« Bachmann hatte ihn damals gelesen. Er erinnerte sich vage, was drinstand.

»Ist mir immer dünn vorgekommen.«

»Dünn?«

»Zu wenig Grund für ... so was.«

»Kapiert man nicht immer, was andere denken«, erwiderte Bachmann. Er dachte an Tschicko, an das Autowrack, an all die Verschwundenen. An Leng und die Verbindung von allem, die er vielleicht war, und vielleicht auch nicht. Eine Spinne, die ihr Netz zwischen den Alltagseskalationen der letzten Zeit wob und darin wartete, bis ... was? Die Verbrechen – falls sie zusammenhingen – wirkten willkürlich, ohne Verbindung, ohne Muster. Und das machte Bachmann Angst. Damit wurde es wie Fangenspielen im Dunkeln.

»Kennst du die kleine Schotterstraße beim Leichwald, ungefähr in der Mitte zwischen der alten Kirche und dem Dirner-Haus?«, fragte Lackner.

Bachmann nickte.

»Von außen sieht man's nicht, aber wenn man ein paar Meter reinfährt, kommt eine Absperrung. Kein Schild, aber es ist trotzdem eine Privatstraße.«

»Gehört auch dem Pfarrer?«

Lackner nickte.

»Wieso weißt du das?«

»Weil ein Münchner, für den ich seit Jahren aufs Haus schau, wenn er nicht da ist, das Schneiderhaus kaufen wollte. Der Leng hat abgelehnt. Wollt nicht einmal einen Preis hören.«

»Vielleicht liegt ihm so viel dran.«

»Vielleicht.«

»Oder er braucht das Geld nicht.«

»Oder das.«

Bachmann betrachtete das restliche Bier in seinem Glas und überlegte, ob er noch eins bestellen sollte.

»Ich sag nicht, dass ich glaube, dass der Leng irgendwen umgebracht hat«, sagte Harald. »Ich sag auch nicht, dass ich es ihm zutraue. Aber ich denke, jemand sollte mal einen Blick ins Schneiderhaus werfen.«

Bachmann dachte das inzwischen auch. »Ich kann nicht einfach dort hineinmarschieren«, entgegnete er.

»Nein. Aber fragen könnt man den Leng.«

Bachmann sah zuerst zu Lackner und dann auf seine Armbanduhr. Halb acht.

Während Harald sich noch ein Bier bestellte, trank Bachmann seines aus und bezahlte.

»Wenn da was dran ist, bin ich froh«, sagte Bachmann. »Aber wenn nicht, ist das eine ernste Angelegenheit. Kann dem Pfarrer gehörig das Leben versauen. Und wir brauchen nicht noch mehr Gerüchte.«

»Hab nur mit dir geredet.«

»Sehr gut.« Bachmann nahm zwanzig Euro aus seiner Geldbörse und legte sie vor Lackner auf die Theke. »Geht auf mich.«

»Brauchst mich nicht bestechen.«

»Tu ich nicht.«

4

Als Sandra erwachte, roch sie Fäulnis und Staub, aber diese Eindrücke kamen erst mit Verzögerung.

Trockener Mund, dumpfe Gefühllosigkeit im Gesicht, als wäre es geschwollen.

Und Dunkelheit.

Etwas bedeckte ihr Gesicht. Diese Erkenntnis fühlte sich seltsam realitätsfern an. Als würde man im Halbschlaf Richtung Badezimmer wandeln und plötzlich zu sich kommen, ohne zu wissen, wohin man unterwegs war.

Sie hob die Hand, ignorierte die pochenden Kopfschmerzen und spürte, dass auch etwas über ihren Händen war. Irgendein kratziger Stoff.

Jute.

Schon als Kind hatte sie den Geruch gehasst.

Sie griff nach ihrem Gesicht, die Hände nur halb einsetzbar wegen der Jute, die sie wie unförmige Handschuhe bedeckte.

Sie sah Lichtflecken durch die Stellen, an denen das grobe Gewebe des Stoffs durchlässig war, atmete ein, hatte kurz Gelegenheit, die Mischung aus Jute und Verwesung wahrzunehmen, und stieß die Luft hustend wieder aus.

Er hatte sie betäubt.

Sie erinnerte sich, wie Leng aus Dwiggis Haus gekommen war. Sie erinnerte sich an seine blutigen Arme und dass seine Augen fast schwarz gewirkt hatten.

Panik brandete in ihr hoch, wie die erste Unruhe in kochendem Wasser.

Sie dachte an Tschickos Mord, an Dwiggis Verschwinden, an Lengs leeren Gesichtsausdruck. Sie erkannte die Gefahr, in der sie sich befand, aber sie verstand trotzdem nicht, was genau mit ihr geschehen war.

Wieder griff sie sich ins Gesicht, bekam umständlich eine Falte des Stoffs zu fassen und wollte die Kapuze, oder was auch immer das war, abziehen.

Aber der Stoff gab nicht nach, sie hörte ihn ächzen und protestieren. Er war mit der restlichen Jute, in die sie gekleidet war, vernäht.

Sandra zog erneut, stärker, bis die Nähte rissen und ihr Kopf freikam.

Und wenn ihr Verstand nicht vor Unglauben in der Luft gehangen hätte, hätte sie vielleicht geschrien.

Da waren unförmige Puppen – zusammengezimmert aus Jutesäcken und Stoffresten. Gesichts- und charakterlos, aber so präsent, dass sie wirkten, als könnten sie sich jeden Moment erheben.

Und sie saß als vierte mit ihnen am Tisch.

Horrorgeschichten aus ihrer Kindheit prasselten auf sie ein. Der Schneider, seine tote Frau und die zwei Kinder, das geviertelte Herz, die Gier der Puppen nach den fehlenden Teilen.

Sie sah sich um, ignorierte den trockenen Hustenreiz vom Jutestaub, den Schwindel, der den Raum vor ihren Augen in schummrigen Schlieren zur Seite wippen ließ.

Zwei Türen, eine geschlossen, die andere halb offen, winzige Fenster, vor denen man nur Dunkelheit sah. Keine Bilder, altmodische Einrichtung, geschmacklos, abgelebt.

Das Haus des Schneiders, dachte sie und spürte, wie ihre Lippen sich bei den Worten bewegten.

Sie war noch nie hier drin gewesen, wusste nicht, wie die Räume angeordnet waren und wo sich die Ausgangstür befand. Als sie noch Kinder gewesen waren, gab es welche, die behauptet hatten, schon hier gewesen zu sein, aber beweisen konnten sie es nie, und Sandra hatte ihnen nicht geglaubt. Ihre eigene Furcht, die sie immer davon abgehalten hatte, auch nur daran zu denken, dieses Haus zu betreten, war irrational, aber deutlich gewesen. Das unheimliche, gedrungene Häuschen, das Hexenhaus von Leichdorf, das im Schatten des Waldes hockte und für Sandra als Kind immer wie eine lauernde Falle gewirkt hatte.

Und nun war sie mittendrin. Aber obwohl ein Teil der Ängste aus ihrer Kindheit in ihre derzeitige Gedankenwelt schwappte, war sie nun erwachsen. Und ihre Ängste als Erwachsene waren realer und greifbarer als die Ungewissheit in Bezug auf Gruselmärchen.

Die Puppen saßen reglos am Tisch und starrten mit ihren fehlenden Augen und hängenden Köpfen in eine Leere, die nur für sie existierte.

Sie sah sich um. Eine der Türen war halb offen, schwaches Licht drang von außen herein. Aber sie brauchte nicht nur einen Ausgang, sie brauchte auch eine Waffe. Kein Zweifel, dass Leng noch irgendwo hier war. Kein Zweifel, dass das zeitliche Fenster, in dem sie die Oberhand gewinnen und fliehen konnte, nur kurz offen bleiben würde.

Sie quälte sich hoch, und dabei war ihr nicht nur der Ganzkörperanzug aus Jute im Weg, sondern auch ein erneuter Schwindelanfall. Ein Teil von ihr wollte nachgeben, sich noch mal hinsetzen, nur kurz, nur um zu Kräften zu kommen. Aber sie ließ nicht zu, dass dieser Teil die Kontrolle übernahm.

Sie lauschte. Unter dem Pochen der Kopfschmerzen, das sich mit dem Schlagen ihres Herzens zu synchronisieren schien, hörte sie nichts. Eingebildete Schritte, eingebildetes Klopfen, eingebildete Stimmen – all das war da. Aber Sandra entlarvte sie als unwesentliche Ablenkungen.

Sie schälte sich aus der restlichen Jute, musste sich dafür zwischendurch am Stuhl abstützen, aber schaffte es trotz Schwindel, ohne umzufallen oder Lärm zu machen.

Während ihr Herz gegen die Rippen hämmerte und ihre Gedanken nur deshalb nicht rasten, weil Anspannung sie lähmte, war es um sie herum weiterhin still.

Das Haus war sichtlich alt, aber sie war dennoch überrascht. Es wirkte bewohnter, als sie angenommen hätte. Wenn Leng sich hier eingerichtet hatte, dann nicht erst vor Kurzem.

Mit immer noch weichen, unsicheren Schritten schlich sie zur Tür. In ihrem Kopf hämmerten weiterhin Schmerzen, aber sie bemerkte sie kaum. Wo war ihr Handy?

Nicht in ihren Taschen, so viel ließ sich schnell feststellen. Keine Überraschung an dieser Front.

Sie warf einen flüchtigen Blick zurück, aber die Puppen hatten sie nicht hierhergebracht, die Puppen hatten sie nicht betäubt und sie hatten nicht mit ihr vor, was auch immer Leng mit ihr vorhatte. Wichtiger war es, eine Waff … Sandras Blick kehrte ruckartig zu den Puppen zurück. Einer der rudimentären Köpfe hing seitlich herunter, aber der andere? Er war gehoben und sah geradeaus. Nicht in ihre Richtung, aber fast.

Sandra redete sich ein, dass das vorher auch schon so gewesen war.

Aber der Kopf der anderen hing.

Vergiss es, sagte sie sich. *Raus hier. Das ist nur der Schwindel, nur Nachwehen vom Chloroform.*

Die Puppe drehte den Kopf in ihre Richtung. Das faltige, formlose Gesicht starrte sie an, fehlende Augen hin oder her. Das spärliche Licht vom Gang suggerierte Mimik auf dem rauen Stoff, die nicht da sein konnte. Erweckte die Schatten zum Leben.

Sandra zögerte einen Moment zu lange, bevor sie erkannte, dass es Zeit war zu rennen.

Ihre Füße wollten erst nicht, aber Sandra zwang sie.

Vom Raum, in dem sie aufgewacht war, gelangte sie auf einen Gang. Schmal, verwinkelt.

Hinter sich hörte sie das quietschende Kratzen, mit dem die Füße eines Stuhls über den Boden glitten.

Sie lief nach links.

Zwischen der keuchenden, trommelnden Panik, mit der sie ihren Körper den Gang entlang trieb, hörte sie Schritte, die viel zu schnell näher kamen. Und dann ein seltsames, wieherndes Lachen, das so abrupt verklang, wie es begonnen hatte.

Ihre Beine fühlten sich an, als wären sie aus schwammigem, schwerem Material – vollgesogene Stoffsäcke, sinnlose Gewichte, die keine andere Aufgabe erfüllten, als sie an der Flucht zu hindern. Mit vor frustriertem Zorn verzerrtem Gesicht versuchte sie ihren Muskeln mehr Schnelligkeit abzunötigen, aber es half nichts. Ihre Oberschenkel waren verhärtete, unbrauchbare Stelzen.

Der Gang machte einen Knick, und Sandra folgte ihm.

Sie verlangsamte ihr Tempo, als sie eine weitere Tür erreichte, und wurde sich plötzlich bewusst, dass es wieder still geworden war.

Keine Schritte, kein Verfolger, keine zum Leben erwachte Jutepuppe.

Fast war sie so weit zu glauben, sich alles nur eingebildet zu haben. Aber selbst wenn das der Fall wäre, wenn seinem Betäubungsmittel irgendwelche halluzinogenen Inhaltsstoffe beigemischt waren – ihre Entführung war echt. Und sie musste immer noch hier raus. Sie öffnete die Tür.

Vor ihr stand die Puppe.

Sandra wich zurück, sah dahinter noch eine weitere Tür, verstand, dass Gang und Zimmer sich im Kreis wanden, und erkannte nun, warum er ihr nicht einfach nachgelaufen war. So machte es mehr Spaß.

Sie sah die beiden Löcher, durch die sie keine Augen anzustarren schienen, sondern nur Schwärze, roch die Jute und suchte nach den Geräuschen von Atmung, die ihr versichert hätten, dass sich unter dem Stoff ein Mensch befand.

Da waren keine.

Die Löcher starrten sie leblos und abwartend an, so wie sie zuvor ins Leere gestarrt hatten. Sandra wich weiter zurück.

Die Puppe ließ sie gewähren. Noch ein Schritt, und noch einer.

Der Körper der Puppe blieb reglos, doch der Kopf bewegte sich. Mit dem verfolgte sie Sandras Bewegungen.

Sie erreichte die Ecke. Die Jutepuppe wartete.

Aber als sie sich umdrehte und rannte, tat das auch ihr Verfolger. Und diesmal folgte er ihr.

Sie erreichte den Raum, in dem sie aufgewacht war, aber ihre Beine und sie spielten immer noch nicht im selben Team. Er holte sie ein, zwang sie auf die Knie und drückte ihr einen feuchten Lappen vor Mund und Nase, dessen muffiger Geruch in dem beißenden Stechen unterging, das ihr in die Nase stieg. Sich bewusst, was das war, hielt sie den Atem an.

»Nur ein kleiner Scherz«, sagte er, seine Stimme durch den Stoff gedämpft. »Weil wir Zeit haben.«

Er stieß das seltsame, wiehernde Geräusch aus, das sie zuvor gehört hatte. Hohles Lachen, das klang, als würde sein Verursacher ersticken.

Sie hoffte darauf, während die Welt vor ihren Augen wieder verschwamm und ihr Körper um den Sauerstoff kämpfte, den sie ihm entzog. Sie schlug um sich, und er hielt sie fest – einen Arm um die Brust, die Hand des anderen mit dem Lappen vor ihre untere Gesichtshälfte gedrückt.

Ihre Kraft nahm ab, die Panik zu, und ihr Blick wurde immer verschwommener. Dunkelheit waberte irgendwo außerhalb ihres direkten Blickfelds. Nicht ohnmächtig werden, redete sie sich ein, aber ab einem gewissen Punkt war das keine Willensfrage mehr.

Der Druck der Hand blieb unerbittlich.

Sie wusste, dass das Chloroform sie innerhalb kürzester Zeit jeglicher Kontrolle berauben würde, aber ihr Körper konnte sie nun einmal nicht ersticken lassen.

Irgendwann schnappte sie nach Luft.

»Gut«, hörte sie ihn sagen. Verschwommen, verzerrt.

Beißender Dampf kroch in ihre Lungen. Ein letztes, verzweifeltes Zucken, dann wurde es wieder dunkel.

5

Bachmann hatte vorgehabt, vom Schoberwirt direkt nach Hause zu fahren, aber als er in seinem Wagen saß und von Leichdorf Richtung Ebenkreuz unterwegs war, entschied er sich anders.

In der hügeligen Wohngegend, in der Leng wohnte, war nicht viel los. Bachmann sah Nachbarn, die den Tag draußen beendeten und zurück in ihre Häuser gingen oder noch immer gemütlich auf ihren Terrassen saßen. Er war sich bewusst, dass seine Anwesenheit auffiel, und er war sich des Geredes bewusst, dass es nach sich ziehen konnte. Ein abendlicher Polizeibesuch bedeutete nie etwas Gutes, ganz egal, bei wem er stattfand.

Wenn Leng unschuldig war, dann machte er ihn mit seinem Besuch unnötig verdächtig. Aber wenn nicht …

Bachmann spielte mit dem Gedanken, dass es besser wäre, nach Hause zu fahren und morgen wiederzukommen. Aber nun war er schon hier.

Das Haus, in dem Ulrike Hauser und ihre Mutter wohnten, war dunkel, aber als Bachmann daran vorbeifuhr, hatte er das Gefühl, als würde zumindest eine der beiden ihn durch die Fenster beobachten. Halb versteckt hinter dem Vorhang.

Er erreichte Lengs Haus, parkte in der Einfahrt und stieg aus.

Jemand rief seinen Kindern zu, dass sie ihre Spielsachen wegräumen sollten, bevor sie reingingen.

Er sah zum Haus. Kein Licht, kein Wagen in der Einfahrt.

Möglicherweise in der Garage, dachte er und ging zur Vordertür.

Auf sein Klingeln reagierte niemand, und nach dem vierten oder fünften Mal gab er auf.

»Suchen S' den Pfarrer?«, fragte eine Stimme, und als Bachmann sich umdrehte, sah er eine Nachbarin in ihrem Garten stehen. Sie hatte einen Plastikkorb mit Wäsche in der Hand, der sie seltsam altmodisch wirken ließ, obwohl nichts an ihr altmodisch war.

»Ist nichts Wichtiges«, antwortete Bachmann.

»Hat sich heute mit'm Lackner gestritten«, fuhr sie fort.

»Wird nichts Schlimmes gewesen sein, sonst hätt ich davon gehört.«

»Der Pfarrer ist ein guter Mann«, fuhr sie fort. »Aber mit dem Lackner geht's bergab, seit seine Frau sich aufgehängt hat. Dem sollten S' mal auf die Finger schaun.«

»Ich bin mir sicher, die zwei können ihre Streitereien selbst austragen«, erwiderte er und verabschiedete sich.

6

Roland schlief während seines Fernsehklassikers ein und wurde Stunden später mit verspanntem Nacken und einem halb vollen Teller Nudeln neben sich wach.

Der Fernseher war mittlerweile in den Energiesparmodus gewechselt, und auch sonst war es still in der Wohnung. Roland warf einen Blick auf sein Handy. Kein Anruf von Sandra.

»Hm.«

Seine Verbalisierung war einsilbig, die Gedanken dahinter etwas komplexer. Er war kein Alarmist, und der Gedanke, dass Sandra etwas passiert sein könnte, existierte nur als miteinkalkulierte Möglichkeit, ganz weit unten in der Wahrscheinlichkeitsliste seiner Vermutungen.

Aber sie war da.

Er brachte das schmutzige Geschirr in die Küche, griff nach seinen Zigaretten und ging auf den Balkon. Dort wählte er Sandras Nummer und lauschte dem Freizeichen. Aber die Einzige, die abhob, war ihre Mobilbox.

Roland legte auf, zündete die Zigarette an.

Ein Teil von ihm stellte sofort eine Verbindung zu Dwiggis Verschwinden her, ein kleiner Kerl, der ›Alarm‹ schrie und ein dementsprechendes Schild hochhielt.

Er schob ihn beiseite.

Rauchend suchte er die Nummer von einer der Freundinnen, mit denen Sandra heute verabredet war. Sie war eine soziale Dame, und er hatte nicht von allen die Nummern, aber ein paar sollten sich finden lassen.

»Entschuldige die späte Störung«, sagte er, als am anderen Ende abgehoben wurde. »Frag mal meine Verlobte, wann sie nach Hause kommen will.«

Erst hörte er Stille, dann Verwirrung. Die Zigarette glitt aus seinen Fingern, ohne dass er es merkte. In seinem Hals bildete sich ein Kloß und etwas, das sich wie eine kalte Decke anfühlte, legte sich über seinen Rücken.

Sandra war nie bei ihren Mädels angekommen.

7

Von Lengs Haus zur Leichdorfer Kirche war es nicht weit. Bachmann fuhr am Wald entlang und war nicht überrascht, als er Lackner bei der Einfahrt zu der Privatstraße an seinem Wagen lehnen sah.

Er hielt und stieg aus.

»Gleiche Idee gehabt?«, fragte Lackner.

»Ich bin auf dem Heimweg«, antwortete Bachmann. »Was du machst, weiß ich nicht.«

Er blickte die schmale Straße entlang, die sich nicht weit von ihnen im Wald verlor.

»Kommt der Leng auch?«

»War nicht zu Hause.«

»Könnt dort sein«, entgegnete Lackner. »Kette ist abgeschlossen.«

»Beim Haus warst du nicht?« Lackner schüttelte den Kopf.

Bachmann kämpfte mit seiner Neugier und dem Unwillen, Lackner so weit in die Sache hineinzuziehen. Besser wäre es, einen Kollegen zu verständigen. Aber bis der hier war, hatten sie das Haus bereits erreicht und es sich zumindest von außen angeschaut.

Über ihnen wurde der Himmel dunkel, während die Nacht sich ankündigte. Bachmann beugte sich in seinen Wagen und holte eine Taschenlampe heraus.

Lackner hatte seine eigene. Gemeinsam folgten sie der Straße in den Wald.

Es war möglich, auf dem überwucherten Weg mit einem Auto zu fahren, aber wirklich dafür gedacht schien er nicht zu sein.

Sie schwiegen. Es mochte die Atmosphäre der dunklen Bäume und das einsame Geräusch ihrer Schritte auf dem Schotter sein oder auch einfach nur die ungeklärte Frage, was sie dachten, beim Haus zu finden.

Je näher sie ihm kamen, umso stiller wurde es.

Nach ein paar Minuten, die sehr kurz waren im Vergleich dazu, wie lange sie sich anfühlten, erreichten sie den Umkehrplatz. Er war mit hohem Gras überwuchert, das sich sein Reich bis auf wenige vereinzelte Schotterreste zurückgeholt hatte.

Harald entdeckte die Stelle, an der das Gras niedergetreten war und weiter zwischen die Bäume, tiefer in den Wald führte.

Kein richtiger Pfad, aber genug, um ihm zu folgen.

8

Er rief Barbara an. Als sie abhob, klang sie müde, aber nicht, als hätte er sie aufgeweckt.

»Roland?«, fragte sie. Ihr Tonfall verriet, dass sie nicht mit guten Nachrichten rechnete.

Er musste sich konzentrieren, um zu sprechen. Die Worte waren schwer. Eine verzweifelte kleine Stimme beharrte darauf, dass es nicht heißen musste, was es hieß, aber diese Stimme hatte auf Rolands Schock in etwa die gleiche Wirkung, die ein Flöte spielendes Mädchen auf eine anstürmende Armee aus Panzern voller schießwütiger Hornochsen auf Crystal Meth haben mochte.

»Ich weiß nicht, wo Sandra ist!«, sagte er. Barbara schwieg.

Trotz der Panik und des Schocks, der wie ein Eisbeutel auf einer Prellung wirkte und ihn am Funktionieren hielt, arbeitete sein Verstand unerwartet klar. Aber darunter vibrierte sein Puls unter Dauerstrom.

»Ich hoff, es ist nichts, aber …«, sagte er.

»Ja.«

»Ich fahr sie suchen.«

»Hol mich ab. Ich komme mit.«

9

Bis Bachmann und Lackner das Schneiderhaus erreichten, war es fast dunkel. Hier im Wald schien es schneller zu gehen als außerhalb. Die verzogene Kontur des Hauses wirkte unwirklich im Licht ihrer Taschenlampen. Kein Licht im Inneren, kein Geräusch hier draußen.

»Schaut aus, wie ich es in Erinnerung hab«, sagte Bachmann.

Lackner ging zur Vordertür. Das alte Holz war rissig, die Klinke von Rost zerfressen. Er drückte sie herunter. Verschlossen.

Bachmann versuchte, sich gegen den Eindruck zu wehren, den das Gebäude ausstrahlte, aber das war kaum möglich. Zu sehr war seine Geschichte in die Gedanken der Gegend verwoben, zu erschreckend das tragische Leben des Schneiders.

Bachmann merkte erst, dass Harald nicht mehr neben ihm stand, als er das Klirren von berstendem Glas hörte.

Lackner kam um die Ecke. »Hinten ist ein Fenster offen.«

10

Auf dem Weg zu Barbara rief Roland auf dem Polizeirevier in Ebenkreuz an.

»Meine Verlobte ist verschwunden!«, sagte er. Die Worte brannten sich in seine Gedanken, hallten dort wider wie ein rotierendes Echo in einem Albtraum.

Unter normalen Umständen wäre die Zeitspanne, seit der es passiert war, vielleicht zu kurz gewesen, aber angeknabberte Leichen und verschwundene Mitmenschen waren keine normalen Umstände.

Der Beamte bat Roland zu Hause und ruhig zu bleiben, und Roland versprach, genau das zu tun.

Barbaras Wohnung erreichte er in Rekordzeit. Es war zu spät, um sich an Tempolimits zu halten. Vor Kurzem war noch alles in Ordnung gewesen. Und plötzlich schienen sie sich statt liebender Abhängigkeit und geteiltem Leben Einsamkeit und emotionalem Totalverlust gegenüberzusehen.

Trotz der lauen Nacht hatte sie ihre Arme um die Brust geschlungen.

»Hi.«

Sie begrüßten sich innig, aber eher wegen der gemeinsamen Sorge, die sie verband, als echter freundschaftlicher Basis. Ihnen fehlte der jeweilige Gegenpart, der ihre Gruppe zu ebenjener machte.

Barbaras Gesicht war ernst, als sie ihn fragte, wo sie anfingen.

»Beim Leichwald«, antwortete Roland und trat aufs Gas.

Es war ein genauso guter Start wie jeder andere, aber es war der wahrscheinlichste. Wenn Sandra etwas passiert war, dann dort, wo es keine Straßenlaternen und kaum Häuser gab.

Roland ließ einen Aspekt unausgesprochen, der Barbara jedoch ebenfalls bewusst war: Nur weil Dwiggi und Sandra verschwunden waren, bedeutete das noch lange nicht, dass sie sich am selben Ort befanden.

Sie folgten verwaisten Straßen an scheinbar leeren Häusern vorbei und fühlten sich wie die einzigen Menschen in diesem Abschnitt der Welt. Zwischen ihnen herrschte Stille, und Stille war schlimm. Stille war der Soundtrack der Einsamkeit.

11

Barbara ignorierte den kleinen Stich, den sie spürte, als Roland in Dwiggis Zufahrt einbog und bis zum Haus fuhr. Es war unmöglich, mit Dwiggis Fortbleiben klarzukommen, aber es wurde noch schwerer, wenn sie es an gemeinsam vertrauten Orten tun musste.

»Du glaubst, sie ist da drin?«, fragte sie.

»Nein. Aber was anderes.«

Er hielt vor der niedrigen Mauer, und sie stiegen aus. Ohne Scheinwerfer bestand die Welt nur noch aus Dunkelheit. Barbara sah nach oben. Neumond. Kaum Sterne. Es waren nur Wolken, die sie verbargen, aber Barbaras Wahrnehmung der Realität fühlte sich in diesem Moment dennoch ausgehebelt an.

Roland war bereits an der Tür und steckte seine Hand in einen der Blumentöpfe.

»Falscher«, sagte Barbara, als sie ihn erreicht hatte. Sie schob ihren Ärmel nach oben, entblößte ihre Narbe, ihre Leuchtreklame, und fischte den Reserveschlüssel aus der Erde, während Roland seine an der Hose abwischte. Sie sperrte auf, und die Tür öffnete sich wenig einladend in eine Welt aus Schwarz. Barbara wollte nicht hineingehen, aber sie ließ das Zögern nicht zu, das sie zurückzuhalten versuchte.

»Was suchen wir?«, fragte sie.

»Dwiggi hat eine Pistole.«

Roland ging voraus, schaltete das Licht ein.

»Dwiggi hat was?«

Sie sah zu, wie er sich umschaute, ließ ihn machen, folgte ihm die Treppe hoch.

»Ich habe mit ihm telefoniert, und er hat was von einer Waffe gefaselt. Wir haben beim Ausmisten Munition auf dem Dachboden gefunden.«

Sie erreichten den ersten Stock.

»Wieso hat Dwiggi eine Waffe?«

»Soll er dir selber erklären.«

Roland öffnete die Tür zum Schlafzimmer von Dwiggis Eltern. Ein leerer Raum. Bett, Schrank, entkleidet, anonymisiert. Wie ein Hotelzimmer ohne Dekoration.

Er öffnete einen Schrank nach dem anderen und fand nichts.

»Vielleicht da oben«, sagte Barbara. Sie nahm den Stuhl, auf den auch Dwiggi beim Ausmisten gestiegen war, und entdeckte, was sie suchten.

Bingo.

»Kannst du damit umgehen?«, fragte sie, als Roland den Stoff beiseiteschlug und die Waffe sichtbar wurde.

»Hoffen wir's.«

»Ich hoffe eher, dass wir sie nicht brauchen.«

Darauf sagte er nichts. Er ließ das Magazin herausgleiten, betrachtete es und steckte es in die Gesäßtasche seiner Jeans. Dann drehte er sich von ihr weg, zog den oberen Bereich der Waffe nach hinten und blickte hinein. Barbara hatte keine Ahnung von Waffen, aber genug Ahnung von Werkzeugen, um jemanden zu erkennen, der sich mit seinem auskannte.

»Wo hast du das gelernt?«, fragte sie.

»Mein Onkel war Jäger.«

»War?«

»Ja, jetzt lebt er vegan und baut Gemüse an.«

Er schob das Magazin zurück in die Waffe. Barbara lachte. Es fühlte sich fantastisch und unpassend an, und Roland musste einstimmen, wenn auch nur kurz.

»Wie ist das passiert?«

»Hat auf einmal kein Fleisch mehr vertragen, und dann war welches erschießen auch nicht mehr so interessant.«

Sie verließen das Schlafzimmer, und Barbara folgte ihm zum Dachbodenaufgang.

»Ich schau kurz …«, sagte sie.

Roland verstand und eilte die Dachbodentreppe hinauf, während Barbara Dwiggis Schlafzimmer betrat.

Das Bett war immer noch zerwühlt, und weil sie die meisten Nächte bei ihr verbracht hatten statt hier, fühlte es sich nicht so vertraut an, wie sie gedacht hatte.

Sie widerstand dem seltsamen Drang, das Bett zu machen – als könnte sie dadurch auch Ordnung in das restliche Chaos bringen. Und gleichzeitig wurde sie sich bewusst, dass das vielleicht ein Tatort war. Noch nicht offiziell, aber je nachdem, wie die Sache ausging, konnte es einer werden.

Je nachdem, wo passiert war, was auch immer passiert war.

Roland kam mit einer kleinen Kartonschachtel vom Dachboden herunter, als sie das Zimmer verließ.

12

Im Schneiderhaus kam das einzige Licht von ihren Taschenlampen. Es war unangenehm still. Das eingeschlagene Fenster war klein, aber zumindest nicht weit über dem Boden. Sobald die restlichen Scherben aus dem Rahmen getreten waren, war es leicht gewesen, hereinzuklettern.

»Hier drin ist was gestorben!«, sagte Lackner.

Nicht unwahrscheinlich bei einem Haus, das seit Jahrzehnten einsam im Wald stand.

»Fuchs, vielleicht«, meinte Bachmann.

Vor ihnen lag ein schmaler Gang, vollgestellt mit Gerümpel. Der Boden war verzogen, die abgewetzten Teppiche darauf verschimmelt. Der innere Eindruck des Schneiderhauses deckte sich mit dem schiefen Äußeren. Alles hier drin schien aus dem Winkel zu sein, verfallen im Laufe der Jahre. Disharmonische Architektur, geschaffen durch Vernachlässigung.

»Hätte es mir leerer vorgestellt«, sagte Bachmann.

Auf der einen Seite machte der Gang einen Knicks, an dessen Ende sie auf einen gekachelten Raum stießen, der in erster Linie von Spinnen und Gerümpel bevölkert wurde. Es war eine Sackgasse.

Parallel zu dem Gang, in den sie eingestiegen waren, lagen einzelne Zimmer, alle voll mit vermoderten Möbeln und Gebrauchsgegenständen, die Nutzen und Wert vor langer Zeit verloren hatten. Nichts, was für ihren oberflächigen Rundgang interessant war.

Am Ende des Gangs stießen sie auf einen größeren Raum mit Tisch, Stühlen, etwas, das wie eine alte Küchenzeile aussah, und zwei weiteren Türen. Eine musste nach draußen führen, wahrscheinlich jene, an der sie zuvor gescheitert waren.

Die andere stand offen, führte in den nächsten Raum, kaum mehr als eine Kammer. Ihre Lichtkegel offenbarten ein schlichtes Bett. Bezogen, Decke zerwühlt. Neben dem omnipräsenten Gestank von Verwesung rochen sie hier auch die Rückstände von Fäkalien. Das Bettzeug war schmutzig.

»Johann.«

Bachmann drehte sich um. Lackner stand beim Tisch und leuchtete mit seiner Lampe zu Boden. Er hatte einen der Teppiche zur Seite geklappt. Darunter war ein großer, rostbrauner Fleck.

»Sag mir, dass das Farbe ist!«

Bachmann zog seine Dienstwaffe und lud sie durch.

Er sah sich um und nickte in Richtung eines Hammers, der auf der Kommode neben dem Tisch lag. Lackner verstand und griff danach. Er wusste nicht, dass er die gereinigte Mordwaffe in der Hand hielt, mit der Karls Leben beendet worden war.

Bachmann suchte den Raum nach Verstecken ab, dunklen Winkeln, die sie übersehen hatten.

Im Durchgang zum Raum mit dem Bett entdeckte er eine schmale Treppe, die nach oben führte, unters Dach. Enge, steile Stufen, mehr Leiter als Stiege.

Leng musste nicht der Mörder sein, jemand anderes könnte sich Zutritt verschafft haben. Aber etwas war hier geschehen, und wenn wer auch immer noch hier war, dann musste er dort oben sein. Und wenn nicht? Aus Leichdorf führten nicht viele Straßen hinaus, aber alle führten weit weg.

Entgegen seines instinktiven Selbstschutzes hoffte er, den Mörder auf dem Dachboden zu finden. Das wäre einfacher, als ihm weiter nachzulaufen.

Aber auch gefährlicher. Bachmann stieg nach oben.

13

Bachmann spürte, wie das Holz der alten Stufen unter seinen Füßen ächzte, sich bog, federte.

Das Licht der Taschenlampe durchstach die Dunkelheit am Ende der Treppe, beleuchtete schräge Dachbalken, zeichnete Schatten an die Decke.

Abgesehen vom Knarren der Treppe war es still. Wenn jemand auf ihn wartete, dann tat er das reglos.

Bachmann war sich bewusst, dass er in der schwächeren Position war. Er war sich bewusst, dass es mit Überraschung spätestens seit dem eingeschlagenen Fenster vorbei war.

Er ging trotzdem weiter.

Schon bevor er einen Blick auf den engen Raum unter dem Dach werfen konnte, kam der Gestank. Unten schlimm, hier oben unerträglich. Bachmann widerstand dem Drang, die Hand vor die Nase zu halten. Nicht, bevor der Raum gesichert war.

Er erreichte das Ende der Treppe, rechnete mit einem Angriff, drehte sich um und erstarrte, als er sah, was das Licht seiner Lampe unwirklich und verstörend aus der Dunkelheit hob.

14

August saß in dem Schlafzimmer, das nicht seins war, und dachte an den Scherz mit Sandra und den Jutepuppen in seiner improvisierten Kirche der Gewalt. Es war lustig gewesen, gute Ablenkung. Wenn sie unter Betäubungsmitteln standen, kam ein gewisser humoristischer Faktor dazu. Vor allem, wenn sie fliehen wollten – torkelnd und unkoordiniert. Weniger aufregend als mit jemandem, der körperlich faire Chancen hatte, aber spaßig.

Er kratzte sich am Hals und ließ es wieder sein, als er die Kruste dort spürte. Nachdem er selbst sich als Jutepuppe verkleidet hatte, war das Kribbeln unter der Haut schlimmer geworden. Am Hals war er bereits wund, und an den Armen würde es nicht mehr lange dauern.

Aber August wusste inzwischen, was es war.

Die Leichen hatten sich verändert, bevor er sie zu Puppen gemacht hatte. Er dachte daran, wie schnell die Fliegen gekommen waren, wenn er ihre alte Haut entfernt hatte.

Der Dirner-Junge hatte ihn mit seinem Tod angesteckt. Nun wanden sich Maden unter seiner Haut, wollten heraus und fanden keinen Weg. Vielleicht war das Jucken ein Zeichen, dass sie bereits versuchten, sich durch die Haut zu nagen.

August strich mit den Fingern über die empfindlichen, geröteten Stellen am Hals. Er spürte, wie sie sich unter der Haut bewegten. Pulsierend, gierig, blind. Aber von außen war nichts davon zu sehen.

Er dachte an seine Erfahrungen mit Gier. Das wiederkehrende Auf und Ab, der Zyklus aus Zwang und Erschöpfung, in dem man richtungslos trieb, wie ein Schiffbrüchiger auf einem Stück Treibholz.

Der Raum, den seine Gedanken einnahmen, wurde immer leerer. August versank in sich selbst. Seine Kiefer arbeiteten, seine Lippen formten Worte, die nicht hörbar waren, und der Andere grinste, was zu einer wiederkehrenden, merkwürdig schiefen Grimasse führte, die sein Gesicht entstellte. Eine andere Art von Zyklus.

Wie schälte man einen Verstand? Schicht um Schicht.

Er hätte gerne Spaß mit Sandra gehabt, der in Marias Fall nie zur Debatte gestanden hatte. Aber die Seuche unter seiner Haut löschte jegliche Lust, bevor sie aufflammte. Selbst der Gedanke an ihre bevorstehende Häutung – seine letzte in dieser Welt – wollte ihn nicht recht mit Freude erfüllen.

»Ein letztes Opfer«, murmelte er.

Ein Austausch, Seele gegen Seele, Schmerz gegen Freiheit.

Wieso sollten Menschen nach der Vergebung ihrer Sünden trachten, wenn Götter sie verlangten? Er war nicht der Erste, der Blut auf einem Altar vergoss, sprich- und wörtlich. Es war verzeihlicher mit Gemeinschaft im Rücken, aber am Ende blieb es dasselbe. Am Ende blieb es Machtausübung auf Kosten anderer, selbstinduzierter Elitarismus.

August musste an den heiligen Gugelhupf des Dirner-Jungen denken. Ein lustiger Kerl.

Sich unbewusst kratzend blickte er aus dem Fenster. Draußen war Dunkelheit. Es konnte jederzeit beginnen.

Quietsch Klack.

Er horchte auf. Tschicko hätte das Geräusch wiedererkannt, aber August hörte es zum ersten Mal bewusst.

Monoton, gleichförmig.

Verwirrt ging er nach unten, erreichte den Gang bei der Küche.

Er sah die Vordertür, die aufschwang, wieder zufiel, wieder aufschwang.

Quietsch Klack.

Maria stand in der Dunkelheit davor. Sah ihn an. Verschwand aus seinem Blickfeld.

Er rannte. Sie war schon die ganze Zeit über lästig, seit sie hierhergekommen waren. Wie ein verdammter Dackel, der ständig ausbüxte.

Er stieß die Tür auf, folgte ihrer Richtung, entdeckte sie bei dem kleinen Schuppen neben dem Haus, wo Tschickos Brennholz in sauberen Reihen aufgeschichtet war.

Sie stand daneben, wartete.

Als er sie erreichte, war sie weg.

August starrte auf die leere Stelle, an der sie gerade noch gestanden hatte. Er widerstand dem Drang, seinen Frust in die Nacht zu schreien und sich neben das gestapelte Holz auf den Boden zu setzen.

Marias Erscheinungen wären nicht so schlimm, wenn sie nicht nur Einbildungen seines eigenen Verstandes wären und wenn er ihnen nicht ständig hinterherlaufen würde.

Er verzerrte seinen Mund zu einem lautlosen Schrei und ließ den Frust entweichen, der sich immer weiter aufstaute, je näher er dem Ende kam.

Der Druck entwich, und es wurde besser.

Aber August wusste, was er zu tun hatte, und der Andere wusste es auch.

»Sie hätte mit mir kommen sollen«, sagte er, alleine neben dem Haus, unscheinbar in der Nacht.

»Sie war nie eine brauchbare Gefährtin«, erwiderte der Andere.

August wollte es nicht wahrhaben, aber er gestand ein, dass der Andere recht haben könnte. Maria war tot. Körperlich wertlos und geistig Ballast.

Neben den Holzscheiten stand der Hackklotz, und darin steckte eine schwere, zweihändige Axt.

Der Andere wollte, dass er sie nahm, August wehrte sich dagegen.

»Lassen wir sie einfach, wo sie jetzt ist«, sagte er.

»Gott verlangt Opfer«, antwortete der Andere.

August zögerte. Dann griff er nach der Axt und ging zurück ins Haus.

Sie lag im Badezimmer im Erdgeschoss. Er hatte die Wanne mit Wasser gefüllt, damit sie sauber war, wenn er sie mitnahm.

Er zog den Stöpsel aus dem Abfluss, sah zu, wie das Wasser abfloss und sich mit ihrem Blut färbte, als er tat, was der Andere wollte.

Es dauerte lange.

Die Axt teilte Gewebe, Knochen und das Emaille der Wanne, als aus dem Zögern Raserei und die Hiebe ungenauer wurden.

Irgendwann war es vorbei, und August sank erschöpft auf die Knie, in Blut getaucht und mit Blasen an den Handflächen. Er fühlte sich leer. Allein.

Die Axt glitt aus seinen Händen und zu Boden. Seine Arme waren klebrig. Er kratzte sich. Marias Blut war im Weg.

Neben der Wanne gab es eine Duschkabine.

August zog die leichte Sommerjacke aus, die er die ganze Zeit über getragen hatte, und breitete sie über die Reste von ihrem Gesicht. Er sah, dass etwas aus der Tasche hing, und griff danach. Es war das Stückchen Haut, das er dem Dirner-Jungen abgezogen hatte.

Er legte es zum Rest in der Wanne, wo es nur wegen des fehlenden Bluts hervorstach.

Dann stieg er unter die Dusche und begann zu vergessen, zu wem er geworden war.

15

Roland öffnete die Munitionsschachtel und zog ein Kunststoffraster heraus, in dem die Patronen kopfüber steckten. Mit einer raschen Bewegung drehte er den ganzen Block um, sodass die flachen Enden der Patronen auf dem Küchentisch standen, dann hob er den Plastikraster an.

Fünfzig Stück. Fünfzig Schuss. Fünfzig unwirkliche, goldene Kuppeln, die bisher nichts mit seinem Leben zu tun gehabt hatten.

Barbara hatte zwei Gläser mit Wasser gefüllt und beobachtete ihn.

Roland ließ das Magazin wieder aus der Waffe gleiten und drückte eine Patrone nach der anderen hinein. Seine Hände schwitzten, und die Spannung in der Feder machte die Sache etwa ab der zehnten schwierig, aber er schaffte es.

»Was jetzt?«, fragte Barbara.

Er repetierte und zog dann den Schlitten noch mal ein kleines Stück zurück, um sich davon zu überzeugen, dass eine Patrone in der Kammer war.

Es fühlte sich unwirklich an.

Und machte gleichzeitig alles schockierend real.

»Ich weiß es nicht«, antwortete er.

Barbara schob ihm das immer noch volle Glas zu, und er trank.

Die Waffe war mit vollem Magazin deutlich schwerer. Er checkte den Sicherungshebel und steckte sie hinten in seinen Hosenbund. Nicht weil es dort cooler war, sondern weil er sich im Fall der Fälle lieber in den hinteren Bereich seiner Lenden schoss als den vorderen.

»Bachmann schon angerufen?«

»Nur das Revier.«

Barbara nahm ihr Handy und durchsuchte das Namensregister. Während die Verbindung hergestellt wurde, versuchte Roland sich einen Plan zurechtzulegen, wie es weiterging. Mit der Waffe stand die Frage im Raum, was er tun würde, wenn ihr Einsatz eine reale Option wurde.

Er hatte ganz gut abgeschnitten, wenn sein Onkel ihn auf den Schießstand mitgenommen hatte.

Aber wenn Sandra entführt worden war, dann nicht von einer Zielscheibe.

Er hörte das Freizeichen durch das Telefon an Barbaras Ohr. Sie legte auf, als niemand abhob. »Schon spät«, sagte sie.

Roland nickte. Hoffentlich nicht zu spät.

»Hast du ihr Handy schon zu orten versucht?«

Er sah sie erstaunt an. »Geht das?«

Es ging. Und Barbara wusste, wie.

16

Harald wartete, bis Bachmann ganz oben war. Unruhig sah er sich um, fragte sich, was hier geschehen war.

Fragte sich, ob Gerda hiervon gewusst hatte. Ob sie hier gewesen war.

Ob sie außer ihrer Krankheit noch mehr Geheimnisse vor ihm verborgen hatte. Wie viele davon Leng bekannt waren.

Bachmanns Schritte verstummten.

»Johann?«

»Kannst raufkommen.«

Als Harald nach oben stieg, wurde er ebenfalls vom zunehmenden Gestank überrascht und verbarg seine Nase reflexartig in der Armbeuge.

Bachmann stand neben der Öffnung im Boden, den Arm mit der Waffe gesenkt, den mit der Lampe erhoben. Harald sah nicht gleich, was ihn so in seinen Bann zog, aber er sah es früh genug.

Am Ende des Raums saßen Gestalten. Mannshoch, reglos. Aufgereiht wie sitzende Schaufensterpuppen in einem Lager. Unförmige Körper aus Jute.

Harald brauchte nicht die Verbindung zum Haus, um zu erkennen, was er sah.

»Hätte nicht gedacht, dass es die noch gibt«, sagte er.

Bachmann schüttelte den Kopf. »Sind nicht die Puppen vom Schneider. Nur die gleiche Idee.«

Damit hatte er zweifellos recht. Drei waren es laut der Geschichte. Das hier war wenigstens ein Dutzend. Körper reihte sich an Körper, manche lehnten aneinander, manche an der Wand. Ihnen fehlten menschliche Attribute außerhalb der rudimentären Form, aber Harald wurde das Gefühl dennoch nicht los, dass sie sehen konnten.

Bachmann hob seine Waffe wieder und näherte sich den Puppen. Harald glaubte nicht, dass sich dort jemand versteckte, nicht bei den Spinnweben, die sich zwischen den Stoffkörpern spannten, Weiß hervorgehoben im Licht ihrer Lampen, sanft wogend in einem Lufthauch, der zu zaghaft war, um von den Männern wahrgenommen zu werden.

Ein Lufthauch, der auch den Gestank von Fäulnis, Verwesung und Tod zu ihnen trieb.

Bachmanns Handy vibrierte. Er ignorierte es. Er erreichte die Puppen, leuchtete in die Bereiche dazwischen.

Als er nichts fand, steckte er die Waffe weg, berührte eine von ihnen. Harald sah, wie er zudrückte und wie er sich daraufhin verkrampfte.

»Hast du ein Messer dabei?«, fragte Bachmann.

Harald hatte eins. Ein altes Taschenmesser, im Laufe der Jahre so oft nachgeschliffen, dass die Klinge nur noch die Karikatur seiner ursprünglichen Größe war. Aber scharf. Er griff in seine Hosentasche und gab es ihm. Bachmann klappte es auf, zerschnitt den Stoff.

Fliegen schwirrten in der Dunkelheit auf wie eine Wolke summender Schatten.

Noch mehr Gestank.

Und feuchter Glanz statt den Stoffresten, die er erwartet hatte. Entsetzt starrte er auf Muskelfasern und Sehnen und die Maden, die sich darin wanden.

Bachmann schnitt weiter, entblößte einen Schädel ohne Haut. Keiner wandte den Blick ab, beiden fiel es schwer. Dieser hier konnte noch nicht allzu lange tot sein.

17

Sandra wäre gerannt, wenn ihre Beine das zugelassen hätten. Die Nachwirkungen der Betäubung hielten sie in einem ständigen Taumel, der weder Orientierung noch Gleichgewicht zuließ. Zum zweiten Mal in so kurzer Zeit. Leng hatte definitiv ein Faible für Bewusstlosigkeit.

Aber Bewusstlosigkeit war immer noch besser als Tod.

Sandra saß auf einem der Stühle im selben Raum wie vorhin. Diesmal ohne Jute, dafür mit Kabelbindern an Händen und Füßen. Zumindest hatte er ihre Hände vor dem Körper gefesselt, das gab ihr mehr Bewegungsspielraum. Falls sie einen sinnvollen Weg fand, diesen einzusetzen.

Beinahe erschien ihr alles wie ein Traum, aber ›beinahe‹ war wertlos in einer binären Situation, und diese hier bestand nicht aus Graustufen, sondern war schwarz-weiß. Es gab keinen positiven Aspekt an ihrer Lage, außer vielleicht, dass sie ihr Leben danach völlig neu schätzen würde. Falls es ein Danach gab.

Sie hatte gehört, wie Leng im Erdgeschoss randalierte. Und sie hatte die Hiebe der Axt gehört, ohne sie als solche zu erkennen. Für sie hatte es nur nach Wut, Gewalt und Wahnsinn geklungen, und natürlich war es nichts anderes gewesen.

Sandra redete sich ihre Lage nicht rosig, versuchte ihre Angst nicht mit Rationalität zu besänftigen, die darin bestand, dass sie Leng kannte, dass er freundlich wirkte, dass er Priester war. Sie würde dieses Haus nicht mehr verlassen, wenn sie nicht selbst einen Ausweg fand. Sie konnte in ihrer Angst dahinsiechen – hier sitzen und auf das Ende warten, wie ein Krebspatient auf den letzten Metern, ruhig und im Halbschlaf gehalten von hoch dosierten Medikamenten, als Unterhaltung nur die Wahnvorstellungen der Morphiumpräparate. Aber Sandra hatte kein Morphium im Blut. Und ihre Wahnvorstellungen waren real.

Leng wird mich umbringen! Der Gedanke war kalt und klar. Und wenn der Sprung in seiner Schüssel groß genug war, würde er sich danach vielleicht an ihrer Leiche abreagieren. Unter Umständen hatte ein gewisser Hang zu Nekrophilie sie davor bewahrt, dass es bereits passiert war.

Sie musste hier raus. Wusste Roland, wo sie war? Wusste das irgendjemand?

Er würde sie suchen, davon war sie überzeugt. Aber das Gefühl für Zeit war ihr abhandengekommen. Sie sah zum Fenster. Schwere, samtene Vorhänge verwehrten ihr einen Blick auf die Lichtverhältnisse draußen.

Sie glaubte, dass es immer noch dunkel war. Lange genug dunkel, damit er sich Sorgen machte? Bereits unterwegs war?

Sie hoffte es. Aber sich auf Roland zu verlassen war nur als Antrieb gut und ansonsten gefährlich. Sie war alleine in diese Situation gekommen, und bis sich etwas änderte, war es leider auch ihre Sache, sich wieder daraus zu befreien. Oder zumindest, es zu versuchen.

Sie hatte bereits versucht zu fliehen. War unkoordiniert zur Tür gehoppelt, kaum in der Lage, auf den Beinen, geschweige denn geräuschlos zu bleiben.

Die Tür war abgeschlossen, und brauchbare Waffen hatte sie auch keine gefunden. Die Stühle waren alt und in ihrem Zustand zu schwer.

Der Schlüssel wurde im Schloss gedreht, und Leng kam zu ihr. Seine dunklen Augen wirkten unruhig, als hätte er Medikamente oder Drogen genommen. Nach dem Sortiment, das er vorrätig zu haben schien, konnte sie sich beides vorstellen.

Er kam mit einer abgewetzten Sporttasche, deren Tragegurt er sich über die Schulter geworfen hatte, und einem Kanister herein. Die Tasche stellte er auf den Tisch in der Mitte, den Kanister in eine Ecke. Dann holte er einen zweiten und stellte ihn dazu.

Er öffnete die Tasche, nahm eine Menge Kerzen heraus und begann, sie im Raum zu verteilen. Grabkerzen, breit genug, um von alleine zu stehen.

Leng wirkte nicht, als wäre er gedanklich ganz da. Seine Lippen waren seltsam unruhig, wie bei jemandem, der sie beim Lesen mitbewegte.

Immer wieder unterbrach er seine Arbeit, um sich zu kratzen. Sandra fragte sich, ob er krank war.

»Haben Sie Tschicko umgebracht?«

Er hielt inne und schien einen Moment darüber nachdenken müssen, von wem sie sprach. »Ja«, antwortete er dann.

»Und Dwiggi?«

Er kratzte sich am Unterarm, betrachtete sie. »Dwiggi?« Dann verstand er. »Der Dirner-Junge?«

Sandra nickte.

»Ja, Dwiggi ist auch tot.«

Mit der Antwort kam der Schock, auch wenn sie inzwischen damit gerechnet hatte. Aber Lengs Geständnis begrub die Hoffnung, die sie auf Dwiggis Überleben gehabt hatte.

Und sie schmälerte jene auf ihr eigenes.

Da war verwirrte Leere in seinem Blick, beinahe Trauer. Sie war über das Mitleid erstaunt, das dieser Ausdruck in ihr auslöste. Nur ein bisschen, gerade genug, um vage einen gebrochenen Mann hinter dem Psychopathen zu sehen.

Aber das war vielleicht ihre Chance. Sie musste das Gespräch aufrechterhalten und mit ihm reden. Diesen verletzlichen Teil in ihm dazu bringen, in ihr eine Person zu sehen, kein Objekt.

»Ich mach das schon lange«, sagte er. »Hab immer darauf gewartet, dass Gott kommt und mir Einhalt gebietet. Hat er nicht.«

Er holte neue Kerzen aus der Tasche, verteilte sie. Eine neben die andere. Ein Spalier aus weißem Wachs, ein Ring aus Beobachtern, der sie umschloss.

»Und das reicht als Rechtfertigung?«, fragte sie.

Er stellte die letzte ab, sah sie an. »Glaube braucht Dreifaltigkeit«, fuhr er fort. »Einen Gott, einen Propheten und einen Märtyrer.«

Und damit hatten sie den Kern des narzisstischen Religionswahnsinns erreicht, das schwammige Grundgerüst, in dem immer der mit dem größten Sprung in der Schüssel der Wichtigste war.

»Und Sie sind Gott?«, fragte sie.

In Lengs Blick war lauernde Gefährlichkeit. Etwas Verborgenes, das nach vorne drang, ein Schatten, der ins Licht wollte. Wahnsinn, der keinen Gott zur Existenz brauchte, sich aber gern mit ihm rechtfertigte. Es passte zum restlichen Psychoscheiß, dem sie hier ausgesetzt war.

»Ich bin der Prophet«, antwortete er.

Und auch wenn Sandra ihn auf ein niederträchtiges Arschloch reduzieren wollte, das mit den schlechten Tagen seines eigenen Lebens nicht klarkam, glaubte sie ihm.

Er ging zurück zur Tasche, suchte und fand eine Packung Streichhölzer. Die langen, die man zur Weihnachtszeit von gemeinnützigen Organisationen kaufen konnte. Sie sah die Kinderzeichnung, die die Schachtel zierte, und fragte sich, ob der Pfarrer regelmäßig spendete. Ob er Dankesschreiben für seinen großzügigen Beitrag bekam.

Er begann, die Kerzen anzuzünden. Im flackernden Schein wirkte der Raum unwirklich. Aber vielleicht lag das nur an der Situation an sich. Sandra hätte nie gedacht, sich einmal in einer Lage wie dieser zu befinden. Der Gedanke, dass sie sterben würde, war nicht lähmend. Sie erforschte ihn und suchte nach der Angst, die sich darin verbergen musste, aber es schien, als ließe ein Teil ihres Verstandes diese nicht zu. Als schotte er sie ab. Zwang sie, die Zähne zusammenzubeißen und klar im Kopf zu bleiben.

»Was wollten Sie bei Dwiggi?«, fragte sie.

»Das Gleiche wie hier«, antwortete er.

»Und was wollen Sie hier?«

Er lächelte, ignorierte ihre Frage. »Wirklich schade, dass es mit dir schon endet.«

»Sie könnten mich gehen lassen.«

»Ja«, entgegnete er. Und einen Moment lang schien er tatsächlich darüber nachzudenken.

»Glauben Sie wirklich daran?«, fragte sie. »An Gott? Dass ihm gefällt, was Sie tun?«

Lengs Stimmlage veränderte sich nicht, als er die nächsten Sätze sprach. »Ich will dir den Mund nicht zunähen«, sagte er. »Mir ist lieber, du schreist, wenn ich dir die Haut abziehe. Aber wenn es nicht anders geht, machen wir dich stumm.«

Dann schenkte er ihr ein Lächeln, und sie versuchte, ihre Angst zu verbergen. Aber er hatte mehr Erfahrung mit solchen Situationen. Er sah sie dennoch.

Als er mit dem Anzünden der Kerzen fertig war, kratzte er sich erneut, und diesmal war es so schlimm, dass es kein Ende mehr zu nehmen schien. Was auch immer den Juckreiz auslöste, es nahm zu.

Er hielt inne, lauschte.

Der Raum war still.

»Ja«, sagte er. Zu wem oder was wusste sie nicht.

Leng ging zurück zur Tasche und holte ein Messer heraus.

18

Sie war ein lästiges kleines Luder, aber August wollte ihr wirklich nicht den Mund zunähen. Er mochte ihre Stimme. Er hatte immer das Gefühl gehabt, so etwas klang nach eingebildeter Realität, nach etwas, das nur in der Kunst Wahrheit erreichen konnte, aber dennoch war es so. Sandras Stimme war weich und intelligent. Sie wirkte dem Sturm entgegen, der in seinem Inneren tobte, unter seiner Haut.

Das Kribbeln wurde unerträglich.

Er kratzte und kratzte, und dort, wo die Haut brach, Krusten sich öffneten und Blut nach außen drang, wurde es besser, aber nur kurz.

»Sollen wir etwas gegen das Jucken tun?«, fragte der Andere. August war über die Möglichkeit erstaunt.

»Ja«, antwortete er.

Aber was konnten sie tun?

»Lass die Fliegen frei!«, sagte der Andere.

August dachte über diese Möglichkeit nach, und es erschien die einzig logische.

Als er in der Tasche nach seinem Messer suchte, fand er es zuerst nicht und dachte, Sandra hätte irgendwie geschafft, es an sich zu nehmen. Aber es lag nur unter seinem grauen, schlichten Anzug, den er kaum getragen hatte, weil Grau ihm nicht stand und das Kleidungsstück ein Fehlkauf gewesen war, von dem er sich nie getrennt hatte.

Er nahm das Messer heraus.

Das Kribbeln unter seiner Haut dehnte sich aus.

Er sah auf seinen Arm. Sah die Unruhe unter der Haut. Das krampfartige Zucken der Maden.

Dann stach er die Spitze der Klinge hinein, zog sie über den Arm, öffnete die Haut. Sie klaffte auseinander, Fliegen stiegen in einem befreienden Schwarm auf.

Sandra wollte schreien, bekam nur ein krächzendes Geräusch zustande, das August nicht beachtete.

Er dehnte den Schnitt aus, legte noch mehr frei. Er sah Muskeln, Sehnen, Maden, Fliegen. Sie alle waren da. Sie alle waren Hüter des Geheimnisses unter seiner Oberfläche.

»Besser?«, fragte der Andere.

August spürte, wie er lächelte. »Ja«, antwortete er. *So viel besser.*

19

Da war Blut. Eine Menge Blut.

Sandra wollte schreien und konnte es nicht. Sie wandte sich ab, als er begann, an den Wundrändern zu ziehen, verstand nicht, warum er die Schmerzen nicht empfand, die da sein mussten. Wieder dachte sie an Drogen.

»Siehst du das?«, fragte er.

Sie sah eine Wunde, die versorgt werden musste, und einen Mann, dem der Verstand abhandengekommen war, aber nichts sonst.

Leng starrte auf die klaffende Öffnung in seinem Arm, die er immer noch erweiterte. Dann hob er seinen Blick, fasziniert von der leeren Luft vor sich.

Mit einem befremdlichen Ausdruck der Erleichterung wandte er sich ihr zu, präsentierte seinen Arm.

»Siehst du es?«, fragte er erneut und lächelte, als wäre etwas, das ihn lange belastet hatte, endlich vorbei.

Die Zeit, auf den richtigen Moment zu warten, war vorüber. Ab hier wurde ihr Überleben nur noch wahrscheinlich, wenn sie durchhielt, bis er verblutete.

Sie sah, wie ihm das Messer aus den Händen glitt, als würden seine Finger vergessen, es zu halten. Es landete zwischen ihnen auf dem Boden.

Während Leng die lose Haut nahm und seine unmenschliche Selbstverstümmelung fortsetzte, verlor Sandra keine Zeit. Sie warf sich nach vorn, rechnete damit, dass er sie daran hindern würde, bekam das Messer zu fassen und wich wieder zurück. In Lengs Welt schien sie keine Bedeutung mehr zu haben, aber sie durfte sich nicht darauf verlassen, dass dieser Zustand anhielt.

Sie ignorierte das Blut an der Klinge und begann, die Kabelbinder an ihren Füßen zu bearbeiten.

Er zog sein Hemd aus, damit der Stoff am Oberkörper nicht im Weg war. Sein entrücktes Lächeln ließ sie an das unschuldige Staunen eines Kindes denken. Seine Haut war bleich. Was immer ihn daran hinderte zu spüren, was er spüren sollte – sein Körper reagierte mit dem angebrachten Schock auf das, was ihm angetan wurde.

Das Messer glitt durch die Fesseln an ihren Füßen.

Die Geräusche von Lengs reißender Haut begleiteten ihre panische Befreiung, unterlegt mit erstaunten Ausrufen, die wie eine Karikatur ihrer Realität gewirkt hätten, wenn Lachen noch möglich gewesen wäre.

Es war schwer, den Lärm aus ihrem Bewusstsein draußen zu halten und sich aufs Wesentliche zu konzentrieren. Und es war schwer, mit den zittrigen Fingern das Messer verkehrt herum zu greifen, um die Fesseln an den Händen zu durchtrennen.

Und alles wurde schwerer, je bewusster sie sich wurde, dass dies ihre letzte und einzige Chance war. Dass diese vielleicht nur noch aus Sekunden bestand, bevor sie wieder interessanter als seine eigenen Wahnvorstellungen wurde.

Die Klinge rutschte ab, und sie schnitt sich in ihr Handgelenk. Nicht tief, nur ein Kratzer. Es brannte. Und sie hoffte, dass die Krankheit, unter der Leng litt, nicht übertragbar war.

Als er jaulte, hob sie den Blick. Leng stand auf der anderen Seite des Raums, zog die Haut von seinem Gesicht und freute sich, angetrieben von Wahnsinn, der immer noch halb Lachen, halb Verwunderung zu sein schien, als wären Schmerzen nur ein Witz.

Sie zwang Unglauben und Entsetzen beiseite, packte das Messer fester und bewegte es umständlich zwischen ihren Händen hin und her. Schließlich riss der Kunststoff.

Und dann passierte etwas im Raum.

Sandras Nerven schrien auf, ein dumpfes Pochen drang in ihre Ohren – Puls, der ohne direkten Ansporn zum Sprint ansetzte. Knistern in der Luft, wie in der Nähe von Hochspannungsleitungen. Etwas flammte auf, etwas Grelles, das sie zu sehen glaubte, obwohl es nicht sein konnte, weil es nicht vor ihren Augen war, sondern dahinter.

Da war der Geruch von Asche. Da war das Gefühl, dass ihr Körper sich teilen wollte – Muskeln von Knochen, Haut von Muskeln.

Sie stieß einen geräuschlosen Schrei aus, der in ihrer Kehle verendete und sich nach innen richtete. Keine Luft mehr, als wollte sie unter Wasser atmen.

Ihre Finger verkrampften sich, verloren das Messer. Und dann war es vorbei.

Sie quälte sich hoch.

Der Raum war dunkler. Die Kerzen brannten heller, die Flammen größer. Sie flackerten, schienen sich in einem Zorn zu winden, den nur sie kannten.

Sandras Augen tränten, und während das Pochen in ihren Ohren verklang, der Schmerz hinter ihren Augen zur Erinnerung wurde und sie der Frage Platz ließ, was sie eben erlebt hatte, wurde ihr bewusst, wie still es geworden war.

Sie blinzelte, wischte über ihre Augen, bis sie wieder klar sehen konnte. Leng stand immer noch dort, auf der anderen Seite des Tisches, feucht glänzend im Schein der Kerzen.

Er hatte seine Haut bis zur Hüfte abgezogen und starrte sie mit dem Grinsen eines Totenschädels an – vielleicht aus Freude, vielleicht nur, weil ihm die Lippen zu einem anderen Ausdruck fehlten.

Sandra spürte, wie ihre Vorstellung von Realität ausgehebelt wurde, die Verwirrung sie lähmte, ihre Beine nicht mehr gehorchen wollten. Doch Sandra zwang sie dazu.

Sie rannte.

20

Seine Haut fiel von ihm ab, wie die Schale von faulendem Obst. Als hätte sein Körper sie längst aufgegeben. Er erwartete Schmerzen, aber da waren keine, nicht wirklich. Weit hinten, verborgen und abgeschottet, eine Ahnung von ihnen. Aber dort hinten war zu weit entfernt.

Die Maden fielen zu Boden, die Fliegen stiegen auf, bildeten eine stumme, schwarze Wolke, formten sich zu Schatten und legten sich über den Raum.

Da war ein Knistern in der Luft, mit der die Spannung sich entlud. Er roch Asche, die von Flammen berichtete, die längst nicht mehr waren. Erst dachte er, es wären die Kerzen, aber die Kerzen hatten nichts damit zu tun. Die Kerzen waren nur Stimmung.

Zeit, Gott zu holen.

Er spürte Gier, die so mit Lust geschwängert war, dass sie sein Herz zum Rasen brachte. Sie schien sein Empfinden für das zerbrechende Gefüge ihrer Realität zu steigern.

»Nimm das Seil mit«, sagte der Andere, als Sandra wegrannte.

August tat es und folgte ihr, umringt von Fliegen.

21

Beim letzten Mal war sie nach links und in eine Sackgasse gerannt, diesmal wandte sie sich in die andere Richtung.

Sandra erreichte eine Treppe und an deren Ende einen Gang.

Er führte sie durch das fremde Haus, vorbei an fremden Türen und Bildern, denen sie keine Aufmerksamkeit schenkte, bis sie das eines Hundes sah und ihr zum ersten Mal der Gedanke kam, dass sie nicht im Schneiderhaus sein könnte.

Ohne innezuhalten rannte sie weiter, erreichte einen neuen Gang, diesmal kurz, und am Ende eine Tür, die aussah, als würde sie nach draußen führen. Ihre Beine waren taub, und das Gefühl, nicht schnell genug voranzukommen, schien direkt aus einem Bausatz für Albträume zu stammen.

Sie erreichte die Tür, hoffte, dass sie nicht abgeschlossen war, und atmete erleichtert auf, als sie sie öffnen konnte.

Aber was sie sah, ließ sie zögern. *Das kann nicht real sein?*

Doch Leng kam immer näher, und schließlich rannte Sandra weiter. Ohne Ziel, ohne Orientierung. Nur mit der Hoffnung, nicht als Erste müde zu werden.

22

Tschickos Haus war von Dwiggis nicht weit entfernt, aber als sie durch die verschlafene Peripherie Leichdorfs rasten, schien es nicht näher zu kommen. Zeit dehnte sich, verformte ihre Wahrnehmung der zurückgelegten Entfernung, ließ Sekunden zu Minuten und die paar Kilometer zur Weltreise werden.

Und unter alldem lag das Gefühl, zu spät zu sein.

Sie sprachen nicht. Jeder versuchte, den Lärm seiner eigenen Gedanken im Zaum zu halten, keine Erwartungen aufkommen zu lassen, die realitätsfern waren, oder Hoffnungen, die sich nicht erfüllen würden.

Sie erreichten die Passstraße und wenig später die Zufahrt zu Tschickos Haus.

Es war ein dunkler Klotz in der Nacht, gehüllt in den Kranz angrenzender Bäume, die Ausläufer des Leichwaldes.

Roland bereute, bis hierher gefahren zu sein, statt den Wagen an der Passstraße stehen zu lassen und den Rest ohne Auto zurückzulegen. Zu Fuß hätten sie vielleicht den Vorteil von Überraschung auf ihrer Seite gehabt, aber nun war es zu spät, sich darüber Gedanken zu machen.

Er nahm die Pistole aus der Mittelkonsole, entsicherte sie und stieg aus.

Barbara stand bereits vor dem Wagen und starrte zu dem dunklen Gebäude. »Sieht leer aus«, sagte sie leise.

Roland nickte. Aber er traute dem Schein nicht. Egal ob Sandra hier war oder nicht – ihr Handy war es auf jeden Fall.

Sie eilten durch die Stille zum Haus. Nur ihre Schritte auf dem Schotter waren zu hören, nur das hektische Pochen ihrer eigenen Nervosität.

Die Vordertür war nicht abgeschlossen. Sie quietschte, als Barbara sie aufzog.

Angespannt hielten sie inne.

Kein Geräusch im Haus. Niemand kam, also schlichen sie hinein.

Der Gang lag im Dunkeln, aber dahinter war Licht. Sie rochen Asche.

Roland erwiderte Barbaras überraschten Blick, sah darin Angst, von der sie sich nicht überwältigen ließ, und bewunderte sie dafür.

Er ging voran, die Waffe bereit, den Zeigefinger gestreckt, damit er nicht unabsichtlich abdrückte.

Vorbei an den dekorationslosen Wänden, denen wie dem ganzen Haus ein weiblicher Touch fehlte, und zum Ende des Gangs.

Dort war eine Treppe, Türen und der Geruch von Asche intensiver.

Roland blickte nach oben, sah ein Flackern im Stockwerk über ihnen und wollte die Treppe hinaufsteigen.

Barbara hielt ihn zurück.

Schweigend hob sie eine Hand, und erst dachte er, sie wollte, dass er lauschte, dass sie etwas hörte, das ihm entgangen war.

Aber das war nicht der Fall.

Sie bedeutete ihm, selbst eine Hand zu heben, was er tat. Und dann spürte er den Luftzug.

Barbara wies den Gang entlang, in die andere Richtung, weg von der Treppe.

Roland hatte die Waffe, also ging er voran.

Sie erreichten die Ecke und dahinter einen kürzeren Abschnitt des Gangs. Die Tür an seinem Ende war offen. Und jenseits der Schwelle schien Winter zu sein.

Roland vergaß darauf, die Pistole schussbereit erhoben zu halten, während er versuchte zu verstehen, was er sah.

Sie näherten sich der Tür. Langsam, vorsichtig. Es war ein Kampf gegen ihren Instinkt, der ihnen trotz aller Angst um ihre Geliebten eintrichterte, dass es Zeit für Flucht war.

Ein Teil von dem, was sie erst für Schnee hielten, war durch die offene Tür hereingeweht worden, verteilte sich im Gang des Hauses. Das machte alles realer, wirkte der Unglaubwürdigkeit entgegen, dem Gefühl, eine Illusion nicht zu durchschauen, die man durchschauen sollte. Verschwimmende Grenzen waren schwerer zu ignorieren als klare.

»Das ist kein Schnee«, murmelte Barbara, ihre Stimme brüchig und leer, als hätte sie es gerade so aus ihrem Mund geschafft.

Sie beobachteten einen Windhauch, der in die weißgrauen Flocken fuhr, sie hochhob und durcheinanderwirbelte.

»Das ist Asche«, bestätigte er.

Ungläubig starrten sie in die bleiche Landschaft auf der anderen Seite der Tür. Heller als jene Nacht, in der sie das Haus betreten hatten, aber nicht unbedingt Tag. Dämmerung – freudlos und grau, als wäre ein schwarzes T-Shirt zu der weißen Wäsche in die Maschine geraten. Verkohlte Bäume ragten in den knöchernen Himmel. Dazwischen tanzte Asche in der Luft, bis sie geräuschlos zu Boden sank.

Nichts bewegte sich. Kein Geräusch.

Barbara entdeckte die Spuren auf dem Boden als Erste. »Was meinst du?«, fragte sie, den Arm ausgestreckt wie ein altertümlicher Seefahrer, der etwas im Wasser entdeckt hatte.

Er wusste es nicht.

Seine Finger zitterten, als er die Waffe noch einmal überprüfte. Sowenig sie Teil der Normalität seines Lebens war – im Moment wirkte ihre Gefährlichkeit harmlos gegen das, was sie hier entdeckten.

Die Vertiefung in der Asche führte auf einen nahen Hügel und verschwand hinter der Kuppe.

Barbara trat als Erste nach draußen, sah sich um. Als Roland ihr folgte, spürte er, wie es schwieriger wurde, seine Gedanken klar und kompakt zu halten. Es würde gar nicht mehr gehen, sobald er Zweifel an seiner eigenen Wahrnehmung zuließ, sobald er begann sich zu fragen, wie dieser Aschewald möglich sein konnte.

Er glaubte nicht, dass er in der Lage war, Antworten auf diese Frage zu finden. Nicht von selbst.

»Komm«, sagte er.

Die Asche wirbelte unter ihren Schritten auf, als sie der Spur folgten.

»Ich bilde mir das nicht ein, oder?«, fragte Roland, sich bewusst, dass sich Halluzinationen für gewöhnlich nicht als solche preisgaben.

»Nur wenn ich es mir auch einbilde«, antwortete Barbara.

Die ungewisse Ahnung von Gefahr nahm zu, je weiter sie sich vom Haus entfernten.

Sie erreichten den Fuß des Hügels, als Roland anhielt und sich umdrehte.

»Was ist?«, fragte Barbara.

»Das ist verrückt«, entgegnete er. Barbara stimmte ihm zu.

Roland dachte an Einbruchsstellen im Eis. Sie waren von oben leicht zu erkennen, aber von unten ertrank man im kalten Wasser, während man erfolglos danach suchte.

»Was, wenn die Tür zu ist«, fuhr er fort. »Wenn wir zurückkommen.«

Sie verstand. Das Haus war noch da, stand am Anfang der Spur wie eine verlassene Hundehütte im Garten, nachdem die Familie längst weitergezogen war. Aber verrückt und real gingen zumindest im Moment Hand in Hand. Und Logik wirkte der Angst, hier gefangen zu werden, nicht entgegen.

»Alleingänge sind nie gut«, gab Barbara zu bedenken.

»Dann sag mir, dass ich Blödsinn rede.«

Sie sah ihn ernst an. Er konnte sehen, wie sie mit sich haderte.

»Bring sie zurück«, sagte sie und ließ ihn allein.

23

Roland erreichte die Kuppe. Dahinter erstreckte sich der Wald, kahl und uneinladend, wie etwas, das vor langer Zeit gestorben war.

Seine Schuhe machten auf dem weichen Boden keine Geräusche. Stumme Schritte in einer stummen Welt.

Er hörte das Knarzen des Seils, bevor er die Frau sah, die mit dem Rücken zu ihm vom Baum hing.

Da war ein kurzer Moment, in dem seine Füße ihre Schritte beschleunigen wollten, ein kurzer Moment, in dem er glaubte, Sandra gefunden zu haben – spät, aber vielleicht noch nicht *zu* spät –, und da war der Schock der Erkenntnis, der sein Herz lähmte und ihm verbot, Schmerz zu empfinden.

Aber all das hielt nur kurz. Die Gestalt war nicht seine Verlobte. Falsche Kleidung, falsche Kontur, falsches Gefühl. Er war lange genug mit Sandra zusammen, um die Unterschiede auch von hinten zu erkennen, und nun, da die Blindheit der ersten Panik wieder von ihm abgefallen war, schien es kaum möglich, Sandra statt der Fremden zu sehen.

Roland wich von seinem Weg ab, um Abstand zwischen sich und die Erhängte zu bringen. Haut und Kleidung waren genauso farblos wie ihre Umgebung.

Sanft pendelte der Körper hin und her. Das altmodische Seil knirschte.

Roland ging vorbei, wollte keinen Blick zurückwerfen und tat es trotzdem.

Sie starrte ihn an.

Lebendige Augen in einem toten Gesicht.

Er beschleunigte seine Schritte. Sie folgte ihm mit ihrem Blick.

Nach der Kuppe ging es wieder bergab. Er erreichte eine Senke, in der die Bäume dichter standen. Die Spur führte in gerader Linie mitten hindurch.

Roland nahm die Gestalten erst nur als Schemen aus dem Augenwinkel wahr. Aber sobald er hinsah, sobald seine Aufmerksamkeit sich ihrer bewusst wurde, konnte er sie nicht mehr ausblenden.

Sie standen reglos zwischen den Bäumen, in der fallenden Asche. Starrten ihn an, verfolgten ihn mit Augen, die genauso lebendig waren wie jene der Frau.

Manche hatten dunkle Spuren am Hals, andere Krusten an den Handgelenken. Roland sah einen jungen Mann, dessen Unterkiefer schief versetzt herunterhing, was ihm einen dümmlichen Ausdruck verliehen hätte, wenn die Augen darüber weniger aufmerksam gewesen wären.

Manchen fehlten Teile des Kopfes. Er sah Leute in altmodischer, einfacher Kleidung – entsetzlich deformiert, als hätte etwas Schweres ihre Körper zerschmettert. Nicht alle waren in der Lage zu stehen. Aber in allen schien Leben zu stecken, dem es unter diesen toten Bäumen vielleicht nicht gestattet war zu enden.

Er sah einen Mann mit traurigen Augen, der zwischen drei liegenden Frauen stand, eine große Schere in der Brust.

Auf der nächsten Kuppe zog die Spur sich durch eine Schneise, und dahinter konnte er eine breite Ebene ausmachen. Wie ein See aus Asche, an dessen Ufern sich die verbrannten Bäume fortsetzten.

Als er den Waldrand erreichte, blieb er stehen. Immer noch hüllte Stille ihn ein, der angehaltene Atem einer wartenden Welt.

Er fühlte sich wie eine Fliege, die zur Spinne ins Netz kroch.

Die Lichtung war flach, bis auf eine Erhebung in der Mitte. An deren Spitze stand ein Baum, breiter als alle anderen, die er gesehen hatte, und höher.

Aber genauso kahl, genauso verbrannt, genauso tot.

Rolands Finger verkrampften sich um den Griff der Pistole, als er hinaus auf die ungeschützte Weite der Lichtung trat.

24

Barbara stand in der Tür und beobachtete, wie Roland in dem Wald voller Asche und toter Bäume verschwand.

Sie fragte sich, was sie tun würde, wenn aus der Dämmerung Nacht wurde und sie immer noch alleine hier stand. Es war leicht, sich Kreaturen zwischen den dunklen Bäumen vorzustellen, die man lieber nicht im Haus haben wollte. Ihre Vorstellung war in dieser Hinsicht nicht detailliert, beschränkte sich auf vage Eindrücke von Angst und Abscheu. Aber das reichte.

Die Zeit verging langsam. Einmal wehte ein zaghafter Windhauch gegen die Tür, und Barbara dachte, es wäre tatsächlich jemand gekommen, der sie schließen wollte.

Irgendwann warf sie einen Blick zurück in das Haus. Sie fragte sich, ob dort auf der anderen Seite immer noch Nacht, immer noch *ihre* Welt war.

Während sie auf der Schwelle stand, die nicht nur zwischen zwei Räumen, sondern zwei Realitäten lag, wurde sie sich bewusst, dass weder die eine Seite einen sicheren Rückzug bot noch die andere.

Roland und sie hatten das Haus nicht durchsucht, weil sie davon ausgegangen waren, dass Dwiggi und Sandra nicht mehr hier waren.

Aber wer sagte, dass das stimmte?

Barbara ging nicht so weit zu denken, dass die offene Tür eine Ablenkung war, dafür waren die Spur in der Asche und das dort draußen zu daneben, zu extrem. Aber das hieß noch lange nicht, dass es nicht auch hier drinnen etwas zu finden gab.

Sie sah wieder zum Wald, versuchte in der Stille etwas zu hören, einen Hinweis darauf, dass Roland und die anderen bereits auf dem Rückweg waren und gleich über der Kuppe auftauchen würden.

Aber es gab kein Geräusch. Nichts zu hören, nichts zu sehen.

Unschlüssig blieb sie neben der Tür, suchte nach etwas Schwerem und fand einen alten Schirmständer aus Gusseisen. Barbara öffnete die Tür bis zum Anschlag und stellte den Schirmständer davor.

Noch einmal warf sie einen Blick in den Wald, dann ging sie ins Haus.

Sie würde bald zurück sein, es war nicht groß.

25

Der Weg vom Waldrand zur Erhebung war länger als erwartet. So, wie man Entfernungen auf Schneefeldern leicht unterschätzte. Roland versuchte nicht darüber nachzudenken, was ihn erwartete, was er tun würde, falls er Sandra und Dwiggi nicht fand.

Oder falls er sie fand und es zu spät war. Die Erinnerung an die Erhängte von vorhin kehrte zurück. Eine Erinnerung an Angst, deren Wiederholung immer noch vor ihm lag.

Er stieg den Hügel hinauf, so schnell er konnte. Über ihm tiefes Grollen. Er sah nach oben. Da war Dunkelheit, verborgen in der Struktur des Himmels. Er versuchte sich einzureden, dass das unruhige Leben darin Einbildung war, gab das aber schnell wieder auf. Was Einbildung war und was nicht, schien immer unwesentlicher zu werden.

Da war ein kräftiger Ast, der sich ein paar Meter über dem Boden zur Seite reckte, als würde er verirrten Wanderern den Weg weisen. Und als Roland dem Baum nun näher kam, sah er die Figuren im Holz. Kunsthandwerklich beeindruckend, aber verstörend. Er sah verzerrte Gesichter und verschobene Gliedmaßen. Männer, Frauen und gewundene Obszönitäten, die mit sich selbst und dem Stamm zu verschmelzen schienen, als wären sie aus Wachs, das im Feuer nur halb geschmolzen war. Er sah Schmerz und Folter. Er sah menschliche Abgründe aufgereiht, ausgestellt und zelebriert.

Aber während geschockte Faszination seine Aufmerksamkeit an den Baum zu fesseln versuchte, entdeckte er dahinter, halb verborgen in der Asche, eine reglose Gestalt. Er erkannte die Kleidung, und er erkannte die dunkelbraunen Haare, auch wenn sie inzwischen mit grauem Staub bedeckt waren.

Roland lief hin, sank neben ihr auf die Knie und hob Sandras Gesicht aus der Asche. Er rief ihren Namen, aber sie reagierte nicht.

Roland wollte nicht wahrhaben, was er nicht wahrhaben konnte.

Er sah ihre blasse Haut, die Blutergüsse an ihrem Hals, blutige Kleckse, wo Finger sich in ihre Kehle gedrückt hatten.

Schlaff hing sie in seinen Armen, und Roland spürte Verzweiflung in sich hochkochen, die mit nichts zu vergleichen war, was er je zuvor gefühlt hatte.

Er nahm ihre Hand, sah die wunden Stellen, an denen die Kabelbinder sich in ihre Haut gefressen hatten.

Wieder sagte er ihren Namen, wieder reagierte sie nicht.

Aber als sein von ungläubigem Schmerz verzerrtes Gesicht an ihren Hals sank, spürte er einen Puls.

Schwach, aber vorhanden.

Er hatte Angst vor einer Einbildung, vor einer Wahrheit, die nur durch seine Hoffnung aufrechterhalten wurde. Einem Kartenhaus, das bei der ersten Störung zusammenfiel.

Aber als er seine Finger an ihren Hals legte – auf die blauvioletten Abdrücke der Finger, die vor seinen dort gewesen waren –, da spürte er den Puls immer noch.

Er war nicht zu spät.

Roland hob sie hoch, drehte sich um und hielt inne.

Neben dem Baum stand eine hagere Gestalt. Roland sah das breite Grinsen und spürte Furcht in einem Ausmaß, die keiner der Halbtoten im Wald in ihm ausgelöst hatte.

26

August erwischte sie schon vor dem Baum am Hügel. Den restlichen Weg schleifte er sie an den Haaren. Unter dem abstehenden Ast würgte er sie, bis ihr Leben nur noch eine Ahnung war.

Als sie aufhörte sich zu wehren, stand er auf – erhaben und in Blut getaucht, wiedergeboren in einem Reich der Gewalt, das sich unter dem friedlichen Teppich aus Vergänglichkeit verbarg.

Fasziniert betrachtete er seinen entblößten Körper. Alles entsprach der Wahrheit. Die Versprechungen des Anderen, die Aufzeichnungen im Buch seines Urgroßvaters. Für jeden treuen Diener gab es ein passendes Königreich, und August hatte seines gefunden.

Er sah nach oben. Kpaih-Ngi bäumte sich in seinem Zuhause der Zwischenwelt auf, drängte aus seinem Schlaf hervor. Ein Tier, das zur Fütterung kam.

Das letzte Opfer würde Augusts Platz in der Gemeinschaft der Unheiligen dieses Ortes besiegeln. Er betrachtete ihre Abbildungen, die sich über den Stamm des verworrenen Baums wanden – Männer, Frauen und die Kinder, die sie mit den Göttern gezeugt hatten.

Er sah Roland, lange bevor dieser den Baum erreichte. Es war einfach, sich dahinter zu verstecken, und es war befriedigend zu beobachten, wie der Tod von Rolands Verlobter in dessen Bewusstsein realistische Formen annahm.

August trat hinter dem Stamm hervor, machte sich bereit, die beiden Lämmer für seinen Gott zu schlachten. Mit einem Mal wurden aus den Fäden, die ihn lenkten, Zügel, und aus dem sanften Zug des Marionettenspielers die Kompromisslosigkeit eines Reiters.

Er tobte, aber seine Stimme verklang ungehört, und der Andere ignorierte ihn.

27

Dem Mann war die Haut abgezogen worden. Das war das Erste, was Roland auffiel. Ohne Haut gab es keine Lider. Die Augen waren unangenehm starrende Öffnungen in dem entblößten Gesicht. Wie ein Tropfen Blut in unberührtem Neuschnee stand er inmitten der fallenden Asche, die sich auf seinem Körper niederließ und einen farblosen Teppich bildete, der immer dichter wurde.

Roland widerstand dem Drang, zurückzuweichen.

Er musste an Raubtiere denken, die Angst riechen konnten. Er versuchte seine zu unterdrücken, so gut es ging.

Langsam, vorsichtig und ohne den Gehäuteten aus den Augen zu lassen, legte er Sandra zurück in die Asche.

Neugierig sah der Mann ihm dabei zu. Die dunklen Augen wirkten trotz ihrer unendlichen Leere nicht leblos.

»Weg!«, sagte Roland und richtete die Waffe auf ihn. Er war sich bewusst, dass eine rein verbale Aufforderung wahrscheinlich nicht funktionieren würde. Und er hoffte, dass die Pistole in dieser Welt, in der nichts mehr am Leben zu sein schien, überhaupt Schaden anrichtete.

Der Mann reagierte nicht. Roland glaubte zu sehen, dass die Kiefer sich leicht bewegten, als würde er sprechen. Aber nichts war zu hören.

Dann streckte er die Arme zur Seite aus, legte den Kopf schief, stand dort wie eine Mischung aus Michael Jackson ohne Hut und Jesus ohne Kreuz und beobachtete ihn mit dem bizarren Grinsen, das sich nicht mehr ablegen ließ.

Roland sah die Sackgasse, in der er steckte. Er wollte seinen Zeigefinger krümmen, ihn zum Abdrücken bringen. Aber die Ruhe seines Gegenübers unterspülte das Gefühl von Stärke, das die Waffe ihm schenken sollte. Roland kam von dem Gedanken nicht weg, dass ein gehäuteter Mann in einer verbrannten Welt nicht von einer gewöhnlichen Kugel verletzt werden konnte. Die Ungewissheit darüber, was die Waffe anrichten konnte, war sein einziges Druckmittel. Im übertragenen Sinn wussten sie momentan vielleicht beide nicht, ob sie geladen war.

Über ihnen grollte der Himmel.

Sie starrten sich an, jeder mit seinen eigenen Gedanken.

Roland dachte an seine Raucherlunge. Laufen war nie seine bevorzugte Fortbewegungsart gewesen, aber laufen, wenn man laufen musste, während einem die verengte Lunge brennend den Mittelfinger zeigte, war noch eine Spur schlimmer. Erst recht mit Sandra am Arm.

Flucht schied also aus.

Ein weiteres Grollen, dann stieß der gehäutete Mann einen Schrei aus, in dem so viel Zorn und Hass lag, wie Menschlichkeit darin fehlte.

Er bewegte sich. Schnell.

Roland drückte ab. Die Waffe bockte in seiner Hand, als der Rückstoß sie zum Leben erweckte, aber obwohl die Projektile ihr Ziel fanden, wurde der gehäutete Mann nicht langsamer.

Er riss Roland zu Boden. Asche wirbelte auf, verschleierte ihren Kampf hinter einer temporären Wolke, in der atmen nur noch mit begleitendem Husten möglich war.

Er schloss seine Hände um Rolands Hals, drückte zu und spie ihm unartikulierten Hass entgegen. In seinem Mund, der weiter aufgerissen war, als gesund oder möglich sein konnte, war hinter den normalen Zahnreihen noch eine weitere zu sehen.

Roland rang nach Luft. Er griff nach den Händen, die seine Verbindung zum Leben beendeten, sah ein, dass sich dort nichts ausrichten ließ, und schoss dem Gehäuteten in den Kopf.

Die Waffe war zu nah an seinem eigenen. Seine Ohren surrten, aber der Griff lockerte sich und Luft strömte zurück in seine Lunge.

Aber er hatte sich nur Zeit erkauft, mehr nicht. Roland sah das Einschussloch und die viel schlimmere Austrittswunde. Rot zwischen noch mehr Rot.

Und trotzdem war in dem erschlaffenden Körper immer noch Leben.

Roland stieß ihn beiseite. Asche wirbelte auf, als die blutige Gestalt darin eintauchte, und bedeckte ihn komplett, als er wieder auf die Füße kommen wollte.

Roland ließ es nicht zu.

Er trat den gehäuteten Mann zurück in die Asche und schoss erneut. Nicht nur einmal, sondern immer wieder, so, wie sein Onkel es ihm eingebläut hatte: mindestens Doubletten, immer.

Als der letzte Schuss verklang, herrschte erneut Stille, und Rolands überreizter Verstand begann, den Kampf gegen seine eigene Zensur zu verlieren.

Reglos lag der seltsame Mann vor ihm in dem Bett aus Asche, und Roland dämmerte, was er getan hatte. Und so schrecklich, bizarr und unerklärlich diese Gestalt gewesen war, so schrecklich, bizarr und unerklärlich würde ihm mit genügend Abstand vielleicht sein eigenes Verhalten erscheinen.

Er steckte die Waffe wieder in seinen Hosenbund.

Sandra hustete, als sie wach wurde, und Roland war bei ihr, als sie die Augen aufschlug. Freude und Erleichterung – seltsam ambivalent zu den Gefühlen, die ihn noch einen Moment vorher beherrscht hatten – überschwemmten ihn, als er sie küsste. Er schmeckte die Asche auf ihren Lippen und ließ sie nur gegen seinen eigenen Willen wieder los.

Verwirrt sah sie zu ihm hoch, lächelte, blickte auf seinen Hals und streckte eine zittrige Hand danach aus. »Du hast da Blut«, murmelte sie. Ihre Stimme war ein heiseres Krächzen, aber abgesehen davon schien sie in Ordnung zu sein.

»Nicht meins«, antwortete er und verzichtete darauf, sie darauf hinzuweisen, dass dasselbe an ihrer Kehle klebte.

Plötzlich sah sie sich in Panik um. »Wo ist Leng?«

Erst verstand er nicht, aber als ihm der Zusammenhang zum gehäuteten Mann klar wurde, lief ein Frösteln über seinen Rücken. Er sah in die Richtung, wo dieser in der Asche lag.

»Nicht mehr hier«, erwiderte er und half ihr hoch.

Das Grollen im Himmel wurde zu Donner. Sie zuckten zusammen. Roland sah nach oben. Vielleicht kam die Dunkelheit näher, vielleicht nicht. Aber sie wurde schwärzer. Das ausgewaschene Grau von vorhin glich nun einer sternenlosen Nacht.

»Wir sollten verschwinden«, sagte er.

Sandra konnte selbst gehen, und nur die ersten Schritte waren langsam.

Sie liefen den Hügel hinab, zurück in den unangenehmen Wald.

28

Barbara folgte dem Gang, der sie zur Hintertür geführt hatte. Die Stille im Haus schien ihr trügerisch, und sie wünschte sich etwas, womit sie sich verteidigen konnte.

Was ist der Plan?, fragte sie sich. *Raum für Raum absuchen?*

Und was machte sie, wenn sie dem begegnete, der hier getan hatte, was auch immer getan worden war?

Barbara hatte eine hoffende, und eine fatalistische Vorstellung von dem, was geschehen war. Sie musste beide von ihren Erwartungen fernhalten, wenn sie einen klaren Kopf behalten wollte.

Da war Zeit für die Frage, ob ihr Alleingang vielleicht eher dämlich als sinnvoll war, aber nicht genug für eine fundierte Antwort.

Da war Gestank, der ihr zuerst nicht aufgefallen war.

Sie erreichte das Schlafzimmer. Der Raum roch zwar übel, aber anders. Und er war leer.

Neben dem Raum war die Treppe ins Obergeschoss, aber Barbara wollte noch nicht hinaufgehen. Dahinter fand sie eine weitere Tür.

Sie griff nach der Klinke, drückte sie nach unten, und die Tür auf. Sofort wölbte sich ihr ein ungefilterter Schwall des Gestanks entgegen.

Barbara verzog angewidert das Gesicht.

Schon bevor sie wieder nach vorne blickte, hörte sie das aufgeregte Surren von unzähligen Fliegen.

Sie legte sich einen Arm über Mund und Nase und suchte nach dem Lichtschalter. Als sie ihn nicht fand, holte sie stattdessen ihr Handy hervor und benutzte die eingebaute Taschenlampe.

Das kühle Licht reflektierte von den Fliesen, von der dunklen Feuchtigkeit, die sich darüber verteilte. Da war eine Badewanne, voller Sprünge und herausgeschlagener Ecken. Da war eine Axt, mitten im Raum.

Barbaras Verstand und ihr Instinkt schrien sie an, umzukehren.

Aber Barbara war mutig und ging weiter. Die schwarze, surrende Wolke stob auseinander.

Und als der unbarmherzige Schein ihrer Handylampe nicht nur die blutigen Reste eines menschlichen Körpers offenbarte, sondern auch ein Stück Haut, das ohne die tätowierten Striche keinerlei Widererkennungswert gehabt hätte, da zerbrach etwas in Barbaras Innerem so nachdrücklich, dass es nur Staub und Leere hinterließ, die mit nichts mehr geflickt werden konnte.

Irgendwo begannen die Beach Boys von Barbara Ann zu singen. Der Notfallsoundtrack ihres überhitzten Verstandes, die ihrer unbeschwerten Fröhlichkeit enthobene Melodie, mit der sie überschnappte.

Kurz war da die Hoffnung, es könnte Dwiggi sein, aber Dwiggi würde nicht mehr anrufen.

Dwiggi lag zerstückelt in einer Badewanne.

Barbara ging zurück in den Gang.

Sie wartete auf Tränen, die nicht kamen. Da war nur das Gefühl von Leere, von Schwerelosigkeit.

Von Ende.

29

Der Wald begann zu leben, als Roland und Sandra zurück zum Haus liefen. Immer noch hingen Menschen von den Bäumen wie vergessener Christbaumschmuck. Aber im Gegensatz zu ihrer Wanderung in die andere Richtung waren sie nun nicht mehr reglos. Was immer sie aufgeweckt hatte, es hatte aus Körpern, in denen sich nichts außer den Augen bewegte, verkrampft zuckende Exponate aus der Geisterbahn gemacht.

Die Erhängten an den Bäumen schwangen hin und her, als säßen sie auf einer Schaukel, statt an ihrem Hals zu baumeln. Sandra und Roland sahen andere, die sich Puls- und Halsschlagadern durchtrennten – immer wieder, als würden die Wunden in der kurzen Zeit heilen. Kopfschüsse, die immer und immer wieder abgegeben wurden und ihr Ziel fanden.

Sie kamen an dem Mann vorbei, der inmitten von drei am Boden liegenden Gestalten stand und sich eine übergroße Schere in die Brust rammte. Bevor er sie wieder herauszog und erneut zustieß. Der Schneider sah sie an, als sie an ihm vorbeiliefen. Seine Augen waren immer noch traurig, aber der Mund darunter lächelte inzwischen.

Bald war der Wald von Geschrei, Lachen und Schüssen erfüllt, und überall um sie herum schien es zu zucken und zu wippen, überall wurde gestorben, ohne dass es Auswirkungen auf denjenigen hatte.

Vor ihnen wölbte sich das Gelände nach oben. Sie erreichten die Kuppe. Am Ende des Abhangs und nach einem flachen Stück erkannten sie das Haus des Schneiders. Es sah wie ein gedrungener, verlorener dunkler Fleck in der schmutzig-weißen Landschaft aus.

Barbara war nicht zu sehen, aber die Tür stand zumindest offen.

Sie rannten den letzten Abhang hinunter, begleitet vom chaotischen Lärm aus Sterben in Dauerschleife. Als wäre eine Schallplatte an der makabersten Stelle hängen geblieben.

Sie erreichten das Haus, die Tür, den Ausgang aus diesem Albtraum.

30

August kam für einen kurzen Moment auf die Beine, bevor er wieder auf die Knie sank. Als Rolands Kugeln ihn getroffen hatten, hatte er jede einzelne davon gespürt. Dass sein Körper blutete, hätte nicht so überraschend sein sollen, wie es war.

Er sah Roland und Sandra den Abhang hinunterlaufen und im Wald verschwinden.

»Lass sie gehen«, sagte der Andere. »Es ging nie um sie.«

August verstand nicht. Nicht, was die Worte des Anderen bedeuten sollten, nicht, woher all die Schmerzen und die Angst plötzlich kamen, und nicht, warum der Andere die beiden gehen lassen hatte.

Es war das ungläubige Entsetzen des Opfers.

»Geh zum Baum.«

Er tat es.

Die Stimme des Anderen war ruhig. Entspannend. Akustisches Anästhetikum für die Wunde, zu der sein Körper geworden war.

»Was heißt, es ging nie um sie?«, fragte August.

Reden war schwer. Die Worte klangen seltsam. Gurgelnd wegen des Bluts, das in seine Luftröhre sickerte. Undeutlich wegen den fehlenden Lippen.

»Sieh!«, sagte der Andere, und August sah.

Die Heiligen des Baums bewegten sich, wandten sich ihm zu. Er taumelte, verlor das Gleichgewicht, streckte eine Hand aus. Eine andere streckte sich seiner entgegen, ergriff sie.

Er sank auf die Knie, blickte nach vorn, verstand immer noch nicht.

Eine der Gestalten hielt seine Hand. Ein gleichgültiges Gesicht im dunklen Holz. Als er seine zurückziehen wollte, hielt der andere sie fest.

Da war ein brennendes Gefühl von Taubheit, das seinen Arm entlangkroch. Nicht in Richtung Körpermitte, sondern davon weg.

August spürte, wie seine Kraft ihn verließ.

Er sah das Blut, das unter seinem Körper in der Asche versickerte, und fragte den Anderen, was geschah.

Aber er bekam keine Antwort.

Schließlich wurde seine Hand losgelassen. August sank in die Asche. Feucht, klebrig und warm.

Als der Andere wieder sprach, war seine Stimme nicht mehr an Augusts Ohr.

Der Mann hinter seiner Schulter war nach vorne getreten.

August hob seinen Kopf und sah, wie die Gestalt, die seine Hand gehalten hatte, sich aus dem Baum schälte. Wie Rinde brach und Fleisch darunter sichtbar wurde.

Über ihnen erhob Kpaih-Ngi seine donnernde Stimme, spuckte Worte in einer Sprache, die nicht verständlich war.

Aus der reißenden Haut des Baums trat ein Mann. Schlank, elegant, vielleicht Mitte dreißig. Verwirrt sah August das altmodische, scharf gezeichnete Gesicht. Die Haare waren ein wenig durcheinander, aber der Schnauzbart war akkurat, als wäre er frisch gestutzt.

Und als er lächelte, war es das Grinsen des Anderen.

August verstand nicht. Er kannte den Mann von Bildern, aber er verstand nicht.

Es war sein Urgroßvater.

August versuchte, Fragen zu formulieren, die durch seine Gedanken rasten, aber konfrontiert mit der Enormität dieser verwirrenden Entwicklung, schaffte er es nicht einmal den Mund aufzumachen.

Der Urgroßvater, der genauso aussah wie auf den alten Fotografien, sah sich um und hob schließlich das Seil auf, das sie mitgebracht hatten.

»Es hätte dein Vater sein sollen«, sagte er. »Dein Pech, dass er zu feige war, um den ganzen Weg zu gehen.«

August streckte eine Hand aus, versuchte zu ihm zu kriechen, aber sein Körper wollte nicht.

Sein Körper starb.

Er zog sich durch die Asche, langsam, quälend.

»Warum?«, fragte er, seine Stimme ein undeutliches Gurgeln.

»Weil ich eine Abmachung getroffen habe«, antwortete sein Urgroßvater und suchte das Ende des Seils. »Und meine Schulden bezahle.«

Er fand es, formte eine Schlinge, begann einen Knoten zu binden.

»Hab das nicht verdient«, gurgelte August. Asche geriet in seinen Mund, verklebte sich mit dem Blut. Als er einen Klumpen ausspuckte, musste er an feuchtes Mehl denken.

»Natürlich hast du das«, erwiderte sein Urgroßvater.

August sah, wie geschickt seine Finger das Seil tanzen ließen, mit welcher Leichtigkeit. Als hätte er das schon hundertmal getan.

»Was hast du mit dem Neugeborenen gemacht? Mit Karl? Seiner Frau? Lackners Frau? All den anderen?« Er zeigte auf die Stelle, an der von Sandras Körper nur noch die Vertiefung in der Asche zu sehen war. »Was hättest du mit ihr gemacht, wenn ihr Verlobter nicht gekommen wäre?«

»Du warst das!« Blut quoll in einem überraschenden Sturzbach aus Augusts Mund, ertränkte die Worte.

Lachen. Dasselbe, das ihn fast sein ganzes Leben lang begleitet hatte. Endlich auch für Außenstehende hörbar.

Schade, dass keiner da war.

»Die Absolution, nach der du verlangtest, um zu tun, was du ohnehin tun wolltest, war nur vorgeheuchelt«, entgegnete der junge Mann, der alt sein sollte. Und tot. »Dieser Gott braucht keine Heiligen.« Sein Lächeln sah auch mit Lippen immer noch wie das eines Totenschädels aus. »Und er nimmt keine in sein Reich auf.«

August spuckte erneut Blut, zog sich weiter, hatte seinen Urgroßvater beinahe erreicht.

»Was …?«, fragte er. Feuchtes Würgen unterbrach ihn, zwang ihn, die Frage neu zu beginnen. »Was kriegst du dafür?«

»Ach, die Klassiker: Einfluss, Gesundheit und genügend Zeit für eine Menge Spaß. Ein zweites Leben im Gegenzug für …. nun ja, dich.«

Augusts Arm knickte ein, ließ ihn im Stich. Nur kurz ausruhen. Sein Blick fiel auf die Wunde im Baum, aus der sein Urgroßvater geboren worden war. Es war eine Art von Tausch, der ohne sein Einverständnis abgeschlossen worden war, so viel stand fest. Und August glaubte, dass er die Konditionen verstand.

»Will kein Teil des Baums werden«, sagte er.

Sein Urgroßvater beendete den Knoten am Seil. »Wirst du nicht.« Er ging zu dem Ast, der sich horizontal vom Stamm wegreckte.

Warf ein Ende des Seils darüber.

August wollte sich wehren, aber dazu hatte er längst keine Kraft mehr.

Sein Urgroßvater trat hinter ihn, legte die Schlinge um seinen Hals.

»Weißt du, du hast die Dreifaltigkeit des Glaubens falsch verstanden. Ich bin der Prophet, nicht du. Du bist der Märtyrer.« Und dann flüsterte er ihm ins Ohr, so wie er es all ihre gemeinsamen Jahre über getan hatte. »Willkommen in deiner eigenen Hölle.«

Dann war er weg, und August griff nach dem Seil um seinen Hals. Aber er hatte zu viel Blut verloren. Seine Finger waren unkoordiniert, griffen nicht dorthin, wohin er wollte. Es war schwierig, einen klaren Blick und den Kopf aufrecht zu halten. So viel leichter, einfach aufzugeben, so viel leichter, zu akzeptieren.

Die Schlinge zog sich zu. Er hörte das Röcheln, mit dem ihm die Luft abgeschnitten wurde. Spürte den unbarmherzigen Griff des Seils um seinen Hals.

Es zog ihn zurück, zum Baum. Dann in die Höhe.

August spürte, wie seine Füße den Kontakt zum Boden verloren. Blut floss immer noch aus seinen Wunden, tropfte in die verbrannte Landschaft unter ihm. Und obwohl er wusste, dass es längst keinen Sinn mehr hatte, gab sein Körper nicht auf, rang weiterhin nach Atem, der ihm nicht mehr gestattet wurde.

August hoffte, dass der Schmerz verklang, die Angst. Dass es besser wurde, leichter.

Aber alles blieb gleich. Zappelnd hing er vom Ast des schwarzen

Baums, röchelnd und blutend, jeder Teil seines gehäuteten Körpers empfindlich, gereizt und schreiend.

Der Mann, der der Andere gewesen war, starrte zu ihm nach oben. Ihre Blicke trafen sich – die des einen, der nicht sterben konnte, und die des anderen, der irgendwann gestorben war und dennoch vor ihm stand.

»Du bist das Stück Dreck, um das Gott sich bildet«, sagte er. Dann blickte er nach oben, in den kochenden Himmel. »Meine Schulden sind bezahlt.« Er bekam keine Antwort.

Dann drehte er sich um und folgte der Spur, die sie gemeinsam gezogen hatten, als sie hierhergekommen waren.

August rang weiterhin nach Luft, die verlangt, aber nicht gebraucht wurde. Es war quälend in die Länge gezogener Tod. Er dachte an die Dinge, die er getan hatte. An die Stimme in seinem Nacken, die sie gerechtfertigt hatte.

An die Angst, die er in den Augen seiner Opfer gesehen und genossen hatte. Er glaubte, sie in seinen eigenen wiedererkannt zu haben, wenn da ein Spiegel gewesen wäre.

Sein Urgroßvater erreichte den Waldrand.

Hinter August brach der Himmel, und Dunkelheit blutete auf die Lichtung. Sich windende Schatten, der aus Schmerz und Zorn geformte Untergang seiner Welt.

Er hörte das Grollen, den Donner, sah, wie die Dämmerung zur Nacht wurde, spürte ein Brennen in seinen Augen, als die Dunkelheit sich in ihnen niederließ, als er erblindete, dazu verdammt, den Rest seiner Tage in den Abgrund der ewigen Nacht zu starren.

August wollte schreien, das Seil ließ nur quälendes Keuchen zu. Schwärze sickerte in seinen geöffneten Mund, als der formlose Gott vom Himmel stieg und sich um Augusts geschälten Körper schlang, ihn einhüllte, vollkommen gleichgültig der Pein gegenüber, die seine Berührung auslöste.

August sah ein grelles Flimmern, spürte eine Ahnung von so viel mehr, einer Welt hinter der Welt hinter der Welt, Geheimnissen in Geheimnissen. Er wollte sie nicht erfahren, er wollte vergessen. August dachte an seinen Vater und daran, dass seine Entscheidung zum Selbstmord – wie brutal sie auch gewesen sein mochte – nicht feige, sondern schlau gewesen war.

Und als unter dem Einfluss des Gottes das Seil riss, drang Luft in Augusts Lungen, und während er auf ein Ende wartete, das nicht kommen wollte, löste sich seine Stimme in entmenschlichter Qual, die durch die donnernde Gier des Gottes verstärkt, verzerrt und wiederholt wurde.

Kpaih-Ngi hieß ihn in seiner Welt aus Schmerz willkommen, in der der Moment des Todes die endlose Leere der Unsterblichkeit füllte.

31

Roland folgte seiner Verlobten ins Haus, verließ mit ihr die Unwirklichkeit der Aschewelt und betrat jene von Tschickos Haus.

Am Gang, hinter der Ecke, die zum Rest des Hauses führte, stand eine reglose Gestalt. Roland dachte, eine der Toten im Wald hätte die Gelegenheit der offenen Tür genutzt und stand nun verwirrt hier rum, aber dem war nicht so.

Sandra erkannte Barbara, bevor er es tat. Sie war blass, die Augen groß, aber leer. Sie reagierte nicht auf ihren Namen, reagierte nicht auf ihre Rückkehr, reagierte auf überhaupt nichts mehr. Man brauchte kein medizinisches Fachwissen, um zu kapieren, dass in seiner Abwesenheit etwas geschehen war.

Schock. Nur warum, war nicht klar.

Aber es lag nahe, dass es was mit Dwiggi zu tun hatte, nachdem er der Letzte von ihnen war, der noch fehlte.

Während Sandra Barbara in den Arm nahm und zurück in ihre Welt zu holen versuchte, blickte Roland sich um. Zumindest hier schien nichts zu sein, was ihnen gefährlich werden konnte.

Also was hatte Barbara gesehen?

»Geht nach draußen«, sagte Roland, der auf einmal das Gefühl hatte, dass etwas mit ihnen zusammen hier drinnen war. Vielleicht tatsächlich einer der Toten aus dem Wald, vielleicht ein weiterer Psychopath ohne Haut. »Ich sehe nach, ob Dwiggi hier ist.«

»Dwiggi kommt nicht zurück.« Barbaras Stimme war tonlos, ohne Emotion.

Roland spürte den eigenen Schock, spürte, wie er ihn lähmen wollte. Die Information, seine Verlobte gerettet, seinen besten Freund aber verloren zu haben, war noch nicht zu einer möglichen Erkenntnis geworden. Noch ließ sein Verstand das emotionale Gewicht nicht zu, das damit kommen und bleiben würde.

Sandra sah ihn an. Er wusste nicht, dass Leng ihr gegenüber dasselbe behauptet hatte. Und während Roland immer noch bezweifelte, dass Dwiggi tot war, konnte Sandra das nun nicht mehr.

»Dwiggi kommt nicht zurück«, wiederholte Barbara, und diesmal kam die Ahnung von Tränen – ein feuchter Glanz in ihren Augen, hinter dem diese weiterhin leer blieben.

Ihr Blick war es, der schließlich auch Roland überzeugte. Sie verließen das Haus.

32

Sie verließen das Haus wieder durch den Vordereingang, wo immer noch Nacht herrschte und nichts mit Asche bedeckt war.

Barbara schien auf Gleisen zu gehen, die nur sie sehen konnte. Roland wusste nicht, ob diese sie am Ende an einen guten Ort führen würden, schaffte es aber nicht, daran zu glauben.

Die Welt um sie herum schlief, und sie redeten sich ein, dass hier die Albträume mit der Dämmerung endeten.

Er fuhr die beiden Frauen zu sich und Sandra nach Hause. Dann rief er Bachmann an.

33

Der Mann, der vor hundert Jahren einem okkulten Zirkel in Ebenkreuz angehört und mit Feuer gespielt hatte, das daraufhin auch ihn verbrannte, ging gut gelaunt durch den Aschewald, vorbei an den sterbenden Toten, gleichgültig ihrem rotierenden Elend gegenüber.

Er erreichte das Haus, in dem sein Urenkel mit seiner Hilfe die Tür geöffnet hatte, ging hindurch und schloss sie hinter sich.

Er nahm sich einen Moment Zeit, um zu lauschen, und hörte das Auto, das vom Parkplatz wegfuhr.

Dann ging er zur Treppe, stieg die knarrenden Stufen nach oben und betrat den Raum, der durch den flackernden Schein seiner Kerzen auch zu finden war, ohne dass er das Licht am Gang einschalten musste.

Er warf einen kurzen Blick auf das Bündel Haut, das dort lag wie vergessene Schmutzwäsche, dann wandte er sich der Tasche auf dem Tisch zu und holte den grauen Anzug heraus. Für August war dieser vielleicht ein Fehlkauf gewesen, aber ihm stand er ganz ausgezeichnet.

Er nahm das abgegriffene Buch aus der Tasche und suchte darin nach dem Schlüsselbund, von dem er wusste, dass er dort war. Da war auch Sandras Handy. Er betrachtete es kurz und legte es wieder zurück.

Nachdem er die Schlüssel gefunden hatte, ging er mit einem der beiden Benzinkanister und dem Buch nach unten, stellte beides auf einer Kommode neben der Schlafzimmertür ab und ging wieder hinauf.

Er nahm den zweiten Kanister, drehte den Verschluss auf und verteilte das Benzin auf den Wänden des Obergeschosses, als wäre es Weihwasser.

Als er leer war, ließ er ihn fallen, wo er war, ging zurück in den Raum mit den Kerzen, nahm die angebrauchte Packung Streichhölzer, mit denen August die Kerzen entzündet hatte, und machte sich wieder auf den Weg nach unten.

Der beißende Gestank des Treibstoffs ließ seine Augen tränen, aber der Mann lächelte.

Er schraubte auch den anderen Kanister auf, verteilte ein wenig von seinem Inhalt am Gang und trat ihn schließlich um, sodass sich die Flüssigkeit von alleine weiter verteilte.

Er nahm das Buch, entzündete mit einem Streichholz die ganze Packung und warf es in den sich ausbreitenden See, bevor er ins Freie ging.

Als er das Ende der Zufahrt erreichte, die Passstraße kreuzte und im Leichwald verschwand, brannte Tschickos Haus lichterloh.

34

Das Areal um das Schneiderhaus war abgesperrt und die Dunkelheit durch Scheinwerfer vertrieben. Es gab keine Schaulustigen, keine Presse, niemanden, der die Arbeit der Ermittler stören könnte außer sie selbst. All das würde kommen, aber nicht mehr in dieser Nacht.

Die Kette an der privaten Zufahrt war beseitigt worden, damit die Einsatzfahrzeuge so nah wie möglich zum Schneiderhaus fahren konnten.

Harald stand etwas abseits und beobachtete das Treiben, das seltsam ruhig und routiniert wirkte, wenn man bedachte, was unter dem Dachgiebel entdeckt worden war. Das Schneiderhaus war immer ein dankbarer Ausgangspunkt für Gruselgeschichten gewesen, aber nun würden diese zweifellos ein völlig neues Ausmaß erreichen.

Er betrachtete die Jutepuppen, die herausgetragen wurden. Die Nacht roch bereits nach Sommer und war warm, aber dennoch fröstelte ihn.

Aus dem Augenwinkel sah er etwas durch den Wald huschen. Als er seine Taschenlampe einschaltete und dorthin leuchtete, war nichts zu sehen, außer den wippenden Zweigen eines Busches.

Er spürte den Kloß in seiner Magengegend, der mit dem Bewusstsein von Gefahr kam.

Aber nichts war dort zu sehen, und abgesehen von den Einsatzkräften war der Wald still.

Die fast stoffliche Dunkelheit zwischen den Bäumen war empfänglich für Einbildungen.

Er sah den Mann im grauen Anzug nicht, der weiter hinten zwischen den Bäumen verschwand, in Richtung der Leichdorfer Kirche.

35

Der Mann, der August Lengs Veranlagung zum Mord angetrieben, gerechtfertigt und für seine eigenen Zwecke missbraucht hatte, bewegte sich mit traumwandlerischer Sicherheit durch den Wald. Er hatte keinen Namen und keine Vergangenheit. Aber er hatte sein Wissen und die Endlosigkeit des unberührten Lebens, das vor ihm lag.

Kurz dachte er an seinen Urenkel, und an die Momente, in denen er ihn beinahe verloren hätte, in denen der letzte Rest Unschuld in Augusts Verstand sich noch einmal aufgebäumt hatte. Er ließ die Bilder des erhängten Mannes und seines brennenden Vaters vor seinem inneren Auge verweilen und dann weiterziehen. Sie hatten für das, was vor ihm lag, keine Bedeutung mehr.

Er schmeckte Blut. Aber das war nur Erinnerung.

Eine Erinnerung an das, was kommen würde.

Beinahe lautlos verschwand er in der Dunkelheit – als wäre er nur Einbildung, nur eine optische Täuschung.

Zurück blieben ein Hauch von Asche und das Gefühl von Tod.

36

Lengs Haus wurde durchsucht, und nichts wurde gefunden, abgesehen von einer Strickjacke mit einem Hundekopf auf dem Rücken. Bachmann würde Ulrike Hauser und ihrer Mutter einen weiteren

Besuch abstatten, aber eigentlich war er sicher, dass das nur Tschickos Jacke sein konnte.

Sie fanden keine weiteren Leichen, keinen Leng, keine Hinweise auf seinen Aufenthaltsort.

Und zumindest der erste Punkt war gut, aber er brachte Bachmann dem Auffinden der beiden Vermissten nicht näher. Das tat erst Rolands Anruf, den er bei der aufgebrochenen Tür zum Haus des Pfarrers entgegennahm.

Die Schaulustigen, die beim Schneiderhaus fehlten, hatten sich hier längst eingefunden, die meisten verbarrikadiert hinter ihren Fenstern. Nur wenige scheuten nicht vor offener Neugierde zurück.

»Meine Verlobte lebt«, sagte Roland. »Dwiggi nicht mehr.«

Bachmann fiel sein sachlicher Tonfall auf, aber auch, wie müde er klang.

»Es war der Pfarrer«, fuhr Roland fort.

Bachmann hatte diese Bestätigung kaum noch gebraucht, aber es war schön, sie zu bekommen. »Wo ist er jetzt?«, fragte er.

Schweigen am anderen Ende der Leitung.

»Wir sollten uns treffen.« Roland sagte ihm, wo.

Bachmann legte auf und stieg in seinen Wagen.

37

Roland war vor Bachmann wieder bei Tschickos Haus, und Roland war es auch, der die Feuerwehr verständigte. Aber obwohl diese rasch zur Stelle war, kamen sie zu spät. Das Gebäude war alt, bestand aus Holz und brannte ab, bevor die Flammen erstickt werden konnten.

Er betrachtete die Asche, die den Boden zwischen den rauchenden Trümmern bedeckte, und als Bachmann ihn fragte, was mit Leng geschehen war, war er sich plötzlich nicht mehr sicher, ob die Tür tatsächlich existiert hatte.

Es schien so viel einfacher zu glauben, sie wären alle ihren Einbildungen zum Opfer gefallen. Später sollte diese Möglichkeit wieder verschwinden, wenn er zurück bei Sandra war und ihre gemeinsam erlebte Wahrheit stabiler wurde. Aber hier, in einer sehr gewöhnlichen Nacht, vor einer sehr gewöhnlichen Brandruine, erschien ihm die Vorstellung eines verbrannten Waldes voller lebender Toter plötzlich so unglaubwürdig, wie sie sein sollte.

Die Fahndung nach Leng wurde aufrechterhalten und Dwiggi noch nicht für tot erklärt. Aber für Barbara, die als Einzige das Stückchen tätowierter Haut gesehen hatte, war er das.

38

Sandra sah die Zigarettenstummel in der Kaffeetasse, roch den Rauch. Sie war nicht sauer, dass Roland in der Wohnung geraucht hatte. Im Kontext von allem anderen schien es kaum etwas unwichtigeres zu geben. Aber der Geruch kalten Rauchs erinnerte sie an den Geruch kalter Asche.

Sie fragte Barbara nicht, ob sie etwas trinken wollte, sondern schenkte sich beiden wortlos ein. Obwohl sie das Bedürfnis hatte zu reden, schien es keine Situation zu sein, die mit Worten besser gemacht werden konnte.

Sie tranken schweigend, und als Barbaras Schock abklang, weinte sie. Sandra nahm sie in den Arm, und so saßen sie immer noch da, als Roland zurückkam.

»Du kannst hierbleiben«, sagte Sandra, nachdem Barbara Roland darum gebeten hatte, sie nach Hause zu bringen.

Barbara lehnte ab, drehte sich um und wollte gehen.

Sandra griff nach ihrer Hand und hielt sie zurück. »Ich will nicht, dass du alleine bist.«

Barbaras Blick wanderte zu der Hand, die ihren Unterarm umklammert hielt, und dann wieder zurück zu Sandras Gesicht. »Und ich will euch beiden nicht dabei zusehen, wir ihr *nicht* alleine seid.«

Barbaras Augen waren dunkel, ihr Blick kalt. Sandra sah darin das, was im Inneren ihrer Freundin zerbrochen war, und obwohl sie nicht mal eine Armlänge auseinanderstanden, passte in diese Entfernung eine ganze Welt.

Sandra ließ los.

Barbara drehte sich um und sah nicht mehr zurück.

Später, nachdem Roland Barbara zu Hause abgesetzt und wieder zurückgekommen war, nahm Sandra ihn in den Arm und versuchte das Glück wertzuschätzen, das ihnen im Gegensatz zu Barbara und Dwiggi doch noch gegönnt worden war. Beide spürten das Zittern des anderen und hielten es für ihr eigenes.

39

Dwiggi wagte sich in die Gänge mit den Spuren der Spinnennetze, als es nur noch solche gab.

Er begegnete keiner Kreatur, die all das wob. Dennoch wurden die Netze dichter. Die Gänge enger.

Dwiggi wusste, dass er den Spinnweben irgendwann nicht mehr vollkommen entgehen konnte, wenn er weiter voran wollte, und als es schließlich passierte, schien Aufregung in die Netze zu kommen, als würde irgendwo irgendwas auf die Schwingungen reagieren.

Aber natürlich konnte auch das nur Illusion sein. Nur verschobene Wahrnehmung.

Er kroch über den ledrigen Boden auf das Licht zu, sich vage bewusst, dass die Öffnung enger wurde. Er spürte, wie seine Haare an den Spinnweben haften blieben und das Netz zerrissen. Er glaubte wieder, die Aufregung zu spüren, die als Reaktion darauf geschah.

Aber Dwiggi kroch weiter, und er erreichte das Ende des Gangs. Es war anders als die letzten Male. Wieder befand er sich in einem Raum, von dem unzählige weitere Gänge wegführten. Aber dieser hier war riesig. Eine kuppelförmige Aushöhlung mit flachem Boden, groß genug, um das Gefühl einer Arena zu vermitteln.

Er stieg aus dem Gang, wischte die zerfetzten Spinnweben aus seinen Haaren und betrachtete, was sich in der Mitte des Raums befand. All das war befremdlich gewesen, geschwängert von der Atmosphäre eines Traums. Nun verstärkte sich dieses Gefühl zur Gewissheit.

Dort in der Mitte stand ein Sofa, das Dwiggi kannte. Ein kleiner Tisch, den er ebenfalls kannte, ein Polsterstuhl, eine Stehlampe. Auf dem Sofa saß ein Mann und las Zeitung.

Und auch den kannte er.

Dwiggi versuchte, dort hinzugehen, aber seine Beine wehrten sich.

Erst als der Mann von seiner Zeitung aufsah, wurde dieser Bann gebrochen.

Sein Vater lächelte.

»Setz dich«, sagte er und zeigte auf den Platz neben sich.

Dwiggi spürte einen Kloß im Hals. Bei den Gängen mit ihren abwesenden Spinnen war es leicht, sie als irgendeine Illusion, als einen Trick seines Verstandes zu sehen.

Bei seinem Vater ging das nicht. Auch wenn das nur ein Traum, nur Einbildung war – in diesem Moment war der Mann, der vor ihm auf der Couch saß und so aussah, wie Dwiggi sich immer bemüht hatte, ihn in Erinnerung zu behalten, vollkommen real.

»Danke für die Kerze«, sagte er. Dwiggi verstand nicht.

»Am Grab.«

Da waren Tränen, aber Dwiggi hielt sie zurück. Er war im Laufe der Jahre gut darin geworden. »Wo sind wir?«, fragte er.

Die Stimme seines Vaters blieb ruhig und freundlich. »Du stirbst.« Als wäre es nicht schlimm. Und vielleicht stimmte das. Vielleicht war es nicht schlimm. »Sehr langsam, aber du stirbst.«

Dwiggi ließ die Information auf sich wirken. Sie hinterließ keinen sonderlich tiefen Eindruck, die Möglichkeit hatte seine Gedanken schon ein paar Mal gekreuzt, seit er in den dunklen Gängen unterwegs war.

»Hier?«, fragte er. Sein Vater schwieg.

»Ich bin immer noch in der Kirche, oder?« Auch darauf sagte sein Vater nichts.

Sie blickten sich an. Getrennt durch das Leben und vielleicht verbunden im Tod.

»Wie geht es dir?«, fragte Dwiggi. Es war eine merkwürdige Frage, an einem merkwürdigen Ort, aber er wollte es wissen. Er wollte Gewissheit, auch wenn sich an der Antwort vermutlich nichts ändern ließ, falls sie ihm nicht gefiel.

»Du kannst nicht hierbleiben«, entgegnete sein Vater. Er lächelte immer noch.

Dwiggi wollte es erwidern. Es ging nicht. Er musste an den Tag denken, an dem sie auf denselben Möbeln, aber in einer anderen Realität gesessen hatten.

»Ich habe nicht verstanden, was du damals sagen wolltest«, sagte er. »Hab's immer wieder versucht, aber nie geschafft.«

Die Worte, mit den Jahren so wichtig geworden, obwohl sie nur verwaschene Silben gewesen waren, in die der zeitliche Abstand und die Polarisierung der Erinnerung vielleicht Bedeutung hineininterpretierte, die nie Teil von ihnen gewesen war.

»Unwichtig«, antwortete sein Vater, und Dwiggi wollte protestieren, wollte lösen, was so lange ein Rätsel ohne Lösungsmöglichkeit gewesen war. Aber im Endeffekt schwieg er. Dieses Zusammentreffen war so viel mehr wert als die paar Worte, und der Tag von damals war Vergangenheit.

»Was ist mit der Pistole?«, fragte Dwiggi.

Im ersten Moment schien sein Vater nicht zu wissen, wovon er sprach, aber dann schüttelte er den Kopf. »Wirf sie weg«, antwortete er. »Hab sie nie gebraucht. Und du brauchst sie auch nicht.«

Dwiggi dachte daran, dass Schusswaffen im Restmüll nur zu Problemen führen konnten, aber er würde eine andere Lösung finden. Falls er die Chance dazu bekam.

»Du kannst hier nicht bleiben«, sagte sein Vater erneut.

Dwiggi sah plötzlich Bewegung in der Dunkelheit hinter ihm.

Natürlich war es eine Spinne. Ihr Auftritt war längst überfällig. Sie bewegte sich über die gewölbte Wand und spann ihr Netz. Ihr Körper war groß genug, um den Gang auszufüllen, neben dem sie innehielt und damit so groß wie Dwiggi selbst war. Schwarz, bis auf den hinteren Teil, der aus einer traubenartigen Ansammlung von Augen bestand.

Erst wirkten sie blind und tot, aber während Dwiggi sie betrachtete, füllten sie sich mit einem grellen Leuchten, das sich jedoch nicht auf die Welt darum ausbreitete. Wie Bilder von Lampen, die Licht zeigten, aber keins verteilten.

»Immer noch Angst vor Spinnen?«, fragte sein Vater.

Dwiggi dachte, dass vor dem Ungetüm dort oben jede Angst gerechtfertigt war, aber er empfand keine. »Nur vor Wäschespinnen«, antwortete er.

Er sah zu, wie sie begann, einen der Gänge mit ihrem Netz zu verschließen. Bewegung, in seinen Augenwinkeln. Dwiggi sah hin. Noch mehr Spinnen. Ein Dutzend, mindestens. Und sie blieben nicht die einzigen.

Und alle waren damit beschäftigt, Barrikaden vor Eingänge zu weben.

»Du musst gehen!« Die Stimme seines Vaters wurde eindringlicher.

»Kommst du mit?«

Die Frage war verständlich, die Antwort auch unausgesprochen klar. Sie wussten beide, dass das keine Option war.

Er griff nach der Hand seines Vaters und erwartete, sie nicht berühren zu können oder kaltes, totes Gewebe zu spüren. Aber stattdessen war die Haut weich, warm, und unter seiner Handfläche spürte er Leben, das dort pulsierte.

»Ich kann dich nicht zurücklassen.«

»Doch«, erwiderte sein Vater. »Genau darum geht es.«

Dwiggi hörte auf, die Tränen zurückzuhalten, und ließ zu, dass sie über die Ränder seiner Augen traten.

Die Spinne, die er als Erstes entdeckt hatte, war inzwischen beim nächsten Gang angelangt. Neue waren hinzugekommen. Immer schneller ging ihre Arbeit voran, immer knapper wurden die Ausgänge.

Aber dort draußen war nur das Labyrinth, durch das er die ganze Zeit über geirrt war. Dort draußen war es nicht besser als hier drin.

Dwiggi wollte die Hand nicht loslassen, und sein Vater entzog sie ihm nicht.

»Ich habe hier drin gewartet«, sagte er. »Aber dort draußen warten andere auf dich. Sie sind jetzt wichtiger.«

Da war Schmerz – bereits eine Tatsache, durch den aufgeschobenen Abschied in die Länge gezogen.

Dwiggi dachte an Barbara. Und auch an Roland und Sandra.

»Ich wünschte, wir hätten mehr Zeit gehabt«, flüsterte er.

»Ich auch.«

Er drückte die Hand seines Vaters ein letztes Mal. Und dann ließ er los.

V

ERBEN DES SCHNEIDERS

Take my hand.
THE BEACH BOYS:
BARBARA ANN

Kapitel 13

1

Barbara erwachte irgendwann gegen Mittag, als der Tag schon strahlend schön und perfekt als Postkartenmotiv geeignet war. *Barbara Ann* trällerte durch ihre Wohnung, und einen Moment lang glaubte sie über der Melodie Dwiggis Stimme zu hören. Sie erwartete, ihn in der Küche stehen und Frühstück machen zu sehen. Die Vorstellung verblasste mit sadistischem, in die Länge gezogenem Unwillen.

Sie warf einen Blick aufs Display. Sandra.

Barbara stellte den Ton ab und ließ das Handy klingeln. Sie hatte nichts gegen Sandra, sie war in Ordnung, sie war ihre Freundin. Aber im Moment war Barbara mit ihrem Verlust allein. Und auch wenn Sandras Mitgefühl von Herzen kam, konnte sie daran nichts ändern. Schmerz ließ sich nicht teilen.

Es hatte eine Zeit gegeben, in der sie das Gefühl gehabt hatte, dass Gott bevorzugt mit dem Finger auf sie zeigte und seinen himmlischen Scheißeschleuderern das Angriffssignal erteilte. Dann war Dwiggi gekommen, hinter dem sich Geborgenheit versteckt hatte, ein Fäkalienschutzschild, mit dem sie nicht mehr gerechnet hatte.

Gott hatte sich den größten Haufen bis zum Schluss aufgespart. Barbara betrachtete sich im Spiegel, der neben dem Eingang hing.

Sie dachte an Dwiggi, daran, wie er gesagt hatte, sie sei schön. An seinen Blick, als er sie das erste Mal im Bikini gesehen hatte. An seine Berührung.

Und er hatte recht, sie war schön. Es war nie ein Geheimnis gewesen, nicht außerhalb ihres eigenen Kopfes.

Kurz hatte sie das Gefühl, als stünde er hinter ihr, und einen freudig-kribbelnden Moment lang erwartete sie seine Arme, die sich um ihre Taille schlangen.

Die Berührung blieb aus, das Gefühl, nicht allein zu sein, verpuffte.

Barbara bemühte sich, ihre Erwartungen realistisch zu halten. Die Hoffnung, dass Dwiggi doch noch auftauchen könnte, starb langsam, aber sie starb.

Roland und Sandra fanden zu einer Art gedämpfter Alltagstauglichkeit zurück, in der ihre Trauer und der Schreck der Ereignisse sich auf die privaten Räume beschränkte, aber Barbara wurde nicht mehr zu der Frau, die in jener Nacht Tschickos Haus betreten hatte. Sie blieb jene, die es verließ. Als wäre ein Teil des Todes, der dort konzentriert gewesen war, auf sie übergesprungen.

Vielleicht hatten Roland und Sandra dem negativen Einfluss mehr entgegenzusetzen, weil er in einem selbst entsprang und sie weiterhin zu zweit waren. Vielleicht war der Kampf gegen gebrochene Herzen auch einfach schwerer, wenn die Trauer einem Toten galt.

2

Leng wurde nicht gefunden. Es gab Zeitungsberichte – ein Großteil davon online –, Fernsehbeiträge und Interviews, und Bachmann zweifelte nicht daran, dass bald jemand ein Buch schreiben und vielleicht bei den Fakten bleiben würde, die keiner Ausschmückung bedurften.

Die Leichen, die sie im Schneiderhaus gefunden hatten, konnten einer Reihe Vermissten der letzten Jahre zugeordnet werden. Leng war fleißig gewesen, und Bachmann musste sich bereits die ersten Vorwürfe gefallen lassen, warum er nicht früher gefasst worden war. Nur war er nicht gefasst worden. Und auch wenn Roland ihm versichert hatte, dass Leng kein Problem mehr war, so reichte dieses Versprechen weder, um den Fall abzuschließen, noch, um Bachmann durchgeschlafene Nächte zu bescheren.

Er vermutete, dass Roland selbst für Lengs Fortbleiben verantwortlich war. Vielleicht war er aus einem Kampf als Sieger hervorgegangen, der für den anderen tödlich geendet hatte. Aber Lengs Leiche war nicht aus den Ruinen von Tschickos Haus geborgen worden. Dafür hatte Bachmann keine Autopsie gebraucht. Er hatte es an dem vollständigen Schneidezahn gesehen.

Und da blieb das Feuer an sich. Wie und dass es gelegt wurde, war klar, die verkohlten Benzinkanister waren nicht gerade subtil. Aber von wem, war die Frage, und die blieb.

Bachmann wollte Roland glauben, aber der Hauptverdächtige bei den ganzen Morden war abgängig, und irgendjemand musste das Feuer schließlich gelegt haben.

Er glaubte nicht, dass Roland seine Frau nach Hause gebracht hatte, zurückgefahren war, um das Haus anzuzünden, und dann Feuerwehr und Bachmann verständigt hatte.

Aber wenn man Leng nicht in die Gleichung mit einbezog klang es nach dem wahrscheinlichsten Tathergang.

Bachmann dachte an die Leichen, deren Anblick ihn für den Rest seines Lebens begleiten würde. Sie waren in verschiedenen Verwesungsstadien gewesen, aber allen fehlte Haut, und allen fehlten Teile. Hauptsächlich Muskelfleisch, in mundgerechten Häppchen.

Lackner und er tranken ihr Feierabendbier weiterhin in unregelmäßigen Abständen beim Schoberwirt, und nicht immer gemeinsam. Sie wurden keine Freunde, aber die Nacht im Schneiderhaus hatte zwischen ihnen eine geistige Verbindung geschaffen, die zumindest fürs Erste Bestand zu haben schien. Sie sprachen nie über das, was sie im Schneiderhaus gesehen hatten.

Die gewaltsamen Morde blieben ein halb gelöstes Mysterium, das gutes Ausgangsmaterial für Lagerfeuergeschichten bot und sich im Laufe der Jahre wohl in die Ortsgeschichte einweben würde. Und vielleicht würden daraus in ein paar Generationen Geistergeschichten werden, die jene vom Schneider ablösten.

3

Ulrike Hauser saß auf einer abgewetzten Bank im Leichwald und ließ ihre Gedanken treiben. Dort hatte vor Jahren ein Junge gesessen, bevor er von Leng ermordet worden war, aber das wusste Ulli nicht. Sie mochte die Stimmung.

Vor ihr breitete sich eine Lichtung aus. Ein verknöcherter, kleiner Baum stand in ihrer Mitte. Ab und zu hatte Ulli sich eingebildet, hier jemanden sprechen zu hören, wenn der Wind durch die Blätter strich, aber sie hatte die Einbildungen sehr schnell als solche erkannt.

Wenn sie freihatte kam sie oft hierher. Träumte mit offenen Augen von Dingen, die verboten waren. Es half, ihre Gedanken zu entspannen.

Bachmann war wieder bei ihr gewesen. Er hatte Tschickos Jacke dabeigehabt. Ulrike war stolz gewesen, als sie sie identifiziert hatte. Stolz, an der Überführung eines gefährlichen Kriminellen beteiligt gewesen zu sein, auch wenn er noch nicht gefunden war.

Sie hatte Harald auf Fotos in der Zeitung gesehen. Er war auch beteiligt gewesen, und vielleicht würde diese Tatsache sie einander näherbringen.

Lächelnd verließ sie ihre Bank und schlenderte über die Wege durch den Leichwald nach Hause. Es dauerte fast eine halbe Stunde, aber das machte nichts. Sie ging gern zu Fuß.

Ihre Mutter saß vor dem Fernseher, als sie das Haus betrat. Die beiden Frauen begrüßten sich knapp.

Ulli wechselte ihre Straßen- gegen Hausschuhe und ging in den Keller. Ein kalter, enger Gang führte wie eine Nabelschnur hindurch, und ganz am Ende, neben dem Raum mit der Waschmaschine, befand sich eine unscheinbare Tür, die nur durch den bunten Vorhang besonders wurde, der davor hing.

Sie ging hinein und schaltete das Licht an.

Auf dem Regal, das früher Einmachgläser beherbergt hatte, bevor sie und ihre Mutter ihre Vorräte in einen anderen Teil des Kellers umquartiert hatten, um für das hier Platz zu machen, reihten sich die Stücke ihrer Sammelleidenschaft.

Bücher und Bilder. Statuetten und Andenken, die ohne Hintergrund einfach und unbedeutend wirkten. Kleine Schuhe. Andere Kleidungsstücke. Es gab einen Ordner mit Totenfotografien, einer Tradition, die in der Zeit versickert war wie ein verschüttetes Getränk in Sand.

Da war ein Fötus in Formaldehyd.

Und der gereinigte Schädel eines Hundes.

Man sah das Loch im Knochen. Es machte ihn besonders. Sie hätte auch gern die Gewehrkugel, die es verursacht hatte, aber die hatte sie nicht gefunden.

4

Die Spinnen waren schnell gewesen. Die Netze hatten sich gedehnt, versucht, ihn zu bremsen, während die trippelnden Schritte unzähliger, überdimensionierter Beine näher gekommen waren. Aber Dwiggi hatte es geschafft, war in der Kirche nach Luft ringend zu sich gekommen, mit Schmerzen in der Brust, Schwindel vor den Augen und dem Gefühl, trotz allem erst recht zu sterben. Er hatte keine Ahnung, wie viel Zeit vergangen war, wusste nicht, dass der schwarze Kokon aus Schatten seinen Körper konserviert und ihn so am Leben gehalten hatten. Seine eigene Dunkelheit hatte ihn vor Leng beschützt und ihn letztendlich gerettet.

Sein Verstand schien sich schneller zu erholen, während sein Körper nur unwillig wieder in Schwung kam. Puls pochte in seinen Ohren, und seine Beine zitterten, als er aus der Kirche taumelte, Spinnweben von seinem Körper wischend, die gar nicht da waren.

Er versuchte, dem Drang zu widerstehen, sich alle paar Schritte umzudrehen, und tat es trotzdem. Die Schatten in der Kirche schienen zu leben, aber sie verfolgten ihn nicht. Er atmete in kleinen, gepressten Portionen, aber er atmete.

Die Sonne brannte in seinen Augen. Sein Wagen war weg.

Dwiggi schenkte der Erkenntnis einen halben, gepressten Atemzug lang Aufmerksamkeit, dann suchte er nach seinem Handy, fand es nicht, suchte nach den Schlüsseln und fand auch diese nicht. Sein Unterschenkel schmerzte an der Stelle, wo ihm die Haut fehlte, aber Dwiggi bemerkte es nicht mal.

Er ging nach Hause – taumelnd und schwankend. Von außen wirkte er wie ein Betrunkener, der sich ständig durch die Haare fuhr, obwohl dort nichts war.

5

Roland saß im Wagen und sah zu Sandra, die ihm von der Eingangstür des Wohnhauses einen Blick zuwarf. Da war Anspannung, aber in allem war Anspannung, seit der Nacht in Tschickos Haus.

Sie hatten beschlossen, die Hochzeit aufzuschieben. Nicht abzusagen, nur aufzuschieben. Sie würden heiraten. Irgendwann. In puncto subjektiven Empfindens kam das einer Absage gleich.

Aber das Hochzeitsthema war momentan natürlich eines der unwesentlichsten in ihrem Leben und würde es wohl noch eine Weile bleiben. So lange, bis genug Zeit vergangen war, dass die Vorstellung einer fröhlichen Feier nicht von bitterem Beigeschmack zunichtegemacht wurde.

Sandra kam zurück.

»Nicht da«, sagte sie, als sie sich in den Wagen setzte.

Roland sah zu der Tür, hoffte, Barbara dort auftauchen zu sehen, und wurde enttäuscht.

Er sah auch, wie Sandras Hand auf ihrem Bauch ruhte. Unbewusst, als würde es ihr selbst gar nicht auffallen. Und vielleicht war das auch so. Er würde sie darauf ansprechen, wenn sie es nicht vorher tat. Irgendwann. Er war sich nicht sicher, ob diese beiläufige Geste ein Zeichen für eine Schwangerschaft war, ein Hinweis, dass Sandras Körper Dinge wusste, die erst bis zum Rest von ihr durchdringen mussten.

Aber er wusste, dass es so sein konnte.

»Was machen wir?«, fragte sie.

Barbara hatte seit dem letzten Gespräch mit Sandra nicht mehr abgehoben, und sie machten sich Sorgen. Diese schienen derzeit immer angebracht zu sein. Als wären jene Tage immer noch nicht vorbei.

»Ruf sie noch mal an«, sagte er.

Sandra löste die Hand von ihrem Bauch und legte sie in Rolands, während sie mit der anderen ihr Handy herausnahm. So saßen sie im Wagen und beobachteten die Tür. Mit dem Gefühl, eine Einheit in einem Gefüge zu sein, dessen Struktur irreparabel zerbrochen war.

6

Barbaras Schritte auf der leeren Straße waren leise, aber dennoch gut zu hören. Sie beeilte sich nicht. Von Ebenkreuz nach Leichdorf brauchte man ein Weilchen, wenn man zu Fuß ging, aber das war in Ordnung.

Sie erreichte die Einfahrt zu Dwiggis Haus. Auf der Straße zwischen den Bäumen hielten sich Schatten und Kälte wie immer länger als außerhalb.

Barbara marschierte am Schotter entlang und schaute weder links noch rechts, so, wie Dwiggi es als Junge getan hatte.

Das Haus war verlassen, der Rasen zu hoch, die Fenster zu dunkel und das Gebäude zu kalt.

Der Grill stand immer noch neben der Wäschespinne. Rostflecken zogen sich über das Metall. Sie würden sich vermehren, je weiter die Vernachlässigung fortschritt.

Barbara überlegte, sich auf die niedrige Mauer zu setzen. In der kurzen Zeit, die sie sich gekannt hatten, waren sie selten hier gewesen. Das Haus war Barbara nie vertraut geworden.

Sie war wegen der Bäume hier. Wegen der Abschirmung, die sie boten. Wegen der Einsamkeit, die sich mit ihrer eigenen deckte.

Sie ließ den Schotterparkplatz und die Welt außerhalb des Waldes hinter sich und trat in die Stille.

Etwas glitzerte in der Sonne, und als sie nachschauen ging, entdeckte sie ein Fahrrad. Vielleicht das von Sandra. Vielleicht ein weiteres Mosaik für das Bild eines Sommers, der nie vollendet werden würde.

Eine Weile folgte sie dem Pfad, bevor sie davon abwich. Sie ging in Richtung des Schneiderhauses, in Richtung Kirche, in Richtung Vergessen.

Um sie herum zwitscherten Vögel.

Sie setzte sich unter einen der Bäume. Es war friedlich. Barbara lauschte den Blättern. Der Abwesenheit von Gesellschaft.

Schließlich kamen doch noch Tränen. Sie ließ sie zu. Niemand hörte, wie der Schmerz aus ihr heraussickerte, den sie seit der Nacht in Tschickos Haus mit sich herumtrug.

Als ihr Körper zu trocken und ihr Herz zu taub für weitere Tränen war griff sie in die Tasche ihrer Jeans. Das kleine Messer wirkte armselig und bedeutungslos. Barbara klappte es auf.

Sie dachte daran, wie sie die Leuchtreklame in ihr Fleisch geschnitten hatte. Wie sehr sie sich geschämt, sich geärgert hatte. Nun saß sie wieder hier. Geografisch an einem anderen Ort, psychologisch am selben.

Das Leben drehte sich im Kreis.

Sie betrachtete noch einmal das Loch, das sich in ihrem Inneren ausgebreitet hatte und seit Dwiggis Tod nicht mehr gefüllt worden war, und begann die weiße Linie an ihrem Handgelenk mit der Klinge nachzuziehen.

Es tat weh und war nur halbherzig, aber ausreichend. Während ihr Unterarm feucht wurde und das Leben aus ihr herausfloss, wandte sie den Blick ab. Temperatur, Geräusche und andere Eindrücke verklangen in Unschärfe – bedeutungslose Realitätsreste. Sie wichen einer grauen Leere.

Sterbend sackte sie zur Seite, auf den weichen Boden, der sich nach einem Bett anfühlte. Dort, wo Blut und Tränen in der Erde versickerten, war es feucht.

Sie hörte Schritte. Nur Illusion.

Aber dann wurde sie wieder aufgerichtet, und jemand rief ihren Namen.

Die Beach Boys sangen von Barbara Ann. *Take my hand, Barbara Ann. You got me rockin' and a rollin', Rockin' and a reelin', Barbara Ann.* Mit dem Lied kam die Erinnerung an Dwiggis Lächeln, an seine Augen, seine Stimme, seine Berührungen …

Druck auf ihrem Handgelenk. Barbaras Augen wollten zufallen, aber jemand packte ihr Gesicht, fest, zwang es nach oben, zwang sie, in seines zu blicken.

»Du wirst kein Strich auf meinem Fuß!«, sagte er.

Dwiggi.

Die Illusion, die so realistisch war, dass sie seine Finger spürte, mit denen er Stoff um ihr Handgelenk band, der seinem T-Shirt fehlte.

Unter allem immer noch *Barbara Ann*. Ihr eigener Soundtrack.

Ihr Kopf sackte zur Seite, er zwang ihn wieder hoch, sprach mit ihr. Sprach Worte, die sie nicht verstand. Sie driftete weg, er ohrfeigte sie.

Angst in seinen Augen. Angst, die den Eindruck von Illusion zerstörte.

»Bleib bei mir!«, flehte er, und sie wollte. Wollte wirklich. Dunkelheit spülte über sie hinweg. Ließ sie wieder auftauchen, schwappte erneut über ihr zusammen.

Er nahm ihr Telefon. Die Beach Boys verstummten. Seine Worte waren laut und hektisch. Barbara verstand sie kaum, aber sie waren auch nicht für sie bestimmt. Nicht diese.

Wieder versank sie in Dunkelheit. Wieder tauchte sie auf.

Er hob sie hoch.

Er rannte.

7

Dwiggis Beine brannten, und seine Arme wollten Barbaras Gewicht nur widerwillig tragen. Er spürte die Wechsel zwischen An- und Entspannung, mit denen ihr Körper dem Rhythmus ihres Bewusstseins folgte, das zurückkehrte, um wieder verloren zu gehen.

Er bettelte und fluchte.

Bleib bei mir.

Der einzige Gedanke. Egoistisch in seiner Ich-Bezogenheit. Verständlich in seiner Verzweiflung.

Er verließ den Wald, seine Arme feucht von ihrem Blut. Er rannte die Einfahrt entlang, dem Notarzt entgegen, der bereits vor ihnen auftauchte, weil Glück genauso zur Realität gehörte wie Schmerz und Angst und Trauer.

Bleib bei mir.

Er ließ los, als die Sanitäter sie nahmen, ihr Körper wieder erschlafft, ihre Haut blass, ihre Augen geschlossen. Er merkte nicht, dass er immer noch bettelte, und niemand machte ihn darauf aufmerksam. Er war nur noch Nebendarsteller, während die Sanitäter versuchten, Barbaras Leben zu retten.

Hinter ihnen zerfiel Laub zu Asche. Still, heimlich.

Es war knapp, aber Barbara kam wieder zu sich. Und sie behielt ihr Leben.

Wind fuhr in die grauen Flocken, wirbelte sie auf und wehte sie davon. Das Geheimnis einer Welt, für die sie nicht bestimmt waren.

Vergessen.

Unwichtig.

Nachwort

Bücher schreiben ist eine einsame Sache, und das ist gut so, aber dennoch kreuzen bis zum Ende des Weges auch ein paar andere ebendiesen, und genau denen möchte ich an dieser Stelle danken.

Manuel Sefciuc – wer behauptet, Freunde schmieren einem nur Honig ums Maul, hat sich noch nie Feedback von ihm geholt.

Larissa, die einen eigenen Verlag gründen wollte, um *Leichdorf* herauszubringen, und das schlussendlich doch nicht musste.

Madita Hofmann, meiner Lektorin, danke ich für ihre scharfsinnigen Anmerkungen und das Ausmerzen hartnäckiger Grammatikschwächen (ich kaschiere mein Unvermögen, Kommas rechtschreibkonform zu setzen, gerne hinter künstlerischer Freiheit). Ihr und Angela Hermann-Heene gilt mein Dank dafür, dass sie dem Roman eine Chance gegeben haben.

Und schließlich Ihnen, denn Bücher ohne Leser*innen sind nur Altpapier. Es ist meine Geschichte, deshalb steht mein Name auf dem Buchcover, aber während Sie sie lesen, ist es auch Ihre. Wenn Ihre Fantasie die Lücken füllt, die meine offen lässt, wird es ein gemeinsamer Weg. Ich freue mich, dass ich Ihnen auf diesem vorausgehen durfte, und hoffe, Sie hatten eine gute Zeit.

Leichdorf ist eine eigenständige Erzählung, aber manche der Ereignisse, von denen berichtet wird, stammen aus meinem Roman *Deivl*. Sie müssen diesen nicht lesen, um die Geschichte von *Leichdorf* zu verstehen, aber falls Sie das tun oder bereits getan haben, dann wissen Sie mehr über den Motorradunfall, den Tschicko in seinen Gedanken erwähnt, warum Frau Gießbauer nicht mehr selber fährt und was Chefinspektor Bachmann erlebte, bevor er mit seiner Familie in den Urlaub gefahren ist.

Ein kleines Wörtchen möchte ich noch über das Ende verlieren. In der ersten Fassung starb Dwiggi auf grauenhafte und überraschende Weise, was strukturell seinen Zweck erfüllte – Barbara hoffte bis zum Schluss, dass er zurückkommt, und es war schmerzhaft, ihr auf den letzten Seiten zu folgen, während sie zeitgleich mit dieser Hoffnung zerbrach.

Die erste Fassung des Romans endete so:

Sie betrachtete noch einmal das Loch, das sich in ihrem Inneren ausgebreitet hatte und seit Dwiggis Tod nicht mehr gefüllt worden war, und begann die weiße Linie an ihrem Handgelenk mit der Klinge nachzuziehen.

Während ihr Unterarm feucht wurde und das Leben aus ihr herausfloss wandte sie den Blick ab. Temperatur, Geräusche und andere Eindrücke verklangen in nur mehr teilweise empfundener Unschärfe – bedeutungslose Realitätsreste. Sie wichen einer grauen Leere.

Sie sackte zur Seite, auf den weichen Boden, der sich nach einem Bett anfühlte. Dort, wo Blut und Tränen in der Erde versickerten, war es feucht.

Zwischen den Bäumen sah sie Dwiggi.

Barbara spürte ein trauriges, bitteres Lächeln auf ihren Lippen.

Sie starb.

Und der Leichwald blieb seinem Namen treu.

Ich denke immer noch, dass das eigentlich der bessere Schluss wäre, aber hier ist mein Problem: Barbara war immer als Nebenfigur geplant, deren Tod – so dramatisch er ist – nur die Geschichte eines Ortes abrundete, der vom Tod lebt. Aber als Dwiggi in seiner Küche sich in sie verliebte, tat das auch ich. Und danach brachte ich es nicht mehr übers Herz, ihr das Glück zu nehmen, das ich ihr vorher versprochen hatte.

Ich bin froh, dass sie überlebt hat, und ich bin froh, dass es ihr gut geht.

Manchmal ist ein glückliches Ende wichtiger als ein dramatisches.

Wolfgang Rauh
Januar 2022

PS: Diese Geschichte der Protagonist*innen von *Leichdorf* ist abgeschlossen, aber das bedeutet nicht, dass es die einzige für sie bleiben wird – zumindest nicht für alle. Ich denke, manchen von ihnen werde ich im Laufe der Zeit wieder einen Besuch abstatten. Mit Glück haben sie erneut etwas zu erzählen.

WOLFGANG RAUH, Jahrgang 1987, wollte eigentlich Koch oder Paläontologe werden und ist dann doch bei der Schauspielerei und Schreiberei gelandet. Wenn er nicht gerade vor der Kamera steht oder Geschichten erfindet, widmet er sich seiner weiteren Leidenschaft: der Kampfkunst. Bereits mit 9 Jahren fing Wolfgang Rauh an, Kurzgeschichten zu verfassen, nachdem er seinen ersten Stephen-King-Roman gelesen hatte. Damals noch nicht versiert mit Computern und dem 10-Finger-Schreibsystem, dauerte dies unendlich lange. Heute liest er immer noch Stephen King, tippt aber nicht mehr im Zwei-Finger-Suchsystem.